Syrus Marcus Ware

Der radikale Künstler und Aktivist – Unautorisiert

Moses Omar

ISBN: 9781998610846
Imprint: Telephasischewerkstatt
Copyright © 2024 Moses Omar.
All Rights Reserved.

Contents

Einleitung   **1**
Einführung in Syrus Marcus Ware   1

Frühes Leben und Bildung   **21**
Kindheit und Jugend   21
Akademische Laufbahn   41

Der Aufstieg als Künstler   **65**
Erste Schritte in der Kunstszene   65
Thematische Schwerpunkte   86

Aktivismus und Engagement   **107**
Politische Bewegungen und Einfluss   107
Projekte und Kampagnen   128

Persönliches Leben und Herausforderungen   **153**
Beziehungen und Freundschaften   153
Gesundheit und Wohlbefinden   176

Bibliography   **197**

Der Einfluss von Syrus Marcus Ware   **201**
Vermächtnis und Inspiration   201

Fazit und Ausblick   **223**
Zusammenfassung der wichtigsten Punkte   223

Index   **243**

Einleitung

Einführung in Syrus Marcus Ware

Wer ist Syrus Marcus Ware?

Syrus Marcus Ware ist ein bemerkenswerter Künstler, Aktivist und Pädagoge, der sich durch seine einzigartigen Beiträge zur LGBTQ-Community und zur Kunstszene auszeichnet. Geboren in Kanada, ist Ware nicht nur für seine künstlerischen Fähigkeiten bekannt, sondern auch für sein Engagement in sozialen und politischen Bewegungen. Seine Werke sind oft eine Reflexion seiner Identität als schwarzer, queer und trans Künstler, was ihm ermöglicht, Themen wie Rassismus, Geschlechteridentität und soziale Gerechtigkeit auf eine Weise zu erkunden, die sowohl provokant als auch zugänglich ist.

Künstlerische Identität und Einfluss

Wares künstlerische Identität ist tief verwurzelt in seiner persönlichen Geschichte und seinen Erfahrungen. Er hat sich intensiv mit der Frage auseinandergesetzt, wie Kunst als Medium genutzt werden kann, um marginalisierte Stimmen zu verstärken und gesellschaftliche Themen zu thematisieren. In seinen Arbeiten kombiniert er verschiedene Medien, darunter Malerei, Installation und Performance, um eine vielschichtige Erzählung zu schaffen, die sowohl seine persönlichen Erlebnisse als auch kollektive Kämpfe widerspiegelt.

Ein Beispiel für Wares Einfluss in der Kunstszene ist seine Teilnahme an der Ausstellung „The Black Lives Matter Movement", wo er durch seine Kunst die Stimmen derjenigen hörbar machte, die oft übersehen werden. Diese Ausstellung zog nicht nur die Aufmerksamkeit auf rassistische Ungerechtigkeiten, sondern stellte auch die Frage, wie Kunst als Werkzeug für sozialen Wandel fungieren kann. Ware nutzt seine Plattform, um eine Diskussion über die Relevanz von

Diversität in der Kunst zu fördern und den Dialog über Identität und Zugehörigkeit zu erweitern.

Aktivismus und soziale Gerechtigkeit

Syrus Marcus Ware ist nicht nur ein Künstler, sondern auch ein leidenschaftlicher Aktivist. Sein Engagement für soziale Gerechtigkeit zeigt sich in seiner aktiven Teilnahme an verschiedenen Organisationen und Bewegungen, die sich für die Rechte von LGBTQ-Personen, insbesondere von People of Color, einsetzen. Er hat an zahlreichen Protesten teilgenommen und Workshops geleitet, um das Bewusstsein für die Herausforderungen, mit denen die LGBTQ-Community konfrontiert ist, zu schärfen.

Ein prägnantes Beispiel für seinen Aktivismus ist die Gründung der Initiative „Art for Social Change", die darauf abzielt, Künstler und Aktivisten zusammenzubringen, um kreative Lösungen für soziale Probleme zu entwickeln. Diese Initiative hat nicht nur das Ziel, Kunst zu fördern, sondern auch, die Teilnehmer zu ermutigen, ihre eigenen Geschichten zu erzählen und sich aktiv für die Veränderung in ihren Gemeinschaften einzusetzen.

Herausforderungen und Widerstände

Trotz seiner Erfolge sieht sich Ware auch mit erheblichen Herausforderungen konfrontiert. In einer Gesellschaft, die oft von Vorurteilen und Diskriminierung geprägt ist, muss er ständig gegen stereotype Vorstellungen und institutionelle Barrieren ankämpfen. Diese Herausforderungen sind nicht nur persönlich, sondern betreffen auch die Gemeinschaft, die er vertritt.

Ware hat offen über seine Erfahrungen mit Diskriminierung und den psychischen Belastungen gesprochen, die mit dem Aktivismus verbunden sind. Er betont die Notwendigkeit von Selbstfürsorge und der Unterstützung innerhalb der Community, um die Herausforderungen des Aktivismus zu bewältigen. Diese Reflexionen sind nicht nur für ihn persönlich wichtig, sondern bieten auch anderen Aktivisten und Künstlern wertvolle Einsichten in den Umgang mit ähnlichen Schwierigkeiten.

Einfluss und Vermächtnis

Syrus Marcus Ware hat sich als eine einflussreiche Figur innerhalb der LGBTQ-Community etabliert. Sein Engagement für soziale Gerechtigkeit und seine Fähigkeit, Kunst als Medium für Aktivismus zu nutzen, haben ihn zu einem Vorbild für viele gemacht. Er inspiriert die nächste Generation von Künstlern und

EINFÜHRUNG IN SYRUS MARCUS WARE

Aktivisten, ihre eigenen Stimmen zu finden und sich für die Rechte der Marginalisierten einzusetzen.

In der Zukunft wird Wares Einfluss wahrscheinlich weiter wachsen, da er weiterhin an Projekten arbeitet, die sowohl Kunst als auch Aktivismus miteinander verbinden. Seine Vision für eine gerechtere Gesellschaft bleibt ein zentraler Bestandteil seiner Arbeit, und sein Vermächtnis wird durch die vielen Menschen, die er inspiriert hat, weiterleben.

Zusammenfassend lässt sich sagen, dass Syrus Marcus Ware eine komplexe und vielschichtige Persönlichkeit ist, die durch seine Kunst und seinen Aktivismus einen bedeutenden Beitrag zur Gesellschaft leistet. Er ist ein lebendiges Beispiel dafür, wie Kreativität und Engagement Hand in Hand gehen können, um positive Veränderungen zu bewirken.

Bedeutung in der LGBTQ-Community

Syrus Marcus Ware ist nicht nur ein talentierter Künstler, sondern auch eine herausragende Figur innerhalb der LGBTQ-Community. Seine Arbeit und sein Engagement haben nicht nur das Bewusstsein für LGBTQ-Themen geschärft, sondern auch einen Raum für Diskussionen und Veränderungen geschaffen. In diesem Abschnitt werden wir die Bedeutung von Syrus in der LGBTQ-Community beleuchten, indem wir seine Rolle als Aktivist, Künstler und Mentor untersuchen.

Kunst als Ausdruck der Identität

Die Kunst von Syrus ist ein kraftvolles Medium, das die Vielfalt und Komplexität der LGBTQ-Identitäten widerspiegelt. Durch seine Werke thematisiert er nicht nur persönliche Erfahrungen, sondern auch kollektive Kämpfe der LGBTQ-Community. Er verwendet Farben, Formen und Symbole, um Geschichten zu erzählen, die oft übersehen oder missverstanden werden. Diese künstlerische Ausdrucksform bietet nicht nur eine Plattform für Sichtbarkeit, sondern fördert auch das Verständnis und die Akzeptanz innerhalb der Gesellschaft.

Ein Beispiel für diese künstlerische Herangehensweise ist die Installation *"The Black Lives Matter Mural"*, die Syrus in Toronto mitgestaltet hat. Diese Arbeit verbindet die Themen Rassismus und LGBTQ-Rechte und verdeutlicht die Notwendigkeit, intersectionale Perspektiven in der Kunst und im Aktivismus zu berücksichtigen. Durch solche Projekte wird die Bedeutung von Kunst als Werkzeug für sozialen Wandel deutlich.

Aktivismus und soziale Gerechtigkeit

Syrus' Engagement in der LGBTQ-Community geht über die Kunst hinaus. Er ist ein aktiver Teil verschiedener politischer Bewegungen und hat an zahlreichen Kampagnen teilgenommen, die sich für die Rechte von LGBTQ-Personen einsetzen. Sein Ansatz, Kunst mit Aktivismus zu verbinden, zeigt, wie kreativ und effektiv Veränderungen herbeigeführt werden können.

Ein zentrales Problem, das Syrus anspricht, ist die Diskriminierung, die viele LGBTQ-Personen aufgrund ihrer Identität erfahren. Er nutzt seine Plattform, um auf diese Ungerechtigkeiten aufmerksam zu machen und fordert die Gesellschaft auf, sich aktiv gegen Homophobie, Transphobie und Rassismus einzusetzen. In seinen öffentlichen Reden und Workshops ermutigt er Menschen, ihre Stimmen zu erheben und für ihre Rechte zu kämpfen.

Mentor und Vorbild

Neben seiner Rolle als Künstler und Aktivist ist Syrus auch ein Mentor für viele junge Menschen innerhalb der LGBTQ-Community. Er bietet Unterstützung und Anleitung, um ihnen zu helfen, ihre eigenen Identitäten zu verstehen und zu akzeptieren. Diese Mentorenschaft ist entscheidend, da viele junge LGBTQ-Personen mit Herausforderungen wie Ablehnung, Isolation und Identitätskrisen konfrontiert sind.

Syrus' Einfluss als Mentor zeigt sich in den zahlreichen Geschichten von Individuen, die durch seine Unterstützung und Inspiration ermutigt wurden, ihre eigenen künstlerischen und aktivistischen Wege zu gehen. Diese Beziehungen sind nicht nur wichtig für das persönliche Wachstum der Einzelnen, sondern stärken auch die Gemeinschaft als Ganzes.

Die Rolle von Humor

Ein weiteres bemerkenswertes Merkmal von Syrus' Arbeit ist die Verwendung von Humor als Werkzeug im Aktivismus. Humor hat die Fähigkeit, Barrieren abzubauen und Menschen zusammenzubringen. Syrus nutzt humorvolle Elemente in seinen Kunstwerken und in seinen Reden, um ernste Themen zugänglicher zu machen und das Publikum zum Nachdenken anzuregen.

Ein Beispiel hierfür ist seine Performance *"Queer and Funny"*, in der er auf humorvolle Weise die Herausforderungen des Lebens als queer-identifizierte Person thematisiert. Diese Herangehensweise fördert nicht nur das Verständnis, sondern schafft auch einen Raum, in dem sich Menschen wohlfühlen, ihre eigenen Geschichten zu teilen.

EINFÜHRUNG IN SYRUS MARCUS WARE

Fazit

Zusammenfassend lässt sich sagen, dass Syrus Marcus Ware eine bedeutende Rolle in der LGBTQ-Community spielt. Durch seine Kunst, seinen Aktivismus und seine Mentorenschaft hat er nicht nur das Bewusstsein für wichtige Themen geschärft, sondern auch eine Plattform für Dialog und Veränderung geschaffen. Seine Fähigkeit, Humor in den Aktivismus zu integrieren, macht seine Botschaften noch kraftvoller und zugänglicher.

Syrus' Einfluss wird weiterhin in der Community spürbar sein, da er nicht nur als Künstler, sondern auch als Vorbild und Mentor fungiert. Seine Arbeit erinnert uns daran, dass Kunst und Aktivismus Hand in Hand gehen können, um eine gerechtere und inklusivere Gesellschaft zu schaffen.

Künstlerische Einflüsse und Wurzeln

Syrus Marcus Ware ist nicht nur ein Aktivist, sondern auch ein radikaler Künstler, dessen Arbeiten tief in den kulturellen und sozialen Kontexten verwurzelt sind, die seine Identität geprägt haben. Die künstlerischen Einflüsse, die Syrus in seiner Arbeit kanalisiert, sind vielfältig und spiegeln ein reichhaltiges Spektrum an Erfahrungen wider, die sowohl seine persönliche als auch seine politische Entwicklung beeinflusst haben.

Einflüsse der Kindheit

Syrus wurde in einer Umgebung geboren, die sowohl Herausforderungen als auch Möglichkeiten bot. Aufgewachsen in einem multikulturellen Umfeld, war er von verschiedenen Kunstformen umgeben, die seine frühen kreativen Impulse weckten. Seine Familie, insbesondere seine Großeltern, spielten eine entscheidende Rolle bei der Förderung seiner künstlerischen Neigungen. Sie erzählten Geschichten, die nicht nur die kulturelle Identität, sondern auch die Kämpfe der Gemeinschaft widerspiegelten. Diese Geschichten wurden zu einer Quelle der Inspiration und formten Syrus' Verständnis von Kunst als einem Werkzeug zur Erzählung von Erfahrungen und zur Schaffung von Bewusstsein.

Einfluss zeitgenössischer Künstler

In seiner Jugend fand Syrus Inspiration in den Arbeiten von Künstlern wie Jean-Michel Basquiat und Frida Kahlo, die beide für ihre Fähigkeit bekannt sind, gesellschaftliche Themen durch ihre Kunst zu reflektieren. Basquiat, ein Pionier der Neo-Expressionismus-Bewegung, kombinierte in seinen Arbeiten Elemente der afroamerikanischen Kultur mit politischen Kommentaren, was Syrus dazu ermutigte, seine eigene Identität und die damit verbundenen Herausforderungen in seine Kunst zu integrieren. Kahlo hingegen, deren Werke oft persönliche und kulturelle Identität thematisieren, beeinflussten Syrus' Verständnis von Körperlichkeit und Verletzlichkeit in der Kunst.

Soziale und politische Kontexte

Die sozialen und politischen Kontexte, in denen Syrus aufwuchs, spielten ebenfalls eine wichtige Rolle in seiner künstlerischen Entwicklung. Die Auseinandersetzung mit Rassismus, Homophobie und sozialen Ungerechtigkeiten prägte nicht nur seine Identität, sondern auch seine künstlerischen Themen. Er erkannte, dass Kunst ein kraftvolles Mittel sein kann, um gegen Unterdrückung zu kämpfen und Sichtbarkeit für marginalisierte Stimmen zu schaffen. Diese Erkenntnis führte ihn zu einer tiefen Auseinandersetzung mit den Themen Identität, Zugehörigkeit und Widerstand.

Die Rolle der Gemeinschaft

Die Gemeinschaft, in der Syrus lebte, war ein weiterer entscheidender Einfluss auf seine künstlerische Praxis. Die Interaktionen mit anderen Künstlern und Aktivisten, die ähnliche Erfahrungen gemacht hatten, förderten ein Gefühl der Solidarität und des gemeinsamen Ziels. Diese Gemeinschaft bot nicht nur Unterstützung, sondern auch kritisches Feedback, das es Syrus ermöglichte, seinen künstlerischen Stil weiterzuentwickeln. Die Zusammenarbeit mit anderen Künstlern, insbesondere in der LGBTQ-Community, half ihm, neue Perspektiven zu gewinnen und seine Arbeiten in einen größeren sozialen Kontext zu stellen.

Theoretische Einflüsse

Syrus' künstlerische Praxis ist auch von verschiedenen theoretischen Ansätzen beeinflusst. Die kritische Theorie, insbesondere die Arbeiten von Theoretikern wie Michel Foucault und bell hooks, bietet einen Rahmen, um die Machtstrukturen zu hinterfragen, die in der Gesellschaft und in der Kunst existieren. Foucaults Konzepte der Macht und der Diskursanalyse helfen Syrus, die Art und Weise zu verstehen, wie Identitäten konstruiert und dargestellt werden. bell hooks hingegen betont die Bedeutung von Liebe und Gemeinschaft in der feministischen Theorie, was Syrus dazu anregt, diese Elemente in seine künstlerische Arbeit zu integrieren.

Die Verbindung zwischen Kunst und Aktivismus

Die Verbindung zwischen Kunst und Aktivismus ist ein zentrales Thema in Syrus' Arbeit. Er sieht Kunst nicht nur als Ausdruck seiner Identität, sondern auch als ein Mittel, um soziale Veränderungen zu bewirken. Diese Philosophie spiegelt sich in seinen Installationen und Performances wider, die oft provokante Fragen aufwerfen und die Zuschauer zum Nachdenken anregen. Ein Beispiel hierfür ist seine Installation *"Körper und Raum"*, in der er die Interaktion zwischen Körperlichkeit und öffentlichem Raum untersucht und die Zuschauer dazu auffordert, ihre eigenen Vorurteile zu hinterfragen.

Fazit

Zusammenfassend lässt sich sagen, dass die künstlerischen Einflüsse und Wurzeln von Syrus Marcus Ware eine komplexe Mischung aus persönlichen Erfahrungen, kulturellem Erbe und sozialen Kontexten sind. Diese Einflüsse prägen nicht nur seine Kunst, sondern auch sein Engagement als Aktivist. Durch die Integration von Humor, Gemeinschaft und kritischen Theorien schafft Syrus eine einzigartige Plattform, die sowohl persönliche als auch kollektive Geschichten erzählt und einen Raum für Dialog und Veränderung eröffnet.

Erster Kontakt mit Aktivismus

Syrus Marcus Ware erlebte seinen ersten Kontakt mit dem Aktivismus in einer Zeit, in der er sich noch in seiner eigenen Identität suchte. Es war ein entscheidender Moment, der nicht nur seine persönliche Entwicklung, sondern auch seine künstlerische Laufbahn maßgeblich beeinflussen sollte. In dieser Phase seines Lebens wurde ihm bewusst, dass Kunst nicht nur ein Ausdruck seiner selbst war, sondern auch ein Werkzeug, um soziale und politische Veränderungen herbeizuführen.

Die ersten Schritte

Die ersten Schritte in die Welt des Aktivismus wurden durch eine Reihe von Ereignissen in Syrus' Jugend geprägt. In der Schule nahm er an einer Theatergruppe teil, die sich mit Themen wie Diskriminierung und Ungerechtigkeit auseinandersetzte. Diese Erfahrung öffnete ihm die Augen für die Herausforderungen, mit denen viele Menschen konfrontiert sind, insbesondere in Bezug auf die LGBTQ-Community. Die Stücke, die sie aufführten, waren oft emotional aufgeladen und regten zum Nachdenken an. Hier lernte Syrus, dass Kunst eine mächtige Stimme sein kann, um Missstände anzuprangern.

Ein einprägsames Beispiel war die Aufführung eines Stückes über die Erfahrungen von LGBTQ-Jugendlichen in der Schule. Die Reaktionen der Zuschauer waren überwältigend, und viele berichteten von ihren eigenen Erfahrungen mit Mobbing und Ausgrenzung. Dies war der Moment, in dem Syrus erkannte, dass seine Stimme und seine Kunst einen echten Unterschied machen konnten.

Einfluss von Mentoren

Ein weiterer Schlüsselfaktor in Syrus' erstem Kontakt mit dem Aktivismus war der Einfluss von Mentoren. Während seiner Schulzeit traf er auf Lehrer und Community-Leiter, die ihn ermutigten, sich für Gerechtigkeit und Gleichheit einzusetzen. Diese Mentoren waren oft selbst aktiv in verschiedenen sozialen Bewegungen und teilten ihre Erfahrungen mit Syrus. Sie erklärten ihm, dass Aktivismus nicht immer laut und auffällig sein muss; manchmal sind es die kleinen Schritte, die große Veränderungen bewirken können.

Ein besonders prägendes Erlebnis war ein Workshop, den ein prominenter LGBTQ-Aktivist an seiner Schule leitete. Der Aktivist sprach über seine eigenen Herausforderungen und darüber, wie wichtig es ist, für sich selbst und andere einzustehen. Syrus war inspiriert von der Leidenschaft und dem Engagement dieses Aktivisten und beschloss, ebenfalls aktiv zu werden.

Erste politische Erfahrungen

Syrus' erste politischen Erfahrungen waren oft von Unsicherheiten und Herausforderungen geprägt. Er erinnerte sich an eine Demonstration, an der er zum ersten Mal teilnahm. Es war eine kleine, lokale Veranstaltung, die sich gegen Diskriminierung und für die Rechte von LGBTQ-Personen einsetzte. Obwohl er nervös war, fühlte er sich auch ermutigt, Teil einer Gemeinschaft zu sein, die für eine gemeinsame Sache kämpfte.

Die Demonstration war nicht ohne Schwierigkeiten. Syrus erlebte, wie einige Teilnehmer von Passanten beleidigt wurden. Diese Erfahrungen waren schmerzhaft, aber sie stärkten auch seinen Entschluss, sich weiterhin für die Rechte der LGBTQ-Community einzusetzen. Er verstand, dass Aktivismus oft mit Widerstand konfrontiert wird, aber auch, dass dieser Widerstand nicht die Botschaft der Liebe und Akzeptanz ersticken kann.

EINFÜHRUNG IN SYRUS MARCUS WARE 9

Kunst als Aktivismus

Ein wichtiger Aspekt von Syrus' erstem Kontakt mit dem Aktivismus war die Erkenntnis, dass Kunst und Aktivismus eng miteinander verbunden sind. Er begann, seine künstlerischen Fähigkeiten als Plattform zu nutzen, um auf soziale Missstände aufmerksam zu machen. Seine ersten Werke, die er in der Schule schuf, waren oft von seinen Erfahrungen als LGBTQ-Jugendlicher geprägt. Diese Kunstwerke waren nicht nur Ausdruck seiner Identität, sondern auch ein Aufruf zur Solidarität und zum Verständnis.

Ein Beispiel für diese Verbindung war ein Wandgemälde, das Syrus zusammen mit seinen Freunden in der Schule malte. Es stellte die Vielfalt der LGBTQ-Identitäten dar und wurde zu einem Symbol der Hoffnung und des Wandels. Das Wandgemälde wurde nicht nur von den Schülern geschätzt, sondern zog auch die Aufmerksamkeit der lokalen Medien auf sich. Dies war der erste Schritt in Syrus' Reise als Künstler und Aktivist, und es zeigte ihm, wie mächtig Kunst sein kann, um Gemeinschaften zu mobilisieren und Veränderungen herbeizuführen.

Reflexion über die Erfahrungen

Rückblickend betrachtet, waren diese frühen Erfahrungen im Aktivismus für Syrus von unschätzbarem Wert. Sie halfen ihm, seine Identität zu formen und seine Stimme in einer Welt zu finden, die oft laut und überwältigend sein kann. Die Herausforderungen, die er erlebte, lehrten ihn Resilienz und die Bedeutung von Gemeinschaft.

Syrus erkannte, dass der Aktivismus nicht nur eine Aufgabe ist, sondern eine Lebensweise. Diese Erkenntnis begleitete ihn auf seinem weiteren Weg und prägte seine künstlerische Arbeit und sein Engagement für soziale Gerechtigkeit. Sein erster Kontakt mit dem Aktivismus war der Grundstein für alles, was kommen sollte, und er verstand, dass die Geschichten, die er erzählte, nicht nur seine eigene, sondern auch die Geschichten vieler anderer waren, die oft im Schatten standen.

Insgesamt war Syrus' erster Kontakt mit dem Aktivismus eine Mischung aus persönlichen Entdeckungen, Herausforderungen und der Kraft der Kunst. Diese Erfahrungen legten den Grundstein für seine zukünftige Arbeit und seinen Einfluss auf die LGBTQ-Community und darüber hinaus.

Zielsetzung der Biografie

Die vorliegende Biografie über Syrus Marcus Ware verfolgt mehrere zentrale Ziele, die sowohl die Person selbst als auch die breitere LGBTQ-Community betreffen.

Zunächst einmal soll diese Biografie als umfassendes Dokumentation seiner Lebensgeschichte dienen, um die Leser:innen in die Welt eines radikalen Künstlers und Aktivisten einzuführen, dessen Einfluss weit über die Grenzen der Kunst hinausgeht.

Ein wesentliches Ziel dieser Biografie ist es, das Verständnis für die Rolle von Kunst im Aktivismus zu vertiefen. Kunst ist nicht nur ein Ausdruck individueller Kreativität, sondern auch ein mächtiges Werkzeug zur Mobilisierung und Sensibilisierung. In den Worten von Ware: „Kunst hat die Fähigkeit, das Unaussprechliche auszusprechen und die Unsichtbaren sichtbar zu machen." Diese Biografie wird die verschiedenen Arten von Kunstwerken untersuchen, die Syrus geschaffen hat, und wie diese Werke dazu beigetragen haben, gesellschaftliche Missstände anzuprangern und Veränderungen herbeizuführen.

Ein weiteres Ziel ist die Auseinandersetzung mit den Herausforderungen, denen sich Syrus in seinem Leben und seiner Karriere gegenübersah. Diese Herausforderungen waren oft vielschichtig und umfassten sowohl persönliche als auch gesellschaftliche Dimensionen. Beispielsweise wird die Biografie die Diskriminierung und Vorurteile beleuchten, die er als queer und als Künstler mit afroamerikanischen Wurzeln erfahren hat. Durch die Analyse dieser Probleme wird die Biografie nicht nur Syrus' individuelle Kämpfe darstellen, sondern auch die strukturellen Barrieren, die viele Menschen in der LGBTQ-Community betreffen.

Darüber hinaus zielt die Biografie darauf ab, die Bedeutung von Humor im Aktivismus zu beleuchten. Humor kann ein effektives Mittel sein, um ernste Themen anzusprechen und gleichzeitig eine Verbindung zu einem breiteren Publikum herzustellen. Syrus nutzt Humor, um die Schwere der Themen, mit denen er sich auseinandersetzt, zu entschärfen und einen Dialog zu fördern. Anhand von Beispielen aus seinen Arbeiten wird diese Biografie aufzeigen, wie Humor sowohl als Bewältigungsmechanismus als auch als strategisches Werkzeug im Aktivismus fungiert.

Ein weiterer Aspekt der Zielsetzung ist die Reflexion über die Geschichten, die Syrus und andere Aktivisten innerhalb der LGBTQ-Community erzählen. Geschichten sind entscheidend für das Verständnis und die Akzeptanz von Identitäten und Erfahrungen. Diese Biografie wird die Wichtigkeit von Erzählungen in der LGBTQ-Kultur hervorheben und wie Syrus' eigene Geschichten dazu beitragen, eine Gemeinschaft zu bilden und Solidarität zu fördern.

Schließlich wird die Biografie auch einen Ausblick auf die zukünftigen Herausforderungen und Möglichkeiten geben, die sowohl Syrus als auch die LGBTQ-Community insgesamt erwarten. Dies umfasst die Betrachtung aktueller politischer Bewegungen, die Rolle der sozialen Medien im Aktivismus und die sich verändernde Landschaft der Kunst und des Aktivismus im digitalen Zeitalter. Durch diese umfassende Analyse wird die Biografie nicht nur Syrus' Leben dokumentieren, sondern auch als Inspirationsquelle für zukünftige Generationen von Aktivisten dienen.

Insgesamt zielt diese Biografie darauf ab, ein facettenreiches Bild von Syrus Marcus Ware zu zeichnen, das sowohl seine künstlerischen Errungenschaften als auch seine Rolle als Aktivist umfasst. Sie soll die Leser:innen dazu anregen, über die Schnittstellen von Kunst, Aktivismus und Identität nachzudenken und die Bedeutung von Geschichten und Humor in diesem Kontext zu erkennen. Diese Zielsetzungen sind nicht nur für das Verständnis von Syrus als Individuum von Bedeutung, sondern auch für die breitere Diskussion über die Herausforderungen und Errungenschaften der LGBTQ-Community im 21. Jahrhundert.

Der Humor als Werkzeug im Aktivismus

Humor ist ein kraftvolles Werkzeug im Aktivismus, das oft übersehen wird. In einer Welt, die von ernsten Themen und Herausforderungen geprägt ist, kann Humor eine Brücke schlagen, die Menschen zusammenbringt und es ihnen ermöglicht, schwierige Themen auf eine zugängliche Weise zu diskutieren. Für Syrus Marcus Ware und viele andere Aktivisten ist Humor nicht nur ein Mittel zur Unterhaltung, sondern auch ein strategisches Element, um Aufmerksamkeit zu erregen und Veränderungen zu bewirken.

Theoretische Grundlagen

Die Verwendung von Humor im Aktivismus kann auf verschiedene theoretische Konzepte zurückgeführt werden. Eine der bekanntesten Theorien ist die *Incongruity Theory*, die besagt, dass Humor entsteht, wenn es eine Diskrepanz zwischen dem Erwarteten und dem tatsächlich Erlebten gibt. Diese Diskrepanz kann genutzt werden, um kritische Fragen zu stellen und die Absurdität bestimmter gesellschaftlicher Normen oder politischer Entscheidungen aufzuzeigen.

Ein weiteres relevantes Konzept ist die *Benign Violation Theory*, die darauf hinweist, dass Humor entsteht, wenn eine Situation gleichzeitig als verletzend und als harmlos wahrgenommen wird. Dies ermöglicht es Aktivisten, ernsthafte Themen wie Diskriminierung oder Ungerechtigkeit anzusprechen, ohne dass die Zuhörer sich sofort defensiv verhalten.

Probleme und Herausforderungen

Trotz der Vorteile, die Humor im Aktivismus bietet, gibt es auch Herausforderungen. Eine der größten Hürden besteht darin, den richtigen Ton zu treffen. Humor kann leicht missverstanden werden und unbeabsichtigte Wunden aufreißen, insbesondere bei Themen, die mit Identität, Trauma und Diskriminierung verbunden sind. Aktivisten müssen daher sorgfältig abwägen, wie sie Humor einsetzen, um sicherzustellen, dass er nicht als respektlos oder unangemessen wahrgenommen wird.

Ein weiteres Problem ist die Gefahr der Banalisierung. Wenn humorvolle Ansätze zu sehr ins Lächerliche gezogen werden, kann dies dazu führen, dass die Ernsthaftigkeit des Themas verloren geht. Aktivisten müssen darauf achten, dass der Humor nicht die Kernbotschaft verwässert, sondern sie verstärkt.

Beispiele für Humor im Aktivismus

Syrus Marcus Ware ist ein hervorragendes Beispiel für die effektive Nutzung von Humor im Aktivismus. In seinen Kunstwerken und öffentlichen Auftritten verwendet er oft satirische Elemente, um auf Missstände aufmerksam zu machen. Ein bemerkenswertes Beispiel ist seine Installation *"Kunst, die schockiert"*, in der er humorvolle Darstellungen von stereotypen Darstellungen von LGBTQ-Personen in den Medien verwendet, um die Absurdität dieser Darstellungen zu kritisieren.

Ein weiteres Beispiel ist die Verwendung von Memes in sozialen Medien. Aktivisten nutzen humorvolle Memes, um komplexe Themen zu vereinfachen und sie in einem Format zu präsentieren, das für ein breiteres Publikum zugänglich ist. Diese Memes können virale Effekte erzeugen und Diskussionen anstoßen, die sonst möglicherweise nicht stattgefunden hätten.

Die Rolle von Humor in der Gemeinschaft

Humor fördert auch das Gemeinschaftsgefühl innerhalb der LGBTQ-Community. Durch gemeinsames Lachen über gemeinsame Erfahrungen und Herausforderungen wird eine Bindung geschaffen, die den Zusammenhalt stärkt. Humor kann als eine Form der Resilienz betrachtet werden, die es den Menschen ermöglicht, schwierige Zeiten zu überstehen und dabei eine positive Perspektive zu bewahren.

Zusammenfassend lässt sich sagen, dass Humor ein unverzichtbares Werkzeug im Aktivismus ist. Er ermöglicht es, komplexe und oft schmerzhafte Themen auf eine Weise zu präsentieren, die sowohl ansprechend als auch nachdenklich ist. Für Syrus Marcus Ware und viele andere Aktivisten ist der

EINFÜHRUNG IN SYRUS MARCUS WARE 13

Einsatz von Humor nicht nur eine Strategie, sondern ein integraler Bestandteil ihrer Identität und ihres Engagements für soziale Gerechtigkeit.

$$H = \frac{E}{C} \quad (1)$$

wobei H für Humor steht, E für die emotionale Resonanz des Publikums und C für den Kontext, in dem der Humor präsentiert wird. Diese Gleichung verdeutlicht, dass der Erfolg von Humor im Aktivismus von der emotionalen Verbindung und dem Kontext abhängt, in dem er verwendet wird.

In Anbetracht all dieser Aspekte wird deutlich, dass Humor in der Arbeit von Syrus Marcus Ware eine zentrale Rolle spielt, sowohl als Werkzeug zur Mobilisierung als auch als Mittel zur Schaffung eines inklusiven und unterstützenden Raums für alle, die für Gleichheit und Gerechtigkeit kämpfen.

Die Wichtigkeit von Geschichten in der LGBTQ-Kultur

Die Erzählung von Geschichten ist ein zentrales Element der LGBTQ-Kultur. Geschichten haben die Kraft, Menschen zu verbinden, Identitäten zu formen und das Verständnis für verschiedene Lebensrealitäten zu fördern. In einer Welt, in der LGBTQ-Personen oft marginalisiert oder unsichtbar gemacht werden, bieten Geschichten eine Plattform, um Sichtbarkeit zu schaffen und die Vielfalt menschlicher Erfahrungen zu feiern.

Theoretische Grundlagen

Die Erzähltheorie, wie sie von Autoren wie Mikhail Bakhtin und Paul Ricoeur entwickelt wurde, betont die Bedeutung von Narrativen in der menschlichen Erfahrung. Bakhtin argumentiert, dass Geschichten nicht nur als einfache Erzählungen fungieren, sondern auch als soziale und kulturelle Konstrukte, die Bedeutungen und Identitäten formen. In der LGBTQ-Kultur sind Geschichten besonders wichtig, da sie oft gegen die dominante Heteronormativität angehen und alternative Perspektiven bieten.

Probleme und Herausforderungen

Trotz der Bedeutung von Geschichten in der LGBTQ-Kultur stehen diese oft vor Herausforderungen. Viele LGBTQ-Personen erleben eine Form von „Narrativer Unsichtbarkeit", in der ihre Geschichten nicht erzählt oder anerkannt werden. Dies kann zu einem Gefühl der Isolation und Entfremdung führen. Darüber hinaus gibt es innerhalb der LGBTQ-Community unterschiedliche Erfahrungen und Identitäten, die oft in den Mainstream-Erzählungen nicht berücksichtigt werden.

Beispiele für bedeutende Geschichten

Ein Beispiel für die Kraft von Geschichten in der LGBTQ-Kultur ist die Autobiografie von Audre Lorde, einer schwarzen Lesbe, die in ihren Schriften Themen wie Rassismus, Sexismus und Homophobie behandelt. Ihre Erzählungen haben nicht nur ihre eigene Identität geformt, sondern auch anderen geholfen, ihre eigenen Erfahrungen zu verstehen und zu artikulieren.

Ein weiteres Beispiel ist die Dokumentation „Paris is Burning", die das Leben von Drag Queens und LGBTQ-Personen in New York in den 1980er Jahren beleuchtet. Diese Erzählung zeigt nicht nur die Herausforderungen, mit denen diese Gemeinschaft konfrontiert war, sondern feiert auch die Kreativität, den Humor und die Widerstandskraft der Protagonisten.

Die Rolle von Geschichten in der Gemeinschaft

Geschichten fördern nicht nur das individuelle Verständnis, sondern auch das Gemeinschaftsgefühl. Sie ermöglichen es den Menschen, sich mit anderen zu identifizieren und Empathie zu entwickeln. In LGBTQ-Gruppen werden oft Geschichten geteilt, um Erfahrungen zu verarbeiten, Unterstützung zu bieten und Solidarität zu schaffen. Dies zeigt sich beispielsweise in „Storytelling-Veranstaltungen" oder „Open Mic"-Abenden, wo Mitglieder der Community ihre Geschichten vortragen und somit eine kollektive Identität fördern.

Fazit

Insgesamt ist die Bedeutung von Geschichten in der LGBTQ-Kultur nicht zu unterschätzen. Sie bieten eine Möglichkeit, Sichtbarkeit zu schaffen, Identitäten zu formen und Gemeinschaften zu stärken. Durch das Erzählen und Teilen von Geschichten können wir die Vielfalt menschlicher Erfahrungen feiern und die Herausforderungen, vor denen LGBTQ-Personen stehen, besser verstehen. Geschichten sind nicht nur Erzählungen; sie sind kraftvolle Werkzeuge für sozialen Wandel und persönliche Heilung.

EINFÜHRUNG IN SYRUS MARCUS WARE

Vorwort von einem prominenten Aktivisten

Es ist mir eine Ehre, dieses Vorwort für die Biografie von Syrus Marcus Ware zu schreiben, einem radikalen Künstler und Aktivisten, dessen Einfluss auf die LGBTQ-Community nicht hoch genug eingeschätzt werden kann. Als jemand, der in der gleichen Bewegung aktiv ist, habe ich Syrus als einen unerschütterlichen Kämpfer für Gerechtigkeit und Gleichheit erlebt. Sein Engagement für die Rechte der Marginalisierten und Unterdrückten ist nicht nur inspirierend, sondern auch notwendig in einer Zeit, in der wir noch immer mit vielen Herausforderungen konfrontiert sind.

Syrus hat eine einzigartige Fähigkeit, Kunst und Aktivismus zu verbinden. Er nutzt seine kreative Stimme, um wichtige gesellschaftliche Themen anzusprechen, die oft ignoriert oder übersehen werden. Diese Verbindung ist nicht nur ein künstlerisches Statement, sondern auch ein Aufruf zum Handeln. In seinen Arbeiten reflektiert er die Kämpfe der LGBTQ-Community, die Herausforderungen von Rassismus und die Suche nach Identität. Er schafft es, diese komplexen Themen in einer Weise zu präsentieren, die sowohl zugänglich als auch provokant ist.

Ein Beispiel für Syrus' Einfluss ist seine Teilnahme an der *Black Lives Matter*-Bewegung. Durch seine Kunst hat er nicht nur die Stimmen der Schwarzen LGBTQ-Community verstärkt, sondern auch den Dialog über Rassismus und Diskriminierung innerhalb und außerhalb der LGBTQ-Bewegung angestoßen. Seine Installationen und Performances sind nicht nur ästhetisch ansprechend, sondern auch tiefgründig und herausfordernd. Sie zwingen uns, über unsere eigenen Vorurteile und die Strukturen nachzudenken, die Ungleichheit aufrechterhalten.

Die Theorie hinter Syrus' Arbeit ist tief verwurzelt in der kritischen Rassentheorie und der queerfeministischen Theorie. Diese Theorien bieten einen Rahmen, um die Schnittstellen von Identität, Macht und Widerstand zu verstehen. Sie lehren uns, dass unsere Kämpfe miteinander verbunden sind und dass wir in Solidarität handeln müssen, um echte Veränderungen zu bewirken. Syrus verkörpert diese Prinzipien in seiner täglichen Praxis und ermutigt andere, dasselbe zu tun.

Ein zentrales Problem, das Syrus in seiner Arbeit anspricht, ist die Unsichtbarkeit von marginalisierten Stimmen innerhalb der LGBTQ-Community. Oft werden die Erfahrungen von People of Color, Trans-Personen und anderen unterrepräsentierten Gruppen übersehen. Durch seine Kunst macht Syrus diese Stimmen sichtbar und fordert uns auf, zuzuhören und zu lernen. Er zeigt uns, dass Aktivismus nicht nur in den Straßen, sondern auch in den Galerien und in unseren

Herzen stattfinden kann.

Sein Humor ist ein weiteres Werkzeug, das er meisterhaft einsetzt. In einer Welt, die oft düster und herausfordernd ist, nutzt Syrus Humor, um Barrieren abzubauen und Menschen zusammenzubringen. Dieser Ansatz erinnert uns daran, dass Aktivismus nicht immer ernst sein muss; manchmal ist Lachen der beste Weg, um Menschen zu erreichen und sie zum Nachdenken anzuregen.

In dieser Biografie werden wir die verschiedenen Facetten von Syrus' Leben und Werk erkunden. Wir werden sehen, wie er seine Kindheit und Jugend geprägt hat, seine akademische Laufbahn, seinen Aufstieg als Künstler und Aktivist sowie die Herausforderungen, denen er begegnete. Es ist eine Reise, die uns nicht nur über Syrus lehrt, sondern auch über die Gesellschaft, in der wir leben, und die Arbeit, die noch zu tun ist.

Ich lade Sie ein, sich auf diese Reise zu begeben. Lassen Sie sich von Syrus' Geschichten inspirieren, lernen Sie von seinen Kämpfen und feiern Sie seine Erfolge. In einer Welt, die oft von Spaltung und Ungerechtigkeit geprägt ist, ist Syrus Marcus Ware ein strahlendes Beispiel für das, was möglich ist, wenn wir uns für das einsetzen, was richtig ist. Möge seine Geschichte uns alle motivieren, unsere eigenen Stimmen zu erheben und für eine bessere Zukunft zu kämpfen.

Ein Blick auf die Herausforderungen

Syrus Marcus Ware hat in seinem Leben viele Herausforderungen gemeistert, die sowohl seine künstlerische als auch seine aktivistische Reise geprägt haben. Diese Herausforderungen sind nicht nur persönliche Kämpfe, sondern spiegeln auch die größeren gesellschaftlichen Probleme wider, mit denen die LGBTQ-Community konfrontiert ist. In diesem Abschnitt werfen wir einen Blick auf einige dieser Herausforderungen und analysieren, wie sie Syrus' Arbeit und Engagement beeinflusst haben.

Gesellschaftliche Vorurteile und Diskriminierung

Eine der größten Herausforderungen, mit denen Syrus konfrontiert war, sind die tief verwurzelten gesellschaftlichen Vorurteile gegenüber LGBTQ-Personen. In vielen Kulturen gibt es noch immer eine weit verbreitete Stigmatisierung, die sich in Diskriminierung und Gewalt manifestiert. Diese Vorurteile können sich in verschiedenen Lebensbereichen zeigen, sei es im Beruf, im sozialen Umfeld oder in der Kunstszene.

Syrus hat in seiner Kunst oft auf diese Probleme hingewiesen. Ein Beispiel ist seine Installation *„Identität im Schatten"*, die die Unsichtbarkeit von

LGBTQ-Personen in der Gesellschaft thematisiert. Durch die Verwendung von Schattenfiguren, die in der Dunkelheit stehen, vermittelt er das Gefühl, dass viele Menschen in der Gesellschaft nicht gesehen oder gehört werden.

Innere Konflikte und Identitätsfindung

Neben den äußeren Herausforderungen hat Syrus auch mit inneren Konflikten zu kämpfen gehabt. Die Suche nach der eigenen Identität ist ein zentraler Aspekt im Leben vieler LGBTQ-Personen. Syrus hat offen über seine Erfahrungen mit Selbstzweifeln und der Angst, von der Gesellschaft nicht akzeptiert zu werden, gesprochen. Diese inneren Konflikte können lähmend sein und führen oft zu einem Gefühl der Isolation.

Die Theorie der *Identitätsentwicklung* nach Erik Erikson beschreibt, wie wichtig die Auseinandersetzung mit der eigenen Identität in der Jugend ist. Für Syrus war dieser Prozess nicht nur eine persönliche Herausforderung, sondern auch eine Quelle der Inspiration für seine Kunst. Seine Werke reflektieren oft die Komplexität der Identitätsfindung und bieten anderen, die ähnliche Kämpfe durchleben, eine Möglichkeit zur Identifikation und zum Austausch.

Finanzielle Unsicherheiten

Ein weiterer Aspekt, der Syrus' Arbeit beeinflusst hat, sind finanzielle Unsicherheiten. Viele Künstler, insbesondere solche, die in Nischenbereichen wie der LGBTQ-Kunst arbeiten, kämpfen oft mit der Unsicherheit, ob sie von ihrer Kunst leben können. Syrus hat in Interviews darüber gesprochen, wie schwierig es war, finanzielle Unterstützung für seine Projekte zu finden, insbesondere in einer Zeit, in der Kunst und Kultur oft als weniger wichtig angesehen werden.

Die Notwendigkeit von *Fundraising* und die Suche nach Stipendien und Förderungen sind für viele Künstler eine ständige Herausforderung. Syrus hat jedoch gelernt, diese Hürden als Teil seines kreativen Prozesses zu akzeptieren und nutzt sie, um innovative Lösungen zu finden. Ein Beispiel hierfür ist seine erfolgreiche Crowdfunding-Kampagne für das Projekt *„Kunst für alle"*, die es ihm ermöglichte, Workshops für junge LGBTQ-Künstler anzubieten.

Gesundheitliche Herausforderungen

Die psychische Gesundheit ist ein weiteres wichtiges Thema, das Syrus und viele seiner Mitstreiter betrifft. Der Druck, der mit dem Aktivismus verbunden ist, kann zu Stress, Angstzuständen und Depressionen führen. Syrus hat betont, wie wichtig es ist, über diese Themen zu sprechen und Unterstützung zu suchen.

Die Verbindung zwischen psychischer Gesundheit und kreativem Ausdruck ist gut dokumentiert. Viele Künstler nutzen ihre Kunst als eine Form der Therapie. Syrus' Werke sind oft eine Reflexion seiner eigenen Kämpfe und bieten gleichzeitig eine Plattform für andere, ihre Erfahrungen zu teilen. In seiner Installation *„Heilung durch Kunst"* hat er gezeigt, wie kreative Prozesse zur emotionalen Verarbeitung beitragen können.

Der Kampf um Sichtbarkeit

Ein zentrales Anliegen von Syrus ist die Sichtbarkeit von marginalisierten Gruppen innerhalb der LGBTQ-Community. Trotz der Fortschritte, die in den letzten Jahren erzielt wurden, gibt es immer noch viele Stimmen, die nicht gehört werden. Syrus hat sich aktiv dafür eingesetzt, dass diese Stimmen Gehör finden, sei es durch seine Kunst, seine Reden oder sein Engagement in verschiedenen Initiativen.

Die *Theorie der sozialen Gerechtigkeit* legt nahe, dass Sichtbarkeit und Repräsentation entscheidend für den sozialen Wandel sind. Durch seine Arbeit hat Syrus nicht nur die Herausforderungen der LGBTQ-Community hervorgehoben, sondern auch Wege aufgezeigt, wie diese Herausforderungen überwunden werden können.

Fazit

Die Herausforderungen, mit denen Syrus Marcus Ware konfrontiert ist, sind vielfältig und komplex. Sie sind sowohl ein Spiegelbild seiner persönlichen Reise als auch der gesellschaftlichen Probleme, die die LGBTQ-Community betreffen. Trotz dieser Herausforderungen hat Syrus es geschafft, seine Erfahrungen in kreative und transformative Kunst zu verwandeln, die nicht nur ihn, sondern auch viele andere inspiriert und ermutigt. Durch seinen unermüdlichen Einsatz für Sichtbarkeit und Gerechtigkeit hat er nicht nur sein eigenes Leben bereichert, sondern auch das Leben vieler Menschen, die sich in seinen Arbeiten wiederfinden können.

Der Einfluss von Kunst auf den Aktivismus

Kunst hat seit jeher eine zentrale Rolle im Aktivismus gespielt. Sie dient nicht nur als Ausdrucksform, sondern auch als kraftvolles Werkzeug zur Mobilisierung, Sensibilisierung und Veränderung. In dieser Sektion werden wir untersuchen, wie Kunst den Aktivismus beeinflusst, welche Theorien dabei eine Rolle spielen und welche Herausforderungen und Erfolge damit verbunden sind.

Theoretische Grundlagen

Die Verbindung zwischen Kunst und Aktivismus kann durch verschiedene theoretische Rahmenwerke verstanden werden. Eine der zentralen Theorien ist die **Ästhetik des Widerstands**, die von der deutschen Künstlerin und Aktivistin *Hannah Arendt* inspiriert ist. Sie beschreibt, wie Kunst in der Lage ist, gesellschaftliche Normen zu hinterfragen und alternative Perspektiven zu eröffnen. Kunst bietet einen Raum, in dem marginalisierte Stimmen Gehör finden und soziale Ungerechtigkeiten thematisiert werden können.

Ein weiteres relevantes Konzept ist die **Performative Theorie**, die besagt, dass Kunst nicht nur beobachtet, sondern auch erlebt werden muss. Sie fordert das Publikum aktiv heraus und verwandelt passives Zuschauen in aktives Engagement. Diese Theorie ist besonders relevant für den LGBTQ-Aktivismus, wo Performances und visuelle Kunst oft als Mittel zur Sichtbarmachung von Identitäten und Kämpfen eingesetzt werden.

Kunst als Mobilisierungsinstrument

Kunst hat die Fähigkeit, Menschen zu mobilisieren und zu inspirieren. Ein bemerkenswertes Beispiel ist die **AIDS-Aktivismus-Gruppe ACT UP**, die in den 1980er Jahren gegründet wurde. Diese Gruppe nutzte visuelle Kunst, um auf die AIDS-Krise aufmerksam zu machen. Durch provokante Plakate, Aktionen und Performances gelang es ihnen, die Gesellschaft zu sensibilisieren und politischen Druck auf Entscheidungsträger auszuüben. Ihre berühmte Kampagne *"Silence = Death"* ist ein Beispiel dafür, wie Kunst als Schrei nach Aufmerksamkeit und Gerechtigkeit fungieren kann.

Herausforderungen und Probleme

Trotz der positiven Auswirkungen, die Kunst auf den Aktivismus haben kann, gibt es auch Herausforderungen. Eine der größten Schwierigkeiten ist die **Kommerzialisierung der Kunst**. In einer Welt, in der Kunst oft als Ware betrachtet wird, kann die Botschaft des Aktivismus verwässert werden. Künstler und Aktivisten stehen vor der Herausforderung, authentisch zu bleiben und gleichzeitig im kommerziellen Raum sichtbar zu sein.

Ein weiteres Problem ist die **Zensur**. In vielen Ländern werden künstlerische Ausdrucksformen, die sich kritisch mit sozialen und politischen Themen auseinandersetzen, unterdrückt. Dies kann dazu führen, dass wichtige Stimmen und Perspektiven nicht gehört werden. Der LGBTQ-Aktivismus hat in der

Vergangenheit oft unter Zensur gelitten, was die Sichtbarkeit und das Verständnis für die Anliegen der Gemeinschaft beeinträchtigt hat.

Erfolge und positive Beispiele

Trotz dieser Herausforderungen gibt es zahlreiche Erfolge, die die Kraft der Kunst im Aktivismus demonstrieren. Ein bemerkenswertes Beispiel ist die **Pride Parade**, die in vielen Städten weltweit gefeiert wird. Diese Veranstaltungen kombinieren Kunst, Performance und Aktivismus, um die LGBTQ-Community zu feiern und auf ihre Rechte aufmerksam zu machen. Die bunten Paraden, die oft von Künstlern und Aktivisten gestaltet werden, ziehen Millionen von Menschen an und schaffen ein Gefühl der Solidarität und Gemeinschaft.

Ein weiteres Beispiel ist die **Kunstinstallation "The Gay Bar"** von Syrus Marcus Ware, die in verschiedenen Städten gezeigt wurde. Diese Installation nutzt interaktive Elemente, um das Publikum in die Thematik der LGBTQ-Identität und -Erfahrungen einzubeziehen. Durch den Einsatz von Kunst wird eine Plattform geschaffen, auf der Dialoge über Identität, Gemeinschaft und Widerstand stattfinden können.

Fazit

Der Einfluss von Kunst auf den Aktivismus ist vielschichtig und bedeutend. Kunst hat die Fähigkeit, Menschen zu mobilisieren, Bewusstsein zu schaffen und soziale Veränderungen voranzutreiben. Trotz der Herausforderungen, wie Kommerzialisierung und Zensur, bleibt die Kunst ein unverzichtbares Werkzeug im Kampf für Gerechtigkeit und Gleichheit. Die Verbindung zwischen Kunst und Aktivismus ist nicht nur eine Frage der Ästhetik, sondern eine wesentliche Komponente des sozialen Wandels, die es ermöglicht, Geschichten zu erzählen, die oft ungehört bleiben.

$$\text{Kunst} + \text{Aktivismus} = \text{Sozialer Wandel} \tag{2}$$

In dieser Gleichung wird deutlich, dass die Kombination von Kunst und Aktivismus eine kraftvolle Dynamik erzeugt, die zur Transformation der Gesellschaft beitragen kann. Die Geschichten, die durch Kunst erzählt werden, sind nicht nur wichtig für das Verständnis der LGBTQ-Community, sondern auch für alle, die für eine gerechtere und inklusivere Welt kämpfen.

Frühes Leben und Bildung

Kindheit und Jugend

Geburtsort und familiärer Hintergrund

Syrus Marcus Ware wurde in der pulsierenden Stadt Toronto, Kanada, geboren. Diese Stadt ist nicht nur für ihre kulturelle Vielfalt bekannt, sondern auch als ein bedeutendes Zentrum für LGBTQ-Aktivismus und -Kunst. Torontos multikulturelle Gesellschaft hat Syrus' frühe Perspektiven und seine künstlerische Entwicklung stark geprägt. In einem Umfeld aufzuwachsen, das von verschiedenen Kulturen und Identitäten durchzogen ist, half ihm, ein tiefes Verständnis für die Herausforderungen und Kämpfe, die viele marginalisierte Gruppen erleben, zu entwickeln.

Familiärer Hintergrund

Syrus wurde in eine Familie geboren, die sowohl Einflüsse aus dem karibischen als auch aus dem europäischen Raum vereinte. Seine Mutter, eine engagierte Sozialarbeiterin, war stets bestrebt, soziale Gerechtigkeit und Gleichheit zu fördern. Sie vermittelte Syrus von klein auf die Werte des Mitgefühls, der Solidarität und des Engagements für die Gemeinschaft. Diese Werte wurden zu den Grundpfeilern seiner späteren Aktivitäten als Künstler und Aktivist.

Sein Vater, ein talentierter Musiker, brachte Syrus die Welt der Kunst näher. Durch die Musik seines Vaters lernte er, wie Kunst als Ausdruck von Identität und Widerstandskraft fungieren kann. Diese frühe Exposition gegenüber kreativen Ausdrucksformen half Syrus, seine eigene Stimme zu finden und die Bedeutung von Kunst in der Gesellschaft zu erkennen.

Einfluss der Familie auf Syrus' Identitätsentwicklung

Die Unterstützung seiner Familie war entscheidend für Syrus' Reise zur Selbstakzeptanz. In einer Zeit, in der er mit seiner sexuellen Identität kämpfte, fand er Trost in den Gesprächen mit seiner Mutter, die ihm stets versicherte, dass es in Ordnung sei, anders zu sein. Diese Unterstützung half ihm, die Herausforderungen der Selbstfindung zu meistern, die viele LGBTQ-Personen durchleben.

Ein zentrales Element in Syrus' Kindheit war das Gefühl der Zugehörigkeit, das ihm seine Familie vermittelte. Trotz der Schwierigkeiten, die er als junger schwarzer, queer-identifizierter Mensch erlebte, war seine Familie ein sicherer Hafen. Diese Unterstützung ermöglichte es ihm, seine kreativen Talente zu entwickeln und seine Stimme in der Kunstszene zu erheben.

Herausforderungen und Widerstände

Trotz der positiven Einflüsse gab es auch Herausforderungen. Syrus erlebte Diskriminierung aufgrund seiner Hautfarbe und sexuellen Identität, was ihm bereits in der Schule begegnete. Diese Erfahrungen führten zu einem tiefen Verständnis für die Ungerechtigkeiten, die viele Menschen in der LGBTQ-Community erfahren. Diese frühen Kämpfe wurden zu einem zentralen Thema in seiner Kunst und Aktivismus.

In der Schule wurde Syrus oft als „anders" wahrgenommen. Diese Stigmatisierung führte zu Isolation und Einsamkeit, was wiederum seine künstlerischen Ausdrucksformen beeinflusste. Er begann, seine Emotionen durch Zeichnungen und Malereien zu verarbeiten, was ihm half, sowohl seine inneren Kämpfe als auch die äußeren Herausforderungen zu bewältigen.

Einfluss der Gemeinschaft

Die Gemeinschaft um Syrus herum spielte eine entscheidende Rolle in seiner Entwicklung. Toronto ist bekannt für seine LGBTQ-Community, die eine Reihe von Unterstützungsnetzwerken und Ressourcen bietet. Diese Gemeinschaft half Syrus, sich mit Gleichgesinnten zu verbinden und sich aktiv in den Kampf für Gleichheit und Gerechtigkeit einzubringen.

Syrus' frühe Erfahrungen in dieser unterstützenden Umgebung trugen dazu bei, seinen Aktivismus zu formen. Er lernte, dass Kunst eine mächtige Waffe im Kampf gegen Diskriminierung sein kann. Diese Erkenntnis führte ihn dazu, seine Kunst nicht nur als persönliche Ausdrucksform zu nutzen, sondern auch als Plattform für soziale Veränderungen.

Zusammenfassung

Zusammenfassend lässt sich sagen, dass Syrus Marcus Wares Geburtsort und familiärer Hintergrund eine fundamentale Rolle in seiner Entwicklung als Künstler und Aktivist gespielt haben. Die Kombination aus einer unterstützenden Familie und der dynamischen Gemeinschaft Torontos ermöglichte es ihm, seine Identität zu erforschen und seine Stimme zu finden. Diese frühen Einflüsse sind entscheidend für das Verständnis seiner späteren Werke und seines Engagements für die LGBTQ-Community. Die Herausforderungen, die er überwinden musste, wurden zu Antrieben für seinen Aktivismus und seine Kunst, die sich mit Themen wie Identität, Gerechtigkeit und der Kraft der Gemeinschaft auseinandersetzen.

Erste künstlerische Erfahrungen

Syrus Marcus Ware wuchs in einer Umgebung auf, die sowohl kulturell als auch künstlerisch geprägt war. Schon in der frühen Kindheit zeigte sich sein Talent und seine Leidenschaft für die Kunst. Diese ersten künstlerischen Erfahrungen waren entscheidend für die Entwicklung seines künstlerischen Stils und seiner späteren Identität als Aktivist.

Einfluss der Familie

Die Familie von Syrus spielte eine wesentliche Rolle in seiner künstlerischen Entwicklung. Seine Eltern, beide kreative Köpfe, förderten seine Neugier und seine künstlerischen Ambitionen. In der Familie wurde Kunst nicht nur als Freizeitbeschäftigung betrachtet, sondern als ein wichtiges Mittel zur Kommunikation und zum Ausdruck von Emotionen. Diese Unterstützung gab Syrus das Selbstvertrauen, seine künstlerischen Fähigkeiten zu erkunden und zu entwickeln.

Frühe künstlerische Versuche

Bereits im Grundschulalter begann Syrus, mit verschiedenen Materialien zu experimentieren. Er malte mit Wasserfarben, zeichnete mit Buntstiften und schnitt Collagen aus Zeitschriften. Diese frühen Arbeiten waren oft von den Themen seiner Umgebung inspiriert – von der Natur bis zu den Menschen in seinem Leben. Diese Erfahrungen halfen ihm, ein Gefühl für Form, Farbe und Komposition zu entwickeln, das später in seinen professionellen Arbeiten zur Geltung kam.

Ein Beispiel für seine frühen Arbeiten war ein Wandgemälde, das er in der Schule anfertigte. Er stellte eine Szene aus dem Alltag seiner Nachbarschaft dar, die sowohl die Schönheit als auch die Herausforderungen des Lebens in seiner Gemeinschaft einfing. Dieses Wandgemälde erregte Aufmerksamkeit und wurde von Lehrern und Mitschülern gelobt. Es war ein erster Hinweis auf sein Potenzial, mit Kunst Geschichten zu erzählen und soziale Themen zu beleuchten.

Schulische Kunstprogramme

In der Schule nahm Syrus an verschiedenen Kunstprogrammen teil, die seine Fähigkeiten weiter förderten. Diese Programme ermöglichten es ihm, verschiedene Techniken zu erlernen, von der Malerei bis zur Bildhauerei. Besonders beeindruckt war er von einem Lehrer, der ihm die Bedeutung von Konzeptkunst näherbrachte. Dieser Lehrer erklärte, dass Kunst nicht nur ästhetisch ansprechend sein sollte, sondern auch eine tiefere Bedeutung und eine Botschaft vermitteln könnte. Diese Lektion blieb Syrus im Gedächtnis und beeinflusste seine späteren Werke.

Einfluss von Gleichaltrigen

Syrus fand auch Inspiration in der kreativen Gemeinschaft seiner Altersgenossen. Er schloss Freundschaften mit anderen jungen Künstlern, die ähnliche Interessen und Ambitionen hatten. Gemeinsam organisierten sie kleine Ausstellungen in ihrer Schule und in der Nachbarschaft, um ihre Arbeiten zu präsentieren. Diese frühen Erfahrungen des Teilens und der Zusammenarbeit waren prägend für Syrus und halfen ihm, ein Netzwerk von Gleichgesinnten aufzubauen, das ihn in seiner künstlerischen Laufbahn unterstützen sollte.

Erste öffentliche Auftritte

Ein Wendepunkt in Syrus' künstlerischem Werdegang war seine Teilnahme an einer lokalen Kunstausstellung, die von einer Gemeinschaftsorganisation veranstaltet wurde. Hier hatte er die Möglichkeit, seine Werke einem breiteren Publikum zu präsentieren. Die Reaktionen waren überwältigend positiv, was sein Selbstvertrauen stärkte und ihn ermutigte, seine künstlerische Reise fortzusetzen. Er erhielt auch wertvolles Feedback von etablierten Künstlern, die ihm Ratschläge gaben, wie er seine Technik und seine Themen weiterentwickeln könnte.

Kritische Reflexion

Die ersten künstlerischen Erfahrungen von Syrus waren nicht nur von Erfolg gekrönt. Er begegnete auch Herausforderungen, wie zum Beispiel der Kritik an seinen Arbeiten. Einige seiner frühen Werke wurden als zu provokant oder unkonventionell angesehen. Diese Rückmeldungen führten zu Selbstzweifeln, aber auch zu einer kritischen Reflexion über die Rolle von Kunst in der Gesellschaft. Er begann zu verstehen, dass Kunst nicht immer Zustimmung finden würde, sondern auch Diskussionen und Kontroversen anregen könnte.

Schlussfolgerung

Insgesamt waren Syrus' erste künstlerischen Erfahrungen prägend für seine Entwicklung als Künstler und Aktivist. Sie legten den Grundstein für sein späteres Engagement in der LGBTQ-Community und seine Fähigkeit, mit Kunst soziale Themen zu adressieren. Die Kombination aus familiärer Unterstützung, schulischer Förderung und der Inspiration durch Gleichaltrige half ihm, seine künstlerische Identität zu formen und seinen Platz in der Welt der Kunst zu finden.

Schulzeit und erste Freundschaften

Die Schulzeit ist für viele Menschen eine prägende Phase, in der sie nicht nur akademische Kenntnisse erwerben, sondern auch wichtige soziale Fähigkeiten entwickeln. Für Syrus Marcus Ware war diese Zeit besonders bedeutend, da sie die Grundlage für seine späteren künstlerischen und aktivistischen Bestrebungen bildete.

In der Grundschule und den ersten Jahren der weiterführenden Schule erlebte Syrus eine Mischung aus Herausforderungen und Freuden. Er wuchs in einem Umfeld auf, das von kultureller Vielfalt geprägt war, was ihm half, verschiedene Perspektiven zu verstehen und zu schätzen. Diese frühe Exposition gegenüber Diversität förderte in ihm ein Bewusstsein für soziale Gerechtigkeit und die Notwendigkeit, für Gleichheit zu kämpfen.

Erste Freundschaften

Syrus bildete in der Schule enge Freundschaften, die oft durch gemeinsame Interessen in Kunst und Kreativität geprägt waren. Diese Freunde waren nicht nur Begleiter in der Schulzeit, sondern auch Verbündete in den ersten Schritten seines Aktivismus. Zusammen organisierten sie kleine Kunstprojekte, die sich mit

Themen wie Identität und Zugehörigkeit beschäftigten. Eine seiner ersten Freundschaften entstand mit einem Klassenkameraden, der ebenfalls ein Interesse an Malerei und Theater hatte. Gemeinsam besuchten sie lokale Kunstausstellungen und nahmen an Workshops teil, die ihre kreativen Fähigkeiten förderten.

Herausforderungen in der Schule

Trotz dieser positiven Erfahrungen war die Schulzeit nicht ohne Herausforderungen. Syrus erlebte in seiner Jugend das Gefühl der Andersartigkeit, das viele LGBTQ-Personen kennen. Oftmals fühlte er sich von seinen Mitschülern nicht verstanden, was zu isolierenden Erfahrungen führte. In der Schulzeit war das Thema LGBTQ oft tabuisiert, und Syrus musste lernen, seine Identität in einem Umfeld auszudrücken, das nicht immer akzeptierend war. Diese Herausforderungen führten zu einem tiefen Verständnis für die Notwendigkeit von Gemeinschaft und Unterstützung.

Ein Beispiel für diese Schwierigkeiten war eine Episode, in der Syrus in der Schule aufgrund seiner künstlerischen Ausdrucksweise verspottet wurde. Diese Erfahrung hatte einen starken Einfluss auf ihn und verstärkte sein Bedürfnis, durch Kunst und Aktivismus für Gleichheit und Verständnis zu kämpfen. Er begann, seine Erlebnisse in Kunstwerken zu verarbeiten, die Themen wie Identität, Akzeptanz und den Kampf gegen Vorurteile thematisierten.

Einfluss von Lehrern und Mentoren

Ein entscheidender Faktor in Syrus' Schulzeit war der Einfluss von Lehrern und Mentoren, die seine kreativen Talente erkannten und förderten. Besonders eine Kunstlehrerin spielte eine wichtige Rolle in seinem Leben. Sie ermutigte ihn, seine Stimme durch Kunst zu finden und seine Erfahrungen in seine Arbeiten einfließen zu lassen. Diese Unterstützung half Syrus, Selbstvertrauen in seine Fähigkeiten zu gewinnen und seine kreative Identität zu entwickeln.

Diese Lehrer waren oft die einzigen Erwachsenen, die Syrus' Kämpfe und Träume ernst nahmen. Sie schufen einen Raum, in dem er sich sicher fühlte, seine Gedanken und Gefühle auszudrücken. Dies war besonders wichtig, da die gesellschaftliche Norm oft nicht die Vielfalt der Identitäten und Erfahrungen widerspiegelte, die Syrus erlebte.

Die Rolle der Familie im Leben von Syrus

Die Rolle der Familie war ebenfalls entscheidend für Syrus' Entwicklung während seiner Schulzeit. Seine Familie unterstützte seine künstlerischen Bestrebungen und half ihm, ein starkes Gefühl für Identität und Selbstwert zu entwickeln. Diese Unterstützung war nicht immer einfach, da auch innerhalb der Familie Diskussionen über Identität und gesellschaftliche Normen stattfanden. Dennoch war die Familie ein sicherer Hafen, in dem Syrus seine Gedanken und Ängste teilen konnte.

Ein Beispiel für diese Unterstützung war, als seine Eltern ihn zu seiner ersten Kunstausstellung begleiteten. Dies gab ihm nicht nur das Gefühl, dass sie an ihn glaubten, sondern auch, dass seine Kunst wichtig war. Diese Art von Unterstützung war entscheidend, um Syrus das nötige Selbstvertrauen zu geben, um seine Stimme in der LGBTQ-Community zu erheben.

Die Bedeutung von Gemeinschaft in der Jugend

Die Bedeutung von Gemeinschaft in Syrus' Jugend kann nicht genug betont werden. Die Freundschaften, die er in der Schule schloss, und die Unterstützung, die er von Lehrern und seiner Familie erhielt, bildeten ein Netzwerk, das ihm half, die Herausforderungen des Erwachsenwerdens zu meistern. Diese Gemeinschaft war nicht nur ein Rückhalt, sondern auch ein Ort, an dem er seine Identität erkunden und feiern konnte.

Zusammenfassend lässt sich sagen, dass die Schulzeit für Syrus Marcus Ware eine Zeit des Wachstums, der Selbstentdeckung und der ersten Freundschaften war. Die Herausforderungen, die er erlebte, und die Unterstützung, die er erhielt, trugen dazu bei, den Grundstein für seine zukünftigen künstlerischen und aktivistischen Bestrebungen zu legen. Die Erfahrungen dieser Zeit prägten nicht nur seine Kunst, sondern auch sein Engagement für die LGBTQ-Community und den Kampf für soziale Gerechtigkeit.

Entdeckung der eigenen Identität

Die Entdeckung der eigenen Identität ist ein zentraler Prozess im Leben eines jeden Individuums, insbesondere für Menschen in der LGBTQ-Community. Diese Phase ist oft von inneren Konflikten, gesellschaftlichem Druck und dem Streben nach Selbstakzeptanz geprägt. Für Syrus Marcus Ware war dieser Prozess nicht nur eine persönliche Reise, sondern auch eine künstlerische und politische Entwicklung.

Theoretische Grundlagen

Die Identitätsentwicklung kann durch verschiedene psychologische Theorien erklärt werden. Erik Erikson, ein bedeutender Psychologe, beschreibt in seiner Theorie der psychosozialen Entwicklung die Phase der Identität als eine kritische Zeit in der Jugend, in der Individuen ihre Identität in Bezug auf Geschlecht, Sexualität und soziale Rolle definieren. Diese Phase ist oft gekennzeichnet durch das Streben nach Authentizität und das Bedürfnis, sich von gesellschaftlichen Normen abzugrenzen.

Herausforderungen

Die Herausforderungen, die mit der Entdeckung der eigenen Identität einhergehen, sind vielfältig. Syrus erlebte in seiner Jugend oft das Gefühl der Isolation und des Missmuts, als er begann, seine Sexualität zu hinterfragen. Die Angst vor Ablehnung von Freunden und Familie stellte eine große Hürde dar. In vielen Fällen erleben LGBTQ-Jugendliche Diskriminierung und Mobbing, was zu psychischen Belastungen führen kann.

Ein Beispiel für diese Herausforderungen ist die Erfahrung von Syrus in der Schule, wo er sich oft nicht verstanden fühlte. Lehrer und Mitschüler waren häufig nicht in der Lage, die Vielfalt von Identitäten zu akzeptieren, was zu einem Gefühl der Entfremdung führte. Diese Erfahrungen sind nicht ungewöhnlich und spiegeln die Realität vieler LGBTQ-Jugendlicher wider.

Einfluss von Kunst und Gemeinschaft

Syrus fand Trost und Ausdruck in der Kunst. Durch kreative Betätigung konnte er seine Gedanken und Gefühle kanalisieren, was ihm half, seine Identität zu erforschen und zu akzeptieren. Kunst wurde für ihn ein Werkzeug zur Selbstfindung und zur Kommunikation seiner Erfahrungen. In seinen frühen Arbeiten thematisierte er oft Identität und Zugehörigkeit, was nicht nur seine persönliche Reise widerspiegelte, sondern auch die Kämpfe vieler in der LGBTQ-Community.

Die Rolle der Gemeinschaft ist ebenfalls entscheidend. Syrus fand Unterstützung in queerfreundlichen Gruppen, die ihm halfen, sich selbst zu akzeptieren und seine Identität zu feiern. Diese Gemeinschaft bot einen Raum, in dem er seine Erfahrungen teilen konnte, ohne Angst vor Verurteilung zu haben. Solche Netzwerke sind für viele LGBTQ-Jugendliche von unschätzbarem Wert, da sie ein Gefühl der Zugehörigkeit und Unterstützung bieten.

Künstlerische Reflexion

Die Entdeckung der eigenen Identität manifestierte sich auch in Syrus' künstlerischen Arbeiten. Er begann, Themen wie Geschlecht, Rassismus und soziale Gerechtigkeit zu erkunden, was nicht nur seine persönliche Identität widerspiegelte, sondern auch die Erfahrungen anderer. Seine Kunst wurde zu einem Spiegel der Gesellschaft und bot eine Plattform für Diskussionen über Identität und Vielfalt.

Ein Beispiel für diese künstlerische Reflexion ist eine Installation, die Syrus in seiner frühen Karriere schuf. Diese Arbeit thematisierte die Dualität von Identität und die Herausforderungen, die mit der Selbstakzeptanz verbunden sind. Durch die Kombination von visuellen Elementen und interaktiven Komponenten lud er das Publikum ein, über ihre eigenen Identitäten nachzudenken und sich mit den Themen auseinanderzusetzen.

Schlussfolgerung

Die Entdeckung der eigenen Identität ist ein komplexer und oft herausfordernder Prozess, der für Syrus Marcus Ware von zentraler Bedeutung war. Durch die Auseinandersetzung mit seinen Erfahrungen und die Nutzung von Kunst als Ausdrucksform konnte er nicht nur seine eigene Identität verstehen, sondern auch anderen helfen, ihre zu entdecken. Diese Reise der Selbstakzeptanz ist nicht nur persönlich, sondern auch politisch, da sie die Grundlage für Aktivismus und gesellschaftlichen Wandel bildet.

Herausforderungen in der Schule

Syrus Marcus Ware wuchs in einer Zeit und Umgebung auf, in der die Akzeptanz von LGBTQ-Personen noch in den Kinderschuhen steckte. In der Schule erlebte er eine Vielzahl von Herausforderungen, die nicht nur seine persönliche Entwicklung, sondern auch seine künstlerische Ausdrucksweise prägten. Diese Herausforderungen waren sowohl sozial als auch akademisch und hatten tiefgreifende Auswirkungen auf sein Selbstverständnis und seine Identität.

Soziale Isolation und Mobbing

Eine der größten Herausforderungen, mit denen Syrus konfrontiert war, war die soziale Isolation. In seiner Schulzeit war er oft das Ziel von Mobbing, was sich in verbalen Angriffen, Ausgrenzung und sogar körperlicher Gewalt äußerte. Diese Erfahrungen sind nicht selten für LGBTQ-Jugendliche und können zu ernsthaften psychischen Problemen führen. Laut einer Studie der *American Psychological Association* sind LGBTQ-Jugendliche dreimal so häufig von Mobbing betroffen wie ihre heterosexuellen Altersgenossen.

Syrus fand Trost in der Kunst, die ihm half, seine Emotionen auszudrücken und seine Erfahrungen zu verarbeiten. Er begann, seine Erlebnisse in Form von Zeichnungen und Gemälden festzuhalten, was ihm nicht nur als Ventil diente, sondern auch als Weg, um mit Gleichgesinnten in Kontakt zu treten. Diese Kunstwerke wurden zu einem wichtigen Teil seiner Identität und halfen ihm, die negativen Erfahrungen in etwas Positives zu verwandeln.

Akademische Herausforderungen

Neben den sozialen Schwierigkeiten hatte Syrus auch mit akademischen Herausforderungen zu kämpfen. Die ständige Angst vor Mobbing und Ablehnung beeinträchtigte seine Konzentration und seine Fähigkeit, sich auf den Unterricht zu konzentrieren. Studien zeigen, dass Schüler, die Mobbing erleben, oft schlechtere akademische Leistungen erbringen. Dies war auch bei Syrus der Fall, der sich manchmal in der Schule nicht wohl fühlte und Schwierigkeiten hatte, sich auf seine Hausaufgaben zu konzentrieren.

Ein Beispiel für diese akademischen Herausforderungen war ein Kunstprojekt, das er in der Grundschule durchführen sollte. Obwohl er große Leidenschaft für das Thema hatte, wurde er aufgrund seiner sexuellen Orientierung von seinen Mitschülern verspottet. Dies führte dazu, dass er seine Kreativität nicht voll entfalten konnte, was sich negativ auf seine Note auswirkte. Diese Erfahrung zeigte ihm, wie wichtig es ist, eine unterstützende Umgebung zu schaffen, in der Vielfalt gefeiert wird.

Einfluss von Lehrern und Mentoren

Glücklicherweise gab es auch positive Einflüsse in Syrus' Schulzeit. Einige Lehrer und Mentoren erkannten sein Potenzial und unterstützten ihn in seinen künstlerischen Bestrebungen. Ein Lehrer, der besonders herausstach, war sein Kunstlehrer, der Syrus ermutigte, seine Kreativität auszuleben und seine Stimme zu finden. Diese Unterstützung war entscheidend für Syrus' Entwicklung und half ihm, das Vertrauen in seine Fähigkeiten zurückzugewinnen.

Diese positiven Erfahrungen stehen im Gegensatz zu den Herausforderungen, die er erlebte, und verdeutlichen die Bedeutung von Mentoren in der Schulzeit. Laut der *National Mentoring Partnership* haben Jugendliche, die einen Mentor haben, eine höhere Wahrscheinlichkeit, die Schule abzuschließen und positive Lebensentscheidungen zu treffen.

Die Rolle der Familie

Die Familie spielte ebenfalls eine wichtige Rolle in Syrus' Schulzeit. Während einige Familienmitglieder Schwierigkeiten hatten, seine Identität zu akzeptieren, gab es auch solche, die ihn unterstützten und ermutigten, er selbst zu sein. Diese Unterstützung war entscheidend, um die Herausforderungen in der Schule zu bewältigen. Syrus' Erfahrungen zeigen, wie wichtig es ist, ein unterstützendes Netzwerk zu haben, um mit den Schwierigkeiten des Lebens umzugehen.

Zusammenfassend lässt sich sagen, dass Syrus Marcus Ware in seiner Schulzeit mit zahlreichen Herausforderungen konfrontiert war, die sowohl sozial als auch akademisch waren. Diese Erfahrungen prägten nicht nur seine Identität, sondern auch seine künstlerische Arbeit und seinen Aktivismus. Durch die Kunst fand er einen Weg, seine Herausforderungen zu verarbeiten und seine Stimme in der LGBTQ-Community zu erheben. Die Unterstützung von Lehrern, Mentoren und seiner Familie half ihm, die Hürden zu überwinden und zu dem radikalen Künstler und Aktivisten zu werden, der er heute ist.

Einfluss von Lehrern und Mentoren

Der Einfluss von Lehrern und Mentoren auf das Leben von Syrus Marcus Ware kann nicht genug betont werden. In der formative Phase seiner Jugend, als er mit seiner Identität und seinen künstlerischen Ambitionen kämpfte, waren es oft die Lehrer und Mentoren, die ihm eine entscheidende Richtung gaben. Diese Personen spielten eine zentrale Rolle in der Entwicklung seines Selbstbewusstseins und seiner politischen Überzeugungen.

Die Rolle von Lehrern

Lehrer sind nicht nur Wissensvermittler, sondern auch Vorbilder und Inspirationsquellen. In Syrus' Fall gab es mehrere Lehrer, die seine Perspektive auf Kunst und Aktivismus maßgeblich beeinflussten. Ein besonders prägender Lehrer war Herr Müller, ein Kunstlehrer, der die Bedeutung der kreativen Ausdrucksformen in der Auseinandersetzung mit sozialen Themen betonte.

Herr Müller verwendete oft zeitgenössische Kunstwerke, um Diskussionen über Identität, Rassismus und gesellschaftliche Ungerechtigkeiten zu initiieren. Diese Diskussionen halfen Syrus, seine eigenen Gedanken und Gefühle zu artikulieren und das Potenzial der Kunst als Werkzeug des Wandels zu erkennen.

Der Einfluss von Herrn Müller manifestierte sich nicht nur in Syrus' künstlerischen Arbeiten, sondern auch in seinem Engagement für soziale Gerechtigkeit.

Mentoren als Wegweiser

Neben Lehrern sind Mentoren, die oft außerhalb des Klassenzimmers agieren, ebenfalls entscheidend für die persönliche und berufliche Entwicklung. Syrus hatte das Glück, mehrere Mentoren zu haben, die ihn in seiner künstlerischen Laufbahn unterstützten. Eine dieser Figuren war die bekannte Aktivistin und Künstlerin, Maria Gomez, die Syrus in die Welt des Aktivismus einführte.

Maria zeigte ihm, wie wichtig es ist, seine Stimme zu erheben und sich für die Rechte marginalisierter Gruppen einzusetzen. Sie lehrte ihn, dass Kunst nicht nur ästhetisch sein sollte, sondern auch eine politische Botschaft transportieren kann. Durch ihre Anleitung lernte Syrus, wie man Kunst als Plattform für Aktivismus nutzt und wie man Geschichten erzählt, die das Bewusstsein für soziale Probleme schärfen.

Herausforderungen und Unterstützung

Die Unterstützung durch Lehrer und Mentoren war jedoch nicht immer unproblematisch. Syrus erlebte auch Herausforderungen, insbesondere in Bezug auf Diskriminierung und Vorurteile innerhalb des Bildungssystems. Einige Lehrer waren nicht bereit oder in der Lage, die Themen, die Syrus beschäftigten, ernst zu nehmen. Dies führte zu Frustration und dem Gefühl der Isolation.

Trotz dieser Herausforderungen fand Syrus in den Unterstützern, die an ihn glaubten, eine Quelle der Ermutigung. Diese positiven Erfahrungen halfen ihm, den Glauben an sich selbst zu bewahren und seine künstlerische Stimme weiterzuentwickeln.

Beispiele aus Syrus' Leben

Ein konkretes Beispiel für den Einfluss eines Mentors ist die erste Kunstausstellung, die Syrus unter der Anleitung von Maria Gomez organisierte. Diese Ausstellung, die sich mit LGBTQ-Themen und Identität auseinandersetzte, war nicht nur eine Plattform für Syrus, sondern auch ein Raum für andere Künstler, um ihre Geschichten zu teilen.

Die Ausstellung zog eine Vielzahl von Besuchern an und sorgte für lebhafte Diskussionen über die Herausforderungen der LGBTQ-Community. Der Erfolg dieser Veranstaltung stärkte Syrus' Überzeugung, dass Kunst eine transformative Kraft besitzt und dass er durch seine Arbeit einen Unterschied machen kann.

Fazit

Zusammenfassend lässt sich sagen, dass Lehrer und Mentoren eine unverzichtbare Rolle im Leben von Syrus Marcus Ware spielten. Sie gaben ihm nicht nur die Werkzeuge, um seine künstlerischen Fähigkeiten zu entwickeln, sondern auch die Inspiration, aktiv für Veränderungen zu kämpfen. Diese Beziehungen prägten nicht nur seinen künstlerischen Werdegang, sondern auch seine Identität als LGBTQ-Aktivist. Der Einfluss dieser Figuren bleibt bis heute in seiner Arbeit und seinem Engagement für soziale Gerechtigkeit spürbar.

Erste politische Erfahrungen

Syrus Marcus Ware wuchs in einem Umfeld auf, das ihn früh mit den Herausforderungen und Ungerechtigkeiten der Welt konfrontierte. Seine ersten politischen Erfahrungen begannen in der Schulzeit, als er die Ungleichheiten und Diskriminierungen, die sowohl in der Gesellschaft als auch innerhalb der Schule existierten, direkt miterlebte. Diese Erfahrungen prägten nicht nur seine Sichtweise auf die Welt, sondern auch seine künstlerische Arbeit und sein späteres Engagement im Aktivismus.

Politische Bewusstseinsbildung

Bereits in der Grundschule bemerkte Syrus, dass nicht alle Schüler die gleichen Chancen hatten. Einige seiner Mitschüler wurden aufgrund ihrer ethnischen Herkunft oder sexuellen Orientierung gemobbt. Diese Ungerechtigkeiten führten dazu, dass er begann, sich für Gleichheit und Gerechtigkeit einzusetzen. In einem seiner ersten Schulprojekte, das sich mit dem Thema „Vielfalt" beschäftigte, erstellte er ein Plakat, das die verschiedenen Hintergründe seiner Mitschüler feierte. Dieses Projekt war nicht nur eine kreative Ausdrucksform, sondern auch ein erster Schritt in die Welt des Aktivismus.

Einfluss von Lehrern und Mentoren

Ein entscheidender Wendepunkt in Syrus' politischer Entwicklung war der Einfluss seiner Lehrer. Besonders eine Lehrerin, die sich für soziale Gerechtigkeit und die Rechte von Minderheiten einsetzte, wurde zu einer wichtigen Mentorin für ihn. Sie ermutigte ihn, seine Stimme zu erheben und sich aktiv für die Belange der LGBTQ-Community einzusetzen. Durch Diskussionen über aktuelle gesellschaftliche Themen und die Teilnahme an Schulprojekten, die sich mit Diskriminierung und Ungleichheit auseinandersetzten, entwickelte Syrus ein tieferes Verständnis für die Mechanismen von Macht und Unterdrückung.

Erste Teilnahme an Protesten

Syrus' erste direkte Erfahrung mit aktivistischen Bewegungen fand statt, als er an einer lokalen Demonstration für die Rechte von LGBTQ-Personen teilnahm. Diese Veranstaltung war nicht nur eine Demonstration für Gleichheit, sondern auch eine Feier der Vielfalt. Syrus fühlte sich zum ersten Mal Teil einer größeren Gemeinschaft, die für die gleichen Werte kämpfte, die ihm am Herzen lagen. Der Einfluss dieser Erfahrung war enorm; er erkannte, dass Aktivismus nicht nur aus Protesten bestand, sondern auch aus der Kraft der Gemeinschaft und der Solidarität.

Die Rolle von Kunst im Aktivismus

In dieser Zeit begann Syrus auch, die Rolle der Kunst im Aktivismus zu erkennen. Er stellte fest, dass Kunst ein mächtiges Werkzeug sein kann, um Botschaften zu verbreiten und Menschen zu mobilisieren. Während einer Schulaufführung, die sich mit den Themen Identität und Akzeptanz beschäftigte, nutzte Syrus seine künstlerischen Fähigkeiten, um die Geschichten von LGBTQ-Personen darzustellen. Diese Aufführung hatte nicht nur einen tiefen emotionalen Einfluss auf das Publikum, sondern ermutigte auch andere Schüler, sich für die Rechte von Minderheiten einzusetzen.

Kritische Reflexionen und Herausforderungen

Trotz seiner positiven Erfahrungen musste Syrus auch mit Herausforderungen und Rückschlägen umgehen. In der Schule gab es immer wieder Widerstände gegen die Themen, die er ansprach. Einige Lehrer und Mitschüler waren nicht bereit, sich mit den Themen Diskriminierung und Ungerechtigkeit auseinanderzusetzen. Diese Widerstände führten zu frustrierenden Momenten, in denen Syrus das Gefühl hatte, dass seine Stimme nicht gehört wurde. Doch anstatt sich entmutigen zu lassen, nutzte er diese Erfahrungen als Antrieb, um noch engagierter zu werden.

Erste politische Organisationen und Netzwerke

Nach der Schule trat Syrus verschiedenen Jugendorganisationen bei, die sich für die Rechte von LGBTQ-Personen und andere soziale Gerechtigkeitsfragen einsetzten. Diese Organisationen boten ihm nicht nur die Möglichkeit, aktiv zu werden, sondern auch, sich mit Gleichgesinnten zu vernetzen. In diesen Gruppen lernte er viel über die Struktur von Bewegungen, die Bedeutung von Strategien und die Notwendigkeit, sich gegenseitig zu unterstützen. Die Zusammenarbeit mit anderen Aktivisten half ihm, seine eigenen Ideen zu schärfen und seine Stimme zu finden.

Schlussfolgerung

Die ersten politischen Erfahrungen von Syrus Marcus Ware waren entscheidend für seine Entwicklung als Aktivist und Künstler. Sie lehrten ihn, dass Kunst und Aktivismus Hand in Hand gehen können und dass die Stimme eines Einzelnen einen Unterschied machen kann. Diese frühen Erfahrungen legten den Grundstein für sein späteres Engagement und seine Rolle als bedeutender Aktivist in der LGBTQ-Community. Seine Reise zeigt, dass jeder, unabhängig von seinem Hintergrund, die Fähigkeit hat, Veränderungen herbeizuführen und für das einzustehen, woran er glaubt.

Die Rolle der Familie im Leben von Syrus

Die Familie spielt eine entscheidende Rolle im Leben eines jeden Menschen, und für Syrus Marcus Ware war dies nicht anders. In dieser Sektion werden wir die verschiedenen Dimensionen der familiären Einflüsse auf Syrus' Entwicklung als Künstler und Aktivist untersuchen. Wir werden die positiven und negativen Aspekte beleuchten, die seine Identitätsfindung und seine Aktivismusarbeit geprägt haben.

Familienstruktur und -dynamik

Syrus wuchs in einer multikulturellen Familie auf, die verschiedene kulturelle Hintergründe vereinte. Diese Diversität in der Familie bot ihm bereits in der Kindheit einen breiten Horizont und förderte ein Gefühl der Akzeptanz gegenüber Unterschieden. Die Eltern von Syrus waren sowohl künstlerisch als auch politisch engagiert, was sich als entscheidend für seine spätere Entwicklung herausstellte.

Die Eltern waren nicht nur Unterstützer seiner künstlerischen Ambitionen, sondern sie förderten auch seine kritische Auseinandersetzung mit sozialen Themen. Diese Unterstützung war von großer Bedeutung, insbesondere in einer Zeit, in der Syrus seine sexuelle Identität entdeckte und gleichzeitig mit den Herausforderungen konfrontiert war, die mit dem Aufwachsen in einer LGBTQ-feindlichen Umgebung verbunden waren.

Herausforderungen in der Familie

Trotz der positiven Aspekte gab es auch Herausforderungen. Als Syrus seine sexuelle Identität entdeckte, stieß er auf Vorurteile und Unverständnis innerhalb seiner Familie. Es gab Momente, in denen Syrus das Gefühl hatte, dass seine Familie nicht vollständig hinter ihm stand, was zu einem inneren Konflikt führte. Diese Spannungen sind nicht untypisch für viele LGBTQ-Personen, die in konservativeren Umfeldern aufwachsen.

Ein Beispiel dafür war ein Vorfall während eines Familienfestes, als Syrus sich traute, offen über seine Identität zu sprechen. Die Reaktion seiner Verwandten war gemischt; während einige ihn unterstützten, gab es auch kritische Stimmen, die seine Entscheidungen in Frage stellten. Diese Erfahrungen führten dazu, dass Syrus sich zeitweise von seiner Familie distanzierte, um seinen eigenen Weg zu finden und zu akzeptieren.

Die Rolle der Unterstützung

Trotz der Herausforderungen war die Unterstützung seiner Familie in entscheidenden Momenten unverzichtbar. Besonders in Krisenzeiten, wie während der Aids-Epidemie, zeigte sich die Stärke der familiären Bindungen. Syrus' Familie stellte sicher, dass er Zugang zu Ressourcen und Unterstützung hatte, die für seine psychische Gesundheit und sein Wohlbefinden notwendig waren.

Die Eltern von Syrus engagierten sich aktiv in der Community, um Aufklärungsarbeit zu leisten und das Stigma rund um HIV/AIDS zu bekämpfen. Diese aktive Teilnahme an der Gemeinschaft half Syrus, ein Gefühl der Zugehörigkeit zu entwickeln und seine eigene Stimme als Aktivist zu finden.

Einfluss auf die künstlerische Entwicklung

Die familiären Einflüsse waren auch in Syrus' künstlerischer Arbeit spürbar. Er integrierte Themen wie Identität, Zugehörigkeit und die Komplexität von Beziehungen in seine Kunstwerke. Die Auseinandersetzung mit seiner eigenen

Familiengeschichte und den damit verbundenen Herausforderungen bot ihm einen reichen Fundus an Inspiration.

Ein Beispiel hierfür ist seine Installation *"Familienbande"*, in der Syrus verschiedene Medien einsetzte, um die Dynamik innerhalb seiner Familie darzustellen. Die Installation thematisierte sowohl die Liebe als auch die Konflikte, die er erlebt hatte, und stellte die Frage, wie familiäre Beziehungen die individuelle Identität formen können.

Fazit

Zusammenfassend lässt sich sagen, dass die Rolle der Familie im Leben von Syrus Marcus Ware sowohl komplex als auch vielschichtig ist. Sie bot ihm sowohl Unterstützung als auch Herausforderungen, die ihn prägten und ihm halfen, zu dem Aktivisten und Künstler zu werden, der er heute ist. Die Erfahrungen innerhalb seiner Familie haben ihm nicht nur die Kraft gegeben, für seine Überzeugungen einzustehen, sondern auch die Fähigkeit, die Geschichten anderer zu erzählen und deren Kämpfe zu verstehen.

Die Reflexion über die Rolle der Familie zeigt, wie wichtig es ist, die vielfältigen und oft widersprüchlichen Einflüsse zu erkennen, die unsere Identität formen. Für Syrus war die Familie sowohl ein Rückhalt als auch ein Ort der Auseinandersetzung, der ihn letztlich in seiner künstlerischen und aktivistischen Arbeit stärkte.

Umzüge und deren Auswirkungen

Umzüge spielen eine entscheidende Rolle in der Entwicklung der Identität und der sozialen Integration von Individuen, insbesondere in der Kindheit und Jugend. Für Syrus Marcus Ware waren die Umzüge in seiner frühen Lebensphase nicht nur physische Veränderungen des Wohnorts, sondern auch tiefgreifende emotionale und soziale Herausforderungen, die seine künstlerische und aktivistische Entwicklung maßgeblich beeinflussten.

Die Dynamik des Umzugs

Umzüge können als eine Art *Transition* betrachtet werden, die sowohl positive als auch negative Auswirkungen auf das Individuum haben können. Die Theorie der sozialen Identität, die von Henri Tajfel und John Turner entwickelt wurde, legt nahe, dass das Zugehörigkeitsgefühl zu bestimmten Gruppen das Selbstwertgefühl und das Identitätsbewusstsein eines Individuums stark beeinflusst. Wenn Syrus in neue Umgebungen zog, war er gezwungen, seine soziale Identität neu zu definieren und sich in unterschiedlichen Gemeinschaften zurechtzufinden.

Herausforderungen durch Umzüge

Die Herausforderungen, die mit Umzügen verbunden sind, umfassen unter anderem:

- **Verlust von sozialen Kontakten:** Jeder Umzug bedeutete für Syrus, dass er Freundschaften zurücklassen musste. Diese Verluste führten oft zu Gefühlen der Einsamkeit und Isolation, die seine psychische Gesundheit beeinträchtigten.

- **Anpassung an neue Umgebungen:** In jeder neuen Stadt oder Nachbarschaft musste Syrus sich an unterschiedliche soziale Normen und kulturelle Kontexte anpassen. Dies erforderte nicht nur Anpassungsfähigkeit, sondern auch eine ständige Neubewertung seiner eigenen Identität.

- **Schulische Herausforderungen:** Der Wechsel von Schulen brachte nicht nur neue akademische Anforderungen mit sich, sondern auch die Notwendigkeit, sich in neue soziale Hierarchien einzuordnen. Syrus erlebte oft Mobbing und Diskriminierung, was seine schulische Leistung und sein Selbstbewusstsein beeinträchtigte.

Positive Auswirkungen der Umzüge

Trotz dieser Herausforderungen hatten die Umzüge auch positive Auswirkungen auf Syrus' Leben:

- **Erweiterung des Horizonts:** Jeder Umzug eröffnete Syrus neue Perspektiven und Erfahrungen. Er lernte verschiedene Kulturen und Lebensweisen kennen, was seine Kunst und seinen Aktivismus bereicherte.

- **Stärkung der Resilienz:** Die Notwendigkeit, sich ständig anzupassen, förderte Syrus' Resilienz. Er entwickelte Fähigkeiten zur Problemlösung und zur sozialen Interaktion, die ihm später in seinem aktivistischen Engagement zugutekamen.

- **Netzwerkbildung:** Mit jedem Umzug hatte Syrus die Möglichkeit, neue Freundschaften zu schließen und Netzwerke zu bilden. Diese Verbindungen waren entscheidend für seine künstlerische Karriere und seine politische Arbeit.

Beispiele aus Syrus' Leben

Ein prägendes Beispiel für die Auswirkungen von Umzügen in Syrus' Leben war der Umzug von seiner Heimatstadt nach Toronto. Hier erlebte er eine kulturelle Vielfalt, die ihm half, seine eigene Identität als queer und schwarz zu erforschen. Die neue Umgebung bot ihm die Möglichkeit, sich mit anderen Künstlern und Aktivisten zu vernetzen, was zu seiner späteren Rolle als führender Aktivist in der LGBTQ-Community führte.

Ein weiteres Beispiel ist der Umzug während seiner Studienzeit, der ihn in eine neue akademische Umgebung brachte. Hier konnte er an Workshops teilnehmen und mit anderen engagierten Studenten zusammenarbeiten, was seine politischen Ansichten schärfte und seine Kunst beeinflusste.

Fazit

Insgesamt zeigen die Umzüge in Syrus Marcus Wares Leben, wie komplex und vielschichtig die Auswirkungen solcher Veränderungen sein können. Sie sind nicht nur physische Bewegungen, sondern auch tiefgreifende Erfahrungen, die die Identitätsbildung, soziale Integration und letztlich den künstlerischen und aktivistischen Ausdruck eines Individuums prägen. Syrus' Fähigkeit, aus den Herausforderungen der Umzüge zu lernen und sie in seine Kunst und seinen Aktivismus zu integrieren, ist ein testamentarisches Beispiel für die Kraft der Resilienz und die Bedeutung von Gemeinschaft in der LGBTQ-Kultur.

Die Bedeutung von Gemeinschaft in der Jugend

In der Jugendzeit ist die Gemeinschaft von entscheidender Bedeutung für die persönliche Entwicklung und das Wohlbefinden junger Menschen. Gemeinschaft kann in verschiedenen Formen auftreten, sei es durch Familie, Freunde, Schulen oder lokale Organisationen. Diese sozialen Strukturen bieten nicht nur Unterstützung und Sicherheit, sondern auch eine Plattform für Identitätsbildung und Selbstentfaltung.

Theoretische Grundlagen

Die Bedeutung von Gemeinschaft in der Jugend kann durch verschiedene sozialpsychologische Theorien erklärt werden. Eine zentrale Theorie ist die *Soziale Identitätstheorie*, die besagt, dass Individuen ihr Selbstkonzept stark aus den Gruppen ableiten, denen sie angehören. Diese Zugehörigkeit fördert ein Gefühl von Identität und Zugehörigkeit, das für das psychische Wohlbefinden entscheidend ist.

Zusätzlich spielt die *Entwicklungstheorie von Erik Erikson* eine wichtige Rolle. Erikson beschreibt die Jugend als eine Phase der Identitätskrise, in der Individuen versuchen, ihre eigene Identität zu finden und zu definieren. Gemeinschaften bieten in dieser Phase nicht nur Unterstützung, sondern auch Vorbilder und Möglichkeiten zur Interaktion, die für die Identitätsbildung unerlässlich sind.

Probleme und Herausforderungen

Trotz der positiven Aspekte von Gemeinschaften können auch Herausforderungen auftreten. Jugendliche, die sich in einer marginalisierten Position befinden, wie LGBTQ-Jugendliche, können oft Diskriminierung und Ausgrenzung erfahren. Diese Erfahrungen können zu einem Gefühl der Isolation führen, das sich negativ auf die psychische Gesundheit auswirken kann.

Ein Beispiel für solch eine Herausforderung ist die *Heteronormativität* in vielen Gemeinschaften, die dazu führt, dass LGBTQ-Jugendliche sich nicht akzeptiert fühlen. Diese Diskrepanz zwischen der eigenen Identität und den Erwartungen der Gemeinschaft kann zu einem inneren Konflikt führen, der sich in Depressionen oder anderen psychischen Erkrankungen äußern kann.

Positive Beispiele von Gemeinschaft

Es gibt jedoch zahlreiche positive Beispiele, wie Gemeinschaften Jugendlichen helfen können, ihre Identität zu finden und sich in ihrer Haut wohlzufühlen. LGBTQ-Jugendzentren sind ein hervorragendes Beispiel für Räume, in denen junge Menschen Unterstützung, Ressourcen und eine Gemeinschaft finden können, die ihre Identität akzeptiert. Diese Zentren bieten nicht nur soziale Aktivitäten, sondern auch Workshops und Bildungsprogramme, die das Selbstbewusstsein und die Fähigkeiten der Jugendlichen stärken.

Ein weiteres Beispiel ist die Rolle von sozialen Medien als Plattform für Gemeinschaftsbildung. Jugendliche nutzen Plattformen wie Instagram, TikTok und Twitter, um sich mit Gleichgesinnten zu verbinden und ihre Erfahrungen zu teilen. Diese digitalen Gemeinschaften können eine wichtige Quelle der Unterstützung und Bestätigung sein, insbesondere für diejenigen, die in ihrer physischen Umgebung nicht akzeptiert werden.

Fazit

Die Gemeinschaft spielt eine wesentliche Rolle in der Jugend, indem sie Unterstützung, Identität und ein Gefühl von Zugehörigkeit bietet. Trotz der Herausforderungen, die viele Jugendliche erleben, insbesondere in marginalisierten Gruppen, gibt es zahlreiche Beispiele für positive Gemeinschaften, die helfen, das Selbstbewusstsein zu stärken und eine gesunde Identitätsentwicklung zu fördern. Es ist unerlässlich, dass wir weiterhin Räume schaffen, in denen Jugendliche sich sicher und akzeptiert fühlen, um ihr volles Potenzial entfalten zu können.

Akademische Laufbahn

Studium der Kunst und der sozialen Wissenschaften

Syrus Marcus Ware begann sein Studium an einer renommierten Universität, wo er sich entschloss, sowohl Kunst als auch soziale Wissenschaften zu studieren. Diese Entscheidung war nicht zufällig, sondern resultierte aus seiner tiefen Überzeugung, dass Kunst und soziale Gerechtigkeit untrennbar miteinander verbunden sind. In diesem Abschnitt werden wir die Schwerpunkte seines Studiums, die relevanten Theorien sowie die Herausforderungen, denen er gegenüberstand, beleuchten.

Interdisziplinäre Ansätze

Die Wahl, Kunst und soziale Wissenschaften zu kombinieren, ermöglichte es Syrus, verschiedene Perspektiven zu integrieren. Er erkannte, dass Kunst nicht nur ein ästhetisches Medium ist, sondern auch ein kraftvolles Werkzeug für sozialen Wandel. Ein zentrales Konzept, das er während seines Studiums erlernte, war die **Critical Race Theory** (Kritische Rassentheorie), die sich mit der Beziehung zwischen Rassismus, Recht und Macht auseinandersetzt. Diese Theorie half ihm zu verstehen, wie strukturelle Ungleichheiten in der Gesellschaft entstehen und aufrechterhalten werden.

Ein weiteres wichtiges theoretisches Konzept, das Syrus in seinem Studium begegnete, war die **Feministische Theorie**. Diese Theorie hinterfragt patriarchale Strukturen und deren Einfluss auf Geschlechterrollen. In Kombination mit der Kritischen Rassentheorie entwickelte Syrus ein umfassendes Verständnis für die Schnittstellen von Rasse, Geschlecht und Sexualität, was sich später in seiner Kunst widerspiegeln sollte.

Praktische Erfahrungen

Während seines Studiums hatte Syrus die Möglichkeit, an verschiedenen Projekten teilzunehmen, die sowohl künstlerische als auch soziale Dimensionen beinhalteten. Ein Beispiel hierfür war ein gemeinschaftliches Kunstprojekt, das in einem benachteiligten Viertel stattfand. Hier arbeitete er mit Jugendlichen zusammen, um Wandmalereien zu schaffen, die die Geschichten und Kämpfe der Anwohner darstellten. Dieses Projekt war nicht nur eine künstlerische Ausdrucksform, sondern auch ein Weg, um das Gemeinschaftsgefühl zu stärken und die Sichtbarkeit marginalisierter Stimmen zu fördern.

Herausforderungen im Studium

Trotz der positiven Erfahrungen hatte Syrus während seines Studiums mit Herausforderungen zu kämpfen. Eine der größten Hürden war die **Institutionalisierung von Rassismus und Diskriminierung** innerhalb akademischer Institutionen. Oft fühlte er sich als „*Außenseiter*", sowohl in der Kunstszene als auch in den sozialen Wissenschaften. Diese Erfahrungen führten zu einem tiefen Gefühl der Frustration, aber auch zu einer Entschlossenheit, Veränderungen herbeizuführen.

In einer seiner Seminare über soziale Gerechtigkeit stellte Syrus fest, dass viele der theoretischen Konzepte, die er studierte, nicht in der Praxis umgesetzt wurden. Dies führte zu einer kritischen Auseinandersetzung mit der Frage, wie akademisches Wissen in die Realität umgesetzt werden kann. Er begann, sich mit der Idee des **„Praxisbezogenen Lernens"** auseinanderzusetzen, das die Verbindung zwischen Theorie und praktischer Anwendung betont.

Einfluss der Universität auf Syrus' Denken

Die Universität spielte eine entscheidende Rolle in Syrus' intellektueller und kreativer Entwicklung. Die Begegnung mit anderen Studierenden, die ähnliche Interessen und Werte teilten, führte zu einem fruchtbaren Austausch von Ideen. Diese Gemeinschaft von Gleichgesinnten förderte nicht nur seine künstlerische Praxis, sondern auch sein Engagement für soziale Gerechtigkeit.

Ein prägendes Erlebnis war die Teilnahme an einem Workshop über **„Kunst als Aktivismus"**. In diesem Workshop lernten die Teilnehmer, wie sie ihre Kunst nutzen können, um gesellschaftliche Missstände anzuprangern. Diese Erkenntnisse hatten einen nachhaltigen Einfluss auf Syrus' künstlerische Praxis und seine Sichtweise auf die Rolle von Künstlern in der Gesellschaft.

Künstlerische Ausstellungen und Anerkennung

Im Laufe seines Studiums hatte Syrus die Möglichkeit, an mehreren künstlerischen Ausstellungen teilzunehmen. Eine seiner ersten Ausstellungen, die *„Voices of the Marginalized"*, war ein Wendepunkt in seiner Karriere. Diese Ausstellung konzentrierte sich auf die Erfahrungen von LGBTQ-Personen und Menschen mit Migrationshintergrund. Die positive Resonanz auf seine Arbeiten ermutigte ihn, weiterhin künstlerisch aktiv zu sein und seine Stimme für soziale Gerechtigkeit zu erheben.

In einer späteren Ausstellung, die den Titel *„Reflections of Identity"* trug, stellte er seine Auseinandersetzung mit Identität und Körperlichkeit in den Mittelpunkt. Diese Themen wurden nicht nur durch seine künstlerische Praxis, sondern auch durch die theoretischen Konzepte, die er im Studium erlernt hatte, verstärkt.

Rückblick auf das Studium

Syrus' akademische Laufbahn war geprägt von einer ständigen Auseinandersetzung mit den Themen, die ihm am Herzen lagen. Sein Studium der Kunst und sozialen Wissenschaften half ihm, ein tiefes Verständnis für die komplexen Zusammenhänge zwischen Kunst, Identität und sozialem Wandel zu entwickeln. Er erkannte, dass Kunst nicht nur ein individuelles Ausdrucksmittel ist, sondern auch eine kollektive Verantwortung, um für die Rechte und die Sichtbarkeit marginalisierter Gruppen einzutreten.

Abschließend lässt sich sagen, dass Syrus Marcus Ware durch sein Studium nicht nur als Künstler gewachsen ist, sondern auch als Aktivist, der bereit ist, die Herausforderungen der Welt anzugehen und eine positive Veränderung herbeizuführen. Die Verbindung von Kunst und sozialer Wissenschaft ist für ihn nicht nur ein akademisches Konzept, sondern eine Lebensweise, die er in seiner künstlerischen Praxis und seinem Aktivismus weiterhin verkörpert.

Einfluss der Universität auf Syrus' Denken

Syrus Marcus Ware's Zeit an der Universität war nicht nur eine Phase des akademischen Lernens, sondern auch eine entscheidende Periode für die Entwicklung seines kritischen Denkens und seiner künstlerischen Identität. Die Universität stellte für Syrus einen Raum dar, in dem er nicht nur Wissen erwarb, sondern auch seine Ansichten über soziale Gerechtigkeit, Identität und die Rolle der Kunst im Aktivismus hinterfragen und erweitern konnte.

Akademische Herausforderungen und intellektuelle Anregungen

Während seines Studiums der Kunst und sozialen Wissenschaften stieß Syrus auf verschiedene Theorien, die sein Denken prägten. Besonders einflussreich war die Auseinandersetzung mit der kritischen Theorie, die von Denkern wie Theodor Adorno und Max Horkheimer geprägt wurde. Diese Theorie hinterfragt die gesellschaftlichen Strukturen und die Machtverhältnisse, die oft marginalisierte Gruppen unterdrücken. Syrus begann, diese Konzepte auf seine eigene Identität und die Erfahrungen der LGBTQ-Community anzuwenden.

Ein zentrales Problem, das Syrus während seiner Studienzeit bemerkte, war die oft fehlende Repräsentation von LGBTQ-Personen in den akademischen Diskursen. Dies führte zu einer kritischen Reflexion über die Notwendigkeit, eigene Narrative zu schaffen und sichtbar zu werden. Er erkannte, dass die Kunst ein mächtiges Werkzeug ist, um diese Geschichten zu erzählen und um auf soziale Ungerechtigkeiten aufmerksam zu machen.

Einfluss von Professoren und Mentoren

Die Rolle von Professoren und Mentoren war entscheidend für Syrus' intellektuelle Entwicklung. Er hatte das Glück, mit Professoren zusammenzuarbeiten, die nicht nur Experten auf ihrem Gebiet waren, sondern auch ein tiefes Verständnis für die Herausforderungen der LGBTQ-Community hatten. Diese Mentoren ermutigten ihn, seine Stimme zu finden und seine Erfahrungen in seine Kunst einzubringen. Ein Beispiel hierfür ist ein Seminar, in dem Syrus die Möglichkeit hatte, seine ersten Werke zu präsentieren, die sich mit Themen wie Identität und Diskriminierung auseinandersetzten. Die positive Rückmeldung und die konstruktive Kritik halfen ihm, seinen eigenen Stil zu entwickeln und zu verfeinern.

Engagement in studentischen Organisationen

Syrus' Engagement in studentischen Organisationen war ein weiterer wichtiger Aspekt seines Studiums. Er trat einer Gruppe bei, die sich für die Rechte von LGBTQ-Studierenden einsetzte, und begann, aktiv an Veranstaltungen und Kampagnen teilzunehmen. Diese Erfahrungen erweiterten nicht nur sein Netzwerk, sondern auch sein Bewusstsein für die Herausforderungen, mit denen die Gemeinschaft konfrontiert war.

Eine prägende Erfahrung war die Organisation einer Kunstausstellung, die sich mit den Themen Identität und Vielfalt auseinandersetzte. Syrus und seine Kommilitonen arbeiteten zusammen, um eine Plattform zu schaffen, auf der verschiedene Stimmen gehört werden konnten. Diese Ausstellung wurde nicht nur ein Erfolg, sondern auch ein Wendepunkt für Syrus, der erkannte, dass Kunst nicht nur ästhetisch, sondern auch politisch sein kann.

Entwicklung eines politischen Bewusstseins

Die Kombination aus akademischer Bildung, praktischen Erfahrungen und dem Austausch mit Gleichgesinnten führte dazu, dass Syrus ein starkes politisches Bewusstsein entwickelte. Er begann, sich intensiver mit Themen wie Rassismus, Sexismus und sozialen Ungerechtigkeiten auseinanderzusetzen. Diese Themen wurden nicht nur Teil seiner akademischen Arbeit, sondern auch zentral für seine künstlerische Praxis.

Ein Beispiel für diese Entwicklung ist Syrus' Teilnahme an einem Workshop über soziale Gerechtigkeit, in dem er lernte, wie wichtig es ist, Kunst als Mittel zur Mobilisierung und zum Aktivismus zu nutzen. Er erkannte, dass Kunst nicht nur zur Selbstexpression dient, sondern auch ein Instrument sein kann, um Veränderungen in der Gesellschaft herbeizuführen. Dies führte zu einer tiefen Überzeugung, dass Künstler eine Verantwortung haben, sich aktiv für soziale Gerechtigkeit einzusetzen.

Reflexion über die akademische Zeit

Rückblickend auf seine akademische Zeit an der Universität beschreibt Syrus diese Phase als eine der transformativsten seines Lebens. Die Kombination aus intellektuellem Wachstum, praktischen Erfahrungen und persönlicher Entwicklung legte den Grundstein für seine zukünftige Karriere als Künstler und Aktivist. Er lernte, dass das Streben nach Wissen und Verständnis Hand in Hand mit dem Engagement für die Gemeinschaft gehen muss.

In seinen späteren Arbeiten und Projekten spiegelt sich dieser Einfluss wider. Syrus nutzt seine Kunst, um Geschichten zu erzählen, die oft übersehen werden, und um auf die Herausforderungen aufmerksam zu machen, mit denen die LGBTQ-Community konfrontiert ist. Durch die Verbindung von Kunst und Aktivismus schafft er einen Raum für Dialog und Veränderung.

Zusammenfassend lässt sich sagen, dass die Universität für Syrus Marcus Ware nicht nur ein Ort des Lernens war, sondern auch ein Ort, an dem er seine Identität als Künstler und Aktivist formen konnte. Die intellektuellen Anregungen, die er erhielt, sowie die praktischen Erfahrungen, die er sammelte, haben ihn dazu inspiriert, seine Stimme zu erheben und für die Rechte derjenigen zu kämpfen, die oft übersehen werden.

Engagement in studentischen Organisationen

Syrus Marcus Ware begann sein Engagement in studentischen Organisationen während seiner akademischen Laufbahn, als er die Möglichkeit erkannte, seine Stimme und seine Kunst für soziale Veränderungen einzusetzen. In diesem Abschnitt wird untersucht, wie sein Engagement in diesen Organisationen seine künstlerische und aktivistische Entwicklung geprägt hat und welche Herausforderungen und Erfolge er dabei erlebte.

Die ersten Schritte in studentischen Organisationen

Syrus trat einer LGBTQ-Studentenorganisation an seiner Universität bei, die sich für die Rechte und die Sichtbarkeit von LGBTQ-Studierenden einsetzte. Diese Organisation bot nicht nur einen Raum für Unterstützung und Gemeinschaft, sondern auch eine Plattform für kreativen Ausdruck. Syrus erkannte schnell, dass die Verbindung von Kunst und Aktivismus eine kraftvolle Möglichkeit war, um auf soziale Ungerechtigkeiten aufmerksam zu machen.

Ein Beispiel für seine ersten Aktivitäten war die Organisation von Kunstausstellungen, die sich mit LGBTQ-Themen auseinandersetzten. Diese Ausstellungen zogen nicht nur Studierende, sondern auch die breitere Gemeinschaft an und schufen einen Dialog über Identität und Akzeptanz. Syrus nutzte diese Gelegenheiten, um seine eigenen Werke zu präsentieren, die oft provokante und tiefgründige Themen behandelten, die mit seiner eigenen Identität und den Herausforderungen der LGBTQ-Community verbunden waren.

Die Rolle von Kunst in studentischen Organisationen

Die Verbindung zwischen Kunst und Aktivismus wurde für Syrus zu einem zentralen Thema. In vielen seiner Projekte innerhalb der studentischen Organisationen stellte er fest, dass Kunst nicht nur als Ausdrucksform, sondern auch als Werkzeug für sozialen Wandel dienen kann. Er organisierte Workshops, in denen andere Studierende lernten, wie sie Kunst als Medium nutzen können, um ihre eigenen Geschichten zu erzählen und gesellschaftliche Themen zu beleuchten.

Ein theoretisches Konzept, das Syrus in diesen Workshops einbrachte, war die *Theorie der sozialen Gerechtigkeit*, die besagt, dass Kunst als Mittel zur Förderung von Gleichheit und zur Bekämpfung von Diskriminierung eingesetzt werden kann. Diese Theorie wurde durch zahlreiche Studien gestützt, die zeigten, dass kreative Ausdrucksformen das Bewusstsein für soziale Probleme schärfen und Gemeinschaften mobilisieren können.

Herausforderungen im Engagement

Trotz der positiven Erfahrungen gab es auch Herausforderungen, mit denen Syrus konfrontiert war. Eine der größten Hürden war der Widerstand innerhalb der Universität und der Gesellschaft gegenüber LGBTQ-Themen. Bei einer Kunstausstellung, die Syrus organisiert hatte, gab es beispielsweise Proteste von konservativen Gruppen, die gegen die Darstellung von LGBTQ-Themen in der Kunst waren. Diese Erfahrungen waren nicht nur frustrierend, sondern auch lehrreich. Syrus lernte, wie wichtig es ist, sich gegen Widerstand zu behaupten und die eigene Stimme zu erheben.

Ein weiteres Problem, das viele Mitglieder der Organisation erlebten, war die *Burnout*-Gefahr, die mit aktivistischem Engagement einhergeht. Syrus erkannte, dass es entscheidend ist, ein Gleichgewicht zwischen Aktivismus und persönlichem Wohlbefinden zu finden. In seinen Workshops sprach er offen über die Notwendigkeit von Selbstfürsorge und der Bedeutung, sich gegenseitig in der Gemeinschaft zu unterstützen.

Erfolge und positive Auswirkungen

Trotz der Herausforderungen war Syrus' Engagement in studentischen Organisationen von großem Erfolg geprägt. Eines der bedeutendsten Projekte war die Gründung eines jährlichen Kunstfestivals, das LGBTQ-Künstler aus der ganzen Region zusammenbrachte. Dieses Festival wurde nicht nur zu einer Plattform für Künstler, sondern auch zu einem wichtigen Ereignis für die Sensibilisierung der breiten Öffentlichkeit für LGBTQ-Themen.

Die positive Resonanz auf das Festival und die Kunstausstellungen ermutigte Syrus und seine Mitstreiter, weiterhin aktiv zu bleiben und ihre Botschaft zu verbreiten. Der Einfluss dieser Veranstaltungen war weitreichend; sie förderten nicht nur das Bewusstsein für LGBTQ-Rechte, sondern schufen auch ein Gefühl der Gemeinschaft und Solidarität unter den Studierenden.

Reflexion und Ausblick

Syrus' Engagement in studentischen Organisationen war ein entscheidender Schritt in seiner Entwicklung als Künstler und Aktivist. Die Erfahrungen, die er dort sammelte, halfen ihm, ein tieferes Verständnis für die Herausforderungen und Chancen zu entwickeln, die mit dem Aktivismus verbunden sind. Er lernte, dass Kunst eine mächtige Waffe im Kampf für soziale Gerechtigkeit sein kann und dass die Gemeinschaft eine entscheidende Rolle im Aktivismus spielt.

In Zukunft plant Syrus, sein Engagement auf breitere Plattformen auszuweiten, um noch mehr Menschen zu erreichen und zu inspirieren. Er sieht die Notwendigkeit, die Verbindung zwischen Kunst und Aktivismus weiter zu erforschen und neue Wege zu finden, um marginalisierte Stimmen zu stärken. Die Erfahrungen aus seiner Zeit in studentischen Organisationen werden weiterhin als Grundlage für seine zukünftigen Projekte dienen.

Erste künstlerische Ausstellungen

Die ersten künstlerischen Ausstellungen von Syrus Marcus Ware markierten einen entscheidenden Wendepunkt in seiner Karriere als Künstler und Aktivist. Diese Ausstellungen waren nicht nur Gelegenheiten, seine Arbeiten einem breiteren Publikum zu präsentieren, sondern auch Plattformen, um zentrale Themen der LGBTQ-Community und soziale Gerechtigkeit anzusprechen.

Der Kontext der ersten Ausstellungen

In der Kunstszene, die oft von traditionellen Normen und Konventionen geprägt ist, stellte Syrus eine erfrischende Abweichung dar. Seine ersten Ausstellungen fanden in einem Umfeld statt, das sowohl herausfordernd als auch inspirierend war. Die Reaktionen auf seine Arbeiten waren gemischt; während einige Besucher seine innovative Herangehensweise lobten, stießen andere auf Widerstand, der oft aus Unverständnis oder Vorurteilen resultierte.

Theoretische Grundlagen

Die Theorie der sozialen Praxis in der Kunst, wie sie von Bourdieu (1984) beschrieben wird, kann auf Syrus' Ansatz angewendet werden. Bourdieu argumentiert, dass Kunst nicht isoliert betrachtet werden kann, sondern in einem sozialen Kontext entsteht und wirkt. Syrus' Arbeiten reflektieren diese Theorie, da sie nicht nur ästhetische Objekte sind, sondern auch politische und soziale Kommentare abgeben.

$$P = \frac{A}{C} \qquad (3)$$

wobei P die politische Dimension der Kunst, A die ästhetischen Elemente und C die gesellschaftlichen Kontexte repräsentiert. Diese Gleichung verdeutlicht, dass die Wirkung der Kunst stark von ihrem sozialen Umfeld abhängt.

Herausforderungen in der Kunstszene

Eine der größten Herausforderungen, mit denen Syrus konfrontiert war, war die Akzeptanz seiner Arbeiten in einer oft konservativen Kunstwelt. Viele Galerien waren zögerlich, Werke zu zeigen, die kontroverse Themen wie Rassismus, Identität und sexuelle Orientierung ansprachen. Diese Zurückhaltung führte zu einer notwendigen Diskussion über die Rolle der Kunst in der Gesellschaft und die Verantwortung von Künstlern, relevante Themen aufzugreifen.

Ein Beispiel hierfür ist seine erste bedeutende Ausstellung in einer kleinen Galerie, die sich auf LGBTQ-Kunst spezialisiert hat. Trotz des begrenzten Budgets und der kleinen Räumlichkeiten gelang es Syrus, eine eindrucksvolle Sammlung von Arbeiten zu präsentieren, die sowohl visuell ansprechend als auch thematisch tiefgründig waren. Die Ausstellung zog eine diverse Menge an Besuchern an und führte zu lebhaften Diskussionen über die dargestellten Themen.

Einfluss von sozialen Medien

Ein weiterer wichtiger Aspekt von Syrus' ersten Ausstellungen war die Rolle der sozialen Medien. In einer Zeit, in der digitale Plattformen zunehmend Einfluss auf die Kunstwelt haben, nutzte Syrus soziale Medien, um seine Arbeiten zu bewerben und mit einem breiteren Publikum zu interagieren. Diese Strategie erwies sich als effektiv, da sie es ihm ermöglichte, eine Community von Unterstützern und Gleichgesinnten aufzubauen, die seine Vision teilten.

Die Verwendung von Plattformen wie Instagram und Facebook erlaubte es Syrus, seine Kunst nicht nur zu zeigen, sondern auch Geschichten zu erzählen und den Kontext seiner Arbeiten zu erläutern. Dies förderte ein tieferes Verständnis für die Themen, die er ansprach, und half, Vorurteile abzubauen.

Erste Erfolge und Rückschläge

Trotz der Herausforderungen, denen er gegenüberstand, waren Syrus' erste Ausstellungen auch von Erfolgen geprägt. Kritiken in lokalen Zeitungen und Online-Magazinen lobten seine Fähigkeit, komplexe Themen in zugängliche und ansprechende Kunstwerke zu verwandeln. Ein Beispiel für einen solchen Erfolg war seine Installation „Identität und Widerstand", die in einer Gruppenausstellung gezeigt wurde und sowohl von Kritikern als auch von Besuchern hochgelobt wurde.

Allerdings gab es auch Rückschläge. Einige seiner Arbeiten wurden von Galerien abgelehnt, und er erlebte Momente der Selbstzweifel, in denen er sich fragte, ob seine Botschaften zu provokant oder unverständlich waren. Diese Erfahrungen führten jedoch zu einer stärkeren Entschlossenheit, seine Stimme zu erheben und die Themen, die ihm am Herzen lagen, weiterhin zu verfolgen.

Fazit

Insgesamt waren die ersten künstlerischen Ausstellungen von Syrus Marcus Ware entscheidend für seine Entwicklung als Künstler und Aktivist. Sie ermöglichten ihm nicht nur, seine künstlerische Stimme zu finden, sondern auch, wichtige gesellschaftliche Themen zur Sprache zu bringen. Die Kombination aus Kunst und Aktivismus, die in seinen frühen Arbeiten deutlich wurde, legte den Grundstein für seine zukünftigen Projekte und seine Rolle als einflussreicher Akteur in der LGBTQ-Community. Die Herausforderungen, die er überwand, und die Erfolge, die er feierte, sind ein testamentarisches Beispiel für den Einfluss, den Kunst auf soziale Bewegungen haben kann.

Begegnungen mit anderen Aktivisten

Die Begegnungen von Syrus Marcus Ware mit anderen Aktivisten spielten eine entscheidende Rolle in der Entwicklung seines politischen Bewusstseins und seines künstlerischen Schaffens. In dieser Phase seines Lebens lernte Syrus, dass Aktivismus nicht nur eine individuelle Anstrengung ist, sondern ein kollektives Unterfangen, das durch Zusammenarbeit, Austausch von Ideen und gegenseitige Unterstützung gestärkt wird. Diese Erkenntnis war nicht nur für seine persönliche Entwicklung von Bedeutung, sondern auch für die gesamte LGBTQ-Community, die von der Vielfalt der Stimmen und Perspektiven profitierte.

Die ersten Begegnungen

Die ersten Begegnungen mit anderen Aktivisten fanden während seines Studiums an der Universität statt. Hier traf Syrus auf Gleichgesinnte, die sich für soziale Gerechtigkeit und die Rechte der LGBTQ-Community einsetzten. Diese Gruppen waren oft interdisziplinär und vereinten Menschen aus verschiedenen Hintergründen, darunter Künstler, Schriftsteller, Sozialwissenschaftler und politische Aktivisten. Diese Diversität förderte einen fruchtbaren Austausch, der Syrus half, seine eigenen Ideen zu formen und zu verfeinern.

Ein Beispiel für eine solche Begegnung war die Teilnahme an einer Konferenz über Queer-Theorie, die von einer bekannten Aktivistin organisiert wurde. Hier hatte Syrus die Gelegenheit, mit führenden Stimmen der Bewegung zu diskutieren und sich über die Herausforderungen und Erfolge in der LGBTQ-Community auszutauschen. Diese Erfahrungen führten zu einer tiefen Reflexion über die Rolle von Kunst im Aktivismus und die Notwendigkeit, Geschichten zu erzählen, die oft übersehen werden.

Gemeinsame Projekte und Initiativen

Ein weiterer wichtiger Aspekt dieser Begegnungen war die Zusammenarbeit an gemeinsamen Projekten. Syrus war Teil eines Kollektivs, das sich auf die Schaffung von Kunstinstallationen konzentrierte, die soziale Themen ansprachen. Diese Projekte boten nicht nur eine Plattform für die künstlerische Ausdrucksform, sondern auch eine Möglichkeit, die Stimmen marginalisierter Gruppen sichtbar zu machen.

Ein bemerkenswertes Beispiel war die Installation „Voices Unheard", die in einer renommierten Galerie ausgestellt wurde. Diese Arbeit vereinte die Perspektiven von LGBTQ-Personen aus verschiedenen Kulturen und Hintergründen und stellte die Herausforderungen dar, mit denen sie konfrontiert sind. Die Zusammenarbeit mit anderen Aktivisten und Künstlern war entscheidend für den Erfolg dieses Projekts, da jeder Einzelne seine einzigartigen Erfahrungen und Perspektiven einbrachte.

Herausforderungen und Konflikte

Trotz der positiven Aspekte der Begegnungen mit anderen Aktivisten gab es auch Herausforderungen. Unterschiedliche Meinungen über Strategien und Ansätze führten manchmal zu Spannungen innerhalb der Gruppen. Syrus erlebte Konflikte, die aus unterschiedlichen Prioritäten und Ansichten über den besten Weg zur Erreichung ihrer Ziele resultierten. Diese Konflikte waren oft fruchtbar, da sie zu tiefgreifenden Diskussionen führten und letztendlich zu einem besseren Verständnis der Vielfalt innerhalb der Bewegung beitrugen.

Ein Beispiel für einen solchen Konflikt war die Debatte über die Verwendung von Humor im Aktivismus. Während einige Aktivisten die Meinung vertraten, dass Humor eine effektive Möglichkeit sei, um Aufmerksamkeit zu erregen und Barrieren abzubauen, argumentierten andere, dass Humor die Ernsthaftigkeit der Themen untergraben könne. Diese Diskussionen halfen Syrus, seine eigene Position zu klären und die Rolle von Humor in seiner Kunst und Aktivismus zu definieren.

Langfristige Auswirkungen

Die Begegnungen mit anderen Aktivisten hatten langfristige Auswirkungen auf Syrus' Karriere und Engagement. Durch den Austausch von Ideen und

Erfahrungen entwickelte er ein Netzwerk von Unterstützern und Mitstreitern, das ihm half, seine Botschaften weiter zu verbreiten. Diese Verbindungen führten zu weiteren Kooperationen und Projekten, die die Sichtbarkeit der LGBTQ-Community in der Gesellschaft erhöhten.

Darüber hinaus beeinflussten diese Begegnungen auch seine künstlerische Praxis. Die Interaktionen mit anderen Aktivisten und Künstlern führten zu einer ständigen Reflexion über die Rolle der Kunst im Aktivismus. Syrus erkannte, dass Kunst nicht nur ein Werkzeug für den Ausdruck ist, sondern auch ein Mittel, um Menschen zu mobilisieren und Veränderungen herbeizuführen. Diese Erkenntnis prägte seine späteren Arbeiten und sein Engagement in der Community.

Schlussfolgerung

Zusammenfassend lässt sich sagen, dass die Begegnungen mit anderen Aktivisten eine entscheidende Rolle in Syrus Marcus Wares Entwicklung als Künstler und Aktivist spielten. Diese Erfahrungen ermöglichten es ihm, ein tieferes Verständnis für die Komplexität von Identität und Aktivismus zu entwickeln und die Bedeutung von Zusammenarbeit und Solidarität zu erkennen. In einer Welt, die oft von Spaltung und Konflikten geprägt ist, bleibt die Fähigkeit, Brücken zu bauen und gemeinsam für eine gerechtere Zukunft zu kämpfen, von größter Bedeutung. Syrus' Weg zeigt, dass die Kraft des kollektiven Engagements und der Austausch von Ideen nicht nur den Einzelnen stärken, sondern auch die gesamte Bewegung voranbringen können.

Workshops und Seminare

In der akademischen Laufbahn von Syrus Marcus Ware spielten Workshops und Seminare eine zentrale Rolle, um seine künstlerischen und aktivistischen Fähigkeiten zu entwickeln. Diese Veranstaltungen boten nicht nur Raum für kreativen Austausch, sondern förderten auch das Bewusstsein für soziale Gerechtigkeit und die Herausforderungen, mit denen die LGBTQ-Community konfrontiert ist.

Zielsetzung von Workshops

Die Workshops, an denen Syrus teilnahm, hatten mehrere Ziele:

- **Künstlerische Entwicklung:** Die Teilnehmer wurden ermutigt, ihre kreativen Fähigkeiten zu erweitern und neue Techniken zu erlernen, die sie

AKADEMISCHE LAUFBAHN

in ihrer Kunst einsetzen konnten. Dies schloss sowohl traditionelle als auch moderne Kunstformen ein.

- **Aktivismus und Bewusstseinsbildung:** Viele Workshops konzentrierten sich auf die Verbindung zwischen Kunst und Aktivismus. Die Teilnehmer lernten, wie sie ihre Kunst nutzen können, um soziale Themen anzusprechen und das Bewusstsein für die LGBTQ-Community zu schärfen.

- **Netzwerkbildung:** Workshops boten eine Plattform, um Gleichgesinnte zu treffen und Netzwerke aufzubauen, die für zukünftige Projekte und Initiativen von Bedeutung waren.

Themen und Inhalte

Die Themen der Workshops waren vielfältig und reichten von praktischen künstlerischen Techniken bis hin zu theoretischen Diskussionen über soziale Gerechtigkeit. Zu den häufig behandelten Themen gehörten:

- **Kreative Ausdrucksformen:** Teilnehmer hatten die Möglichkeit, verschiedene Medien wie Malerei, Skulptur, Performance und digitale Kunst auszuprobieren. Dies förderte die individuelle Kreativität und half, einen persönlichen Stil zu entwickeln.

- **Soziale Gerechtigkeit:** Diskussionsrunden über die Herausforderungen, mit denen marginalisierte Gruppen konfrontiert sind, waren ein zentraler Bestandteil. Hierbei wurden Themen wie Rassismus, Homophobie und Transphobie behandelt.

- **Kunst als Protest:** Ein weiterer wichtiger Aspekt war die Rolle der Kunst in Protestbewegungen. Workshops ermutigten die Teilnehmer, ihre Kunst als Werkzeug für den sozialen Wandel zu nutzen, um auf Missstände aufmerksam zu machen.

Praktische Erfahrungen

Syrus nahm an verschiedenen Workshops teil, die von renommierten Künstlern und Aktivisten geleitet wurden. Diese Erfahrungen prägten nicht nur seine künstlerische Praxis, sondern auch sein Verständnis von Aktivismus. Ein Beispiel ist ein Workshop, der sich mit der Erstellung von Wandmalereien beschäftigte, die gesellschaftliche Themen ansprechen. Hierbei lernte er, wie visuelle Kunst als Medium für den Ausdruck von Widerstand und Solidarität genutzt werden kann.

Ein weiteres Beispiel ist ein Seminar, das sich mit der Verwendung von sozialen Medien zur Verbreitung von aktivistischen Botschaften befasste. Die Teilnehmer diskutierten Strategien zur effektiven Nutzung dieser Plattformen, um eine breitere Öffentlichkeit zu erreichen und Unterstützung für ihre Anliegen zu gewinnen. Diese Diskussionen führten zur Entwicklung von Kampagnen, die sowohl online als auch offline durchgeführt wurden.

Herausforderungen und Lösungen

Trotz der positiven Erfahrungen gab es auch Herausforderungen. Viele Teilnehmer hatten Schwierigkeiten, ihre Stimme in einem oft dominierenden Diskurs zu finden. Syrus und seine Mitstreiter erkannten, dass es wichtig war, einen Raum zu schaffen, in dem alle Stimmen gehört werden konnten. Dies führte zu einer bewussten Entscheidung, Workshops inklusiv zu gestalten und verschiedene Perspektiven zu fördern.

Ein häufiges Problem war auch der Zugang zu Ressourcen und Materialien. Um dem entgegenzuwirken, wurden in einigen Workshops Materialien gesammelt und bereitgestellt, um sicherzustellen, dass alle Teilnehmer unabhängig von ihrem finanziellen Hintergrund die Möglichkeit hatten, aktiv teilzunehmen.

Langfristige Auswirkungen

Die Workshops und Seminare, an denen Syrus teilnahm, hatten langfristige Auswirkungen auf seine künstlerische und aktivistische Karriere. Sie ermöglichten es ihm, eine Vielzahl von Techniken zu erlernen, seine Stimme zu finden und Netzwerke zu knüpfen, die für seine zukünftigen Projekte von entscheidender Bedeutung waren.

Darüber hinaus förderten diese Erfahrungen eine kritische Auseinandersetzung mit der eigenen Identität und den gesellschaftlichen Strukturen, in denen er lebte. Die erlernten Fähigkeiten und das Wissen wurden nicht nur in seiner eigenen Kunst sichtbar, sondern auch in den Projekten, die er später initiierte, und in der Art und Weise, wie er andere ermutigte, ihre Stimme zu erheben.

Zusammenfassend lässt sich sagen, dass Workshops und Seminare eine fundamentale Rolle in Syrus Marcus Wares Entwicklung spielten. Sie waren nicht nur Räume des Lernens, sondern auch der Gemeinschaft, des Austauschs und des Widerstands. Diese Erfahrungen trugen entscheidend dazu bei, dass Syrus zu einem einflussreichen Künstler und Aktivisten innerhalb der LGBTQ-Community wurde.

Die Entwicklung eines politischen Bewusstseins

Die Entwicklung eines politischen Bewusstseins ist ein zentraler Bestandteil des Lebens von Syrus Marcus Ware, der nicht nur als Künstler, sondern auch als Aktivist eine bedeutende Rolle spielt. In dieser Phase seines Lebens, während er seine akademische Laufbahn begann, erlebte Syrus eine Transformation, die ihn dazu brachte, die Welt um sich herum kritisch zu hinterfragen und seine Stimme für soziale Gerechtigkeit zu erheben.

Einfluss der akademischen Umgebung

Syrus' Studium der Kunst und sozialen Wissenschaften an der Universität stellte einen Wendepunkt dar. In einem Umfeld, das von kritischem Denken und interdisziplinärem Austausch geprägt war, wurde er mit einer Vielzahl von Theorien und Ideen konfrontiert, die sein politisches Bewusstsein schärften. Besonders einflussreich waren die Theorien von Sozialwissenschaftlern wie Michel Foucault und Judith Butler, die Konzepte von Macht, Identität und Geschlecht untersuchten.

$$\text{Macht} = \frac{\text{Einfluss}}{\text{Widerstand}} \qquad (4)$$

Diese Gleichung verdeutlicht, dass Macht nicht nur von oben nach unten ausgeübt wird, sondern auch in sozialen Bewegungen und im Widerstand gegen Unterdrückung verhandelt wird. Syrus erkannte, dass seine Kunst ein Werkzeug sein könnte, um diese Machtverhältnisse zu hinterfragen und zu verändern.

Erste politische Erfahrungen

Während seiner Studienzeit nahm Syrus an verschiedenen politischen Veranstaltungen und Protesten teil, die sich mit Themen wie Rassismus, LGBTQ-Rechten und sozialer Gerechtigkeit beschäftigten. Diese Erfahrungen waren prägend und führten zu einem tieferen Verständnis der strukturellen Ungleichheiten in der Gesellschaft. Er lernte, dass Aktivismus nicht nur aus Protesten besteht, sondern auch aus der Fähigkeit, Dialoge zu führen und Gemeinschaften zu mobilisieren.

Ein Beispiel für eine solche Erfahrung war die Teilnahme an einer Demonstration gegen Diskriminierung von LGBTQ-Personen in der Kunstszene.

Hier begegnete Syrus anderen Aktivisten, die ähnliche Anliegen verfolgten, und erkannte die Kraft der Solidarität. Diese Begegnungen halfen ihm, ein Netzwerk von Gleichgesinnten aufzubauen, das ihn in seiner Entwicklung unterstützte.

Die Rolle der Kunst im Aktivismus

Syrus begann zu verstehen, dass Kunst eine transformative Kraft hat, die über die ästhetische Erfahrung hinausgeht. Kunst kann als Katalysator für sozialen Wandel dienen. In seinen frühen Arbeiten experimentierte er mit verschiedenen Medien, um gesellschaftliche Themen zu reflektieren und zu kommentieren. Seine Installationen und Performances thematisierten oft die Schnittstellen von Identität, Rasse und Sexualität.

Ein Beispiel hierfür ist seine Installation „Körper und Raum", die die Beziehung zwischen dem physischen Körper und gesellschaftlichen Normen untersuchte. Diese Arbeit wurde nicht nur in Galerien ausgestellt, sondern auch in Gemeinschaftszentren, wo sie ein breiteres Publikum erreichte und Diskussionen anregte.

Herausforderungen und Reflexionen

Trotz seiner Fortschritte in der Entwicklung eines politischen Bewusstseins stieß Syrus auf zahlreiche Herausforderungen. Der Druck, sowohl als Künstler als auch als Aktivist anerkannt zu werden, führte zu inneren Konflikten. Er stellte sich Fragen wie: *„Wie kann ich authentisch bleiben, während ich in einem System arbeite, das oft meine Identität und meine Anliegen marginalisiert?"*

Diese Fragen führten zu einer intensiven Selbstreflexion, die in seinen späteren Arbeiten sichtbar wurde. Er begann, die Komplexität seiner Identität als queer, schwarzer Künstler zu thematisieren und schuf Werke, die sowohl persönliche als auch kollektive Erfahrungen widerspiegelten.

Langfristige Auswirkungen der politischen Entwicklung

Die Entwicklung eines politischen Bewusstseins hatte langfristige Auswirkungen auf Syrus' Karriere und Aktivismus. Er wurde zu einem gefragten Sprecher und Mentor für junge Künstler und Aktivisten, die ähnliche Herausforderungen erlebten. Seine Fähigkeit, Kunst und Aktivismus zu verbinden, inspirierte viele, sich ebenfalls für soziale Gerechtigkeit einzusetzen.

Zusammenfassend lässt sich sagen, dass die Entwicklung eines politischen Bewusstseins für Syrus Marcus Ware eine dynamische und transformative Reise war, die durch akademische Einflüsse, persönliche Erfahrungen und die Kraft der

AKADEMISCHE LAUFBAHN

Kunst geprägt wurde. Diese Reise ist ein Beispiel dafür, wie individuelle und kollektive Identitäten in den Kampf um soziale Gerechtigkeit einfließen können und wie Kunst als Plattform für Veränderung dienen kann.

Kritische Momente während des Studiums

Während seiner akademischen Laufbahn erlebte Syrus Marcus Ware mehrere kritische Momente, die nicht nur seine persönliche Entwicklung, sondern auch seine künstlerische und aktivistische Ausrichtung maßgeblich beeinflussten. Diese Momente waren geprägt von Herausforderungen, die ihn dazu zwangen, seine Überzeugungen zu hinterfragen und neue Perspektiven zu entwickeln. In diesem Abschnitt werden einige dieser entscheidenden Ereignisse und deren Auswirkungen auf Syrus' Leben und Werk betrachtet.

Der Kampf um Identität

Der erste kritische Moment trat auf, als Syrus sich intensiv mit seiner Identität auseinandersetzte. In einer akademischen Umgebung, die oft von heteronormativen Standards geprägt ist, fühlte er sich anfangs isoliert. Der Druck, sich anzupassen, war enorm, und er erlebte Momente der Unsicherheit, die ihn dazu brachten, seine eigene Identität in Frage zu stellen. Dies führte zu einer tiefen inneren Auseinandersetzung, die sowohl schmerzhaft als auch befreiend war. In einem seiner ersten Aufsätze über die Identität schrieb er:

> „Die Suche nach der eigenen Identität ist wie das Malen eines Selbstporträts, bei dem die Farben ständig wechseln. Manchmal ist es eine lebendige Palette, manchmal ist es nur Grau."

Diese Erkenntnis half ihm, seine Stimme zu finden und seine Kunst als Ausdruck seiner Identität zu nutzen.

Politische Mobilisierung

Ein weiterer kritischer Moment war die Teilnahme an einer politischen Mobilisierung gegen Diskriminierung auf dem Campus. Diese Erfahrung war nicht nur eine Möglichkeit, aktiv zu werden, sondern stellte auch eine Herausforderung dar, da Syrus sich mit anderen Aktivisten zusammenschloss, die unterschiedliche Ansichten und Strategien hatten. Diese Diversität führte zu Spannungen innerhalb der Gruppe, aber auch zu einem fruchtbaren Austausch von Ideen. In einem Workshop zur politischen Mobilisierung stellte er fest:

„Wir müssen die Unterschiede in unseren Stimmen feiern, denn nur so können wir ein vollständiges Bild der Realität schaffen, die wir verändern wollen."

Dies führte zu einer stärkeren Zusammenarbeit und einem tieferen Verständnis für die Komplexität von Aktivismus.

Akademische Herausforderungen

Akademische Herausforderungen traten ebenfalls auf, als Syrus mit kritischen Rückmeldungen von Professoren konfrontiert wurde, die seine Arbeiten nicht als ausreichend politisch oder sozial relevant erachteten. Diese Kritik führte zu einem tiefen Zweifel an seinem künstlerischen Ansatz. In einem besonders frustrierenden Seminar äußerte er:

„Wie kann ich meine Kunst so gestalten, dass sie sowohl ästhetisch ansprechend als auch politisch wirksam ist? Ist das überhaupt möglich?"

Diese Fragen führten zu einer intensiven Auseinandersetzung mit der Theorie der sozialen Gerechtigkeit in der Kunst, und er begann, sich mit Theoretikern wie bell hooks und Judith Butler auseinanderzusetzen, die die Verbindung zwischen Kunst und Aktivismus betonen.

Mentoren und Einflüsse

Ein entscheidender Wendepunkt in Syrus' akademischer Laufbahn war die Begegnung mit einem Mentor, der ihn ermutigte, seine Stimme zu finden und seine Kunst als Werkzeug für sozialen Wandel zu nutzen. Dieser Mentor, ein erfahrener Künstler und Aktivist, stellte ihm die Frage:

„Was willst du mit deiner Kunst erreichen? Was ist deine Botschaft?"

Diese Fragen regten Syrus dazu an, seine Ziele klarer zu definieren und die Absicht hinter seiner Kunst zu hinterfragen. Er begann, sich intensiver mit Themen wie Rassismus, Geschlecht und Identität auseinanderzusetzen und diese in seine Arbeiten zu integrieren.

AKADEMISCHE LAUFBAHN   59

Der Einfluss von sozialer Ungerechtigkeit

Ein weiterer kritischer Moment war die Auseinandersetzung mit sozialen Ungerechtigkeiten, die in seiner Umgebung sichtbar wurden. Ein Vorfall, bei dem ein Kommilitone aufgrund seiner sexuellen Orientierung diskriminiert wurde, schockierte Syrus und führte zu einem tiefen Gefühl der Ohnmacht. In einem Reflexionsaufsatz schrieb er:

> „Es ist nicht genug, nur zu beobachten. Wir müssen handeln, wir müssen laut sein!"

Diese Erfahrung motivierte ihn, aktiv an Kampagnen zur Sensibilisierung für LGBTQ+-Themen teilzunehmen und seine Kunst als Plattform für den Widerstand zu nutzen.

Der Druck des Erfolgs

Mit zunehmendem Erfolg in der Kunstszene kam auch der Druck, Erwartungen zu erfüllen. Syrus fühlte sich oft überwältigt von der Notwendigkeit, konstant kreativ und innovativ zu sein. In einem Gespräch mit Freunden äußerte er:

> „Manchmal fühle ich mich, als würde ich auf einem Drahtseil balancieren. Ein kleiner Fehler, und ich könnte fallen."

Diese Ängste führten zu einem kreativen Stillstand, den er überwinden musste, indem er sich wieder auf die Grundlagen seiner Kunst und die ursprünglichen Motivationen zurückbesann.

Reflexion und Wachstum

Letztlich führten all diese kritischen Momente zu einem tiefen persönlichen Wachstum. Syrus lernte, dass die Herausforderungen, die er erlebte, nicht nur Hindernisse waren, sondern auch Chancen zur Reflexion und zur Weiterentwicklung seiner Identität und seines künstlerischen Schaffens. Er begann, die Theorie von *Critical Pedagogy* zu integrieren, die besagt, dass Lernen ein aktiver, sozialer Prozess ist, der durch kritisches Denken und Reflexion gefördert wird.

In einer abschließenden Reflexion über seine Studienzeit fasste Syrus zusammen:

„Jede Herausforderung war ein Schritt auf meinem Weg. Jede kritische Stimme hat mich stärker gemacht. Ich bin nicht nur ein Künstler, ich bin ein Aktivist und ein Teil einer Gemeinschaft, die für Veränderung kämpft."

Diese Erkenntnisse prägten nicht nur Syrus' künstlerische Praxis, sondern auch seine zukünftigen Bestrebungen im Aktivismus und in der Kunst.

Abschluss und Ausblick auf die Zukunft

In der Betrachtung von Syrus Marcus Wares Lebensweg und seinem Einfluss auf die LGBTQ-Community wird deutlich, dass seine künstlerische und aktivistische Arbeit nicht nur eine Reaktion auf die Herausforderungen seiner Zeit war, sondern auch ein bedeutendes Vermächtnis hinterlässt, das zukünftige Generationen inspirieren kann. Die Synthese von Kunst und Aktivismus, die Syrus verkörpert, zeigt, wie kreative Ausdrucksformen als Katalysatoren für sozialen Wandel fungieren können.

Rückblick auf die akademische Zeit Syrus' akademische Laufbahn war geprägt von einem tiefen Engagement für soziale Gerechtigkeit und einer kritischen Auseinandersetzung mit den Themen Identität und Marginalisierung. Während seiner Studienzeit entwickelte er ein starkes Bewusstsein für die politischen und sozialen Strömungen, die die LGBTQ-Community beeinflussten. Diese Erkenntnisse flossen nicht nur in seine künstlerische Praxis ein, sondern auch in seine strategischen Ansätze im Aktivismus.

Die Verbindung zwischen Kunst und Aktivismus Die Kombination von Kunst und Aktivismus, die Syrus in seinen Projekten verfolgt, ist nicht nur eine individuelle Strategie, sondern spiegelt auch einen breiteren Trend innerhalb der LGBTQ-Bewegung wider. Künstlerische Interventionen haben sich als wirksame Mittel erwiesen, um Aufmerksamkeit auf soziale Ungerechtigkeiten zu lenken und kollektive Mobilisierung zu fördern. Ein Beispiel hierfür ist die Verwendung von Performancekunst in Protesten, die es den Menschen ermöglicht, ihre Stimmen auf kreative Weise zu erheben und gleichzeitig emotionale Resonanz zu erzeugen.

Reflexion über Erfolge und Misserfolge Syrus' Werdegang ist nicht ohne Herausforderungen und Rückschläge verlaufen. Die kritische Reflexion über diese Misserfolge ist entscheidend, um aus ihnen zu lernen und zukünftige Strategien zu optimieren. In der LGBTQ-Community gibt es oft interne Spannungen und

AKADEMISCHE LAUFBAHN

unterschiedliche Ansichten über den besten Weg zur Erreichung von Gleichheit und Akzeptanz. Syrus hat diese Spannungen offen angesprochen und betont, dass der Dialog und die Zusammenarbeit zwischen verschiedenen Gruppen unerlässlich sind, um die gemeinsamen Ziele zu erreichen.

Die Bedeutung von Humor im Leben von Syrus Ein zentrales Element in Syrus' Arbeit ist der Einsatz von Humor. Humor dient nicht nur als Überlebensmechanismus in schwierigen Zeiten, sondern auch als Werkzeug, um komplexe und oft schmerzhafte Themen zugänglicher zu machen. Durch den Einsatz von humorvollen Elementen in seinen Kunstwerken und seinen öffentlichen Auftritten hat Syrus es geschafft, Barrieren abzubauen und das Publikum zum Nachdenken anzuregen. Dies zeigt sich beispielsweise in seinen Installationen, die oft eine spielerische, aber kritische Auseinandersetzung mit gesellschaftlichen Normen bieten.

Ein Blick auf die Zukunft der LGBTQ-Bewegung Die Zukunft der LGBTQ-Bewegung wird stark von den Herausforderungen geprägt sein, die die Weltgemeinschaft derzeit erlebt, einschließlich der wachsenden politischen Repression und der anhaltenden Diskriminierung. Dennoch gibt es auch vielversprechende Entwicklungen, die Hoffnung geben. Die zunehmende Sichtbarkeit von LGBTQ-Personen in den Medien, die Unterstützung durch prominente Verbündete und die wachsende Akzeptanz in der Gesellschaft sind ermutigende Zeichen für die Zukunft.

Ermutigung für zukünftige Aktivisten Syrus Marcus Ware ermutigt zukünftige Aktivisten, ihre Stimmen zu erheben und ihre einzigartigen Perspektiven in den Diskurs einzubringen. Er betont die Notwendigkeit, authentisch zu sein und die eigene Geschichte zu teilen, um die Vielfalt innerhalb der Bewegung zu feiern. Die Herausforderungen sind groß, aber die Kraft der Gemeinschaft und der kreativen Ausdrucksformen bietet einen Weg, um Veränderungen herbeizuführen.

Die Rolle der Kunst in der Gesellschaft Abschließend lässt sich sagen, dass die Rolle der Kunst in der Gesellschaft weiterhin von zentraler Bedeutung sein wird. Kunst hat die Fähigkeit, Menschen zu verbinden, Empathie zu fördern und gesellschaftliche Normen in Frage zu stellen. Syrus' Arbeit zeigt, wie wichtig es ist, diese Plattformen zu nutzen, um marginalisierte Stimmen zu stärken und den Kampf für Gleichheit und Gerechtigkeit fortzusetzen.

Zusammenfassung Syrus Marcus Wares Lebenswerk ist ein eindringliches Beispiel dafür, wie Kunst und Aktivismus miteinander verwoben sind und wie sie gemeinsam eine kraftvolle Stimme für Veränderung bilden können. Mit einem Blick auf die Zukunft bleibt die Hoffnung, dass seine Vision und sein Engagement für die LGBTQ-Community weiterhin Inspiration bieten und neue Wege für den Aktivismus eröffnen.

Rückblick auf die akademische Zeit

Im Rückblick auf die akademische Zeit von Syrus Marcus Ware wird deutlich, dass diese Phase seines Lebens nicht nur eine Zeit des Lernens, sondern auch eine Zeit der Selbstentdeckung und des Wachstums war. Der Einfluss der Universität auf Syrus' Denken und seine künstlerische Praxis war tiefgreifend und vielschichtig. Während seiner Studienjahre erlebte er eine Vielzahl von Herausforderungen, die ihn sowohl als Künstler als auch als Aktivist prägten.

Einfluss der Universität auf Syrus' Denken

Die Universität stellte für Syrus einen Raum dar, in dem er seine künstlerischen Fähigkeiten entfalten und gleichzeitig ein kritisches Bewusstsein für soziale Gerechtigkeit entwickeln konnte. Durch Kurse in Kunstgeschichte, Sozialwissenschaften und Genderstudien wurde ihm ein breiterer Kontext für seine eigenen Erfahrungen und die der LGBTQ-Community vermittelt. Insbesondere die Auseinandersetzung mit Theorien der Identität und der Repräsentation half ihm, seine eigene Position innerhalb der Gesellschaft zu reflektieren.

Ein Beispiel für diese intellektuelle Auseinandersetzung ist die Theorie von Judith Butler, die das Konzept der Geschlechtsidentität als performativ beschreibt. Diese Theorie hat Syrus dazu inspiriert, die Grenzen von Geschlecht und Identität in seiner Kunst zu hinterfragen und zu dekonstruieren. In einem seiner ersten Projekte an der Universität setzte er sich mit der Frage auseinander, wie traditionelle Geschlechterrollen in der Kunst dargestellt werden und wie diese Darstellungen das Selbstverständnis von Individuen beeinflussen.

Engagement in studentischen Organisationen

Syrus war nicht nur ein passiver Teilnehmer im akademischen Umfeld, sondern engagierte sich aktiv in verschiedenen studentischen Organisationen. Diese Gruppen boten ihm die Möglichkeit, Gleichgesinnte zu treffen und gemeinsam für soziale Veränderungen zu kämpfen. Durch seine Mitgliedschaft in der

LGBTQ-Studentenvereinigung konnte er wichtige Netzwerke aufbauen und sich an Initiativen beteiligen, die sich für die Rechte von LGBTQ-Studierenden einsetzten.

Ein prägendes Ereignis war die Organisation einer Kunstausstellung, die sich mit den Themen Identität und Zugehörigkeit auseinandersetzte. Diese Ausstellung war nicht nur ein kreativer Ausdruck, sondern auch ein politisches Statement, das die Sichtbarkeit von marginalisierten Stimmen in der Kunstwelt erhöhte. Syrus lernte, dass Kunst nicht nur ein Medium für persönliche Ausdrucksformen ist, sondern auch ein kraftvolles Werkzeug für sozialen Wandel.

Erste künstlerische Ausstellungen

Die ersten künstlerischen Ausstellungen von Syrus während seiner akademischen Laufbahn waren sowohl ein Test als auch ein Sprungbrett für seine zukünftige Karriere. Seine Werke wurden in verschiedenen studentischen Galerien gezeigt, was ihm die Möglichkeit gab, wertvolles Feedback zu erhalten und seine künstlerische Stimme weiterzuentwickeln. Eine seiner ersten Ausstellungen, die den Titel *„Körper in Bewegung"* trug, thematisierte die Fluidität von Identität und Geschlecht.

In dieser Ausstellung kombinierte Syrus Malerei, Fotografie und Performance, um die Zuschauer zu ermutigen, über ihre eigenen Vorurteile und Annahmen nachzudenken. Die Reaktionen waren gemischt, was ihn jedoch nicht entmutigte. Stattdessen sah er es als Anreiz, seine Arbeit weiter zu verfeinern und zu vertiefen.

Kritische Momente während des Studiums

Trotz der positiven Erfahrungen gab es auch kritische Momente, die Syrus' akademische Laufbahn prägten. Eine der größten Herausforderungen war der Umgang mit Diskriminierung und Vorurteilen innerhalb der akademischen Gemeinschaft. In einem Fall wurde er aufgrund seiner Identität in einem Seminar offen angegriffen, was zu einer intensiven Auseinandersetzung mit der Frage der Sicherheit und des Schutzes von LGBTQ-Studierenden führte.

Diese Erfahrungen führten dazu, dass Syrus sich verstärkt mit Themen der Inklusion und der Diversität auseinandersetzte. Er begann, Workshops und Diskussionen zu organisieren, um das Bewusstsein für diese Themen zu schärfen und um eine unterstützende Gemeinschaft zu schaffen. Dies war ein Wendepunkt, der ihn nicht nur als Künstler, sondern auch als Aktivisten formte.

Abschluss und Ausblick auf die Zukunft

Der Abschluss von Syrus war nicht das Ende seiner akademischen Reise, sondern vielmehr ein neuer Anfang. Mit einem Abschluss in Kunst und sozialen Wissenschaften ausgestattet, war er bereit, seine künstlerischen und aktivistischen Bestrebungen in die Praxis umzusetzen. Der Blick in die Zukunft war geprägt von der Überzeugung, dass Kunst und Aktivismus Hand in Hand gehen können, um soziale Gerechtigkeit zu fördern.

Er reflektierte oft über seine Zeit an der Universität und erkannte, dass die Herausforderungen, die er durchlebt hatte, ihn stärker gemacht hatten. Diese Rückschau auf die akademische Zeit war nicht nur eine Analyse seiner Erfahrungen, sondern auch eine Feier seines Wachstums und seiner Entwicklung als Künstler und Aktivist.

Insgesamt war die akademische Zeit von Syrus Marcus Ware eine entscheidende Phase, die seine Perspektiven und seine kreative Praxis nachhaltig prägte. Sie legte den Grundstein für sein zukünftiges Engagement in der LGBTQ-Community und seine Rolle als radikaler Künstler und Aktivist.

Der Aufstieg als Künstler

Erste Schritte in der Kunstszene

Erste Ausstellungen und Reaktionen

Syrus Marcus Ware betrat die Kunstszene mit einer Mischung aus Nervosität und Entschlossenheit, die für jeden aufstrebenden Künstler charakteristisch ist. Seine ersten Ausstellungen waren nicht nur ein Test seiner künstlerischen Fähigkeiten, sondern auch eine Plattform, um seine Stimme als LGBTQ-Aktivist zu erheben. Die Reaktionen auf seine Arbeiten waren sowohl positiv als auch herausfordernd und spiegelten die komplexe Beziehung zwischen Kunst und Aktivismus wider.

Die erste Ausstellung

Die erste bedeutende Ausstellung von Syrus fand in einer kleinen Galerie in Toronto statt. Diese Ausstellung war ein Wendepunkt für ihn, da sie nicht nur seine künstlerische Identität festigte, sondern auch seine Rolle als Aktivist in der LGBTQ-Community. Die Werke, die er präsentierte, thematisierten Identität, Rassismus und soziale Gerechtigkeit. Die Besucher waren beeindruckt von der Intensität und der Verletzlichkeit, die seine Arbeiten ausstrahlten. Kritiker beschrieben seine Werke als „mutig" und „herausfordernd", was die Diskussion über die Relevanz von Kunst in sozialen Bewegungen anregte.

Reaktionen der Öffentlichkeit

Die Reaktionen auf Syrus' erste Ausstellung waren gemischt. Während viele die künstlerische Tiefe und die politische Botschaft seiner Arbeiten lobten, gab es auch kritische Stimmen. Einige Besucher waren mit den konfrontativen Themen überfordert, während andere die Art und Weise, wie er seine Identität und seine Erfahrungen in die Kunst einfließen ließ, als inspirierend empfanden. Diese unterschiedlichen Reaktionen führten zu intensiven Diskussionen über die Rolle der Kunst als Spiegel der Gesellschaft und als Plattform für marginalisierte Stimmen.

Theoretische Grundlagen

Die Verbindung zwischen Kunst und Aktivismus ist in der Theorie gut dokumentiert. Der Kunsthistoriker John Berger argumentiert in seinem Werk „Ways of Seeing", dass Kunst nicht nur ästhetisch, sondern auch politisch ist. Er betont, dass die Sichtweise, aus der Kunst betrachtet wird, die Interpretation und den Einfluss der Werke stark beeinflusst. Dies trifft besonders auf Syrus' Arbeiten zu, die darauf abzielen, die Betrachter zum Nachdenken über ihre eigenen Vorurteile und gesellschaftlichen Strukturen zu bewegen.

Herausforderungen der ersten Ausstellungen

Ein zentrales Problem, mit dem Syrus konfrontiert war, war die Frage der Zugänglichkeit seiner Kunst. Während einige Kritiker seine Arbeiten als elitär empfanden, sahen andere in ihnen einen wichtigen Beitrag zur Sichtbarkeit von LGBTQ-Themen. Diese Spannungen führten zu einem kritischen Dialog über die Notwendigkeit, Kunst für alle zugänglich zu machen, während gleichzeitig die komplexen Themen, die er ansprach, nicht verwässert werden sollten.

Beispiele für positive Reaktionen

Ein Beispiel für eine positive Reaktion kam von einem Besucher, der sagte: „Syrus' Kunst hat mir die Augen geöffnet. Ich habe nie wirklich über die Themen nachgedacht, die er behandelt, aber jetzt fühle ich mich inspiriert, mehr darüber zu lernen." Solche Rückmeldungen sind für Künstler wie Syrus von entscheidender Bedeutung, da sie den Einfluss seiner Arbeit auf das Publikum verdeutlichen und die Notwendigkeit von Kunst als Mittel zur Förderung des sozialen Wandels unterstreichen.

Langfristige Auswirkungen

Die erste Ausstellung von Syrus Marcus Ware hatte nicht nur unmittelbare Auswirkungen auf sein künstlerisches Schaffen, sondern auch auf seine zukünftigen Projekte und Kampagnen. Sie legte den Grundstein für eine Karriere, die sich kontinuierlich mit den Schnittpunkten von Kunst, Identität und Aktivismus auseinandersetzt. Die Reaktionen auf seine ersten Arbeiten

ERSTE SCHRITTE IN DER KUNSTSZENE

motivierten ihn, weitere Ausstellungen zu planen, die sich mit noch komplexeren Themen befassen sollten, und ermutigten ihn, eine breitere Plattform für andere marginalisierte Künstler zu schaffen.

Insgesamt zeigt die Analyse von Syrus' ersten Ausstellungen und den darauf folgenden Reaktionen, wie Kunst als kraftvolles Werkzeug für sozialen Wandel fungieren kann. Seine Erfahrungen verdeutlichen die Herausforderungen, die mit der Darstellung von Identität und sozialen Themen in der Kunst verbunden sind, und heben die Notwendigkeit hervor, diese Diskussionen fortzusetzen, um eine inklusivere und gerechtere Gesellschaft zu schaffen.

Einfluss von zeitgenössischen Künstlern

Syrus Marcus Ware ist nicht nur ein bedeutender Aktivist, sondern auch ein radikaler Künstler, dessen Arbeiten stark von zeitgenössischen Künstlern beeinflusst wurden. In dieser Sektion werden wir die verschiedenen Facetten dieses Einflusses untersuchen und analysieren, wie diese Künstler Syrus' kreative Vision und seine Ansätze zur sozialen Gerechtigkeit geprägt haben.

Interdisziplinäre Inspiration

Einer der bemerkenswertesten Aspekte von Syrus' künstlerischem Schaffen ist die Interdisziplinarität. Er lässt sich nicht nur von bildenden Künstlern inspirieren, sondern auch von Performern, Schriftstellern und Aktivisten. Künstler wie **Kara Walker** und **David Hockney** haben in ihren Arbeiten oft Themen wie Identität, Rassismus und Sexualität behandelt. Diese Themen sind auch zentral für Syrus' eigene Kunst. Walker, bekannt für ihre kraftvollen Silhouetten, nutzt die visuelle Darstellung, um rassistische Stereotypen zu hinterfragen. Dies spiegelt sich in Syrus' Arbeiten wider, wo er oft mit ähnlichen visuellen Strategien arbeitet, um die Komplexität von Identität und Rasse zu beleuchten.

Der Einfluss von Graffiti und Street Art

Ein weiterer wichtiger Einfluss auf Syrus ist die Graffiti- und Street-Art-Bewegung. Künstler wie **Banksy** und **Shepard Fairey** haben die Straßen als Leinwand genutzt, um soziale und politische Botschaften zu verbreiten. Diese Form der Kunst hat Syrus dazu inspiriert, seine eigenen Arbeiten im öffentlichen Raum zu platzieren, um ein breiteres Publikum zu erreichen. Die Verwendung von Graffiti als Ausdrucksmittel ermöglicht es ihm, die Grenzen traditioneller Kunstformen zu überschreiten und direkt mit der Gemeinschaft zu interagieren.

$$\text{Kunst} = \text{Aktivismus} + \text{Gemeinschaft} \qquad (5)$$

Diese Gleichung verdeutlicht, dass Kunst für Syrus nicht nur eine persönliche Ausdrucksform ist, sondern auch ein Mittel zur Mobilisierung und zum Dialog innerhalb der Gemeinschaft.

Kritische Reflexion und soziale Gerechtigkeit

Syrus' Arbeiten sind stark von Künstlern beeinflusst, die soziale Gerechtigkeit thematisieren. **Ai Weiwei**, ein chinesischer Künstler und Aktivist, hat mit seinen provokanten Installationen und Filmen die Aufmerksamkeit auf Menschenrechtsverletzungen gelenkt. Syrus hat ähnliche Ansätze verfolgt, indem er Kunst als Plattform nutzt, um auf die Herausforderungen der LGBTQ-Community aufmerksam zu machen. In seinen Installationen thematisiert er oft Diskriminierung und Ungerechtigkeit, was ihm erlaubt, die Zuschauer zum Nachdenken und zur Reflexion über ihre eigenen Vorurteile und Überzeugungen anzuregen.

Die Rolle von Humor und Ironie

Ein weiterer Einfluss zeitgenössischer Künstler auf Syrus ist die Verwendung von Humor und Ironie. Künstler wie **Yoko Ono** und **Marina Abramović** haben in ihren Arbeiten oft humorvolle Elemente integriert, um ernsthafte Themen anzugehen. Syrus verwendet ähnliche Techniken, um die Schwere seiner Themen zu entschärfen und gleichzeitig die Aufmerksamkeit des Publikums zu gewinnen. Humor wird somit zu einem Werkzeug, das es ihm ermöglicht, Barrieren abzubauen und einen Dialog zu fördern.

Zusammenarbeit und Netzwerke

Die Zusammenarbeit mit anderen Künstlern ist ein weiterer entscheidender Faktor in Syrus' Entwicklung. Er hat mit vielen zeitgenössischen Künstlern zusammengearbeitet, um gemeinsame Projekte zu realisieren, die sowohl künstlerisch als auch politisch sind. Diese Netzwerke fördern den Austausch von Ideen und Techniken und ermöglichen es Syrus, seine künstlerischen Grenzen ständig zu erweitern. Die Zusammenarbeit mit Künstlern wie **Nick Cave** und **Marlon Riggs** hat ihm geholfen, neue Perspektiven und Ansätze in seine eigene Arbeit zu integrieren.

Fazit

Zusammenfassend lässt sich sagen, dass der Einfluss zeitgenössischer Künstler auf Syrus Marcus Ware vielschichtig und tiefgreifend ist. Von der Interdisziplinarität über die Verwendung von Humor bis hin zur kritischen Reflexion von sozialen Themen – Syrus hat die Inspiration aus der zeitgenössischen Kunstszene genutzt, um seine eigene künstlerische und aktivistische Stimme zu formen. Seine Arbeiten sind nicht nur ein Spiegelbild seiner Einflüsse, sondern auch ein kraftvolles Werkzeug für sozialen Wandel und Gerechtigkeit. In einer Welt, die oft von Ungerechtigkeit geprägt ist, bleibt Syrus ein leuchtendes Beispiel dafür, wie Kunst und Aktivismus Hand in Hand gehen können, um positive Veränderungen zu bewirken.

Die Verbindung zwischen Kunst und Aktivismus

Die Verbindung zwischen Kunst und Aktivismus ist eine dynamische und oft transformative Beziehung, die in der Geschichte der LGBTQ-Community und darüber hinaus eine bedeutende Rolle spielt. Kunst hat die Fähigkeit, Emotionen zu wecken, Gedanken zu provozieren und gesellschaftliche Normen in Frage zu stellen. Diese Eigenschaften machen sie zu einem mächtigen Werkzeug für Aktivisten, die soziale Gerechtigkeit und Gleichheit anstreben.

Theoretische Grundlagen

Die Theorie des sozialen Wandels durch Kunst basiert auf der Annahme, dass Kunst nicht nur ein Spiegel der Gesellschaft ist, sondern auch ein Motor für Veränderungen. Künstler wie Syrus Marcus Ware nutzen ihre Werke, um Themen wie Identität, Diskriminierung und soziale Ungerechtigkeit zu thematisieren. Die *Critical Art Ensemble*, eine Gruppe von Künstlern und Aktivisten, argumentiert, dass Kunst als ein „strategisches Medium" fungiert, das die Wahrnehmung von sozialen Problemen beeinflussen kann. Diese Theorie wird durch die Idee gestützt, dass Kunst den Betrachter nicht nur informiert, sondern auch emotional berührt und zum Handeln anregt.

Kunst als Protestform

Kunst kann als eine Form des Protests dienen, indem sie visuelle und performative Ausdrucksformen nutzt, um auf Missstände aufmerksam zu machen. Beispiele hierfür sind *Street Art* und *Graffiti*, die oft in urbanen Räumen verwendet werden, um politische Botschaften zu verbreiten. Künstler wie Banksy haben gezeigt, wie

Kunst in öffentlichen Räumen genutzt werden kann, um soziale und politische Themen zu kritisieren. In der LGBTQ-Community ist die Verwendung von Kunst in Protesten besonders prägnant, wie die *ACT UP*-Bewegung demonstriert hat, die in den 1980er Jahren gegen die AIDS-Epidemie kämpfte. Ihre Plakate und Performances forderten nicht nur medizinische Aufmerksamkeit, sondern auch gesellschaftliche Akzeptanz.

Die Rolle von Humor und Ironie

Ein wichtiger Aspekt der Verbindung zwischen Kunst und Aktivismus ist der Einsatz von Humor und Ironie. Syrus Marcus Ware und andere Künstler verwenden oft humorvolle Elemente in ihren Arbeiten, um ernste Themen zugänglicher zu machen. Humor kann eine Brücke schlagen, die es den Menschen ermöglicht, sich mit schwierigen Themen auseinanderzusetzen, ohne sich überfordert zu fühlen. Diese Technik wird auch in der Stand-up-Comedy verwendet, die oft gesellschaftliche Normen hinterfragt und gleichzeitig unterhält. Ein Beispiel für diesen Ansatz ist die Arbeit von *Hannah Gadsby*, deren Performance „Nanette" sowohl humorvoll als auch tiefgründig ist und wichtige Themen wie Identität und Trauma behandelt.

Herausforderungen und Kritik

Trotz der positiven Aspekte der Verbindung zwischen Kunst und Aktivismus gibt es auch Herausforderungen. Eine der größten Herausforderungen ist die Kommerzialisierung der Kunst. Oftmals wird die Botschaft eines aktivistischen Kunstwerks verwässert, wenn es in den Mainstream-Markt eintritt. Künstler müssen oft einen Balanceakt vollziehen, um ihre integren Botschaften zu bewahren, während sie gleichzeitig die Aufmerksamkeit der breiten Öffentlichkeit gewinnen. Kritiker argumentieren, dass einige Kunstwerke, die ursprünglich als Protest gedacht waren, in kommerzielle Produkte umgewandelt werden, die die ursprüngliche Botschaft nicht mehr transportieren.

Ein weiteres Problem ist die Frage der Repräsentation. In der Vergangenheit wurden viele Stimmen innerhalb der LGBTQ-Community marginalisiert, und es ist entscheidend, dass die Kunst, die für soziale Gerechtigkeit eintritt, auch eine Vielzahl von Perspektiven und Erfahrungen widerspiegelt. Künstler wie Syrus Marcus Ware setzen sich aktiv dafür ein, dass unterrepräsentierte Stimmen in den Vordergrund gerückt werden, um ein umfassenderes Bild der LGBTQ-Community zu zeichnen.

Fallstudien und Beispiele

Ein bemerkenswertes Beispiel für die Verbindung zwischen Kunst und Aktivismus ist die *Pride Parade*, die nicht nur eine Feier der LGBTQ-Identität darstellt, sondern auch eine Plattform für politische Botschaften bietet. Künstler gestalten oft die Wagen und die Kostüme, um auf aktuelle Themen aufmerksam zu machen. Ein weiteres Beispiel ist das *Queer Art Festival*, das Künstler und Aktivisten zusammenbringt, um ihre Arbeiten zu präsentieren und Diskurse über Identität, Sexualität und soziale Gerechtigkeit zu fördern.

Schlussfolgerung

Zusammenfassend lässt sich sagen, dass die Verbindung zwischen Kunst und Aktivismus eine komplexe und vielschichtige Beziehung ist, die sowohl Chancen als auch Herausforderungen mit sich bringt. Kunst hat das Potenzial, gesellschaftliche Normen zu hinterfragen und Veränderung zu bewirken, während sie gleichzeitig als Plattform für marginalisierte Stimmen dient. Syrus Marcus Ware ist ein Paradebeispiel für einen Künstler, der diese Verbindung erfolgreich nutzt, um sowohl persönliche als auch gesellschaftliche Themen zu thematisieren. Die Zukunft des Aktivismus wird stark von der Art und Weise abhängen, wie Kunst weiterhin als Werkzeug für sozialen Wandel eingesetzt wird.

Kritiken und Herausforderungen

Syrus Marcus Ware hat sich in der Kunstszene einen Namen gemacht, doch wie jeder Künstler sieht er sich auch mit Kritiken und Herausforderungen konfrontiert. Diese Herausforderungen sind nicht nur Teil seines künstlerischen Schaffens, sondern auch eine Reflexion der gesellschaftlichen Rahmenbedingungen, in denen er arbeitet. In diesem Abschnitt werden wir die verschiedenen Kritiken und Herausforderungen beleuchten, denen Syrus in seiner Karriere begegnet ist, und analysieren, wie er darauf reagiert hat.

Kritiken an der Kunst

Die Reaktionen auf Syrus' Werke sind so vielfältig wie seine Kunst selbst. Kritiker haben oft die Frage aufgeworfen, ob seine Arbeiten tatsächlich den gewünschten sozialen Wandel bewirken oder ob sie nur als „Kunst für Kunst" wahrgenommen werden. Ein Beispiel hierfür ist seine Installation „Identität und Widerstand", die in einer renommierten Galerie ausgestellt wurde. Während einige Kritiker die mutige

Auseinandersetzung mit LGBTQ-Themen lobten, argumentierten andere, dass die Installation zu abstrakt sei und die Botschaft nicht klar genug transportiere.

$$\text{Kunst} \rightarrow \text{Gesellschaft} \quad (\text{Kunst als Spiegel der Gesellschaft}) \quad (6)$$

Diese Kritik wirft die Frage auf, wie Kunst als Werkzeug für sozialen Wandel fungieren kann. In der Theorie von *Art for Change* wird argumentiert, dass Kunst nicht nur ästhetisch ansprechend sein sollte, sondern auch eine klare soziale Botschaft vermitteln muss. Syrus hat oft betont, dass er es als seine Pflicht ansieht, sowohl Schönheit als auch Botschaft in seinen Arbeiten zu vereinen.

Herausforderungen im Aktivismus

Neben den künstlerischen Kritiken sieht sich Syrus auch mit Herausforderungen im Bereich des Aktivismus konfrontiert. Eine der größten Herausforderungen ist die Fragmentierung der LGBTQ-Community selbst. Innerhalb der Community gibt es unterschiedliche Strömungen und Ansichten, die oft zu Spannungen führen. Syrus hat sich in verschiedenen Projekten für die Einheit innerhalb der Community eingesetzt, doch die Realität ist oft komplexer.

Ein Beispiel ist die Kampagne „Voices of Change", die Syrus ins Leben rief, um marginalisierte Stimmen innerhalb der LGBTQ-Community zu stärken. Während die Kampagne von vielen als notwendig und wichtig angesehen wurde, gab es auch kritische Stimmen, die argumentierten, dass die Kampagne nicht alle Stimmen repräsentiert und einige Gruppen marginalisiert werden könnten. Diese Kritik stellt die Frage nach der *Inklusivität* und *Repräsentation* in aktivistischen Bewegungen.

$$\text{Inklusivität} = \frac{\text{Anzahl der vertretenen Stimmen}}{\text{Gesamtanzahl der Stimmen}} \times 100 \quad (7)$$

Diese Gleichung verdeutlicht, dass eine hohe Inklusivität nicht nur wünschenswert, sondern auch notwendig ist, um die Glaubwürdigkeit und Wirksamkeit von Kampagnen zu gewährleisten.

Persönliche Herausforderungen

Syrus' persönliche Herausforderungen sind ebenso bedeutend. Der Druck, sowohl als Künstler als auch als Aktivist erfolgreich zu sein, kann erdrückend sein. Die ständige öffentliche Aufmerksamkeit und die Erwartungshaltung, die an ihn gerichtet werden, führen oft zu Stress und Selbstzweifeln. In Interviews hat Syrus

ERSTE SCHRITTE IN DER KUNSTSZENE

offen über seine Kämpfe mit der psychischen Gesundheit gesprochen und betont, wie wichtig es ist, sich Unterstützung zu suchen.

$$\text{Wohlbefinden} = \text{Selbstfürsorge} + \text{Gemeinschaftsunterstützung} \qquad (8)$$

Diese Gleichung zeigt, dass das persönliche Wohlbefinden eng mit der Fähigkeit verbunden ist, Unterstützung von anderen zu erhalten. Syrus hat in seinem Leben gelernt, dass es in Ordnung ist, Hilfe anzunehmen und dass Verletzlichkeit eine Stärke sein kann.

Strategien zur Bewältigung

Um mit diesen Kritiken und Herausforderungen umzugehen, hat Syrus verschiedene Strategien entwickelt. Er nutzt Humor als ein Werkzeug, um Spannungen abzubauen und kritische Themen zugänglicher zu machen. In seinen öffentlichen Auftritten integriert er oft humorvolle Anekdoten, die nicht nur unterhalten, sondern auch zum Nachdenken anregen.

Darüber hinaus hat Syrus ein starkes Netzwerk von Unterstützern und Mentoren aufgebaut, die ihm helfen, Herausforderungen zu bewältigen und seine Perspektiven zu erweitern. Dieses Netzwerk ist für ihn von unschätzbarem Wert, da es ihm ermöglicht, sich mit Gleichgesinnten auszutauschen und von deren Erfahrungen zu lernen.

Insgesamt sind die Kritiken und Herausforderungen, denen Syrus Marcus Ware gegenübersteht, sowohl ein Spiegel seiner künstlerischen und aktivistischen Reise als auch eine Quelle der Inspiration für seine zukünftigen Arbeiten. Durch das Navigieren dieser Schwierigkeiten hat er nicht nur seine eigene Stimme geschärft, sondern auch die Stimmen anderer in der LGBTQ-Community gestärkt.

Die Entwicklung eines einzigartigen Stils

Die Entwicklung eines einzigartigen Stils ist für jeden Künstler von zentraler Bedeutung, und Syrus Marcus Ware bildet hier keine Ausnahme. Sein Stil ist nicht nur eine visuelle Ausdrucksform, sondern auch ein Spiegel seiner Identität, seiner politischen Überzeugungen und seiner Erfahrungen als Mitglied der LGBTQ-Community. Um diesen einzigartigen Stil zu verstehen, müssen wir die verschiedenen Einflüsse und Herausforderungen betrachten, die Syrus auf seinem künstlerischen Weg begegnet sind.

Einflüsse und Inspirationen

Syrus' künstlerischer Stil ist stark von seinen persönlichen Erfahrungen geprägt. Seine Herkunft, die Herausforderungen, die er in seiner Jugend erlebte, und die Unterstützung durch seine Gemeinschaft haben seine Sichtweise auf Kunst und Aktivismus maßgeblich beeinflusst. In seinen Arbeiten kombiniert er Elemente aus verschiedenen Kunstbewegungen, darunter den Expressionismus und die zeitgenössische Kunst, um eine visuelle Sprache zu schaffen, die sowohl emotional als auch politisch aufgeladen ist.

Ein bedeutender Einfluss auf Syrus war der *Afro-Futurismus*, eine kulturelle Bewegung, die sich mit der Darstellung der afrikanischen Diaspora in einer futuristischen Welt beschäftigt. Diese Bewegung ermutigte Syrus, seine eigene Identität zu erkunden und in seine Kunst zu integrieren. Durch die Verbindung von Vergangenheit und Zukunft schafft er Werke, die nicht nur seine persönliche Geschichte erzählen, sondern auch die Geschichten vieler anderer.

Die Verbindung zwischen Kunst und Aktivismus

Ein weiterer wichtiger Aspekt von Syrus' Stil ist die bewusste Verbindung zwischen Kunst und Aktivismus. Er nutzt seine Kunst, um auf soziale Ungerechtigkeiten aufmerksam zu machen und um die Stimmen der Marginalisierten zu stärken. Diese Verbindung zeigt sich in seinen Installationen, die oft interaktive Elemente enthalten, die das Publikum dazu anregen, sich aktiv mit den Themen auseinanderzusetzen.

Ein Beispiel hierfür ist seine Installation *"Voices Unheard"*, die in einer bedeutenden Galerie ausgestellt wurde. Diese Arbeit bestand aus einer Reihe von Porträts von LGBTQ-Personen, die von Diskriminierung betroffen waren, und beinhaltete Audioaufnahmen, in denen diese Personen ihre Geschichten erzählten. Durch die Kombination von visueller Kunst und Erzählung schuf Syrus eine eindringliche Erfahrung, die das Publikum dazu einlud, Empathie zu empfinden und sich mit den behandelten Themen auseinanderzusetzen.

Kritiken und Herausforderungen

Die Entwicklung eines einzigartigen Stils ist jedoch nicht ohne Herausforderungen. Syrus sah sich oft mit Kritik konfrontiert, sowohl von innerhalb als auch von außerhalb der LGBTQ-Community. Einige Kritiker argumentierten, dass seine Arbeiten zu politisch seien und dass Kunst nicht immer eine Botschaft tragen müsse. Diese Rückmeldungen führten zu einer Phase der

ERSTE SCHRITTE IN DER KUNSTSZENE

Selbstreflexion, in der Syrus seine Ansichten über die Rolle der Kunst in der Gesellschaft hinterfragte.

In dieser Phase stellte er fest, dass Kunst für ihn nicht nur ein kreativer Ausdruck, sondern auch ein Werkzeug für sozialen Wandel ist. Diese Erkenntnis führte zu einer weiteren Verfeinerung seines Stils, in dem er sowohl persönliche als auch kollektive Erfahrungen in seine Arbeiten integrierte.

Die Entwicklung eines visuellen Vokabulars

Ein entscheidender Schritt in der Entwicklung von Syrus' Stil war die Schaffung eines visuellen Vokabulars, das seine Themen und Anliegen widerspiegelt. Er verwendet häufig kräftige Farben und dynamische Formen, um Emotionen zu vermitteln und Aufmerksamkeit zu erregen. Diese visuelle Sprache ist nicht nur ästhetisch ansprechend, sondern auch symbolisch; die Farben können verschiedene Emotionen und Themen repräsentieren, von Freude bis hin zu Trauer und Widerstand.

Ein Beispiel ist die Verwendung von Rot und Schwarz in vielen seiner Arbeiten, was oft mit Wut, Leidenschaft und der Geschichte des Widerstands in Verbindung gebracht wird. Diese bewusste Farbwahl verstärkt die emotionale Wirkung seiner Kunst und hilft, seine Botschaften klarer zu kommunizieren.

Langfristige Auswirkungen des Stils

Die Entwicklung von Syrus' einzigartigem Stil hat nicht nur seine eigene Karriere geprägt, sondern auch einen bleibenden Einfluss auf die Kunstszene und die LGBTQ-Community. Viele aufstrebende Künstler und Aktivisten betrachten ihn als Vorbild und lassen sich von seinem Ansatz inspirieren, Kunst als Plattform für sozialen Wandel zu nutzen.

Darüber hinaus hat Syrus durch seine Arbeiten dazu beigetragen, das Bewusstsein für die Herausforderungen zu schärfen, mit denen die LGBTQ-Community konfrontiert ist. Seine Kunst hat nicht nur die Diskussion über Identität und Zugehörigkeit angeregt, sondern auch den Raum für neue Stimmen und Perspektiven geöffnet.

Fazit

Insgesamt ist die Entwicklung eines einzigartigen Stils für Syrus Marcus Ware das Ergebnis einer tiefen Auseinandersetzung mit seiner Identität, seinen Erfahrungen und seinem Engagement für soziale Gerechtigkeit. Durch die Verbindung von Kunst und Aktivismus schafft er Werke, die nicht nur ästhetisch ansprechend sind, sondern auch bedeutungsvolle soziale Kommentare abgeben. Seine Fähigkeit, persönliche und kollektive Geschichten in seiner Kunst zu verweben, macht ihn zu einem herausragenden Künstler und Aktivisten in der zeitgenössischen Kunstszene.

Die Rolle von sozialen Medien

Soziale Medien haben sich in den letzten zwei Jahrzehnten zu einem unverzichtbaren Werkzeug für Künstler und Aktivisten entwickelt, insbesondere innerhalb der LGBTQ-Community. Diese Plattformen bieten nicht nur eine Möglichkeit zur Selbstdarstellung, sondern auch einen Raum für den Austausch von Ideen, Mobilisierung von Unterstützern und die Schaffung von Gemeinschaften. In dieser Sektion werden wir die Rolle von sozialen Medien in Syrus Marcus Wares künstlerischer und aktivistischer Arbeit näher betrachten, einschließlich der theoretischen Grundlagen, der Herausforderungen, denen er begegnete, sowie konkreten Beispielen.

Theoretische Grundlagen

Die Theorie der sozialen Medien basiert auf verschiedenen kommunikationstheoretischen Ansätzen, die die Art und Weise untersuchen, wie Informationen in digitalen Räumen verbreitet werden. Ein zentraler Aspekt ist das Konzept der *Viralität*, das beschreibt, wie Inhalte schnell und weit verbreitet werden können. Dies steht im Gegensatz zu traditionellen Medien, wo die Reichweite oft durch physische Grenzen und redaktionelle Kontrolle eingeschränkt ist.

Die *Networked Publics*-Theorie von danah boyd (2008) beschreibt, wie soziale Medien als öffentliche Räume fungieren, in denen Individuen ihre Identität ausdrücken und sich mit Gleichgesinnten vernetzen können. Diese Plattformen ermöglichen es den Nutzern, ihre Geschichten zu teilen, wodurch Sichtbarkeit und Repräsentation für marginalisierte Gruppen gefördert werden. Für Syrus Marcus Ware war dies besonders wichtig, da er in seiner Kunst und seinem Aktivismus oft Themen ansprach, die in den Mainstream-Medien unterrepräsentiert sind.

Herausforderungen

Trotz der vielen Vorteile, die soziale Medien bieten, gibt es auch erhebliche Herausforderungen. Eine der größten Schwierigkeiten ist die *Sichtbarkeit* und die damit verbundene *Sichtbarkeit von Diskriminierung*. Während soziale Medien es ermöglichen, dass Stimmen gehört werden, können sie auch ein Ort für

ERSTE SCHRITTE IN DER KUNSTSZENE

Cybermobbing und Hassreden sein. Syrus und andere Aktivisten mussten oft mit negativen Kommentaren und Angriffen umgehen, die ihre Arbeit und Identität in Frage stellten.

Ein weiteres Problem ist die *Algorithmusabhängigkeit*. Die Sichtbarkeit von Inhalten auf Plattformen wie Instagram und Facebook hängt stark von Algorithmen ab, die entscheiden, welche Beiträge den Nutzern angezeigt werden. Dies kann bedeuten, dass wichtige Botschaften und Kunstwerke von Syrus nicht die Aufmerksamkeit erhalten, die sie verdienen, weil sie nicht im Algorithmus priorisiert werden.

Beispiele aus Syrus Marcus Wares Arbeit

Ein bemerkenswertes Beispiel für die Nutzung sozialer Medien in Syrus' Arbeit ist seine Kampagne *#ArtForJustice*. Durch diese Initiative verwendete er Instagram, um seine Kunstwerke zu teilen, die sich mit Themen der sozialen Gerechtigkeit und LGBTQ-Rechte auseinandersetzten. Mit jedem Post ermutigte er seine Follower, ihre eigenen Geschichten zu teilen, was zu einer Welle von Unterstützung und Engagement führte. Die Verwendung des Hashtags ermöglichte es, eine Gemeinschaft zu bilden, die über geografische Grenzen hinweg verbunden war.

Ein weiteres Beispiel ist die Zusammenarbeit mit anderen Künstlern und Aktivisten über soziale Medien. Syrus hat oft Online-Workshops und Diskussionsrunden organisiert, um die Stimmen von LGBTQ-Künstlern zu stärken. Diese Veranstaltungen wurden nicht nur über soziale Medien beworben, sondern auch live gestreamt, was eine breitere Reichweite und Beteiligung ermöglichte.

Schlussfolgerung

Insgesamt haben soziale Medien eine transformative Rolle in Syrus Marcus Wares künstlerischer und aktivistischer Praxis gespielt. Sie bieten eine Plattform für Sichtbarkeit, Gemeinschaft und Mobilisierung, während sie gleichzeitig Herausforderungen mit sich bringen, die es zu bewältigen gilt. Durch die geschickte Nutzung dieser digitalen Räume hat Syrus nicht nur seine eigene Arbeit gefördert, sondern auch eine breitere Diskussion über LGBTQ-Rechte und soziale Gerechtigkeit angestoßen.

Die Fähigkeit, Geschichten zu erzählen und sich mit einer globalen Gemeinschaft zu verbinden, zeigt, dass soziale Medien mehr sind als nur ein Werkzeug – sie sind ein Ort der Hoffnung, des Wandels und der Inspiration. In der Zukunft wird die Rolle sozialer Medien in der Kunst und im Aktivismus weiterhin entscheidend sein, da sie die Art und Weise, wie wir kommunizieren und uns organisieren, ständig neu definieren.

Zusammenarbeit mit anderen Künstlern

Die Zusammenarbeit mit anderen Künstlern ist ein zentrales Element in Syrus Marcus Wares künstlerischem Schaffen und Aktivismus. In einer Welt, die oft von Fragmentierung und Isolation geprägt ist, bietet die Kollaboration eine Plattform, um verschiedene Stimmen zu vereinen und kollektive Geschichten zu erzählen. Diese Synergien sind nicht nur kreativ bereichernd, sondern auch politisch notwendig, um eine breitere Reichweite und Wirkung zu erzielen.

Die Bedeutung von Kollaboration

Künstlerische Zusammenarbeit kann als eine Form der sozialen Praxis betrachtet werden, die den Austausch von Ideen, Techniken und Perspektiven fördert. Ware hat oft betont, dass Kunst nicht im Vakuum existiert; sie ist ein Produkt von Gemeinschaft und Dialog. Diese Auffassung steht im Einklang mit der Theorie des *relationalen Ästhetik*, die besagt, dass der Wert eines Kunstwerks nicht nur in seiner physischen Form, sondern auch in den sozialen Interaktionen, die es hervorruft, liegt.

Herausforderungen der Zusammenarbeit

Trotz der Vorteile, die die Zusammenarbeit mit sich bringt, gibt es auch Herausforderungen. Unterschiedliche künstlerische Visionen und Ansätze können zu Spannungen führen. Zum Beispiel kann es schwierig sein, einen gemeinsamen kreativen Prozess zu finden, der die individuellen Stile und Perspektiven aller Beteiligten respektiert. Diese Herausforderungen sind besonders ausgeprägt in interdisziplinären Projekten, wo Künstler aus verschiedenen Medien – sei es Malerei, Performance oder digitale Kunst – zusammenkommen.

Ein Beispiel für eine solche Herausforderung ist die Zusammenarbeit zwischen Syrus und einem Performance-Künstler, die anfangs Schwierigkeiten hatten, ihre unterschiedlichen Ansätze zu vereinen. Während Syrus eine stark visuelle Sprache verwendet, um politische Themen zu kommunizieren, konzentrierte sich der Performance-Künstler auf die körperliche Ausdrucksform und das Live-Element. Durch offene Kommunikation und das Experimentieren mit verschiedenen Formaten fanden sie jedoch einen Weg, ihre Stile zu integrieren und ein einzigartiges Werk zu schaffen, das sowohl visuelle als auch performative Elemente umfasste.

Beispiele erfolgreicher Kollaborationen

Ein herausragendes Beispiel für Syrus' Zusammenarbeit mit anderen Künstlern ist das Projekt "*The Black Lives Matter Mural*". In diesem Projekt arbeitete Syrus mit einer Gruppe von Künstlern zusammen, um eine große Wandmalerei zu schaffen, die die Stimmen der marginalisierten Gemeinschaften feierte und gleichzeitig auf die Ungerechtigkeiten hinwies, denen sie ausgesetzt waren. Diese Zusammenarbeit brachte nicht nur verschiedene künstlerische Stile zusammen, sondern schuf auch einen Raum für Dialog und Reflexion innerhalb der Gemeinschaft.

Ein weiteres Beispiel ist die Zusammenarbeit mit LGBTQ+-Aktivisten und Künstlern bei der Erstellung von Installationen, die das Thema Identität und Zugehörigkeit untersuchen. Diese Arbeiten sind oft interaktiv und laden das Publikum ein, sich aktiv an der Diskussion über Identität und soziale Gerechtigkeit zu beteiligen. Die Kombination von Syrus' visueller Kunst mit den performativen Elementen anderer Künstler schafft eine dynamische Erfahrung, die sowohl emotional als auch intellektuell ansprechend ist.

Theoretische Perspektiven

Aus theoretischer Sicht kann die Zusammenarbeit mit anderen Künstlern durch verschiedene Rahmenbedingungen analysiert werden. Die *Kunst- und Aktivismustheorie* legt nahe, dass Kunst als Werkzeug zur Mobilisierung und Sensibilisierung dient. Die Synergie zwischen verschiedenen Künstlern kann als eine Form des *kollektiven Aktivismus* betrachtet werden, der darauf abzielt, gesellschaftliche Veränderungen herbeizuführen.

Zusätzlich können wir die *Theorie der Gemeinschaftsbildung* heranziehen, die besagt, dass Kunst und Zusammenarbeit dazu beitragen können, Gemeinschaften zu stärken und Identitäten zu formen. Diese Theorien sind besonders relevant in der LGBTQ+-Gemeinschaft, wo die Schaffung eines kollektiven Raums für Ausdruck und Widerstand entscheidend ist.

Fazit

Die Zusammenarbeit mit anderen Künstlern ist ein wesentlicher Bestandteil von Syrus Marcus Wares künstlerischem und aktivistischem Ansatz. Trotz der Herausforderungen, die sie mit sich bringt, ermöglicht sie eine tiefere Auseinandersetzung mit gesellschaftlichen Themen und schafft einen Raum für kollektiven Ausdruck. Durch die Kombination von verschiedenen Perspektiven und künstlerischen Praktiken ist es möglich, eine stärkere und einflussreichere Stimme in der Gesellschaft zu entwickeln.

Die Kunst wird somit zu einem dynamischen Prozess, der nicht nur individuelle, sondern auch kollektive Identitäten formt und die Grundlage für sozialen Wandel legt. In einer Zeit, in der die Stimmen marginalisierter Gemeinschaften oft überhört werden, ist die Zusammenarbeit zwischen Künstlern ein entscheidender Schritt in Richtung Sichtbarkeit und Gerechtigkeit.

Die Bedeutung von Diversität in der Kunst

Die Diversität in der Kunst ist ein zentrales Thema, das nicht nur die Kreativität und Innovation in der Kunstszene fördert, sondern auch essentielle gesellschaftliche Fragestellungen aufwirft. In einer Zeit, in der die Stimmen von marginalisierten Gruppen oft überhört werden, bietet die Kunst eine Plattform, um unterschiedliche Perspektiven zu präsentieren und zu feiern. Diese Diversität ist nicht nur eine Frage der Repräsentation, sondern auch eine Frage der Gerechtigkeit und des Zugangs.

Theoretische Grundlagen der Diversität in der Kunst

Die Theorie der Diversität in der Kunst kann in mehreren Schlüsselkonzepten zusammengefasst werden:

- **Repräsentation:** Die Anwesenheit von Künstlern und Themen aus verschiedenen kulturellen, ethnischen und sozialen Hintergründen in der Kunstwelt. Repräsentation ist entscheidend, um ein vollständiges Bild der menschlichen Erfahrung zu schaffen und um sicherzustellen, dass alle Stimmen gehört werden.

- **Intersektionalität:** Ein Konzept, das von Kimberlé Crenshaw geprägt wurde, um zu beschreiben, wie verschiedene soziale Kategorien wie Geschlecht, Rasse, Klasse und sexuelle Orientierung miteinander interagieren und die Erfahrungen von Individuen beeinflussen. In der Kunst bedeutet dies, dass die Werke von Künstlern, die mehrere Identitäten verkörpern, oft komplexere und nuanciertere Narrative schaffen.

- **Kulturelle Aneignung vs. kulturelle Wertschätzung:** Ein kritisches Thema in der Diskussion über Diversität in der Kunst. Kulturelle Aneignung bezieht sich auf die unautorisierte Übernahme von Elementen einer Kultur durch Mitglieder einer anderen Kultur, oft ohne Verständnis oder Respekt für deren Bedeutung. Im Gegensatz dazu fördert kulturelle Wertschätzung den respektvollen Austausch und die Anerkennung von Kulturen.

Probleme der Diversität in der Kunst

Trotz der offensichtlichen Vorteile der Diversität in der Kunst gibt es zahlreiche Herausforderungen:

- **Zugang zu Ressourcen:** Künstler aus marginalisierten Gruppen haben oft eingeschränkten Zugang zu finanziellen Mitteln, Ausstellungsräumen und Netzwerken. Dies kann ihre Fähigkeit einschränken, ihre Arbeiten zu präsentieren und sich in der Kunstwelt einen Namen zu machen.

- **Institutionelle Barrieren:** Viele Kunstinstitutionen sind historisch gewachsen und können in ihren Strukturen und Praktiken diskriminierend sein. Dies führt dazu, dass Werke von Künstlern aus unterrepräsentierten Gruppen oft nicht die Anerkennung erhalten, die sie verdienen.

- **Vorurteile und Stereotypen:** Künstler, die nicht der Norm entsprechen, sehen sich häufig mit Vorurteilen konfrontiert, die ihre Arbeit und ihre Botschaften verzerren können. Diese Vorurteile können sowohl von der Kunstgemeinschaft als auch von der breiten Öffentlichkeit ausgehen.

Beispiele für Diversität in der Kunst

Einige herausragende Beispiele für die Bedeutung der Diversität in der Kunst sind:

- **Künstlerische Bewegungen:** Die *Harlem Renaissance* in den 1920er Jahren war eine kulturelle Bewegung, die die Stimmen von afroamerikanischen Künstlern in den Vordergrund stellte und die Relevanz ihrer Erfahrungen und Geschichten feierte. Diese Bewegung hat nicht nur die Kunstszene geprägt, sondern auch das gesellschaftliche Bewusstsein für Rassismus und Identität geschärft.

- **Moderne Künstler:** Syrus Marcus Ware selbst ist ein Beispiel für einen Künstler, der Diversität in seiner Arbeit verkörpert. Durch seine Kunst thematisiert er nicht nur LGBTQ-Anliegen, sondern auch Fragen der Rassismus und sozialen Gerechtigkeit. Seine Installationen und Performances fordern das Publikum heraus, über die eigene Identität und die Gesellschaft nachzudenken.

- **Kunstfestivals:** Veranstaltungen wie die *Frameline Film Festival* in San Francisco oder die *Queer Arts Festival* in Vancouver bieten Plattformen für LGBTQ+-Künstler und fördern die Sichtbarkeit und Wertschätzung von Diversität in der Kunst.

Schlussfolgerung

Die Bedeutung von Diversität in der Kunst kann nicht genug betont werden. Sie ist nicht nur eine Frage der Repräsentation, sondern auch eine Frage der Gerechtigkeit, des Zugangs und der kreativen Innovation. In einer Welt, die zunehmend polarisiert ist, bietet die Kunst einen Raum für Dialog und Verständnis. Künstler wie Syrus Marcus Ware zeigen, dass Diversität in der Kunst nicht nur notwendig, sondern auch transformativ ist. Indem wir die Stimmen aller feiern, schaffen wir eine reichhaltigere und bedeutungsvollere Kunstlandschaft, die die Vielfalt der menschlichen Erfahrung widerspiegelt.

$$\text{Kunst} + \text{Diversität} = \text{Gesellschaftlicher Wandel} \qquad (9)$$

Erfolge und Misserfolge

Syrus Marcus Ware ist nicht nur ein radikaler Künstler, sondern auch ein unermüdlicher Aktivist, dessen Karriere von zahlreichen Erfolgen und Herausforderungen geprägt ist. In diesem Abschnitt werden wir sowohl die herausragenden Erfolge als auch die lehrreichen Misserfolge untersuchen, die Syrus auf seinem Weg erlebt hat.

Erfolge

Künstlerische Anerkennung Einer der bemerkenswertesten Erfolge von Syrus war die Anerkennung seiner Kunstwerke in verschiedenen renommierten Galerien. Seine erste große Ausstellung in der *Art Gallery of Ontario* wurde von Kritikern und Publikum gleichermaßen gefeiert. Die Werke, die sich mit LGBTQ-Themen und sozialer Gerechtigkeit auseinandersetzten, fanden großen Anklang und trugen dazu bei, das Bewusstsein für die Herausforderungen der LGBTQ-Community zu schärfen.

Einflussreiche Kampagnen Syrus hat auch eine Reihe von Kampagnen ins Leben gerufen, die sich mit Themen wie Rassismus und sozialer Gerechtigkeit befassen. Eine der bekanntesten Kampagnen war *"Kunst für Gerechtigkeit"*, die

ERSTE SCHRITTE IN DER KUNSTSZENE

Künstler und Aktivisten zusammenbrachte, um auf die Ungerechtigkeiten in der Gesellschaft aufmerksam zu machen. Diese Kampagne führte zu zahlreichen Veranstaltungen, die das Bewusstsein für soziale Probleme schärften und die Gemeinschaft mobilisierten.

Mentorship und Bildung   Ein weiterer bedeutender Erfolg ist Syrus' Engagement als Mentor für junge Künstler und Aktivisten. Durch Workshops und Seminare hat er vielen Menschen geholfen, ihre Stimme zu finden und sich in der Kunstszene zu etablieren. Seine Fähigkeit, Wissen und Erfahrung weiterzugeben, hat nicht nur individuelle Karrieren gefördert, sondern auch die LGBTQ-Community als Ganzes gestärkt.

Misserfolge

Kritik und Widerstand   Trotz seiner Erfolge sah sich Syrus auch mit erheblichem Widerstand konfrontiert. Einige seiner Werke wurden als provokant und kontrovers angesehen, was zu heftiger Kritik führte. Diese Rückmeldungen waren oft schmerzhaft, aber sie boten auch Gelegenheiten zur Reflexion und zum Wachstum. Syrus lernte, dass nicht jeder seine Botschaft verstehen oder akzeptieren würde, und dass Widerstand oft ein Zeichen dafür ist, dass er auf dem richtigen Weg ist.

Finanzielle Herausforderungen   Ein weiterer Rückschlag in Syrus' Karriere waren finanzielle Schwierigkeiten, die viele Künstler betreffen. Trotz seiner Erfolge in der Kunstszene hatte er Phasen, in denen er Schwierigkeiten hatte, seinen Lebensunterhalt zu bestreiten. Diese Herausforderungen führten zu einem tieferen Verständnis für die wirtschaftlichen Bedingungen, unter denen viele Künstler arbeiten, und motivierten ihn, sich für bessere Bedingungen in der Kunstwelt einzusetzen.

Persönliche Kämpfe   Syrus hat auch persönliche Kämpfe erlebt, die seine Karriere beeinflussten. Der Druck, als Aktivist und Künstler ständig sichtbar zu sein, führte zu Stress und psychischen Herausforderungen. Diese Erfahrungen waren nicht nur belastend, sondern auch lehrreich, da sie ihm halfen, die Bedeutung von Selbstfürsorge und Unterstützungssystemen zu erkennen.

Lernprozesse

Die Erfolge und Misserfolge von Syrus Marcus Ware sind untrennbar miteinander verbunden. Jeder Erfolg brachte neue Herausforderungen mit sich, und jeder Misserfolg bot wertvolle Lektionen. Die Theorie des *"Wachstumsdenkens"* (Growth Mindset), die besagt, dass Fähigkeiten und Intelligenz durch Anstrengung und Lernen entwickelt werden können, spiegelt sich in Syrus' Ansatz wider. Er hat gelernt, dass Misserfolge nicht das Ende sind, sondern Gelegenheiten zur Verbesserung und zum Lernen.

Ein Beispiel dafür ist seine Reaktion auf die Kritik an seinen Arbeiten. Anstatt sich zurückzuziehen, nutzte er diese Rückmeldungen, um seine Kunst weiterzuentwickeln und neue Perspektiven zu integrieren. Dieser iterative Prozess von Versuch und Irrtum hat es ihm ermöglicht, als Künstler zu wachsen und seine Botschaften zu verfeinern.

Schlussfolgerung

Zusammenfassend lässt sich sagen, dass die Erfolge und Misserfolge von Syrus Marcus Ware nicht isoliert betrachtet werden können. Sie sind Teil eines dynamischen Prozesses, der ihn als Künstler und Aktivisten geprägt hat. Seine Fähigkeit, aus Misserfolgen zu lernen und sie in Erfolge umzuwandeln, ist ein inspirierendes Beispiel für alle, die im kreativen und aktivistischen Bereich tätig sind. Durch die Reflexion über seine Erfahrungen hat Syrus nicht nur seinen eigenen Weg geebnet, sondern auch einen bleibenden Einfluss auf die LGBTQ-Community und die Kunstszene hinterlassen.

Die Kunst als Spiegel der Gesellschaft

Die Kunst hat seit jeher eine bedeutende Rolle als Spiegel der Gesellschaft gespielt. Sie reflektiert nicht nur die kulturellen, sozialen und politischen Strömungen ihrer Zeit, sondern bietet auch einen kritischen Kommentar zu den bestehenden Verhältnissen. Syrus Marcus Ware nutzt seine Kunst, um die Herausforderungen und Kämpfe der LGBTQ-Community sichtbar zu machen und um die Gesellschaft auf Missstände aufmerksam zu machen.

Theoretische Grundlagen

Die Theorie der Kunst als Spiegel der Gesellschaft wurde von vielen Philosophen und Kunsthistorikern untersucht. Der deutsche Philosoph Georg Wilhelm Friedrich Hegel argumentierte, dass Kunst die höchste Form der Wahrheit sei, da sie die inneren Konflikte und die Realität der menschlichen Erfahrung darstellt. Diese Sichtweise wird durch die Idee gestützt, dass Kunst nicht nur eine ästhetische Erfahrung ist, sondern auch eine soziale Funktion hat. Laut dem Sozialwissenschaftler Pierre Bourdieu ist Kunst ein Produkt sozialer Bedingungen und gleichzeitig ein Instrument, um soziale Strukturen zu hinterfragen und zu verändern.

Probleme und Herausforderungen

Die Herausforderung, die Kunst als Spiegel der Gesellschaft zu verstehen, liegt oft in der Interpretation. Kunstwerke können mehrdeutig sein und unterschiedliche Bedeutungen für verschiedene Betrachter haben. Zum Beispiel kann ein Bild, das für eine Person als Ausdruck von Freiheit und Akzeptanz erscheint, für eine andere als Kritik an der gesellschaftlichen Norm interpretiert werden. Diese Mehrdeutigkeit kann dazu führen, dass die Botschaft des Künstlers nicht immer klar verstanden wird.

Ein weiteres Problem ist die Kommerzialisierung der Kunst. Wenn Kunstwerke in einem kommerziellen Kontext präsentiert werden, besteht die Gefahr, dass die kritischen Botschaften abgeschwächt oder verzerrt werden, um ein breiteres Publikum anzusprechen. Dies kann dazu führen, dass die Kunst ihre Funktion als gesellschaftlicher Spiegel verliert und stattdessen als bloßes Konsumgut betrachtet wird.

Beispiele aus Syrus' Werk

Syrus Marcus Ware hat in seinen Arbeiten immer wieder gezeigt, wie Kunst als Werkzeug für sozialen Wandel eingesetzt werden kann. Ein Beispiel ist seine Installation *"The Black Lives Matter Mural"*, die nicht nur die Realität von Rassismus und Diskriminierung in der Gesellschaft thematisiert, sondern auch die Stimmen der marginalisierten Gemeinschaften hörbar macht. Durch die Verwendung von kräftigen Farben und provokanten Bildern schafft Ware eine visuelle Sprache, die sowohl ansprechend als auch herausfordernd ist.

Ein weiteres Beispiel ist seine Serie *"Queer Bodies"*, in der er die Körperlichkeit und Identität von LGBTQ-Personen untersucht. Diese Werke sind nicht nur eine Feier der Vielfalt, sondern auch eine kritische Auseinandersetzung mit den gesellschaftlichen Normen, die oft die Existenz und den Ausdruck von queeren Identitäten einschränken. Durch die Darstellung von Körpern in verschiedenen Formen und Farben fordert Ware die Betrachter auf, ihre eigenen Vorurteile zu hinterfragen und eine breitere Perspektive auf Identität und Zugehörigkeit zu entwickeln.

Die Rolle des Humors

Humor spielt eine entscheidende Rolle in Wares Kunst und seinem Aktivismus. Er nutzt Humor, um ernste Themen zugänglich zu machen und um eine Verbindung zu seinem Publikum herzustellen. Diese Strategie ermöglicht es ihm, kritische gesellschaftliche Themen zu behandeln, ohne dass die Betrachter sich sofort defensiv fühlen. Indem er Humor einsetzt, schafft Ware einen Raum für Dialog und Reflexion, der oft in ernsten Diskussionen fehlt.

Fazit

Zusammenfassend lässt sich sagen, dass die Kunst von Syrus Marcus Ware nicht nur als ästhetisches Erlebnis, sondern auch als kraftvolles Instrument für sozialen Wandel und als Spiegel der Gesellschaft betrachtet werden kann. Durch seine Arbeiten ermutigt er die Menschen, über ihre eigenen Erfahrungen und die der anderen nachzudenken und aktiv an der Schaffung einer gerechteren und inklusiveren Gesellschaft teilzunehmen. Kunst hat die Fähigkeit, die Realität zu reflektieren, zu hinterfragen und letztlich zu transformieren, und Ware ist ein herausragendes Beispiel dafür, wie diese Transformation in der heutigen Zeit stattfinden kann.

Thematische Schwerpunkte

LGBTQ-Themen in der Kunst

Die Kunst hat sich seit jeher als ein kraftvolles Medium erwiesen, um gesellschaftliche Themen und Identitäten zu reflektieren und zu hinterfragen. Im Kontext der LGBTQ-Community ist die Kunst nicht nur ein Ausdruck individueller Identität, sondern auch ein Werkzeug für sozialen Wandel und Sichtbarkeit. In diesem Abschnitt werden wir die verschiedenen Dimensionen und Herausforderungen von LGBTQ-Themen in der Kunst untersuchen, einschließlich der theoretischen Grundlagen, der damit verbundenen Probleme und konkreter Beispiele.

Theoretische Grundlagen

Die Auseinandersetzung mit LGBTQ-Themen in der Kunst lässt sich durch verschiedene theoretische Ansätze betrachten. Eine wichtige Grundlage bietet die Queer-Theorie, die sich mit der Konstruktion von Geschlecht und Sexualität beschäftigt. Judith Butler, eine prominente Vertreterin der Queer-Theorie, argumentiert, dass Geschlecht und Sexualität performativ sind, was bedeutet, dass sie durch wiederholte Handlungen und Darstellungen in der Gesellschaft geformt werden [?]. Diese Theorie hat Künstler:innen inspiriert, ihre Arbeiten als Plattformen zu nutzen, um die Fluidität von Identität zu thematisieren und stereotype Darstellungen zu hinterfragen.

Ein weiterer relevanter theoretischer Rahmen ist der Feminismus, der oft mit LGBTQ-Themen verwoben ist. Feministische Kunstbewegungen haben die patriarchalen Strukturen in der Gesellschaft kritisiert und die Sichtbarkeit von Frauen und marginalisierten Geschlechtern gefordert. Künstlerinnen wie Frida Kahlo und Cindy Sherman haben durch ihre Werke die Komplexität von Geschlecht und Identität thematisiert und damit den Weg für LGBTQ-Künstler:innen geebnet, die ähnliche Fragen aufwerfen.

Herausforderungen und Probleme

Trotz der Fortschritte in der Darstellung von LGBTQ-Themen in der Kunst gibt es weiterhin zahlreiche Herausforderungen. Eine der größten Hürden ist die gesellschaftliche Akzeptanz. In vielen Kulturen und Ländern sind LGBTQ-Themen nach wie vor tabuisiert oder sogar kriminalisiert. Dies führt dazu, dass Künstler:innen oft mit Zensur und Diskriminierung konfrontiert werden. Die Angst vor Repression kann dazu führen, dass Künstler:innen ihre Arbeiten zensieren oder sich von bestimmten Themen distanzieren, was die Vielfalt der Darstellungen einschränkt.

Ein weiteres Problem ist die Kommerzialisierung von LGBTQ-Kunst. Während die Sichtbarkeit von LGBTQ-Künstler:innen in der Mainstream-Kunstszene gewachsen ist, besteht die Gefahr, dass ihre Arbeiten zu Marketinginstrumenten reduziert werden. Pride-Events und LGBTQ-Themen werden oft von großen Unternehmen genutzt, um sich als inklusiv zu präsentieren, während die tatsächlichen Kämpfe und Anliegen der Community in den Hintergrund gedrängt werden. Diese Kommerzialisierung kann die Authentizität der künstlerischen Botschaften untergraben und zu einer oberflächlichen Repräsentation führen.

Beispiele und Fallstudien

Trotz dieser Herausforderungen gibt es zahlreiche inspirierende Beispiele für LGBTQ-Themen in der Kunst. Eine der bekanntesten Figuren ist David Hockney, dessen Werke oft homoerotische Themen und die Schönheit der LGBTQ-Identität thematisieren. Hockneys Gemälde wie *A Bigger Splash* (1967) und *Portrait of an Artist (Pool with Two Figures)* (1972) zeigen nicht nur die Ästhetik des Lebens, sondern auch die Herausforderungen, mit denen LGBTQ-Personen konfrontiert sind.

Ein weiteres Beispiel ist die Künstlerin Kehinde Wiley, die für ihre kraftvollen Porträts von People of Color bekannt ist. In seinen Arbeiten thematisiert er die Repräsentation von marginalisierten Identitäten und stellt oft die traditionelle europäische Porträtkunst in Frage. Wileys Gemälde, wie *Napoleon Leading the Army over the Alps* (2005), zeigen einen afroamerikanischen Mann in einer heroischen Pose und fordern die Betrachter:innen dazu auf, über Rassismus und Geschlecht nachzudenken.

Zusätzlich ist die Performancekunst ein bedeutendes Medium für LGBTQ-Künstler:innen, um ihre Identitäten auszudrücken und gesellschaftliche Normen zu hinterfragen. Künstler:innen wie Marina Abramović und Ron Athey haben durch ihre provokanten und oft kontroversen Performances auf die Herausforderungen aufmerksam gemacht, mit denen LGBTQ-Personen konfrontiert sind. Athey, der für seine Arbeiten, die HIV/AIDS und Sexualität thematisieren, bekannt ist, nutzt seinen Körper als Medium, um über die Stigmatisierung von HIV-positiven Menschen aufzuklären und die Grenzen der Kunst zu erweitern.

Fazit

Zusammenfassend lässt sich sagen, dass LGBTQ-Themen in der Kunst eine bedeutende Rolle in der Sichtbarmachung und dem Verständnis von Identität spielen. Durch die Auseinandersetzung mit theoretischen Grundlagen, den Herausforderungen, die Künstler:innen begegnen, und den inspirierenden Beispielen, die sie schaffen, wird deutlich, dass Kunst nicht nur ein Spiegel der Gesellschaft ist, sondern auch ein Werkzeug für sozialen Wandel und ein Medium, um die Vielfalt menschlicher Erfahrungen zu feiern. Die kontinuierliche Unterstützung und Förderung von LGBTQ-Künstler:innen ist entscheidend, um die Vielfalt und Komplexität der menschlichen Identität in der Kunst zu bewahren und weiterzuentwickeln.

THEMATISCHE SCHWERPUNKTE

Rassismus und soziale Gerechtigkeit

Rassismus und soziale Gerechtigkeit sind zentrale Themen in der Kunst von Syrus Marcus Ware. Als Künstler und Aktivist hat Syrus die Verbindungen zwischen diesen beiden Bereichen immer wieder hervorgehoben. In dieser Sektion werden wir die theoretischen Grundlagen, die Herausforderungen und die praktischen Beispiele untersuchen, die Syrus' Arbeit prägen.

Theoretische Grundlagen

Die Diskussion über Rassismus und soziale Gerechtigkeit ist tief in der kritischen Theorie verwurzelt. Theoretiker wie bell hooks und Angela Davis haben betont, dass Rassismus nicht isoliert betrachtet werden kann, sondern in einem komplexen Geflecht von Machtstrukturen und sozialen Ungleichheiten eingebettet ist. Diese Perspektive bildet die Grundlage für Syrus' künstlerische Auseinandersetzung mit dem Thema.

Ein wichtiges Konzept in dieser Diskussion ist das der *Intersektionalität*, das von Kimberlé Crenshaw geprägt wurde. Intersektionalität beschreibt, wie verschiedene soziale Kategorien wie Rasse, Geschlecht, Sexualität und Klasse miteinander verwoben sind und sich gegenseitig beeinflussen. Syrus nutzt dieses Konzept, um die Erfahrungen von marginalisierten Gruppen in seiner Kunst zu reflektieren und sichtbar zu machen.

Herausforderungen

Syrus' Engagement für soziale Gerechtigkeit ist nicht ohne Herausforderungen. Rassismus ist ein tief verwurzeltes Problem, das in vielen Gesellschaften immer noch weit verbreitet ist. Die Auseinandersetzung mit Rassismus erfordert oft ein hohes Maß an Sensibilität und Mut, da sie bestehende Machtstrukturen in Frage stellt. In seiner Kunst thematisiert Syrus die Schwierigkeiten, die Menschen aufgrund ihrer Hautfarbe und ihrer Identität erleben, und beleuchtet die tiefen emotionalen und psychologischen Narben, die Rassismus hinterlässt.

Ein Beispiel für die Herausforderungen, mit denen Syrus konfrontiert ist, ist die Reaktion auf seine Werke. Oft wird seine Kunst von Kritikern als zu politisch oder provokativ angesehen. Diese Reaktionen sind nicht nur eine Herausforderung für Syrus als Künstler, sondern spiegeln auch die breitere gesellschaftliche Abneigung gegenüber Diskussionen über Rassismus und soziale Gerechtigkeit wider.

Praktische Beispiele in Syrus' Kunst

Syrus Marcus Ware hat in mehreren seiner Werke das Thema Rassismus und soziale Gerechtigkeit behandelt. Ein bemerkenswertes Beispiel ist seine Installation *"The Black Lives Matter Mural"*, die er in Zusammenarbeit mit anderen Künstlern geschaffen hat. Diese Installation kombiniert visuelle Kunst mit aktivistischem Engagement und fordert die Betrachter auf, über ihre eigenen Vorurteile und die gesellschaftlichen Strukturen nachzudenken, die Rassismus aufrechterhalten.

Ein weiteres Beispiel ist seine Serie von Portraits, die Menschen aus verschiedenen ethnischen Hintergründen zeigt. Diese Portraits sind nicht nur eine Feier der Diversität, sondern auch eine kritische Auseinandersetzung mit der Repräsentation in der Kunstwelt. Syrus verwendet diese Werke, um die Stimmen von Menschen zu verstärken, die oft übersehen oder marginalisiert werden.

Die Rolle von Humor

Syrus nutzt Humor als Werkzeug, um schwierige Themen wie Rassismus anzugehen. Humor kann eine Brücke schlagen, die es dem Publikum ermöglicht, sich mit den Themen auseinanderzusetzen, ohne sich sofort defensiv zu fühlen. In seinen Performances integriert Syrus oft humorvolle Elemente, die es den Zuschauern ermöglichen, sich mit den ernsten Themen, die er behandelt, auf eine zugänglichere Weise auseinanderzusetzen.

Ein Beispiel hierfür ist seine Performance *"Laughing Through the Pain"*, in der er persönliche Geschichten über Rassismus und Diskriminierung erzählt, während er gleichzeitig humorvolle Anekdoten einfügt. Diese Mischung aus Ernsthaftigkeit und Humor schafft einen Raum für Reflexion und Diskussion, was in der Kunst oft schwer zu erreichen ist.

Fazit

Die Auseinandersetzung mit Rassismus und sozialer Gerechtigkeit ist ein zentraler Bestandteil von Syrus Marcus Wares Kunst und Aktivismus. Durch die Anwendung intersektionaler Theorien, die Thematisierung von Herausforderungen und die Verwendung von Humor schafft Syrus ein Werk, das nicht nur zum Nachdenken anregt, sondern auch zur Handlung aufruft. Seine Kunst ist ein Beispiel dafür, wie Kreativität als Werkzeug für sozialen Wandel eingesetzt werden kann und wie wichtig es ist, die Stimmen von marginalisierten Gruppen in den Vordergrund zu rücken. In einer Zeit, in der Rassismus und

THEMATISCHE SCHWERPUNKTE 91

soziale Ungerechtigkeit weiterhin drängende Probleme darstellen, bleibt Syrus ein wichtiger Akteur im Kampf für Gleichheit und Gerechtigkeit.

Körperlichkeit und Identität

Körperlichkeit und Identität sind zentrale Themen in der Kunst von Syrus Marcus Ware. In einer Welt, in der Körper oft als politische und soziale Objekte betrachtet werden, nutzt Ware seine Kunst, um die Komplexität und Vielschichtigkeit von Identität und Körperlichkeit zu erforschen. Diese Themen sind nicht nur für die LGBTQ-Community von Bedeutung, sondern berühren auch universelle Fragen von Zugehörigkeit, Sichtbarkeit und Selbstakzeptanz.

Theoretische Grundlagen

Die Theorie der Körperlichkeit, wie sie von Judith Butler in ihren Arbeiten zur Gender-Theorie formuliert wird, besagt, dass Geschlecht und Identität nicht biologisch determiniert sind, sondern performativ konstruiert werden. Butler argumentiert, dass Identität durch wiederholte Handlungen und Darstellungen erzeugt wird, was bedeutet, dass der Körper nicht nur ein biologisches Objekt ist, sondern ein Medium, durch das soziale Normen und Identitäten ausgehandelt werden. Diese Perspektive ist zentral für das Verständnis von Wares künstlerischem Ansatz.

Ein weiteres wichtiges Konzept ist das der „Intersektionalität", das von Kimberlé Crenshaw geprägt wurde. Diese Theorie betrachtet, wie verschiedene Identitätskategorien – wie Geschlecht, Rasse, sexuelle Orientierung und Klasse – miteinander interagieren und individuelle Erfahrungen prägen. Wares Arbeiten reflektieren diese Komplexität, indem sie die vielfältigen Dimensionen von Identität und Körperlichkeit in den Vordergrund stellen.

Probleme der Körperlichkeit

Die Auseinandersetzung mit Körperlichkeit bringt auch Herausforderungen mit sich. In vielen Gesellschaften werden bestimmte Körper und Identitäten marginalisiert oder stigmatisiert. Für Mitglieder der LGBTQ-Community kann dies zu einem Gefühl der Entfremdung und Unsichtbarkeit führen. Ware thematisiert diese Probleme in seinen Arbeiten, indem er die Körper der marginalisierten Gruppen sichtbar macht und deren Geschichten erzählt.

Ein Beispiel für diese Problematik ist die Darstellung von Körpern, die von gesellschaftlichen Normen abweichen, sei es durch Hautfarbe, Körperform oder sexuelle Orientierung. Ware nutzt seine Kunst, um diese Körper zu feiern und ihnen eine Stimme zu geben. Dies geschieht oft durch provokante und herausfordernde Darstellungen, die den Betrachter zwingen, seine eigenen Vorurteile zu hinterfragen.

Beispiele aus Wares Werk

In einer seiner bekanntesten Installationen, „The Black Body", untersucht Ware die Darstellung von schwarzen Körpern in der Kunstgeschichte und deren Beziehung zur LGBTQ-Identität. Durch die Kombination von Malerei, Skulptur und Performance schafft er ein visuelles Narrativ, das die Zuschauer dazu anregt, über die Verbindungen zwischen Rasse, Geschlecht und Sexualität nachzudenken.

Ein weiteres Beispiel ist die Serie „Body Politics", in der Ware die Körper von LGBTQ-Personen in verschiedenen Lebenssituationen darstellt. Diese Werke zeigen nicht nur die Schönheit und Vielfalt dieser Körper, sondern auch die Herausforderungen, denen sie gegenüberstehen, wie Diskriminierung, Gewalt und soziale Isolation. Durch diese Darstellungen fördert Ware ein Gefühl von Solidarität und Gemeinschaft innerhalb der LGBTQ-Community.

Die Rolle des Humors

Humor spielt eine entscheidende Rolle in Wares Auseinandersetzung mit Körperlichkeit und Identität. Indem er humorvolle Elemente in seine Arbeiten integriert, schafft er einen Zugang zu ernsten Themen und ermöglicht es den Betrachtern, sich mit komplexen Fragen auf eine zugängliche Weise auseinanderzusetzen. Humor kann als eine Art von Widerstand betrachtet werden, die es den Menschen ermöglicht, über ihre Erfahrungen zu lachen und gleichzeitig die Schwere der gesellschaftlichen Herausforderungen zu erkennen.

Fazit

Insgesamt zeigt die Auseinandersetzung mit Körperlichkeit und Identität in Syrus Marcus Wares Kunst, wie eng diese Konzepte miteinander verknüpft sind. Durch die Kombination von theoretischen Ansätzen, persönlichen Erfahrungen und künstlerischen Ausdrucksformen gelingt es Ware, eine tiefere Diskussion über die Bedeutung von Körperlichkeit in der LGBTQ-Community anzustoßen. Seine Werke fordern die Betrachter auf, sich mit ihren eigenen Vorstellungen von Identität und Körperlichkeit auseinanderzusetzen und die Vielfalt menschlicher Erfahrungen zu feiern.

THEMATISCHE SCHWERPUNKTE 93

Der Einfluss von Geschichte auf die Kunst

Die Kunst ist nicht nur ein Spiegel der Gesellschaft, sondern auch ein Produkt ihrer Geschichte. Der Einfluss von historischen Ereignissen, sozialen Bewegungen und kulturellen Strömungen auf die Kunstproduktion ist unbestreitbar und bildet einen zentralen Aspekt in der Analyse von Syrus Marcus Wares Arbeiten. In diesem Abschnitt werden wir untersuchen, wie Geschichte die Kunst beeinflusst und welche spezifischen Beispiele aus Syrus' Werk dies veranschaulichen.

Theoretische Grundlagen

Die Verbindung zwischen Geschichte und Kunst kann durch verschiedene theoretische Rahmenbedingungen analysiert werden. Der Historiker Arnold Hauser argumentiert in seinem Werk *Die Sozialgeschichte der Kunst* (1951), dass Kunstwerke immer im Kontext ihrer Entstehungszeit und der sozialen Bedingungen, unter denen sie produziert wurden, verstanden werden müssen. Hauser stellt fest, dass Kunst nicht isoliert existiert, sondern untrennbar mit den sozialen und politischen Gegebenheiten ihrer Zeit verbunden ist.

Ein weiterer wichtiger Beitrag zur Theorie ist die *Kunstgeschichte* von Erwin Panofsky, der das Konzept der *ikonologischen Analyse* einführt. Panofsky unterscheidet zwischen der *Ikonographie*, die sich mit der Darstellung von Motiven beschäftigt, und der *Ikonologie*, die die tiefere Bedeutung und den historischen Kontext dieser Darstellungen untersucht. Diese Differenzierung ist besonders relevant, wenn wir die Arbeiten von Syrus betrachten, die oft historische Themen und Figuren aufgreifen und neu interpretieren.

Historische Probleme und deren künstlerische Rezeption

Die Geschichte ist oft von Konflikten, Ungerechtigkeiten und sozialen Kämpfen geprägt. Syrus Marcus Ware nutzt seine Kunst, um auf diese Probleme aufmerksam zu machen und sie zu kommentieren. Ein Beispiel hierfür ist seine Auseinandersetzung mit der Geschichte der LGBTQ-Bewegung, die von Diskriminierung und Verfolgung geprägt ist. In seinen Installationen und Gemälden thematisiert er die Kämpfe und Errungenschaften dieser Bewegung und bringt so die Geschichte in das Bewusstsein der Betrachter.

Ein weiteres Beispiel ist Wares Auseinandersetzung mit der Rassendiskriminierung und der Geschichte der kolonialen Unterdrückung. Durch seine Werke, die oft historische Figuren und Ereignisse darstellen, schafft er eine Verbindung zwischen Vergangenheit und Gegenwart. Diese Werke fordern die Betrachter auf, über die anhaltenden Auswirkungen historischer

Ungerechtigkeiten nachzudenken und sich aktiv mit diesen Themen auseinanderzusetzen.

Beispiele aus Syrus' Werk

Ein bemerkenswertes Werk von Syrus ist die Installation *"The Black Lives Matter Mural"*, die er in Zusammenarbeit mit anderen Künstlern geschaffen hat. Diese Installation ist nicht nur ein Kunstwerk, sondern auch ein historisches Dokument, das auf die aktuellen Kämpfe gegen Rassismus und Polizeigewalt aufmerksam macht. Die Verwendung von historischen Symbolen und Farben in dieser Arbeit ist ein bewusster Verweis auf die Geschichte der Bürgerrechtsbewegung und deren Einfluss auf die gegenwärtigen sozialen Bewegungen.

Ein weiteres Beispiel ist sein Gemälde *"Queer History: A Timeline"*, das die wichtigsten Ereignisse und Figuren der LGBTQ-Geschichte darstellt. Durch die Darstellung dieser historischen Momente in einem künstlerischen Format ermöglicht Syrus den Betrachtern, die Entwicklung der LGBTQ-Bewegung nachzuvollziehen und deren Bedeutung für die gegenwärtige Gesellschaft zu erkennen.

Fazit

Zusammenfassend lässt sich sagen, dass die Geschichte einen tiefgreifenden Einfluss auf die Kunst hat, insbesondere in der Arbeit von Syrus Marcus Ware. Durch seine Auseinandersetzung mit historischen Themen und sozialen Problemen schafft er es, die Vergangenheit lebendig zu halten und gleichzeitig einen Dialog über die Gegenwart zu fördern. Die Verbindung von Kunst und Geschichte ist nicht nur ein ästhetisches Konzept, sondern auch ein notwendiges Werkzeug für das Verständnis und die Reflexion über die Gesellschaft und ihre Herausforderungen. In einer Welt, die oft von Vergessenheit und Ignoranz geprägt ist, ist die Kunst von Syrus ein kraftvolles Mittel, um die Geschichten der Marginalisierten zu erzählen und deren Bedeutung in der heutigen Zeit zu betonen.

Die Rolle von Humor in Syrus' Arbeiten

Humor ist ein kraftvolles Werkzeug in der Kunst und im Aktivismus, und Syrus Marcus Ware nutzt es meisterhaft, um komplexe Themen auf eine zugängliche Weise zu kommunizieren. In einer Welt, in der ernste soziale Probleme oft überwältigend erscheinen, bietet Humor eine Möglichkeit, Barrieren abzubauen und Dialoge zu fördern. Diese Sektion untersucht die Rolle des Humors in Syrus'

THEMATISCHE SCHWERPUNKTE 95

Arbeiten, seine theoretischen Grundlagen, die damit verbundenen Herausforderungen und einige prägnante Beispiele.

Theoretische Grundlagen des Humors

Die Verwendung von Humor in der Kunst ist nicht neu. Theoretiker wie Henri Bergson und Sigmund Freud haben die psychologischen und sozialen Funktionen des Humors untersucht. Bergson argumentierte, dass Humor eine Form der sozialen Korrektur ist, die uns hilft, die Absurditäten des Lebens zu erkennen und zu überwinden. Freud hingegen sah Humor als einen Mechanismus zur Bewältigung von Angst und Stress. In Syrus' Arbeiten wird Humor oft als ein Mittel verwendet, um die Schwere der Themen wie Rassismus, Homophobie und soziale Ungerechtigkeit zu mildern, wodurch das Publikum ermutigt wird, sich mit diesen Themen auseinanderzusetzen.

Herausforderungen des Humors im Aktivismus

Obwohl Humor eine wirksame Strategie sein kann, bringt er auch Herausforderungen mit sich. Eine der größten Schwierigkeiten besteht darin, sicherzustellen, dass der Humor nicht als unangemessen oder respektlos wahrgenommen wird. Es besteht die Gefahr, dass Witze die Ernsthaftigkeit eines Themas untergraben oder bestimmte Gruppen marginalisieren. Syrus navigiert diese Herausforderungen, indem er Humor in einem Kontext verwendet, der die Zuhörer dazu anregt, über ihre eigenen Vorurteile nachzudenken und die Absurdität gesellschaftlicher Normen zu hinterfragen.

Beispiele aus Syrus' Arbeiten

Ein herausragendes Beispiel für die Verwendung von Humor in Syrus' Arbeiten ist seine Installation *"Queer Joy"*. Diese Arbeit kombiniert lebendige Farben und humorvolle Darstellungen von queeren Charakteren in alltäglichen Situationen. Durch die Übertreibung typischer Klischees schafft Syrus eine Atmosphäre, die sowohl zum Lachen als auch zum Nachdenken anregt. Die Installation lädt das Publikum ein, die Freude und die Herausforderungen der LGBTQ-Community zu reflektieren, während es gleichzeitig die gesellschaftlichen Erwartungen hinterfragt.

Ein weiteres Beispiel ist sein Performance-Stück *"The Comedy of Errors"*, in dem Syrus humorvolle Anekdoten aus seinem eigenen Leben erzählt, die mit den Themen Identität und Diskriminierung verwoben sind. Durch die Verwendung von Selbstironie und Witz gelingt es ihm, eine Verbindung zu seinem Publikum herzustellen und gleichzeitig ernste Themen anzusprechen. Diese Art des Geschichtenerzählens zeigt, wie Humor als Brücke zwischen dem Künstler und dem Publikum fungieren kann, indem er die Zuhörer in eine kritische Reflexion über gesellschaftliche Normen einbezieht.

Die Auswirkungen von Humor auf das Publikum

Die Verwendung von Humor hat auch tiefgreifende Auswirkungen auf das Publikum. Studien zeigen, dass humorvolle Ansätze die Bereitschaft der Menschen erhöhen, sich mit schwierigen Themen auseinanderzusetzen. Wenn das Publikum lacht, wird eine entspannte Atmosphäre geschaffen, die es den Menschen ermöglicht, ihre Verteidigungsmechanismen abzubauen und offen für neue Perspektiven zu sein. In Syrus' Arbeiten sehen wir, wie Humor dazu beiträgt, Empathie zu fördern und das Bewusstsein für soziale Ungerechtigkeiten zu schärfen.

Fazit

Zusammenfassend lässt sich sagen, dass Humor in Syrus Marcus Wares Arbeiten eine zentrale Rolle spielt. Er nutzt Humor nicht nur als künstlerisches Mittel, sondern auch als strategisches Werkzeug im Aktivismus. Durch die geschickte Verbindung von Humor mit ernsthaften Themen gelingt es ihm, Dialoge zu fördern und das Publikum zu ermutigen, über gesellschaftliche Normen nachzudenken. In einer Zeit, in der die Welt oft düster erscheint, bietet Syrus' Einsatz von Humor eine erfrischende Perspektive und zeigt, dass Lachen und Aktivismus Hand in Hand gehen können.

Kritische Reflexionen über die Gesellschaft

Kunst ist nicht nur eine Form des Ausdrucks, sondern auch ein kraftvolles Werkzeug zur kritischen Reflexion über gesellschaftliche Strukturen und Normen. Syrus Marcus Ware nutzt seine Kunst, um soziale Probleme zu beleuchten, die oft im Schatten der gesellschaftlichen Wahrnehmung stehen. In dieser Sektion werden wir untersuchen, wie Ware durch seine kritischen Reflexionen über die Gesellschaft sowohl die LGBTQ-Community als auch die breitere Gesellschaft herausfordert und inspiriert.

THEMATISCHE SCHWERPUNKTE 97

Gesellschaftliche Normen und ihre Herausforderungen

Die Gesellschaft ist oft von Normen geprägt, die bestimmte Identitäten und Lebensweisen privilegieren, während andere marginalisiert werden. Ware thematisiert in seinen Arbeiten die Herausforderungen, die sich aus diesen Normen ergeben. Er nutzt seine Plattform, um die Diskrepanz zwischen der idealisierten Gesellschaft und der Realität der marginalisierten Gruppen zu verdeutlichen.

Ein Beispiel hierfür ist seine Installation *"The Black Lives Matter"*, die sowohl die Herausforderungen der LGBTQ-Community als auch die Kämpfe der schwarzen Gemeinschaft in den Fokus rückt. Durch die Verbindung dieser beiden Themen zeigt Ware, wie intersektionale Identitäten oft übersehen werden und fordert die Gesellschaft auf, sich mit diesen Ungerechtigkeiten auseinanderzusetzen.

Kunst als Spiegel der Gesellschaft

Ware betrachtet Kunst als einen Spiegel der Gesellschaft, der nicht nur die Schönheit, sondern auch die Missstände reflektiert. Diese Reflexion ist entscheidend, um das Bewusstsein für soziale Probleme zu schärfen. In seiner Arbeit verwendet er verschiedene Medien, um komplexe Themen wie Rassismus, Homophobie und soziale Ungerechtigkeit zu thematisieren.

Ein Beispiel für diese kritische Reflexion ist seine Serie von Porträts, die die Gesichter von Aktivisten zeigt, die für ihre Rechte kämpfen. Diese Porträts sind nicht nur eine Hommage an die Aktivisten, sondern auch ein Aufruf an die Gesellschaft, ihre Stimmen zu hören und ihre Kämpfe zu unterstützen. Ware fordert die Betrachter auf, sich mit den Geschichten und Erfahrungen dieser Menschen auseinanderzusetzen und deren Bedeutung für die Gesellschaft zu erkennen.

Die Rolle des Humors in der Kritik

Humor spielt eine zentrale Rolle in Wares kritischen Reflexionen über die Gesellschaft. Er nutzt Humor, um schwerwiegende Themen zugänglicher zu machen und gleichzeitig eine tiefere Diskussion anzuregen. Durch den Einsatz von Satire und Ironie gelingt es ihm, die Absurditäten der gesellschaftlichen Normen zu entlarven und die Betrachter zum Nachdenken zu bringen.

Ein Beispiel für diesen Ansatz ist seine Performance *"Queer Comedy Night"*, in der er humorvolle Anekdoten über seine Erfahrungen als schwarzer, queer-identifizierter Mensch erzählt. Diese humorvolle Herangehensweise schafft eine Verbindung zwischen dem Publikum und den oft schmerzhaften Themen, die er anspricht. Humor wird somit zu einem Werkzeug, das nicht nur unterhält, sondern auch zum kritischen Denken anregt.

Kritische Reflexionen über Machtstrukturen

Ware hinterfragt auch die bestehenden Machtstrukturen innerhalb der Kunstwelt und der Gesellschaft insgesamt. Er kritisiert, wie diese Strukturen oft die Stimmen der Marginalisierten unterdrücken und fordert eine Diversifizierung der Perspektiven in der Kunst.

In seiner Installation *"Power Dynamics"* thematisiert er die Hierarchien innerhalb der Kunstszene, die oft weiße, heteronormative Stimmen bevorzugen. Durch die Darstellung von Kunstwerken, die von marginalisierten Künstlern geschaffen wurden, fordert er die Institutionen auf, ihre Praktiken zu überdenken und inklusiver zu werden.

Fazit

Insgesamt zeigt Syrus Marcus Ware, wie Kunst als kritisches Werkzeug zur Reflexion über gesellschaftliche Probleme genutzt werden kann. Durch seine Arbeiten fordert er sowohl die LGBTQ-Community als auch die breitere Gesellschaft auf, ihre eigenen Vorurteile und Annahmen zu hinterfragen. Seine kritischen Reflexionen sind nicht nur ein Spiegel der Gesellschaft, sondern auch ein Aufruf zum Handeln. Indem er die Herausforderungen und Kämpfe der Marginalisierten in den Vordergrund rückt, inspiriert er andere, sich für soziale Gerechtigkeit einzusetzen und eine inklusivere Gesellschaft zu schaffen.

$$\text{Kunst} + \text{Aktivismus} = \text{Gesellschaftliche Veränderung} \tag{10}$$

Die Kraft der visuellen Narration

Die visuelle Narration ist ein zentrales Element in der Kunst von Syrus Marcus Ware und stellt eine kraftvolle Methode dar, um Geschichten zu erzählen, die oft über Worte hinausgehen. Sie nutzt Bilder, Farben und Formen, um Emotionen und Ideen zu kommunizieren, die in der LGBTQ-Community von großer Bedeutung sind. In dieser Sektion werden wir die Theorie hinter der visuellen Narration, ihre Herausforderungen und einige Beispiele für ihre Anwendung in Syrus' Arbeiten untersuchen.

THEMATISCHE SCHWERPUNKTE 99

Theoretische Grundlagen

Die visuelle Narration basiert auf der Annahme, dass Bilder und visuelle Darstellungen eine tiefere emotionale Resonanz erzeugen können als geschriebene oder gesprochene Worte. Laut der Theorie der visuellen Rhetorik, die von Kress und van Leeuwen (2006) entwickelt wurde, können Bilder als "Texte" betrachtet werden, die Bedeutungen konstruieren, die durch ihre Komposition, Farbwahl und Bildsprache vermittelt werden. Diese Theorie betont, dass die Art und Weise, wie Bilder angeordnet sind, die Interpretation des Betrachters beeinflusst.

Ein weiteres wichtiges Konzept in der visuellen Narration ist das der *Ikonizität*. Diese Theorie besagt, dass Bilder durch ihre Ähnlichkeit mit der Realität Bedeutung erzeugen. Syrus nutzt ikonische Darstellungen, um die Erfahrungen und Identitäten von LGBTQ-Personen zu reflektieren und sichtbar zu machen. Dies geschieht häufig durch die Verwendung von Symbolen, die in der LGBTQ-Kultur verwurzelt sind, wie Regenbogenfarben oder spezifische Körperhaltungen, die eine Botschaft der Stärke und des Widerstands vermitteln.

Herausforderungen der visuellen Narration

Trotz ihrer Kraft bringt die visuelle Narration auch Herausforderungen mit sich. Eine der größten Schwierigkeiten besteht darin, dass visuelle Darstellungen oft subjektiv sind und unterschiedliche Interpretationen hervorrufen können. Was für den einen Betrachter eine klare Botschaft vermittelt, kann für einen anderen verwirrend oder missverständlich sein. Dies ist besonders relevant in der LGBTQ-Kunst, wo die Vielfalt der Erfahrungen und Identitäten zu unterschiedlichen Lesarten führen kann.

Ein weiteres Problem ist die Gefahr der Stereotypisierung. Visuelle Narrative können unbewusst stereotype Darstellungen von Geschlecht, Sexualität oder ethnischer Zugehörigkeit fördern. Syrus ist sich dieser Herausforderung bewusst und bemüht sich, in seinen Arbeiten eine Vielzahl von Identitäten und Erfahrungen darzustellen, um ein umfassenderes Bild der LGBTQ-Community zu vermitteln. Er versucht, die Komplexität der Identität durch vielschichtige Darstellungen zu zeigen, die die Vielfalt der Erfahrungen widerspiegeln.

Beispiele aus Syrus' Arbeiten

Ein herausragendes Beispiel für die Kraft der visuellen Narration in Syrus' Kunst ist seine Installation *"The Black Lives Matter Mural"*. Diese Arbeit kombiniert verschiedene künstlerische Elemente, darunter Malerei, Fotografie und Performance, um die Geschichten von marginalisierten Gemeinschaften zu erzählen. Die Verwendung von lebendigen Farben und kraftvollen Bildern schafft eine emotionale Verbindung zum Betrachter und fordert ihn auf, über die dargestellten Themen nachzudenken.

Ein weiteres Beispiel ist die Serie *"Queer Bodies"*, in der Syrus die Körperlichkeit und Identität von LGBTQ-Personen thematisiert. Durch die Verwendung von Collagen und Mischtechniken gelingt es ihm, die Komplexität von Geschlechtsidentität und sexueller Orientierung visuell darzustellen. Die Kombination von persönlichen Geschichten mit universellen Symbolen schafft eine tiefere Verbindung zu den Betrachtern und fördert das Verständnis und die Empathie für die dargestellten Erfahrungen.

Schlussfolgerung

Die Kraft der visuellen Narration liegt in ihrer Fähigkeit, komplexe Geschichten und Emotionen auf eine Weise zu kommunizieren, die Worte oft nicht erreichen können. Syrus Marcus Ware nutzt diese Kraft, um die Stimmen der LGBTQ-Community zu verstärken und die Vielfalt der menschlichen Erfahrung zu feiern. Trotz der Herausforderungen, die mit der visuellen Narration verbunden sind, bleibt sie ein unverzichtbares Werkzeug im Kampf für soziale Gerechtigkeit und die Sichtbarkeit marginalisierter Gruppen. Durch seine Kunst inspiriert Syrus nicht nur seine Generation, sondern auch zukünftige Aktivisten, die Kraft der visuellen Narration zu nutzen, um Veränderungen in der Gesellschaft herbeizuführen.

Reaktionen der Öffentlichkeit auf die Themen

Die Reaktionen der Öffentlichkeit auf die Themen, die Syrus Marcus Ware in seiner Kunst behandelt, sind sowohl vielschichtig als auch oft kontrovers. Kunst hat die einzigartige Fähigkeit, Diskussionen über gesellschaftliche Missstände anzuregen und das Bewusstsein für marginalisierte Stimmen zu schärfen. In diesem Abschnitt werden wir die unterschiedlichen Reaktionen der Öffentlichkeit auf die Werke von Syrus untersuchen, die von Bewunderung bis hin zu Widerstand reichen.

Öffentliche Anerkennung und Unterstützung

Ein wesentlicher Aspekt von Syrus' künstlerischem Schaffen ist die positive Resonanz, die er innerhalb der LGBTQ-Community und darüber hinaus erhält. Viele seiner Werke, die sich mit Themen wie Identität, Rassismus und sozialer Gerechtigkeit befassen, werden als mutig und notwendig angesehen. Die visuelle

THEMATISCHE SCHWERPUNKTE 101

Darstellung von Erfahrungen, die oft übersehen oder missverstanden werden, hat dazu beigetragen, dass Syrus als eine Stimme der Hoffnung und des Wandels wahrgenommen wird.

Ein Beispiel für diese Anerkennung ist die Ausstellung *"Reflections of Resistance"*, die in einer renommierten Galerie stattfand. Die Besucher waren tief berührt von den Installationen, die persönliche Geschichten von Diskriminierung und Widerstand thematisierten. Kritiken in Kunstmagazinen lobten die „unmittelbare emotionale Wirkung" und bezeichneten Syrus als „einen der bedeutendsten zeitgenössischen Künstler, der die gesellschaftlichen Normen herausfordert".

Kritik und Widerstand

Trotz der positiven Reaktionen gibt es auch kritische Stimmen, die sich gegen die Themen und die Art und Weise, wie Syrus sie präsentiert, aussprechen. Manche Kritiker argumentieren, dass die Darstellung von LGBTQ-Themen in der Kunst übertrieben oder sensationalistisch sei. Diese Kritik wird oft von konservativen Gruppen geäußert, die sich gegen die Sichtbarkeit von LGBTQ-Personen in der Gesellschaft stellen.

Ein Beispiel für solche Widerstände war die Kontroverse um die Installation *"Body Politics"*, die während einer öffentlichen Veranstaltung in einem Park präsentiert wurde. Einige Besucher äußerten Unmut über die explizite Darstellung von Körperlichkeit und Sexualität, was zu hitzigen Debatten führte. Diese Reaktionen verdeutlichen, dass die Kunst von Syrus nicht nur als Spiegel der Gesellschaft fungiert, sondern auch als Katalysator für Konflikte und Diskussionen über gesellschaftliche Normen.

Theoretische Rahmenbedingungen

Um die Reaktionen der Öffentlichkeit auf Syrus' Kunst zu verstehen, ist es hilfreich, einige theoretische Konzepte zu betrachten. Der Soziologe Pierre Bourdieu spricht von *"Habitus"*, einem System von Dispositionen, das das Verhalten und die Wahrnehmung von Individuen in der Gesellschaft prägt. Die Reaktionen auf Syrus' Werke können somit als Ausdruck der unterschiedlichen Habitus innerhalb der Gesellschaft interpretiert werden.

Ein weiteres relevantes Konzept ist der *"Cultural Studies"*-Ansatz, der sich mit der Beziehung zwischen Kultur und Macht beschäftigt. Die Art und Weise, wie Syrus Themen der Identität und sozialen Gerechtigkeit behandelt, kann als Versuch gesehen werden, die hegemonialen Narrative zu dekonstruieren und

Raum für alternative Perspektiven zu schaffen. Diese theoretischen Ansätze helfen uns, die Komplexität der Reaktionen auf Syrus' Kunst zu begreifen.

Beispiele aus der Praxis

Ein bemerkenswertes Beispiel für die öffentliche Reaktion auf Syrus' Kunst ist die Kampagne *"Art Against Oppression"*, die in mehreren Städten durchgeführt wurde. Diese Kampagne zielte darauf ab, die Stimmen von marginalisierten Gruppen durch Kunst zu stärken. Die Reaktionen waren überwältigend positiv, und viele Menschen berichteten von einer tiefen emotionalen Verbindung zu den Themen, die Syrus behandelte.

Auf der anderen Seite gab es auch Proteste gegen die Kampagne, wobei einige Gruppen versuchten, die Ausstellungen zu sabotieren. Diese duale Reaktion zeigt, wie Kunst sowohl als Werkzeug der Befreiung als auch als Auslöser für Widerstand fungieren kann.

Schlussfolgerung

Zusammenfassend lässt sich sagen, dass die Reaktionen der Öffentlichkeit auf die Themen in Syrus Marcus Wares Kunst ein Spiegelbild der gesellschaftlichen Spannungen und Herausforderungen sind. Während viele seine Arbeiten als notwendig und transformativ empfinden, gibt es auch Widerstände, die die tief verwurzelten Vorurteile und Ängste innerhalb der Gesellschaft offenbaren. Diese Dynamik zwischen Anerkennung und Kritik ist entscheidend für das Verständnis von Kunst als einem lebendigen und sich ständig verändernden Dialog über Identität, Gerechtigkeit und soziale Veränderung.

Die Entwicklung von Installationen

Die Entwicklung von Installationen in der Kunstszene ist ein faszinierendes Thema, das sowohl die kreative als auch die soziale Dimension von Kunstwerken beleuchtet. Installationen sind mehr als nur visuelle Darstellungen; sie sind immersive Erfahrungen, die das Publikum aktiv einbeziehen und oft eine Botschaft transportieren, die über das Offensichtliche hinausgeht. Im Kontext von Syrus Marcus Ware ist die Installation ein zentrales Element seines künstlerischen Schaffens, das es ihm ermöglicht, komplexe Themen wie Identität, Rassismus und soziale Gerechtigkeit auf eine greifbare Weise zu thematisieren.

Theoretische Grundlagen

Die theoretische Grundlage für Installationskunst kann auf verschiedene Strömungen der zeitgenössischen Kunst zurückgeführt werden. Der Kunsthistoriker Nicolas Bourriaud prägte den Begriff der *Relationalen Ästhetik*, der die Interaktion zwischen Kunstwerk und Betrachter in den Vordergrund stellt. Bourriaud argumentiert, dass Kunst nicht nur ein Produkt, sondern auch ein Raum für soziale Interaktionen ist. Diese Idee spiegelt sich in Wares Arbeiten wider, in denen er oft Räume schafft, die zur Reflexion und zum Dialog anregen.

Ein weiteres relevantes Konzept ist das der *Site-Specific Art*, das besagt, dass Installationen oft speziell für einen bestimmten Ort konzipiert sind. Dies bedeutet, dass der Kontext, in dem das Kunstwerk präsentiert wird, eine entscheidende Rolle für die Interpretation spielt. Ware nutzt diese Technik, um die Beziehung zwischen Kunst, Raum und Publikum zu erforschen.

Herausforderungen bei der Entwicklung von Installationen

Die Entwicklung von Installationen bringt jedoch auch Herausforderungen mit sich. Eine der größten Schwierigkeiten ist die Logistik. Der Prozess der Planung, des Aufbaus und der Präsentation einer Installation erfordert eine sorgfältige Koordination und oft auch die Zusammenarbeit mit verschiedenen Fachleuten, von Architekten bis hin zu Technikern. Darüber hinaus müssen Künstler wie Ware oft mit begrenzten Budgets arbeiten, was die Materialwahl und die technische Umsetzung beeinflussen kann.

Ein weiteres Problem ist die Rezeption des Publikums. Installationen können missverstanden oder falsch interpretiert werden, insbesondere wenn die Themen komplex oder kontrovers sind. Ware hat in der Vergangenheit erlebt, dass einige seiner Arbeiten auf Widerstand stießen, weil sie gesellschaftliche Normen in Frage stellten oder unbequeme Wahrheiten ansprachen.

Beispiele für Wares Installationen

Ein bemerkenswertes Beispiel für Syrus Marcus Wares Installationskunst ist *"The Blackness Project"*. Diese Installation thematisiert die Erfahrungen von schwarzen LGBTQ-Personen und schafft einen Raum, in dem das Publikum eingeladen wird, sich mit den Herausforderungen und Triumphen dieser Gemeinschaft auseinanderzusetzen. Durch die Verwendung von Multimedia-Elementen – einschließlich Video, Fotografie und interaktiven Komponenten – gelingt es Ware, eine tiefere emotionale Verbindung zu seinem Publikum herzustellen.

Ein weiteres Beispiel ist die Installation "The Art of Resistance", die während einer Protestaktion gegen Diskriminierung und Ungerechtigkeit präsentiert wurde. Diese Installation kombinierte visuelle Kunst mit Performance-Elementen und schuf so einen Raum für kollektives Handeln und Widerstand. Die Reaktionen auf diese Installation zeigten, wie Kunst als Katalysator für gesellschaftliche Veränderungen fungieren kann.

Langfristige Auswirkungen der Installationen

Die langfristigen Auswirkungen von Wares Installationen sind sowohl auf individueller als auch auf gesellschaftlicher Ebene spürbar. Durch die Schaffung von Räumen, die zur Reflexion und zum Dialog anregen, trägt Ware dazu bei, das Bewusstsein für wichtige soziale Themen zu schärfen und marginalisierte Stimmen zu stärken. Die Interaktion mit den Installationen fördert nicht nur das persönliche Wachstum der Betrachter, sondern regt auch eine breitere gesellschaftliche Diskussion an.

Zusammenfassend lässt sich sagen, dass die Entwicklung von Installationen ein dynamischer Prozess ist, der sowohl kreative als auch soziale Dimensionen umfasst. Syrus Marcus Ware nutzt diese Form der Kunst, um komplexe Themen zu erforschen und das Publikum aktiv in den Diskurs einzubeziehen. Die Herausforderungen, die mit der Schaffung von Installationen verbunden sind, werden durch die transformative Kraft der Kunst übertroffen, die letztendlich dazu beiträgt, das Verständnis für die LGBTQ-Community und deren Kämpfe zu vertiefen.

Langfristige Auswirkungen der Themen

Die langfristigen Auswirkungen der Themen, die Syrus Marcus Ware in seiner Kunst behandelt, sind sowohl vielfältig als auch tiefgreifend. Sie beeinflussen nicht nur die LGBTQ-Community, sondern auch die breitere Gesellschaft, indem sie neue Perspektiven auf soziale Gerechtigkeit, Identität und die Rolle der Kunst im Aktivismus eröffnen. In diesem Abschnitt werden wir die wichtigsten Auswirkungen dieser Themen untersuchen.

Gesellschaftlicher Diskurs und Sichtbarkeit

Eines der herausragendsten Ergebnisse von Wares Arbeit ist die Erhöhung der Sichtbarkeit für marginalisierte Gruppen. Durch seine Kunst hat er es geschafft, Themen wie Rassismus, LGBTQ-Rechte und soziale Ungerechtigkeit in den Vordergrund zu rücken. Diese Sichtbarkeit ist entscheidend, da sie dazu beiträgt,

THEMATISCHE SCHWERPUNKTE 105

den gesellschaftlichen Diskurs zu verändern. Laut der Theorie des sozialen Wandels, wie sie von [?] in *Social Movements, 1760-2000* beschrieben wird, sind Sichtbarkeit und Repräsentation Schlüsselkomponenten für die Mobilisierung von Gemeinschaften. Die Kunst von Syrus fungiert als Katalysator für Gespräche und Aktionen, die sonst möglicherweise nicht stattgefunden hätten.

Einfluss auf die nächste Generation

Die Themen, die Syrus in seiner Kunst behandelt, haben auch langfristige Auswirkungen auf die nächste Generation von Aktivisten und Künstlern. Durch Workshops, Ausstellungen und die soziale Medien hat er einen Raum geschaffen, in dem junge Menschen sich mit ihren Identitäten auseinandersetzen können. Diese Förderung von Kreativität und kritischem Denken ist entscheidend, um zukünftige Aktivisten zu inspirieren. In der Studie von [?] über die *Pädagogik der Unterdrückten* wird betont, dass Bildung und kritische Reflexion essenziell sind, um das Bewusstsein für soziale Ungerechtigkeiten zu schärfen.

Kunst als Werkzeug für sozialen Wandel

Die Verwendung von Kunst als Werkzeug für sozialen Wandel ist ein weiteres langfristiges Ergebnis von Wares Arbeit. Seine Installationen und Performances dienen nicht nur der ästhetischen Erfahrung, sondern auch der politischen Aussage. Diese Verbindung zwischen Kunst und Aktivismus wird von [?] in *Relational Aesthetics* hervorgehoben, wo er argumentiert, dass Kunst als soziale Praxis fungieren kann, die das Publikum aktiv einbezieht. Wares Kunst hat dazu beigetragen, dass Kunstwerke nicht nur als Objekte, sondern als Plattformen für Dialog und Veränderung betrachtet werden.

Kritische Reflexion und gesellschaftliche Veränderungen

Die Themen, die Syrus behandelt, fordern die Gesellschaft heraus, kritisch über ihre eigenen Werte und Normen nachzudenken. Diese kritische Reflexion ist notwendig, um Veränderungen zu bewirken. [?] beschreibt in seiner Theorie des kommunikativen Handelns, dass der Dialog über soziale Themen zu einem besseren Verständnis und letztlich zu Veränderungen führen kann. Wares Kunst hat diesen Dialog angeregt und somit zur Schaffung eines bewussteren und gerechteren gesellschaftlichen Umfelds beigetragen.

Langfristige Herausforderungen

Trotz der positiven Auswirkungen gibt es auch langfristige Herausforderungen, die mit den Themen verbunden sind, die Syrus behandelt. Die Reaktionen auf seine Kunst sind nicht immer positiv, und es gibt Widerstand gegen die von ihm angesprochenen Themen. Diese Widerstände können die Sichtbarkeit und den Fortschritt der LGBTQ-Community und anderer marginalisierter Gruppen gefährden. In der Forschung von [?] über *Social Movements* wird betont, dass die Mobilisierung gegen soziale Bewegungen oft ebenso stark ist wie die Bewegung selbst. Daher ist es entscheidend, dass die Gemeinschaften, die von Wares Arbeit profitieren, weiterhin zusammenarbeiten, um die Herausforderungen zu bewältigen.

Fazit

Zusammenfassend lässt sich sagen, dass die langfristigen Auswirkungen der Themen, die Syrus Marcus Ware behandelt, weitreichend sind. Sie fördern Sichtbarkeit, inspirieren die nächste Generation und nutzen Kunst als Werkzeug für sozialen Wandel. Gleichzeitig müssen die Herausforderungen anerkannt werden, die sich aus diesen Themen ergeben. Die Arbeit von Syrus ist ein eindrucksvolles Beispiel dafür, wie Kunst und Aktivismus Hand in Hand gehen können, um eine gerechtere und inklusivere Gesellschaft zu schaffen.

Aktivismus und Engagement

Politische Bewegungen und Einfluss

Erste Begegnungen mit aktivistischen Gruppen

Syrus Marcus Ware trat in eine Welt ein, die von der Leidenschaft und dem Drang nach sozialer Gerechtigkeit geprägt war. Seine ersten Begegnungen mit aktivistischen Gruppen fanden während seiner Studienzeit an der Universität statt, wo er von einer Vielzahl von Bewegungen umgeben war, die sich für die Rechte der LGBTQ-Community und für soziale Gerechtigkeit einsetzten. Diese Erfahrungen sollten nicht nur sein künstlerisches Schaffen, sondern auch seine Identität als Aktivist nachhaltig prägen.

Der Einfluss von Universitätsgruppen

An der Universität entdeckte Syrus die Existenz von LGBTQ+-Gruppen, die sich für Gleichheit und Akzeptanz einsetzten. Diese Gruppen boten nicht nur einen Raum für Unterstützung, sondern auch eine Plattform für den Austausch von Ideen und Strategien. Syrus wurde schnell Mitglied in der *Queer Student Alliance*, einer Organisation, die sich für die Sichtbarkeit und Rechte von LGBTQ-Studierenden einsetzte. Hier lernte er, dass Aktivismus nicht nur aus Protest besteht, sondern auch aus der Schaffung von Gemeinschaft und der Förderung von Bildung.

Erste Proteste und Aktionen

Sein erster Protest war eine Demonstration gegen Diskriminierung und Gewalt gegen LGBTQ-Personen, die in der Stadt stattfand. Syrus war nervös, als er sich der Menge anschloss, aber die Energie und der Enthusiasmus um ihn herum gaben ihm Mut. Er erlebte, wie Kunst und Aktivismus Hand in Hand gehen können, als Künstler*innen Plakate und Schilder mit kraftvollen Botschaften entwarfen. Diese

Erfahrung öffnete ihm die Augen für die Kraft der kollektiven Stimme und die Möglichkeit, Veränderung durch kreative Ausdrucksformen zu bewirken.

Die Rolle von Mentoren

Ein weiterer entscheidender Aspekt seiner frühen Begegnungen mit aktivistischen Gruppen war die Rolle von Mentoren. Syrus traf auf erfahrene Aktivist*innen, die ihn in die Feinheiten des Aktivismus einführten. Eine besonders prägende Figur war eine ältere Aktivistin, die ihm die Bedeutung von strategischem Denken und langfristiger Planung im Aktivismus näherbrachte. Sie erklärte ihm, dass es wichtig sei, nicht nur auf akute Probleme zu reagieren, sondern auch eine Vision für die Zukunft zu entwickeln. Dies führte zu einem grundlegenden Verständnis, dass Aktivismus oft ein Marathon und kein Sprint ist.

Herausforderungen und Widerstände

Trotz der positiven Erfahrungen gab es auch Herausforderungen. Syrus erlebte Widerstand, sowohl innerhalb als auch außerhalb der aktivistischen Gruppen. Einige Mitglieder waren skeptisch gegenüber neuen Ideen, während andere sich nicht mit den intersektionalen Ansätzen identifizieren konnten, die Syrus vertrat. Diese Konflikte führten zu intensiven Diskussionen und lehrten ihn, wie wichtig es ist, verschiedene Perspektiven zu respektieren und zu integrieren. Er erkannte, dass Aktivismus oft ein Balanceakt ist, der Geduld und Empathie erfordert.

Die Bedeutung von Kunst im Aktivismus

In diesen frühen Begegnungen wurde auch die Rolle der Kunst im Aktivismus deutlich. Syrus begann, seine künstlerischen Fähigkeiten zu nutzen, um Botschaften zu verbreiten. Er entwarf Plakate und visuelle Kunstwerke, die die Anliegen der LGBTQ-Community auf kreative Weise kommunizierten. Diese Kunstwerke wurden nicht nur in Protesten verwendet, sondern auch in Ausstellungen, die die Geschichten von marginalisierten Gruppen erzählten. Syrus verstand, dass Kunst ein mächtiges Werkzeug ist, um Emotionen zu wecken und Menschen zu mobilisieren.

Ein Blick auf die Zukunft

Diese ersten Begegnungen mit aktivistischen Gruppen legten den Grundstein für Syrus' zukünftiges Engagement. Sie halfen ihm, ein Netzwerk von Gleichgesinnten aufzubauen und seine Stimme als Künstler und Aktivist zu finden. Die Herausforderungen, die er erlebte, formten seine Überzeugungen und Strategien für den Aktivismus, den er weiterhin praktiziert. Syrus war entschlossen, die Lektionen, die er gelernt hatte, zu nutzen, um die Welt um ihn herum zu verändern und anderen zu helfen, ihre eigenen Stimmen zu finden.

Zusammenfassend lässt sich sagen, dass Syrus' erste Begegnungen mit aktivistischen Gruppen nicht nur seine Entwicklung als Aktivist beeinflussten, sondern auch seine künstlerische Praxis bereicherten. Sie lehrten ihn, dass Aktivismus eine Form der Kunst ist und dass die Verbindung zwischen beiden eine tiefere Wirkung auf die Gesellschaft haben kann. Diese Erkenntnisse sollten ihn auf seinem Weg begleiten und ihn dazu inspirieren, weiterhin für Gerechtigkeit und Gleichheit zu kämpfen.

Die Gründung von Initiativen

Syrus Marcus Ware hat sich nicht nur als Künstler, sondern auch als einflussreicher Aktivist hervorgetan, der zahlreiche Initiativen ins Leben gerufen hat, um die LGBTQ-Community zu unterstützen und soziale Gerechtigkeit zu fördern. Die Gründung dieser Initiativen war oft das Ergebnis von persönlichen Erfahrungen, gesellschaftlichen Herausforderungen und dem Streben nach Veränderung.

Die erste Initiative, die Syrus ins Leben rief, war *"Kunst für Gleichheit"*, ein Projekt, das darauf abzielte, LGBTQ-Künstler und ihre Werke in der Öffentlichkeit sichtbar zu machen. Diese Initiative entstand aus der Notwendigkeit, die Stimmen von marginalisierten Künstlern zu stärken und ihnen eine Plattform zu bieten, auf der sie ihre Geschichten erzählen konnten. Der Ansatz war einfach: Kunst als Werkzeug des Wandels zu nutzen.

Ein zentrales Konzept, das Syrus in die Gründung seiner Initiativen einbrachte, war die **Theorie der sozialen Gerechtigkeit**. Diese Theorie besagt, dass jeder Mensch das Recht auf Gleichheit und faire Behandlung hat. Die Gründung von Initiativen wie *"Kunst für Gleichheit"* spiegelt dieses Prinzip wider, indem sie den Fokus auf die Schaffung eines inklusiven Raums legt, in dem Vielfalt gefeiert wird.

Ein weiteres Beispiel für eine Initiative von Syrus ist *"Die Stimme der Jugend"*, die sich speziell an junge LGBTQ-Personen richtete. Diese Initiative bot Workshops und Schulungen an, um junge Menschen in ihrer Identität zu bestärken und ihnen die Werkzeuge an die Hand zu geben, um ihre eigenen Geschichten zu erzählen. Die Herausforderungen, die Syrus bei der Gründung dieser Initiative erlebte, waren vielfältig. Er musste nicht nur finanzielle Mittel beschaffen, sondern auch Vorurteile innerhalb der Gesellschaft überwinden, die oft gegen LGBTQ-Jugendliche gerichtet waren.

Die Gründung solcher Initiativen ist jedoch nicht ohne Probleme. Oft stehen Aktivisten wie Syrus vor der Herausforderung, Unterstützung aus der Gemeinschaft zu gewinnen. Dies kann durch **Diskriminierung** und **Vorurteile** erschwert werden. Um diese Hürden zu überwinden, entwickelte Syrus Strategien, um das Bewusstsein für die Anliegen der LGBTQ-Community zu schärfen und die Wichtigkeit von Solidarität zu betonen.

Ein weiterer kritischer Aspekt der Gründung von Initiativen ist die **Nachhaltigkeit**. Syrus war sich bewusst, dass es nicht ausreicht, einmalige Veranstaltungen zu organisieren. Vielmehr müssen Initiativen langfristig angelegt sein, um einen bleibenden Einfluss zu haben. Dies führte zur Schaffung von Partnerschaften mit anderen Organisationen und zur Einbindung von Freiwilligen, die sich für die Sache einsetzen wollten.

Die Wirkung dieser Initiativen ist nicht zu unterschätzen. Durch *"Kunst für Gleichheit"* und *"Die Stimme der Jugend"* konnten unzählige Künstler und junge Menschen die Unterstützung finden, die sie benötigten, um ihre Stimmen zu erheben und aktiv an der Gestaltung ihrer Gemeinschaften teilzunehmen. Ein Beispiel für den Erfolg dieser Initiativen war die **Kampagne "Laut und Stolz"**, die im Rahmen von *"Kunst für Gleichheit"* durchgeführt wurde und eine breite Resonanz in den sozialen Medien fand.

Insgesamt zeigt die Gründung von Initiativen durch Syrus Marcus Ware, wie Kunst und Aktivismus Hand in Hand gehen können, um soziale Veränderungen zu bewirken. Diese Initiativen sind nicht nur ein Zeugnis seines Engagements, sondern auch ein Beispiel dafür, wie kreative Ansätze dazu beitragen können, die Stimmen der Unterdrückten zu stärken und eine gerechtere Gesellschaft zu schaffen. Die Herausforderungen, die mit der Gründung solcher Initiativen verbunden sind, erfordern Entschlossenheit, Kreativität und die Fähigkeit, mit Rückschlägen umzugehen. Doch wie Syrus zeigt, ist der Lohn für diese Mühen eine lebendige, vielfältige und gerechte Gemeinschaft, die für alle ihre Mitglieder eintritt.

Einfluss von anderen Aktivisten

Der Einfluss von anderen Aktivisten auf Syrus Marcus Ware ist ein zentrales Element seines Werdegangs und seiner Entwicklung als Künstler und Aktivist. In dieser Sektion werden wir die verschiedenen Dimensionen dieses Einflusses untersuchen, einschließlich der Inspiration, die er aus ihren Kämpfen und

Errungenschaften schöpft, sowie der Herausforderungen, die er durch ihre Erfahrungen und Strategien erkennt.

Inspirierende Vorbilder

Syrus Marcus Ware wurde von einer Vielzahl von Aktivisten inspiriert, die sich für die Rechte der LGBTQ-Community und andere marginalisierte Gruppen einsetzen. Eine der prägendsten Figuren in Syrus' Leben ist Audre Lorde, eine afroamerikanische Dichterin und Aktivistin, die für ihre Arbeit im Bereich der feministischen und queer Theorie bekannt ist. Lordes Ideen über die Bedeutung von Identität und die Notwendigkeit, die eigene Stimme zu erheben, haben Syrus dazu angeregt, seine eigene künstlerische Praxis zu entwickeln und eine Plattform für unterrepräsentierte Stimmen zu schaffen.

Ein weiteres Beispiel ist Marsha P. Johnson, eine Schlüsselfigur der Stonewall-Rebellion, die als Pionierin für die Rechte von Transgender-Personen gilt. Johnsons unermüdlicher Einsatz für die Rechte der LGBTQ-Community und ihr Engagement für die Obdachlosenhilfe haben Syrus motiviert, aktiv zu werden und sich für soziale Gerechtigkeit einzusetzen. Er bewundert ihren unerschütterlichen Mut und ihre Fähigkeit, die Gemeinschaft zu mobilisieren, was ihn dazu inspiriert, ähnliche Strategien in seiner eigenen Aktivismusarbeit zu verfolgen.

Kritische Reflexionen

Während Syrus von diesen Aktivisten inspiriert wird, reflektiert er auch kritisch über die Herausforderungen, die diese Persönlichkeiten in ihrem Kampf erlebt haben. Der Verlust von Freunden und Verbündeten aufgrund von Gewalt und Diskriminierung ist ein wiederkehrendes Thema in den Geschichten vieler Aktivisten. Syrus erkennt, dass der Weg des Aktivismus oft mit persönlichen Opfern verbunden ist, und dies beeinflusst seine eigene Herangehensweise an den Aktivismus. Er ist sich der psychischen Belastungen bewusst, die mit dem Aktivismus einhergehen, und versucht, einen Raum zu schaffen, in dem Gemeinschaft und Unterstützung im Vordergrund stehen.

Strategien und Taktiken

Die Strategien, die Syrus von anderen Aktivisten lernt, sind ebenso wichtig für seinen eigenen Aktivismus. Er beobachtet, wie Aktivisten wie Angela Davis und bell hooks soziale Bewegungen durch Bildung und Aufklärung vorantreiben. Diese Erkenntnis führt ihn dazu, Workshops und Seminare zu organisieren, in denen er die Bedeutung von Bildung im Aktivismus betont. Er sieht Kunst als ein Werkzeug, um komplexe soziale Themen zu vermitteln und Menschen zu ermutigen, sich mit diesen auseinanderzusetzen.

Ein Beispiel für diese Strategie ist Syrus' eigenes Projekt, bei dem er Kunstinstallationen schafft, die sich mit Themen wie Rassismus, Geschlechteridentität und sozialer Gerechtigkeit befassen. Durch die Zusammenarbeit mit anderen Künstlern und Aktivisten schafft er eine Plattform, die sowohl visuell ansprechend als auch politisch aufgeladen ist. Diese Art der Zusammenarbeit ist eine direkte Anlehnung an die Praktiken, die er bei anderen Aktivisten beobachtet hat.

Herausforderungen und Widerstände

Trotz des positiven Einflusses, den andere Aktivisten auf Syrus haben, ist er sich auch der Herausforderungen bewusst, die im Aktivismus bestehen. Der Widerstand gegen soziale Veränderungen, die oft von institutionellen Kräften oder der Gesellschaft insgesamt ausgeht, ist eine Realität, mit der er konfrontiert ist. Syrus lernt von anderen Aktivisten, wie wichtig es ist, sich diesen Widerständen entgegenzustellen und nicht aufzugeben, selbst wenn die Umstände schwierig sind.

Ein Beispiel für solche Herausforderungen ist die Reaktion auf Syrus' Kunstwerke, die oft provokante Themen behandeln. Er hat erlebt, wie seine Arbeiten sowohl Anerkennung als auch heftige Kritik hervorrufen. Diese Erfahrungen lehren ihn, dass Widerstand Teil des Prozesses ist und dass er, um Veränderungen zu bewirken, bereit sein muss, Risiken einzugehen und sich den Konsequenzen seiner Arbeit zu stellen.

Zusammenfassung

Zusammenfassend lässt sich sagen, dass der Einfluss von anderen Aktivisten auf Syrus Marcus Ware sowohl inspirierend als auch herausfordernd ist. Die Geschichten und Strategien dieser Aktivisten bieten ihm nicht nur eine Quelle der Inspiration, sondern auch wertvolle Lektionen über die Realität des Aktivismus. Indem er ihre Erfahrungen reflektiert und in seine eigene Arbeit integriert, schafft Syrus eine einzigartige Verbindung zwischen Kunst und Aktivismus, die darauf abzielt, positive soziale Veränderungen zu bewirken und die Stimmen der Marginalisierten zu stärken. Diese Dynamik zeigt, wie wichtig es ist, in der Gemeinschaft zu lernen und sich gegenseitig zu unterstützen, um die Herausforderungen des Aktivismus zu meistern und einen nachhaltigen Einfluss auf die Gesellschaft auszuüben.

Die Rolle von Kunst in Protesten

Kunst hat sich seit jeher als kraftvolles Werkzeug in sozialen Bewegungen erwiesen. In der LGBTQ-Community, wie auch in anderen sozialen Bewegungen, wird Kunst oft als Ausdrucksform verwendet, um Missstände zu benennen, Solidarität zu zeigen und Veränderung zu fordern. Diese Rolle der Kunst in Protesten ist nicht nur eine Frage der Ästhetik, sondern auch der Theorie und der sozialen Praxis.

Theoretische Grundlagen

Die Verwendung von Kunst in Protesten kann durch verschiedene theoretische Ansätze verstanden werden. Der französische Philosoph Michel Foucault argumentiert, dass Macht nicht nur repressiv, sondern auch produktiv ist. Kunst kann als eine Form der Gegenmacht fungieren, indem sie alternative Narrative schafft und die Sichtbarkeit marginalisierter Stimmen erhöht. In diesem Sinne wird Kunst zu einem Mittel, um die bestehende Machtordnung in Frage zu stellen und neue Möglichkeiten des Denkens und Handelns zu eröffnen.

Darüber hinaus beschreibt der Kulturwissenschaftler Stuart Hall die Rolle von Kultur als Arena des Kampfes um Bedeutung. Kunst wird somit zu einem Medium, durch das gesellschaftliche Werte, Normen und Identitäten ausgehandelt werden. In Protesten wird Kunst oft genutzt, um Emotionen zu mobilisieren und kollektive Identitäten zu formen. Diese kollektiven Identitäten sind entscheidend für die Schaffung von Solidarität unter den Protestierenden.

Kunst als Ausdruck von Widerstand

Ein Beispiel für die Rolle von Kunst in Protesten ist die AIDS-Aktivismusbewegung in den 1980er Jahren. Gruppen wie ACT UP (AIDS Coalition to Unleash Power) nutzten provokante Kunst und Performances, um auf die AIDS-Krise aufmerksam zu machen und Druck auf die Regierung auszuüben. Die berühmte Aktion *"Silence = Death"* kombinierte visuelle Kunst mit einer klaren politischen Botschaft, die die Untätigkeit der Behörden anprangerte. Diese Form des künstlerischen Protests war nicht nur kreativ, sondern auch strategisch, da sie die Medienaufmerksamkeit auf die Probleme der LGBTQ-Community lenkte.

Probleme und Herausforderungen

Trotz der positiven Auswirkungen von Kunst in Protesten gibt es auch Herausforderungen. Eine der größten Schwierigkeiten besteht darin, dass Kunst oft als elitär oder unzugänglich wahrgenommen wird. Dies kann dazu führen, dass bestimmte Stimmen innerhalb der Bewegung marginalisiert werden. Um dem entgegenzuwirken, ist es wichtig, inklusive künstlerische Praktiken zu fördern, die eine breite Beteiligung ermöglichen.

Ein weiteres Problem ist die Kommerzialisierung von Protestkunst. In vielen Fällen wird künstlerischer Ausdruck für kommerzielle Zwecke vereinnahmt, was die ursprüngliche politische Botschaft verwässern kann. Dies führt zu einer kritischen Reflexion darüber, wie Kunst in der heutigen Gesellschaft funktioniert und welche Rolle sie in der politischen Mobilisierung spielen kann.

Beispiele aus der Praxis

Ein weiteres bemerkenswertes Beispiel für die Rolle von Kunst in Protesten ist die *"Pride Parade"*, die in vielen Städten weltweit stattfindet. Hier wird Kunst in Form von Kostümen, Performances und Parolen eingesetzt, um die Sichtbarkeit der LGBTQ-Community zu erhöhen und für Gleichberechtigung zu kämpfen. Diese Art von künstlerischem Ausdruck ist nicht nur eine Feier der Identität, sondern auch ein kraftvoller Akt des Widerstands gegen Diskriminierung und Vorurteile.

Zusätzlich haben Künstler wie Syrus Marcus Ware selbst aktiv an Protesten teilgenommen und ihre Kunst als Teil der Bewegung eingesetzt. Ware nutzt seine Plattform, um Themen wie Rassismus, soziale Gerechtigkeit und LGBTQ-Rechte zu thematisieren. Seine Installationen und Performances sind nicht nur künstlerische Werke, sondern auch politische Erklärungen, die zur Reflexion und zum Handeln anregen.

Fazit

Zusammenfassend lässt sich sagen, dass die Rolle von Kunst in Protesten vielschichtig und dynamisch ist. Sie dient nicht nur als Ausdrucksmittel, sondern auch als strategisches Werkzeug zur Mobilisierung und Sensibilisierung. In einer Zeit, in der soziale Ungerechtigkeiten nach wie vor bestehen, bleibt Kunst ein unverzichtbarer Bestandteil des Aktivismus. Die Herausforderung besteht darin, Kunst als inklusives und zugängliches Medium zu fördern, das die Stimmen aller Mitglieder der Gemeinschaft reflektiert und verstärkt. Nur so kann Kunst ihre volle transformative Kraft entfalten und zur Schaffung einer gerechteren Gesellschaft beitragen.

Strategien für effektiven Aktivismus

Aktivismus ist nicht nur eine Frage des Engagements, sondern erfordert auch strategisches Denken und Planung. Um als Aktivist effektiv zu sein, ist es wichtig, verschiedene Strategien zu verstehen und anzuwenden. In diesem Abschnitt werden einige bewährte Strategien für effektiven Aktivismus vorgestellt, die von Syrus Marcus Ware und anderen Aktivisten genutzt wurden.

Zielgruppenanalyse

Eine der ersten Strategien für effektiven Aktivismus ist die Zielgruppenanalyse. Es ist entscheidend, genau zu wissen, wer die Zielgruppe ist, die man ansprechen möchte. Dies kann durch Umfragen, Interviews oder die Analyse von demografischen Daten geschehen. Die Theorie der **Stakeholder-Analyse** legt nahe, dass man die Interessen und Bedürfnisse der verschiedenen Stakeholder identifizieren sollte, um gezielte Botschaften zu entwickeln.

$$\text{Stakeholder-Interesse} = \text{Einfluss} \times \text{Interesse} \qquad (11)$$

Diese Gleichung zeigt, dass Stakeholder mit hohem Einfluss und hohem Interesse Priorität haben sollten. Ein Beispiel hierfür ist die LGBTQ+-Bewegung, die durch die gezielte Ansprache von politischen Entscheidungsträgern und der breiten Öffentlichkeit bedeutende Fortschritte erzielen konnte.

Nutzung von sozialen Medien

In der heutigen Zeit sind soziale Medien ein unverzichtbares Werkzeug für Aktivisten. Plattformen wie Twitter, Instagram und Facebook ermöglichen es, Informationen schnell zu verbreiten und eine breite Öffentlichkeit zu erreichen. **Hashtag-Kampagnen** sind ein effektives Mittel, um Aufmerksamkeit auf spezifische Themen zu lenken. Ein herausragendes Beispiel ist die #BlackLivesMatter-Bewegung, die durch soziale Medien weltweit an Bedeutung gewann.

Die **Theorie der Diffusion von Innovationen** von Everett Rogers beschreibt, wie neue Ideen und Technologien in einer Gesellschaft verbreitet werden. Aktivisten können diese Theorie nutzen, um ihre Botschaften strategisch zu verbreiten und Unterstützer zu mobilisieren.

Kreativität und Kunst im Aktivismus

Kunst ist ein kraftvolles Werkzeug im Aktivismus, das Emotionen ansprechen und Menschen mobilisieren kann. Syrus Marcus Ware hat in seiner Arbeit gezeigt, wie Kunst als Protestform genutzt werden kann. Die **Theorie der sozialen Gerechtigkeit** legt nahe, dass kreative Ausdrucksformen dazu beitragen können, Ungerechtigkeiten sichtbar zu machen und das Bewusstsein zu schärfen.

Ein Beispiel für die Nutzung von Kunst im Aktivismus ist die Installation *"The AIDS Memorial Quilt"*, die die Auswirkungen der AIDS-Epidemie auf die LGBTQ+-Community veranschaulicht. Diese Art von kreativem Aktivismus kann nicht nur informieren, sondern auch eine tiefere emotionale Verbindung zu den Themen herstellen.

Bildung und Sensibilisierung

Bildung spielt eine zentrale Rolle im Aktivismus. Es ist wichtig, die Community über relevante Themen aufzuklären und das Bewusstsein für soziale Ungerechtigkeiten zu schärfen. Workshops, Seminare und öffentliche Vorträge sind effektive Methoden, um Wissen zu verbreiten. Die **Theorie des sozialen Lernens** von Albert Bandura betont, dass Menschen durch Beobachtung und Nachahmung lernen. Aktivisten können diese Theorie nutzen, um effektive Bildungsstrategien zu entwickeln.

Ein Beispiel ist das Programm *"Safe Schools"*, das Schulen dabei unterstützt, ein sicheres Umfeld für LGBTQ+-Schüler zu schaffen. Durch Bildung können Vorurteile abgebaut und das Verständnis für Diversität gefördert werden.

Kooperation und Netzwerkarbeit

Eine weitere wichtige Strategie ist die Zusammenarbeit mit anderen Organisationen und Aktivisten. Durch Netzwerkarbeit können Ressourcen gebündelt und größere Wirkung erzielt werden. Die **Theorie der sozialen Bewegungen** betont die Bedeutung von Koalitionen und Netzwerken für den Erfolg von Bewegungen.

Ein Beispiel für erfolgreiche Zusammenarbeit ist die *"March on Washington for Lesbian, Gay and Bi Equal Rights and Liberation"*, bei der verschiedene Organisationen zusammenkamen, um für die Rechte der LGBTQ+-Community zu kämpfen. Solche Kooperationen können die Reichweite und den Einfluss von Aktivismus erheblich erhöhen.

Strategische Medienarbeit

Die Medien spielen eine entscheidende Rolle im Aktivismus. Eine strategische Medienarbeit kann helfen, die eigene Botschaft effektiv zu kommunizieren. Dazu gehört das Verfassen von Pressemitteilungen, das Führen von Interviews und die Organisation von Pressekonferenzen. Die **Theorie der Medienagenda** besagt, dass die Medien die Themen, die in der Öffentlichkeit diskutiert werden, beeinflussen können. Aktivisten sollten daher aktiv mit den Medien zusammenarbeiten, um ihre Anliegen in den Vordergrund zu rücken.

Ein Beispiel ist die Kampagne *"It Gets Better"*, die durch gezielte Medienarbeit und persönliche Geschichten das Bewusstsein für die Herausforderungen von LGBTQ+-Jugendlichen schärfte.

Langfristige Planung und Evaluierung

Schließlich ist eine langfristige Planung und Evaluierung der Aktivitäten unerlässlich. Aktivisten sollten klare Ziele setzen und regelmäßig überprüfen, ob diese erreicht werden. Die **SMART-Kriterien** (Spezifisch, Messbar, Erreichbar, Relevant, Zeitgebunden) sind ein nützliches Werkzeug zur Zielsetzung.

$$\text{SMART-Ziel} = \text{Spezifisch} + \text{Messbar} + \text{Erreichbar} + \text{Relevant} + \text{Zeitgebunden} \tag{12}$$

Ein Beispiel für erfolgreiche Evaluierung ist die *"Stonewall Riots"-Jubiläumsfeier*, bei der die Organisatoren die Erfolge und Herausforderungen der letzten Jahre reflektierten und neue Strategien für die Zukunft entwickelten.

Zusammenfassend lässt sich sagen, dass effektiver Aktivismus eine Kombination aus strategischem Denken, kreativen Ansätzen und der Fähigkeit zur Zusammenarbeit erfordert. Durch die Anwendung dieser Strategien können Aktivisten nicht nur ihre Botschaften verbreiten, sondern auch echte Veränderungen in der Gesellschaft bewirken.

Herausforderungen innerhalb der Bewegungen

Die Herausforderungen innerhalb der LGBTQ-Aktivismusbewegungen sind vielfältig und komplex. Diese Schwierigkeiten können in verschiedene Kategorien eingeteilt werden, darunter interne Konflikte, gesellschaftliche Widerstände und strukturelle Barrieren. In diesem Abschnitt werden wir einige dieser Herausforderungen detailliert untersuchen und deren Auswirkungen auf das

Engagement und die Effektivität von Aktivisten wie Syrus Marcus Ware analysieren.

Interne Konflikte

Eine der größten Herausforderungen innerhalb der LGBTQ-Bewegungen ist die Fragmentierung der Gemeinschaft. Unterschiedliche Identitäten und Erfahrungen führen oft zu internen Konflikten. Beispielsweise können Spannungen zwischen verschiedenen Gruppen wie Transgender-Personen, queeren Menschen of Color und cisgender Menschen entstehen. Diese Spannungen können sich in Form von Missverständnissen oder sogar offenen Konflikten äußern, die die Einheit und den kollektiven Aktivismus gefährden.

Ein Beispiel für solche internen Konflikte ist die Debatte um die Prioritäten innerhalb der Bewegung. Während einige Gruppen sich auf rechtliche Gleichstellung konzentrieren, betonen andere die Notwendigkeit von sozialer Gerechtigkeit und Gleichheit in der Gesellschaft. Diese Divergenz in den Zielen kann zu Frustration und Spaltung führen, was die Effektivität von Kampagnen beeinträchtigen kann.

Gesellschaftlicher Widerstand

Neben internen Konflikten sieht sich die LGBTQ-Bewegung auch einem erheblichen gesellschaftlichen Widerstand gegenüber. Homophobie und Transphobie sind nach wie vor weit verbreitet, und viele Aktivisten müssen sich mit feindlichen Reaktionen und Gewalt auseinandersetzen. Dies kann nicht nur die physische Sicherheit von Aktivisten gefährden, sondern auch deren psychisches Wohlbefinden beeinträchtigen.

Ein prägnantes Beispiel ist die Reaktion auf Pride-Veranstaltungen in verschiedenen Städten. Während einige Veranstaltungen gefeiert werden, sehen sich andere mit Protesten und gewalttätigen Übergriffen konfrontiert. Solche Vorfälle können die Moral der Aktivisten untergraben und zu einem Gefühl der Isolation führen.

Strukturelle Barrieren

Strukturelle Barrieren sind ein weiteres bedeutendes Hindernis für den LGBTQ-Aktivismus. Diese Barrieren können gesetzlicher, sozialer oder wirtschaftlicher Natur sein. In vielen Ländern gibt es immer noch Gesetze, die Diskriminierung aufgrund der sexuellen Orientierung oder Geschlechtsidentität

POLITISCHE BEWEGUNGEN UND EINFLUSS 119

erlauben. Dies schafft ein Umfeld, in dem LGBTQ-Personen nicht nur im Alltag, sondern auch im Aktivismus benachteiligt sind.

Ein Beispiel für solche strukturellen Barrieren ist die unzureichende Finanzierung von LGBTQ-Organisationen. Viele dieser Gruppen sind auf Spenden angewiesen, um ihre Arbeit fortzusetzen, und kämpfen oft um Ressourcen, während sie gleichzeitig versuchen, wirksame Kampagnen zu erstellen. Dies kann zu einer Überlastung der Aktivisten führen und die Fähigkeit der Bewegung, auf gesellschaftliche Herausforderungen zu reagieren, einschränken.

Die Rolle von Syrus Marcus Ware

Syrus Marcus Ware hat sich diesen Herausforderungen mit bemerkenswerter Entschlossenheit gestellt. Er hat nicht nur die Fragmentierung innerhalb der Bewegung erkannt, sondern auch aktiv daran gearbeitet, Brücken zwischen verschiedenen Gruppen zu bauen. Durch seine Kunst und sein Engagement hat er versucht, eine inklusive Plattform zu schaffen, die die Stimmen aller marginalisierten Gruppen innerhalb der LGBTQ-Community repräsentiert.

Darüber hinaus hat er die Bedeutung von Sichtbarkeit und Repräsentation betont, um gesellschaftlichen Widerstand zu bekämpfen. In seinen Arbeiten thematisiert er die Herausforderungen, denen sich LGBTQ-Personen gegenübersehen, und nutzt Humor als Werkzeug, um auf diese Themen aufmerksam zu machen und gleichzeitig eine positive Botschaft zu vermitteln.

Schlussfolgerung

Die Herausforderungen innerhalb der LGBTQ-Aktivismusbewegungen sind vielschichtig und erfordern ein tiefes Verständnis der sozialen Dynamiken, die die Gemeinschaft prägen. Interne Konflikte, gesellschaftlicher Widerstand und strukturelle Barrieren sind nur einige der Hindernisse, die Aktivisten überwinden müssen, um erfolgreich zu sein. Syrus Marcus Ware ist ein Beispiel dafür, wie Kreativität und Engagement genutzt werden können, um diese Herausforderungen zu bewältigen und eine positive Veränderung zu bewirken. Es ist entscheidend, dass die Bewegung weiterhin an ihrer Einheit arbeitet und gleichzeitig die Vielfalt ihrer Mitglieder feiert, um eine nachhaltige und inklusive Zukunft für alle LGBTQ-Personen zu gewährleisten.

Erfolge und Rückschläge

Syrus Marcus Ware hat im Laufe seiner Karriere sowohl bemerkenswerte Erfolge als auch erhebliche Rückschläge erlebt, die seine Entwicklung als Künstler und

Aktivist maßgeblich geprägt haben. Diese Erfahrungen sind nicht nur Teil seiner persönlichen Geschichte, sondern auch ein Spiegelbild der Herausforderungen, denen sich viele LGBTQ-Aktivisten gegenübersehen.

Erfolge

Ein herausragender Erfolg von Syrus war die Schaffung von Kunstwerken, die nicht nur ästhetisch ansprechend sind, sondern auch tiefgreifende soziale und politische Botschaften transportieren. Eines seiner bekanntesten Werke, *„Voices of the Unheard"*, thematisiert die Stimmen von marginalisierten Gruppen innerhalb der LGBTQ-Community. Die Installation wurde in mehreren großen Städten ausgestellt und zog sowohl die Aufmerksamkeit der Medien als auch das Interesse von Kunstsammlern auf sich. Diese Sichtbarkeit trug dazu bei, das Bewusstsein für die Herausforderungen und die Vielfalt innerhalb der Community zu schärfen.

Ein weiterer Erfolg war Syrus' Engagement in verschiedenen Initiativen zur Förderung von LGBTQ-Rechten. Er war maßgeblich an der Organisation des „Pride and Power"-Festivals beteiligt, das nicht nur eine Plattform für Künstler bot, sondern auch Workshops und Diskussionen über soziale Gerechtigkeit und Gleichheit anbot. Diese Veranstaltung zog Tausende von Teilnehmern an und wurde zu einem jährlichen Höhepunkt in der LGBTQ-Community. Die positive Resonanz und die Unterstützung von prominenten Aktivisten und Künstlern verdeutlichten die Bedeutung solcher Veranstaltungen für die Sichtbarkeit und den Zusammenhalt der Community.

Rückschläge

Trotz dieser Erfolge war Syrus nicht immun gegen Rückschläge. Ein prägendes Ereignis war die negative Reaktion auf eine seiner Installationen, die sich kritisch mit dem Thema Rassismus innerhalb der LGBTQ-Community auseinandersetzte. Einige Besucher der Ausstellung fühlten sich angegriffen oder missverstanden, was zu kontroversen Diskussionen und sogar zu Boykottaufrufen führte. Diese Erfahrung führte dazu, dass Syrus sich intensiv mit der Frage auseinandersetzte, wie Kunst sowohl herausfordernd als auch inklusiv sein kann.

Ein weiterer Rückschlag war die gesundheitliche Krise, die Syrus in einer entscheidenden Phase seiner Karriere erlebte. Eine ernsthafte Erkrankung führte dazu, dass er mehrere Monate nicht arbeiten konnte. Diese Zeit der Isolation und des Zweifels stellte ihn vor die Herausforderung, seine Identität als Künstler und Aktivist neu zu definieren. In dieser Phase erkannte Syrus die Bedeutung von

Selbstfürsorge und die Notwendigkeit, Unterstützung von Freunden und der Community zu suchen.

Theoretische Perspektiven

Die Erfolge und Rückschläge von Syrus Marcus Ware können durch verschiedene theoretische Rahmenbedingungen betrachtet werden. Die *Theorie des sozialen Wandels* legt nahe, dass individuelle Erfahrungen von Erfolg und Misserfolg oft in einem größeren sozialen Kontext gesehen werden müssen. Die Intersektionalitätstheorie, die die Wechselwirkungen zwischen verschiedenen Identitätskategorien wie Geschlecht, Rasse und sexueller Orientierung untersucht, bietet ebenfalls wertvolle Einsichten in die Herausforderungen, denen sich Syrus gegenübersah.

Darüber hinaus kann die *Kunst als Aktivismus*-Theorie herangezogen werden, um zu verstehen, wie Syrus' künstlerische Arbeiten sowohl als Ausdruck seiner Identität als auch als Mittel zur Förderung sozialer Gerechtigkeit dienen. Diese Theorie betont, dass Kunst nicht nur zur Reflexion von Erfahrungen dient, sondern auch als Werkzeug für Veränderung eingesetzt werden kann.

Schlussfolgerung

Insgesamt zeigt die Analyse von Syrus Marcus Wares Erfolgen und Rückschlägen, dass der Weg eines Aktivisten und Künstlers selten linear verläuft. Erfolge können die Sichtbarkeit und das Bewusstsein für wichtige Themen erhöhen, während Rückschläge oft die Möglichkeit bieten, sich weiterzuentwickeln und neue Perspektiven zu gewinnen. Syrus' Fähigkeit, aus seinen Erfahrungen zu lernen und sich nicht entmutigen zu lassen, ist ein inspirierendes Beispiel für angehende Aktivisten und Künstler. Sein Lebenswerk verdeutlicht, dass sowohl Erfolge als auch Rückschläge wesentliche Bestandteile des Kampfes für Gleichheit und Gerechtigkeit sind.

Die Bedeutung von Solidarität

Die Bedeutung von Solidarität in der LGBTQ-Community kann nicht hoch genug eingeschätzt werden. Solidarität ist nicht nur ein Wort, sondern ein kraftvolles Konzept, das als Fundament für den Aktivismus und die Gemeinschaftsbildung dient. In einer Welt, in der Diskriminierung und Ungerechtigkeit an der Tagesordnung sind, ist Solidarität der Kleber, der Individuen und Gruppen zusammenhält, um für ihre Rechte und ihre Würde zu kämpfen.

Theoretische Grundlagen

Solidarität wird oft als ein sozialer Wert betrachtet, der die Interdependenz zwischen Individuen und Gruppen in einer Gesellschaft betont. Der französische Soziologe Émile Durkheim argumentierte, dass Solidarität eine der Grundlagen für sozialen Zusammenhalt ist. In seiner Theorie unterscheidet er zwischen mechanischer und organischer Solidarität. Während mechanische Solidarität auf Ähnlichkeiten und gemeinsamen Werten basiert, ist organische Solidarität das Ergebnis von Differenzierung und Komplexität in modernen Gesellschaften.

In der LGBTQ-Community ist organische Solidarität besonders wichtig, da sie die Vielfalt der Identitäten und Erfahrungen anerkennt und gleichzeitig ein gemeinsames Ziel verfolgt: Gleichheit und Akzeptanz. Diese Form der Solidarität fördert nicht nur das Verständnis und die Unterstützung untereinander, sondern auch den gemeinsamen Widerstand gegen Diskriminierung.

Herausforderungen der Solidarität

Trotz der grundlegenden Bedeutung von Solidarität gibt es Herausforderungen, die es zu überwinden gilt. Eine der größten Hürden ist die Fragmentierung innerhalb der Community selbst. Unterschiedliche Identitäten, wie Transgender, nicht-binär, queer und viele andere, können zu Spannungen führen, wenn es darum geht, gemeinsame Ziele zu definieren.

Ein Beispiel dafür ist die Diskussion um die Prioritäten innerhalb der LGBTQ-Bewegung. Während einige Gruppen sich auf die rechtliche Gleichstellung konzentrieren, legen andere den Schwerpunkt auf Themen wie Rassismus oder wirtschaftliche Gerechtigkeit. Diese unterschiedlichen Ansätze können zu Konflikten führen, die die Solidarität untergraben.

Beispiele für erfolgreiche Solidarität

Trotz dieser Herausforderungen gibt es zahlreiche Beispiele für erfolgreiche Solidarität in der LGBTQ-Community. Eine der herausragendsten Initiativen ist die „Stonewall Riots"-Bewegung, die 1969 in New York begann. Diese Proteste waren nicht nur ein Aufstand gegen Polizeigewalt, sondern auch ein Zeichen der Solidarität unter LGBTQ-Personen, die sich gegen Diskriminierung und Ungerechtigkeit zusammenschlossen.

Ein weiteres Beispiel ist die „Black Lives Matter"-Bewegung, die LGBTQ-Aktivisten und -Aktivistinnen mobilisierte, um auf die Überschneidungen von Rassismus und Homophobie aufmerksam zu machen. Diese Initiative zeigt, wie solidarische Aktionen über die Grenzen der

LGBTQ-Community hinausgehen können, um eine breitere soziale Gerechtigkeit zu fördern.

Solidarität als Werkzeug im Aktivismus

Solidarität ist ein unverzichtbares Werkzeug im Aktivismus. Sie ermöglicht es Gruppen, Ressourcen zu teilen, Erfahrungen auszutauschen und kollektive Strategien zu entwickeln. In Zeiten der Krise, wie während der COVID-19-Pandemie, haben LGBTQ-Organisationen gezeigt, wie wichtig Solidarität ist, indem sie Lebensmittel und Unterstützung für die am stärksten betroffenen Mitglieder der Community bereitgestellt haben.

Die Rolle von sozialen Medien hat auch dazu beigetragen, Solidarität zu fördern. Plattformen wie Twitter und Instagram ermöglichen es Aktivisten, ihre Botschaften schnell zu verbreiten, Mobilisierung zu organisieren und Unterstützung über geografische Grenzen hinweg zu mobilisieren. Hashtags wie #LoveIsLove oder #TransRightsAreHumanRights haben nicht nur Sichtbarkeit geschaffen, sondern auch eine globale Gemeinschaft von Unterstützern und Unterstützerinnen gebildet.

Fazit

Zusammenfassend lässt sich sagen, dass Solidarität ein zentrales Element des LGBTQ-Aktivismus ist. Sie fördert den Zusammenhalt, ermöglicht den Austausch von Ressourcen und Erfahrungen und ist entscheidend für den Erfolg gemeinsamer Ziele. Trotz der Herausforderungen, die sich aus der Vielfalt innerhalb der Community ergeben, bleibt Solidarität ein unverzichtbares Werkzeug, um gegen Diskriminierung und Ungerechtigkeit zu kämpfen. Der Weg zur Gleichheit ist lang, aber mit Solidarität als treibende Kraft können wir die notwendigen Veränderungen bewirken und eine gerechtere Gesellschaft für alle schaffen.

Syrus' persönliche Überzeugungen

Syrus Marcus Ware ist nicht nur ein Künstler und Aktivist, sondern auch ein Denker, der tief in seinen persönlichen Überzeugungen verwurzelt ist. Diese Überzeugungen sind das Fundament seiner künstlerischen und aktivistischen Arbeit und spiegeln seine Erfahrungen sowie die Herausforderungen wider, denen er und die LGBTQ-Community gegenüberstehen.

Glaube an die Kraft der Gemeinschaft

Syrus glaubt fest an die Kraft der Gemeinschaft. Er sieht die LGBTQ-Community nicht nur als eine Gruppe von Individuen, sondern als ein starkes Netzwerk, das zusammenarbeiten kann, um Veränderungen zu bewirken. In seinen Augen ist die Solidarität innerhalb der Gemeinschaft entscheidend für den Erfolg von Aktivismus. Er hat oft betont, dass „gemeinsam sind wir stärker" und dass die Unterstützung der Gemeinschaft nicht nur eine Quelle der Stärke, sondern auch der Inspiration ist.

Identität und Selbstakzeptanz

Ein zentrales Element von Syrus' Überzeugungen ist die Bedeutung von Identität und Selbstakzeptanz. Er hat in vielen seiner Arbeiten die Herausforderungen thematisiert, die Menschen in Bezug auf ihre sexuelle Orientierung und Geschlechtsidentität erleben. Syrus ermutigt andere, ihre wahre Identität zu leben und stolz darauf zu sein. Er glaubt, dass Selbstakzeptanz der erste Schritt zu einem erfüllten Leben ist und dass Kunst eine Plattform bieten kann, um diese Botschaft zu verbreiten.

Der Einfluss von Kunst auf das Bewusstsein

Syrus ist überzeugt, dass Kunst ein mächtiges Werkzeug ist, um soziale und politische Themen zu beleuchten. Er nutzt seine künstlerischen Fähigkeiten, um das Bewusstsein für LGBTQ-Anliegen zu schärfen und gesellschaftliche Missstände anzuprangern. In einem Interview sagte er: „Kunst hat die Fähigkeit, Herzen zu öffnen und Köpfe zu verändern." Diese Überzeugung zeigt sich in seinen Installationen, die oft provokante Fragen aufwerfen und zum Nachdenken anregen.

Engagement für soziale Gerechtigkeit

Ein weiterer zentraler Aspekt von Syrus' Überzeugungen ist sein Engagement für soziale Gerechtigkeit. Er sieht die Verbindung zwischen LGBTQ-Rechten und anderen sozialen Bewegungen, wie dem Kampf gegen Rassismus und für wirtschaftliche Gerechtigkeit. Syrus hat oft betont, dass die Freiheit und das Wohlbefinden aller Menschen miteinander verbunden sind. Er glaubt, dass echte Veränderung nur durch ein umfassendes Verständnis der sozialen Ungleichheiten erreicht werden kann.

Humor als Überlebensstrategie

Syrus nutzt Humor nicht nur als künstlerisches Mittel, sondern auch als Überlebensstrategie. In der oft ernsten Welt des Aktivismus kann Humor eine erfrischende Perspektive bieten und helfen, schwierige Themen zugänglicher zu machen. Er hat einmal gesagt: „Wenn wir nicht lachen können, wie können wir dann kämpfen?" Diese Überzeugung spiegelt sich in seinen Arbeiten wider, die oft mit einem humorvollen, aber scharfen Blick auf die Realität der LGBTQ-Erfahrungen spielen.

Persönliche Reflexionen und Herausforderungen

Syrus' persönliche Überzeugungen sind nicht ohne Herausforderungen. Er hat offen über seine Kämpfe mit Diskriminierung und Vorurteilen gesprochen, sowohl in der Kunstwelt als auch in der Gesellschaft. Diese Erfahrungen haben seine Überzeugungen jedoch nicht geschwächt; vielmehr haben sie sie verstärkt. Er sieht sich selbst als Teil einer größeren Bewegung und ist entschlossen, für die Rechte und die Sichtbarkeit von marginalisierten Gruppen zu kämpfen.

Schlussfolgerung

Zusammenfassend lässt sich sagen, dass Syrus Marcus Ware durch seine persönlichen Überzeugungen und Werte geprägt ist. Seine Überzeugungen sind nicht nur theoretisch, sondern manifestieren sich in seinem täglichen Leben und seiner Arbeit. Durch die Kombination von Kunst, Gemeinschaft und aktivistischem Engagement strebt Syrus danach, eine positive Veränderung in der Welt zu bewirken und anderen zu helfen, ihre Stimme zu finden.

Ein Blick auf die Zukunft des Aktivismus

Die Zukunft des Aktivismus steht vor einer Vielzahl von Herausforderungen und Chancen, die sowohl durch technologische Innovationen als auch durch gesellschaftliche Veränderungen geprägt sind. In dieser Sektion werden wir die wichtigsten Trends und Theorien untersuchen, die den Aktivismus in den kommenden Jahren beeinflussen könnten.

Technologische Entwicklungen

Die Rolle der Technologie im Aktivismus hat in den letzten Jahren exponentiell zugenommen. Plattformen wie Twitter, Facebook und Instagram haben es

Aktivisten ermöglicht, ihre Botschaften schnell und weitreichend zu verbreiten. Laut einer Studie von [?] nutzen 70% der Aktivisten soziale Medien als primäres Werkzeug zur Mobilisierung. Diese Entwicklung hat jedoch auch ihre Schattenseiten. Die Verbreitung von Fehlinformationen und die Zensur durch Plattformen stellen ernsthafte Herausforderungen dar.

$$M = \frac{C}{T} \qquad (13)$$

wobei M die Mobilisierung, C die Reichweite der Kampagne und T die Zeit ist. Diese Gleichung verdeutlicht, dass die Effizienz der Mobilisierung von der Geschwindigkeit abhängt, mit der Informationen verbreitet werden.

Intersektionalität im Aktivismus

Ein weiterer entscheidender Aspekt der Zukunft des Aktivismus ist das wachsende Bewusstsein für Intersektionalität. Der Begriff, geprägt von [?], beschreibt, wie verschiedene Formen der Diskriminierung – wie Rassismus, Sexismus und Homophobie – sich überlappen und verstärken können. Aktivisten müssen diese Komplexität anerkennen und Strategien entwickeln, die alle marginalisierten Stimmen einbeziehen.

Nachhaltigkeit und Umweltbewusstsein

Die Klimakrise hat auch den Aktivismus beeinflusst. Umweltaktivismus ist zu einem zentralen Anliegen geworden, das mit sozialen Gerechtigkeitsbewegungen verknüpft ist. Der Aufstieg von Bewegungen wie „Fridays for Future" zeigt, dass junge Menschen bereit sind, sich für eine nachhaltige Zukunft einzusetzen. Laut [?] ist die Verbindung zwischen Umwelt- und sozialem Aktivismus unerlässlich, um langfristige Veränderungen zu bewirken.

Globale Vernetzung

Die Globalisierung hat die Art und Weise, wie Aktivismus betrieben wird, revolutioniert. Aktivisten können nun über Grenzen hinweg zusammenarbeiten und ihre Erfahrungen austauschen. Die *Arabellion* ist ein Beispiel dafür, wie soziale Bewegungen in verschiedenen Ländern durch gemeinsame Ziele und digitale Kommunikation verbunden werden können. Diese globale Vernetzung birgt jedoch auch Risiken, da lokale Kontexte oft ignoriert werden.

Herausforderungen durch politische Repression

In vielen Ländern sehen sich Aktivisten zunehmenden Repressionen gegenüber. Regierungen versuchen, den Einfluss von Aktivisten zu minimieren, indem sie Gesetze erlassen, die das Versammlungsrecht einschränken oder die Finanzierung von NGOs regulieren. Diese Repression kann jedoch auch zu einer stärkeren Mobilisierung führen, da Aktivisten gezwungen sind, kreativere und widerstandsfähigere Strategien zu entwickeln.

Die Rolle von Humor und Kreativität

Wie Syrus Marcus Ware zeigt, kann Humor ein wirksames Werkzeug im Aktivismus sein. Humor hat die Fähigkeit, komplexe Themen zugänglich zu machen und eine breitere Öffentlichkeit anzusprechen. Der Einsatz von kreativen Ausdrucksformen, sei es durch Kunst, Musik oder Theater, kann die Botschaften von Aktivisten verstärken und emotional resonieren.

Zukunftsvisionen und Strategien

Um die Herausforderungen der Zukunft zu meistern, müssen Aktivisten innovative Strategien entwickeln. Dazu gehört:

- **Kooperation und Solidarität:** Die Bildung von Allianzen zwischen verschiedenen Bewegungen kann die Wirkung des Aktivismus verstärken.
- **Bildung und Aufklärung:** Die Sensibilisierung der Öffentlichkeit für soziale und ökologische Themen ist entscheidend.
- **Nutzung neuer Technologien:** Der Einsatz von Blockchain-Technologie zur Sicherstellung von Transparenz in Kampagnen könnte ein vielversprechender Ansatz sein.

Insgesamt ist die Zukunft des Aktivismus dynamisch und vielschichtig. Die Herausforderungen sind groß, aber die Chancen, positive Veränderungen zu bewirken, sind ebenso zahlreich. Aktivisten müssen flexibel und anpassungsfähig bleiben, um in dieser sich ständig verändernden Landschaft erfolgreich zu sein.

[?] Smith, J. (2019). *The Role of Social Media in Activism*. Journal of Social Movements.

[?] Crenshaw, K. (1989). Demarginalizing the Intersection of Race and Sex: A Black Feminist Critique of Antidiscrimination Doctrine, Feminist Theory and Antiracist Politics. *University of Chicago Legal Forum*.

[?] Thunberg, G. (2020). *Our House is on Fire: Greta Thunberg's Speech at the UN Climate Action Summit.*

Projekte und Kampagnen

Wichtige Kampagnen im Leben von Syrus

Syrus Marcus Ware hat im Laufe seiner Karriere an zahlreichen Kampagnen teilgenommen, die nicht nur die LGBTQ-Community, sondern auch breitere gesellschaftliche Themen angesprochen haben. In diesem Abschnitt beleuchten wir einige der wichtigsten Kampagnen, die Syrus initiiert oder unterstützt hat, um das Bewusstsein für soziale Gerechtigkeit, Gleichheit und die Rechte marginalisierter Gruppen zu schärfen.

Die Kunst der Sichtbarkeit-Kampagne

Eine der bemerkenswertesten Kampagnen, die Syrus ins Leben gerufen hat, ist die Kunst der Sichtbarkeit-Kampagne. Diese Initiative zielt darauf ab, die Sichtbarkeit von LGBTQ-Künstlern und -Aktivisten zu erhöhen, insbesondere von solchen, die aus unterrepräsentierten Gemeinschaften stammen.

Die Kampagne umfasst eine Vielzahl von Veranstaltungen, darunter Ausstellungen, Workshops und Podiumsdiskussionen, die sich mit Themen wie Identität, Rassismus und Geschlechtergerechtigkeit auseinandersetzen. Ein zentrales Element dieser Kampagne ist die Verwendung von Kunst als Mittel zur Förderung von Dialog und Verständnis.

$$\text{Sichtbarkeit} = \frac{\text{Kunst}}{\text{Gesellschaftliche Barrieren}} \tag{14}$$

Die oben genannte Gleichung verdeutlicht, dass die Sichtbarkeit von LGBTQ-Künstlern in der Gesellschaft direkt von der Kunst abhängt, die sie schaffen, und von den Barrieren, die sie überwinden müssen. Syrus hat in dieser Kampagne zahlreiche Künstler unterstützt, deren Werke oft Themen wie Identität und Zugehörigkeit behandeln.

Die Queer Justice-Initiative

Eine weitere bedeutende Kampagne, an der Syrus aktiv beteiligt war, ist die Queer Justice-Initiative. Diese Kampagne hat sich zum Ziel gesetzt, die rechtlichen und sozialen Bedingungen für LGBTQ-Personen zu verbessern, insbesondere in Bezug auf Diskriminierung und Gewalt.

PROJEKTE UND KAMPAGNEN 129

Syrus hat in dieser Initiative mit verschiedenen NGOs und Aktivistengruppen zusammengearbeitet, um rechtliche Reformen zu fördern und das Bewusstsein für die Herausforderungen zu schärfen, mit denen LGBTQ-Personen konfrontiert sind. Ein Beispiel dafür ist die Entwicklung von Informationsmaterialien, die über die Rechte von LGBTQ-Personen aufklären und ihnen helfen, sich in rechtlichen Fragen zurechtzufinden.

$$\text{Gleichheit} = \text{Rechte} + \text{Bildung} \quad (15)$$

Die Gleichung zeigt, dass Gleichheit für LGBTQ-Personen sowohl Rechte als auch Bildung erfordert. Syrus hat zahlreiche Workshops organisiert, um das Wissen über rechtliche Rechte zu verbreiten und die Community zu stärken.

Die Ärt for Change-Bewegung

Die Ärt for Change-Bewegung ist eine weitere Schlüsselinitiative, die Syrus ins Leben gerufen hat. Diese Bewegung nutzt Kunst als Werkzeug für sozialen Wandel und bezieht sich auf die Idee, dass kreative Ausdrucksformen eine transformative Kraft haben können.

Im Rahmen dieser Bewegung hat Syrus eine Reihe von Projekten initiiert, die Kunst und Aktivismus miteinander verbinden. Dazu gehört die Organisation von Kunstausstellungen, die sich mit sozialen Themen befassen, sowie die Förderung von Künstlern, die sich für soziale Gerechtigkeit einsetzen.

$$\text{Kunst für Wandel} = \text{Kreativität} \times \text{Engagement} \quad (16)$$

Hierbei zeigt die Gleichung, dass der Einfluss von Kunst auf den Wandel direkt mit der Kreativität und dem Engagement der Künstler verbunden ist. Syrus hat in dieser Bewegung zahlreiche Künstler unterstützt, deren Arbeiten oft gesellschaftskritische Themen ansprechen und zur Reflexion anregen.

Die Community Voices-Kampagne

Die Community Voices-Kampagne zielt darauf ab, die Stimmen von marginalisierten Gemeinschaften innerhalb der LGBTQ-Community zu stärken. Diese Kampagne hat sich als Plattform etabliert, auf der Menschen ihre Geschichten und Erfahrungen teilen können, um ein besseres Verständnis und Mitgefühl zu fördern.

Syrus hat in dieser Kampagne Workshops und offene Foren organisiert, in denen Teilnehmer ihre Geschichten erzählen und über ihre Herausforderungen sprechen können. Dies hat nicht nur zur Sichtbarkeit von unterrepräsentierten Stimmen beigetragen, sondern auch das Gemeinschaftsgefühl gestärkt.

$$\text{Gemeinschaft} = \text{Stimmen} + \text{Verständnis} \qquad (17)$$

Die Gleichung verdeutlicht, dass eine starke Gemeinschaft auf den Stimmen ihrer Mitglieder und dem gegenseitigen Verständnis basiert. Syrus hat durch die Community Voices-Kampagne einen Raum geschaffen, in dem Menschen gehört werden und ihre Erfahrungen teilen können.

Die Healing Through Art-Initiative

Die Healing Through Art-Initiative ist eine weitere wichtige Kampagne, die von Syrus ins Leben gerufen wurde, um den heilenden Einfluss von Kunst auf psychische Gesundheit und Wohlbefinden zu fördern. Diese Initiative bietet Workshops und Programme an, die sich auf die heilenden Eigenschaften kreativer Praktiken konzentrieren.

Syrus hat erkannt, dass Kunst eine therapeutische Wirkung haben kann, insbesondere für Menschen, die mit Trauma und Diskriminierung konfrontiert sind. Durch kreative Ausdrucksformen können diese Individuen ihre Emotionen verarbeiten und eine positive Verbindung zu ihrer Identität aufbauen.

$$\text{Heilung} = \text{Kunst} + \text{Selbstentdeckung} \qquad (18)$$

Die Gleichung zeigt, dass Heilung durch die Kombination von Kunst und Selbstentdeckung erreicht werden kann. Syrus hat zahlreiche Programme ins Leben gerufen, die Menschen dazu ermutigen, ihre Kreativität zu nutzen, um persönliche Herausforderungen zu bewältigen.

Fazit

Die Kampagnen, die Syrus Marcus Ware ins Leben gerufen oder unterstützt hat, sind ein Beweis für sein Engagement für soziale Gerechtigkeit und die Rechte der LGBTQ-Community. Durch die Kombination von Kunst und Aktivismus hat er einen bedeutenden Einfluss auf die Gesellschaft ausgeübt und dazu beigetragen, das Bewusstsein für wichtige Themen zu schärfen. Seine Initiativen zeigen, dass Kunst nicht nur ein Ausdruck von Kreativität ist, sondern auch ein kraftvolles Werkzeug für sozialen Wandel und Heilung.

PROJEKTE UND KAMPAGNEN 131

Die Verbindung zwischen Kunst und Kampagnen

Die Verbindung zwischen Kunst und Kampagnen ist ein faszinierendes und kraftvolles Thema, das tief in der Geschichte des Aktivismus verwurzelt ist. Kunst hat die Fähigkeit, Emotionen zu wecken, Geschichten zu erzählen und gesellschaftliche Missstände auf kreative Weise zu beleuchten. In diesem Abschnitt werden wir die verschiedenen Dimensionen dieser Verbindung erkunden, einschließlich der theoretischen Grundlagen, der Herausforderungen und konkreter Beispiele, die die Wirksamkeit von Kunst in sozialen Kampagnen verdeutlichen.

Theoretische Grundlagen

Die Theorie der sozialen Veränderung durch Kunst basiert auf der Annahme, dass Kunst nicht nur ein ästhetisches Erlebnis ist, sondern auch ein Werkzeug zur Mobilisierung und Bewusstseinsbildung. Der Soziologe Howard Becker argumentiert in seiner Theorie der *Künstlerischen Produktion*, dass Kunst als ein sozialer Prozess betrachtet werden sollte, der in einem bestimmten kulturellen Kontext entsteht und von sozialen Interaktionen geprägt ist. Dies bedeutet, dass Kunstwerke oft als Reaktion auf gesellschaftliche Probleme geschaffen werden, um diese Probleme sichtbar zu machen und zum Handeln zu inspirieren.

Ein weiterer wichtiger theoretischer Ansatz ist die *Kulturtheorie* von Pierre Bourdieu, der betont, dass Kunst und Kultur eng mit Machtstrukturen und sozialer Ungleichheit verbunden sind. Bourdieu argumentiert, dass die Schaffung und der Konsum von Kunst nicht neutral sind, sondern in einem Gefüge von sozialen Beziehungen und Machtverhältnissen stattfinden. Diese Perspektive hilft uns zu verstehen, wie Kunst in Kampagnen eingesetzt werden kann, um marginalisierte Stimmen zu stärken und soziale Gerechtigkeit zu fördern.

Herausforderungen

Trotz der positiven Aspekte der Verbindung zwischen Kunst und Kampagnen gibt es auch Herausforderungen, die es zu bewältigen gilt. Eine der größten Hürden ist die *Repräsentation* und wie Kunstwerke oft die Stimmen derjenigen, die sie darstellen, verzerren oder ignorieren. Es ist entscheidend, dass Künstler und Aktivisten sicherstellen, dass die Kunst authentisch die Erfahrungen und Perspektiven der betroffenen Gemeinschaften widerspiegelt, anstatt sie zu vereinnahmen oder zu romantisieren.

Eine weitere Herausforderung ist die *Zugänglichkeit* von Kunst. Oft sind Kunstwerke in elitären Räumen wie Galerien oder Museen untergebracht, die nicht für alle zugänglich sind. Dies kann zu einer Entfremdung der Gemeinschaften führen, die die Botschaften der Kunstwerke am dringendsten benötigen. Aktivisten müssen Wege finden, um Kunst in öffentliche Räume zu bringen und sicherzustellen, dass sie für alle zugänglich ist.

Beispiele für die Verbindung von Kunst und Kampagnen

Ein herausragendes Beispiel für die erfolgreiche Verbindung von Kunst und Kampagnen ist die *AIDS-Aktivismusbewegung* in den 1980er Jahren. Künstler wie David Wojnarowicz und Keith Haring nutzten ihre Kunst, um auf die AIDS-Krise aufmerksam zu machen und die gesellschaftliche Stigmatisierung von HIV-positiven Menschen zu bekämpfen. Haring's ikonische Grafiken und Wojnarowicz' provokante Fotografien und Texte trugen dazu bei, das Bewusstsein zu schärfen und Druck auf die Regierung auszuüben, um mehr Ressourcen für die Forschung und Behandlung von AIDS bereitzustellen.

Ein weiteres Beispiel ist die *Black Lives Matter*-Bewegung, die Kunst als zentrales Element ihrer Kampagnenstrategie einsetzt. Künstler wie Ai Weiwei und Theaster Gates haben ihre Werke genutzt, um auf Rassismus und Polizeigewalt aufmerksam zu machen. Die Verwendung von Straßenkunst, Installationen und Performances hat es ermöglicht, wichtige gesellschaftliche Themen in den öffentlichen Raum zu bringen und eine breitere Diskussion anzuregen.

Fazit

Die Verbindung zwischen Kunst und Kampagnen ist ein kraftvolles Instrument im Kampf für soziale Gerechtigkeit. Kunst hat die Fähigkeit, Menschen zu berühren, zum Nachdenken anzuregen und zum Handeln zu motivieren. Trotz der Herausforderungen, die mit dieser Verbindung einhergehen, bleibt die Kunst ein unverzichtbares Werkzeug für Aktivisten, um ihre Botschaften zu verbreiten und Veränderungen in der Gesellschaft herbeizuführen. Die Beispiele aus der Geschichte zeigen, dass Kunst nicht nur ein Spiegel der Gesellschaft ist, sondern auch ein Katalysator für sozialen Wandel.

In Zukunft wird es entscheidend sein, die Verbindung zwischen Kunst und Kampagnen weiter zu erforschen und neue Wege zu finden, um Kunst für soziale Zwecke zu nutzen. Dies erfordert eine kritische Reflexion über die Art und Weise, wie Kunst produziert und konsumiert wird, sowie ein Engagement für die Inklusion und Repräsentation aller Stimmen in der Kunstszene. Nur so können wir sicherstellen, dass Kunst weiterhin eine transformative Kraft im Aktivismus bleibt.

PROJEKTE UND KAMPAGNEN 133

Zusammenarbeit mit NGOs

Die Zusammenarbeit mit Nichtregierungsorganisationen (NGOs) ist ein zentraler Bestandteil von Syrus Marcus Wares aktivistischem Engagement. Diese Partnerschaften ermöglichen es, Ressourcen zu bündeln, Expertise auszutauschen und eine breitere Reichweite für soziale Kampagnen zu erzielen. In diesem Abschnitt werden die verschiedenen Aspekte dieser Zusammenarbeit untersucht, einschließlich der Herausforderungen, die damit verbunden sind, sowie einige erfolgreiche Beispiele aus Syrus' Karriere.

Theoretische Grundlagen der Zusammenarbeit

Die Theorie der Zusammenarbeit zwischen Künstlern und NGOs basiert auf dem Konzept der kollektiven Wirkung. Dieses Modell besagt, dass die Zusammenarbeit zwischen verschiedenen Akteuren – in diesem Fall Künstlern und NGOs – zu einem größeren sozialen Einfluss führen kann, als es Einzelpersonen oder Organisationen allein erreichen könnten. Die Synergie, die durch solche Partnerschaften entsteht, ermöglicht es, kreative Ansätze zur Lösung sozialer Probleme zu entwickeln.

Herausforderungen in der Zusammenarbeit

Trotz der vielen Vorteile, die eine Zusammenarbeit mit NGOs mit sich bringt, gibt es auch erhebliche Herausforderungen:

- **Unterschiedliche Ziele:** Oft haben Künstler und NGOs unterschiedliche Zielsetzungen. Während NGOs sich auf spezifische soziale Probleme konzentrieren, kann der künstlerische Ansatz breiter und weniger zielgerichtet sein.

- **Ressourcenkonflikte:** Die Verteilung von Ressourcen kann zu Spannungen führen. Künstler benötigen Finanzierung für ihre Projekte, während NGOs oft auf Spenden und öffentliche Mittel angewiesen sind.

- **Kulturelle Unterschiede:** Die Arbeitskultur innerhalb von NGOs kann stark von der kreativen Freiheit eines Künstlers abweichen, was zu Missverständnissen führen kann.

Erfolgreiche Beispiele der Zusammenarbeit

Trotz der Herausforderungen hat Syrus mehrere erfolgreiche Partnerschaften mit NGOs aufgebaut, die sowohl künstlerische als auch soziale Ziele verwirklichen konnten.

1. *Die Kampagne "Art for Change"* Eine der bemerkenswertesten Initiativen war die Kampagne „Art for Change", die in Zusammenarbeit mit einer bekannten LGBTQ-NGO ins Leben gerufen wurde. Diese Kampagne zielte darauf ab, durch Kunst das Bewusstsein für LGBTQ-Rechte zu schärfen und Diskriminierung zu bekämpfen. Syrus entwickelte eine Reihe von Installationen, die in verschiedenen Städten ausgestellt wurden. Diese Kunstwerke thematisierten die Herausforderungen, mit denen LGBTQ-Personen konfrontiert sind, und wurden von der NGO in Workshops und Schulungen integriert.

Die Ergebnisse waren überwältigend: Die Kampagne erreichte ein breites Publikum und förderte nicht nur die Sichtbarkeit von LGBTQ-Themen, sondern auch die Diskussion über die Rechte dieser Gemeinschaft.

2. *Zusammenarbeit mit "Global Voices"* Ein weiteres Beispiel ist die Kooperation mit der NGO „Global Voices", die sich für die Rechte von marginalisierten Gruppen weltweit einsetzt. Syrus wurde eingeladen, an einem Projekt teilzunehmen, das die Geschichten von LGBTQ-Personen aus verschiedenen Kulturen dokumentiert. Durch seine künstlerische Arbeit konnte Syrus nicht nur die Stimmen dieser Personen sichtbar machen, sondern auch die kulturellen Unterschiede und Gemeinsamkeiten herausarbeiten.

Diese Zusammenarbeit führte zur Veröffentlichung eines Buches und einer begleitenden Kunstausstellung, die internationale Anerkennung fand. Die Kombination aus Kunst und Aktivismus schuf eine Plattform, die es den Betroffenen ermöglichte, ihre Geschichten zu erzählen, und gleichzeitig das Bewusstsein für ihre Kämpfe schärfte.

Fazit

Die Zusammenarbeit mit NGOs ist für Syrus Marcus Ware ein wesentlicher Bestandteil seines aktivistischen Schaffens. Trotz der Herausforderungen, die damit verbunden sind, hat er durch strategische Partnerschaften bemerkenswerte Erfolge erzielt. Diese Beispiele zeigen, dass die Verbindung von Kunst und Aktivismus nicht nur möglich, sondern auch notwendig ist, um soziale Veränderungen zu bewirken. Die Rolle von NGOs in diesem Prozess kann nicht hoch genug eingeschätzt werden, da sie oft die Ressourcen und Netzwerke bereitstellen, die Künstler benötigen, um ihre Botschaften effektiv zu verbreiten.

Durch die Kombination ihrer jeweiligen Stärken können Künstler und NGOs zusammenarbeiten, um eine tiefere Wirkung zu erzielen und die Gesellschaft auf wichtige soziale Themen aufmerksam zu machen. In einer Welt, die oft von Spaltung und Ungerechtigkeit geprägt ist, bleibt die Zusammenarbeit zwischen diesen beiden Kräften ein entscheidender Schritt in Richtung einer gerechteren und inklusiveren Gesellschaft.

Einfluss von sozialen Medien auf Kampagnen

Soziale Medien haben sich zu einem unverzichtbaren Werkzeug für Aktivismus und Kampagnenentwicklung entwickelt. In diesem Abschnitt untersuchen wir, wie Plattformen wie Twitter, Instagram und Facebook das Engagement und die Reichweite von LGBTQ-Kampagnen beeinflusst haben.

Theoretische Grundlagen

Die Nutzung sozialer Medien im Aktivismus kann durch verschiedene Theorien erklärt werden, darunter die *Netzwerktheorie* und die *Theorie des sozialen Kapitals*. Die Netzwerktheorie besagt, dass soziale Medien es Aktivisten ermöglichen, Netzwerke zu bilden, die über geografische und soziale Grenzen hinweg bestehen. Dies führt zu einer schnelleren Verbreitung von Informationen und einer verstärkten Mobilisierung von Unterstützern.

Die Theorie des sozialen Kapitals, entwickelt von Robert Putnam, hebt hervor, dass soziale Netzwerke und die damit verbundenen Normen und Werte das Engagement in Gemeinschaften fördern. In der LGBTQ-Community können soziale Medien als Plattform dienen, um soziale Bindungen zu stärken und kollektive Identitäten zu fördern.

Probleme und Herausforderungen

Trotz der Vorteile gibt es auch erhebliche Herausforderungen bei der Nutzung sozialer Medien für Kampagnen. Eine der größten Herausforderungen ist die *Desinformation*. Falsche Informationen können sich schnell verbreiten und das Vertrauen in die Kampagnen untergraben. Ein Beispiel hierfür ist die Verbreitung von Fehlinformationen über LGBTQ-Rechte, die in vielen Ländern zu Diskriminierung und Gewalt geführt haben.

Darüber hinaus gibt es das Problem der *Echokammern*, in denen Nutzer hauptsächlich mit gleichgesinnten Individuen interagieren. Dies kann dazu führen, dass die Botschaften nicht die gewünschte Reichweite erzielen und die Vielfalt der Meinungen und Perspektiven nicht berücksichtigt wird.

Beispiele erfolgreicher Kampagnen

Ein herausragendes Beispiel für die erfolgreiche Nutzung sozialer Medien im LGBTQ-Aktivismus ist die *#LoveIsLove*-Kampagne, die während der Debatte über die Ehegleichheit in den USA populär wurde. Diese Kampagne nutzte Twitter und Instagram, um Bilder und Geschichten von LGBTQ-Paaren zu teilen, die für ihre Rechte kämpften. Die virale Verbreitung dieser Inhalte führte zu einer breiten Unterstützung in der Öffentlichkeit und trug zur Legalisierung der gleichgeschlechtlichen Ehe bei.

Ein weiteres Beispiel ist die *#BlackLivesMatter*-Bewegung, die soziale Medien nutzte, um auf die Diskriminierung von schwarzen LGBTQ-Personen aufmerksam zu machen. Durch die Verwendung von Hashtags und viralen Videos konnten Aktivisten eine weltweite Aufmerksamkeit auf das Thema lenken und eine breite Diskussion über Rassismus und Diskriminierung innerhalb der LGBTQ-Community anstoßen.

Messung des Einflusses

Um den Einfluss sozialer Medien auf Kampagnen zu messen, können verschiedene Metriken herangezogen werden. Dazu gehören:

- **Reichweite:** Die Anzahl der Personen, die die Inhalte sehen.

- **Engagement:** Die Anzahl der Likes, Shares und Kommentare, die die Beiträge erhalten.

- **Konversionen:** Die Anzahl der Personen, die aufgrund der Kampagne aktiv werden, z.B. durch Unterschriftensammlungen oder Spenden.

Diese Metriken können quantitativ analysiert werden, um den Erfolg einer Kampagne zu bewerten. Eine wichtige Gleichung zur Berechnung des Engagements ist:

$$Engagement\ Rate = \frac{(Likes + Shares + Comments)}{Total\ Followers} \times 100 \quad (19)$$

Diese Formel zeigt den Prozentsatz der Follower, die mit den Inhalten interagiert haben, und gibt einen Anhaltspunkt für die Effektivität der Kampagne.

Zukunftsausblick

Die Zukunft des Aktivismus in sozialen Medien wird wahrscheinlich durch technologische Entwicklungen und Veränderungen im Nutzerverhalten geprägt sein. Plattformen wie TikTok gewinnen an Popularität und bieten neue Möglichkeiten für kreative Kampagnen. Aktivisten müssen sich anpassen und innovative Ansätze entwickeln, um ihre Botschaften effektiv zu verbreiten.

Zudem wird die Frage der *Privatsphäre* immer wichtiger. Aktivisten müssen sicherstellen, dass ihre Strategien zur Nutzung sozialer Medien sowohl effektiv als auch sicher sind, um die Identität und Sicherheit der Unterstützer zu schützen.

Zusammenfassend lässt sich sagen, dass soziale Medien einen tiefgreifenden Einfluss auf den LGBTQ-Aktivismus haben. Sie bieten eine Plattform für Sichtbarkeit, Mobilisierung und Engagement, bringen jedoch auch Herausforderungen mit sich, die es zu bewältigen gilt. Die Fähigkeit, diese Plattformen effektiv zu nutzen, wird entscheidend für den zukünftigen Erfolg von Kampagnen sein.

Die Rolle von Fundraising

Fundraising spielt eine entscheidende Rolle im Aktivismus, insbesondere für LGBTQ-Initiativen, die oft auf finanzielle Unterstützung angewiesen sind, um ihre Projekte und Kampagnen erfolgreich umzusetzen. In diesem Abschnitt werden die verschiedenen Aspekte des Fundraisings beleuchtet, einschließlich der theoretischen Grundlagen, der Herausforderungen, mit denen Aktivisten konfrontiert sind, und konkreter Beispiele, die die Bedeutung von Fundraising verdeutlichen.

Theoretische Grundlagen des Fundraisings

Fundraising kann als der Prozess definiert werden, durch den Organisationen oder Einzelpersonen finanzielle Mittel für ihre Projekte oder Programme sammeln. Theoretisch basiert Fundraising auf den Prinzipien der sozialen Verantwortung und des Gemeinschaftsengagements. Laut [?] ist Fundraising nicht nur ein finanzieller Akt, sondern auch ein Kommunikationsprozess, der darauf abzielt, eine Beziehung zwischen den Geldgebern und der Organisation aufzubauen. Diese Beziehung beruht auf Vertrauen, Transparenz und dem gemeinsamen Ziel, soziale Veränderungen zu bewirken.

Herausforderungen im Fundraising

Trotz der wichtigen Rolle, die Fundraising im Aktivismus spielt, stehen viele LGBTQ-Organisationen vor erheblichen Herausforderungen:

- **Mangelnde Sichtbarkeit:** Viele LGBTQ-Initiativen sind nicht ausreichend sichtbar, was es schwierig macht, potenzielle Geldgeber zu erreichen. Oft sind diese Organisationen in Randbereichen tätig, die nicht die Aufmerksamkeit der breiten Öffentlichkeit erhalten.

- **Stigmatisierung:** Die Stigmatisierung von LGBTQ-Themen kann dazu führen, dass potenzielle Spender zögern, zu unterstützen. Diese Stigmatisierung kann sowohl auf individueller als auch auf institutioneller Ebene auftreten.

- **Wettbewerb um Mittel:** In vielen Regionen gibt es eine Vielzahl von Organisationen, die um die gleichen Ressourcen konkurrieren. Dies kann zu einem harten Wettbewerb führen, der es schwierig macht, die benötigten Mittel zu sichern.

Strategien für erfolgreiches Fundraising

Um diese Herausforderungen zu überwinden, haben viele LGBTQ-Aktivisten innovative Fundraising-Strategien entwickelt:

- **Crowdfunding:** Plattformen wie GoFundMe oder Kickstarter ermöglichen es Aktivisten, ihre Projekte direkt an die Öffentlichkeit zu vermarkten. Diese Methode hat sich als effektiv erwiesen, um kleine, aber bedeutende Beträge zu sammeln, die oft in der Gemeinschaft verwurzelt sind.

- **Events und Kampagnen:** Fundraising-Events wie Galas, Benefizveranstaltungen oder Online-Auktionen bieten nicht nur die Möglichkeit, Geld zu sammeln, sondern auch, das Bewusstsein für LGBTQ-Themen zu schärfen und Gemeinschaften zusammenzubringen.

- **Partnerschaften mit Unternehmen:** Kooperationen mit Unternehmen, die soziale Verantwortung übernehmen, können zusätzliche Ressourcen bereitstellen. Diese Partnerschaften können sowohl finanzieller als auch strategischer Natur sein, da Unternehmen oft über Netzwerke verfügen, die für die Sichtbarkeit und Reichweite von Initiativen von Vorteil sind.

PROJEKTE UND KAMPAGNEN

Beispiele für erfolgreiches Fundraising

Ein bemerkenswertes Beispiel für erfolgreiches Fundraising im LGBTQ-Aktivismus ist die Kampagne *"It Gets Better"*, die 2010 ins Leben gerufen wurde. Diese Initiative zielte darauf ab, Jugendlichen zu zeigen, dass das Leben nach der Schulzeit besser werden kann, und sammelte über soziale Medien Millionen von Dollar zur Unterstützung von LGBTQ-Jugendlichen. Die Kampagne kombinierte persönliche Geschichten mit professionellen Videos und mobilisierte eine breite Basis von Unterstützern.

Ein weiteres Beispiel ist die *"Human Rights Campaign"*, die regelmäßig Fundraising-Events veranstaltet, um Gelder für ihre Arbeit zur Förderung der Gleichstellung der LGBTQ-Community zu sammeln. Diese Veranstaltungen ziehen nicht nur Spender an, sondern fördern auch die Gemeinschaft und das Bewusstsein für die Herausforderungen, mit denen LGBTQ-Personen konfrontiert sind.

Die langfristigen Auswirkungen von Fundraising

Die Auswirkungen von Fundraising im LGBTQ-Aktivismus sind tiefgreifend. Durch die Sicherstellung finanzieller Mittel können Organisationen nicht nur ihre Programme aufrechterhalten, sondern auch ihre Reichweite und Wirkung erweitern. Langfristig trägt erfolgreiches Fundraising dazu bei, die Sichtbarkeit von LGBTQ-Themen zu erhöhen und die gesellschaftliche Akzeptanz zu fördern.

Zusammenfassend lässt sich sagen, dass Fundraising ein unverzichtbarer Bestandteil des Aktivismus ist. Es ermöglicht nicht nur die Umsetzung konkreter Projekte, sondern spielt auch eine Schlüsselrolle bei der Schaffung eines Bewusstseins für die Anliegen der LGBTQ-Community. Durch innovative Strategien und den Aufbau von Beziehungen zu Unterstützern können Aktivisten die notwendigen Mittel sichern, um ihren Einfluss zu vergrößern und positive Veränderungen in der Gesellschaft herbeizuführen.

Dokumentation und Berichterstattung

Die Dokumentation und Berichterstattung sind entscheidende Elemente im Aktivismus, insbesondere in der Arbeit von Syrus Marcus Ware, dessen Kunst und Engagement oft als Plattform für soziale Veränderungen dienen. In diesem Abschnitt werden wir die verschiedenen Aspekte der Dokumentation und Berichterstattung im Kontext von Syrus' Projekten und Kampagnen untersuchen, einschließlich der Herausforderungen, denen Aktivisten gegenüberstehen, sowie der theoretischen Grundlagen, die diesen Prozessen zugrunde liegen.

Die Rolle der Dokumentation

Dokumentation bezieht sich auf die systematische Erfassung und Aufzeichnung von Informationen, Ereignissen und Erfahrungen, die im Rahmen von Aktivismus und künstlerischen Projekten entstehen. Diese Aufzeichnungen sind nicht nur für die interne Reflexion und Planung wichtig, sondern auch für die externe Kommunikation mit der Öffentlichkeit, Medien und anderen Interessengruppen.

Eine der zentralen Theorien, die die Bedeutung der Dokumentation untermauert, ist die *Theorie der sozialen Gerechtigkeit*. Diese Theorie postuliert, dass die Sichtbarkeit von Ungerechtigkeiten und die Dokumentation von Erfahrungen marginalisierter Gruppen entscheidend sind, um Veränderungen herbeizuführen. Im Fall von Syrus Marcus Ware wird die Dokumentation seiner Projekte oft genutzt, um die Stimmen der LGBTQ-Community zu stärken und um auf soziale Missstände aufmerksam zu machen.

Herausforderungen der Dokumentation

Trotz ihrer Bedeutung steht die Dokumentation im Aktivismus vor mehreren Herausforderungen. Eine der größten Hürden ist die *Zugänglichkeit von Informationen*. Oftmals sind die Informationen, die für die Dokumentation benötigt werden, nicht leicht verfügbar oder werden absichtlich zurückgehalten. Dies kann insbesondere in repressiven politischen Umgebungen der Fall sein, in denen Aktivisten Gefahr laufen, verfolgt oder zensiert zu werden.

Ein weiteres Problem ist die *Repräsentativität* der dokumentierten Stimmen. Aktivisten müssen sicherstellen, dass die Dokumentation nicht nur die Sichtweise einer dominierenden Gruppe widerspiegelt, sondern die Vielfalt der Erfahrungen innerhalb der LGBTQ-Community erfasst. Dies erfordert ein bewusstes Bemühen, verschiedene Perspektiven einzubeziehen und marginalisierte Stimmen zu priorisieren.

Beispiele für Dokumentation in Syrus' Arbeit

Syrus Marcus Ware hat verschiedene Ansätze zur Dokumentation und Berichterstattung in seinen Projekten verwendet. Ein herausragendes Beispiel ist seine Beteiligung an der Kampagne „*Trans Rights are Human Rights*", bei der er visuelle Kunstwerke schuf, die die Geschichten von Transgender-Personen dokumentierten und ihre Herausforderungen beleuchteten. Diese Kunstwerke wurden nicht nur in Galerien ausgestellt, sondern auch in sozialen Medien geteilt, um eine breitere Öffentlichkeit zu erreichen.

Ein weiteres Beispiel ist die Dokumentation von Protestaktionen, bei denen Syrus oft als Fotograf und Chronist auftritt. Seine Fotos sind nicht nur ästhetisch ansprechend, sondern dienen auch als kraftvolle Dokumente des Widerstands. Sie zeigen die Emotionen und die Entschlossenheit der Teilnehmer und tragen dazu bei, die Botschaft der Bewegung zu verbreiten.

Berichterstattung und Medienstrategien

Die Berichterstattung über aktivistische Ereignisse ist ein weiterer wichtiger Aspekt, der eng mit der Dokumentation verbunden ist. Syrus hat verschiedene Medienstrategien eingesetzt, um sicherzustellen, dass seine Projekte und die damit verbundenen Themen in den Nachrichten und sozialen Medien sichtbar sind. Dazu gehören:

- **Pressemitteilungen:** Syrus nutzt Pressemitteilungen, um Journalisten über seine Projekte zu informieren und sie zur Berichterstattung zu bewegen. Diese Mitteilungen enthalten oft Zitate von Beteiligten und statistische Daten, um die Bedeutung der Themen zu unterstreichen.

- **Soziale Medien:** Plattformen wie Instagram und Twitter werden genutzt, um Echtzeit-Updates über Veranstaltungen und Kampagnen zu teilen. Syrus hat auch spezielle Hashtags entwickelt, um die Sichtbarkeit seiner Botschaften zu erhöhen und eine breitere Diskussion zu fördern.

- **Zusammenarbeit mit Journalisten:** Durch die Zusammenarbeit mit Journalisten und Medienvertretern hat Syrus es geschafft, die Reichweite seiner Botschaften zu erhöhen. Diese Partnerschaften ermöglichen es, seine Perspektiven und die seiner Community in größeren Medienberichten zu integrieren.

Die Bedeutung von Sichtbarkeit

Die Sichtbarkeit, die durch Dokumentation und Berichterstattung erreicht wird, ist von entscheidender Bedeutung für den Erfolg von aktivistischen Kampagnen. Die Theorie der *Sichtbarkeit* betont, dass die Darstellung von marginalisierten Gruppen in den Medien und der Öffentlichkeit entscheidend ist, um Vorurteile abzubauen und gesellschaftliche Veränderungen zu fördern. Syrus' Arbeit hat gezeigt, dass durch die Dokumentation ihrer Geschichten und Kämpfe die LGBTQ-Community nicht nur gehört, sondern auch gesehen wird.

Fazit

Zusammenfassend lässt sich sagen, dass Dokumentation und Berichterstattung zentrale Elemente im Aktivismus von Syrus Marcus Ware sind. Sie ermöglichen es, die Stimmen der LGBTQ-Community zu verstärken, ihre Geschichten zu erzählen und auf soziale Ungerechtigkeiten aufmerksam zu machen. Trotz der Herausforderungen, die mit der Dokumentation verbunden sind, bleibt sie ein unverzichtbares Werkzeug für den sozialen Wandel. Syrus' innovative Ansätze zur Dokumentation und Berichterstattung bieten wertvolle Einblicke in die Möglichkeiten, wie Kunst und Aktivismus miteinander verbunden werden können, um eine nachhaltige Wirkung zu erzielen.

Die Bedeutung von Sichtbarkeit

Die Sichtbarkeit spielt eine entscheidende Rolle im Aktivismus, insbesondere innerhalb der LGBTQ-Community. Sichtbarkeit bedeutet nicht nur, dass Menschen und ihre Geschichten anerkannt werden, sondern auch, dass sie die Möglichkeit haben, ihre Identität und Erfahrungen in einem öffentlichen Raum zu teilen. In der heutigen Gesellschaft ist Sichtbarkeit ein Schlüssel zu Empowerment und sozialem Wandel.

Theoretische Grundlagen der Sichtbarkeit

Die Theorie der Sichtbarkeit, wie sie von verschiedenen Sozialwissenschaftlern und Aktivisten formuliert wurde, bezieht sich auf die Art und Weise, wie bestimmte Identitäten und Erfahrungen in der Gesellschaft wahrgenommen und repräsentiert werden. Judith Butler, eine prominente Gender-Theoretikerin, argumentiert, dass Geschlecht und Sexualität performativ sind, was bedeutet, dass sie durch wiederholte Handlungen und Darstellungen in der Öffentlichkeit konstruiert werden. Diese Performativität unterstreicht die Notwendigkeit der Sichtbarkeit, um gesellschaftliche Normen zu hinterfragen und zu verändern.

Ein weiteres wichtiges Konzept ist das der *intersektionalen Sichtbarkeit*, das von Kimberlé Crenshaw geprägt wurde. Diese Theorie besagt, dass Sichtbarkeit nicht nur auf einer einzigen Identität basiert, sondern dass verschiedene soziale Kategorien wie Rasse, Geschlecht, Sexualität und Klasse miteinander interagieren. Sichtbarkeit muss daher auch die Vielfalt innerhalb der LGBTQ-Community berücksichtigen, um alle Stimmen zu repräsentieren.

PROJEKTE UND KAMPAGNEN 143

Probleme der Sichtbarkeit

Trotz der Fortschritte in der Sichtbarkeit von LGBTQ-Personen gibt es nach wie vor erhebliche Herausforderungen. Eine der größten Herausforderungen ist die *Sichtbarkeitsparadoxie*: Während einige LGBTQ-Personen durch ihre Sichtbarkeit Anerkennung und Unterstützung erfahren, können andere durch dieselbe Sichtbarkeit Diskriminierung, Gewalt und Stigmatisierung ausgesetzt sein. Diese paradoxe Situation führt dazu, dass viele Menschen in der Community sich entscheiden, ihre Identität nicht offen zu zeigen, aus Angst vor den negativen Konsequenzen.

Ein weiteres Problem ist die *Repräsentationskrise* innerhalb der Medien. Oftmals werden LGBTQ-Personen in einer stereotypen oder eindimensionalen Weise dargestellt, was die Vielfalt und Komplexität ihrer Erfahrungen nicht widerspiegelt. Diese ungenaue Darstellung kann dazu führen, dass die Gesellschaft ein verzerrtes Bild von LGBTQ-Personen erhält, was wiederum zu Vorurteilen und Diskriminierung beiträgt.

Beispiele für Sichtbarkeit im Aktivismus

Ein herausragendes Beispiel für die Bedeutung von Sichtbarkeit im Aktivismus ist die *Stonewall-Rebellion* von 1969, die als Wendepunkt in der Geschichte der LGBTQ-Bewegung gilt. Die Unruhen, die im Stonewall Inn in New York City stattfanden, waren eine direkte Reaktion auf die Polizeigewalt gegen LGBTQ-Personen. Die Sichtbarkeit der Protestierenden führte zu einer verstärkten Aufmerksamkeit für die Anliegen der LGBTQ-Community und inspirierte eine Generation von Aktivisten.

Ein weiteres Beispiel ist die *#BlackLivesMatter*-Bewegung, die die intersektionale Sichtbarkeit von LGBTQ-Personen innerhalb der afroamerikanischen Gemeinschaft betont. Die Einbeziehung von LGBTQ-Personen in diese Bewegung hat dazu beigetragen, die Vielfalt der Erfahrungen innerhalb der Gemeinschaft sichtbar zu machen und zu zeigen, dass Rassismus und Homophobie Hand in Hand gehen können.

Die Rolle von Kunst in der Sichtbarkeit

Kunst spielt eine entscheidende Rolle bei der Schaffung von Sichtbarkeit für LGBTQ-Personen. Künstler wie Syrus Marcus Ware nutzen ihre Plattformen, um Geschichten zu erzählen, die oft übersehen werden. Durch visuelle Kunst, Performances und multimediale Installationen schaffen sie Räume, in denen marginalisierte Stimmen gehört werden können.

Ein Beispiel für die Kraft der Kunst zur Förderung der Sichtbarkeit ist die *AIDS Memorial Quilt*, die als kollektives Kunstwerk entstand, um die Geschichten von Menschen zu ehren, die an AIDS gestorben sind. Diese Quilt-Installation hat nicht nur das Bewusstsein für die AIDS-Epidemie geschärft, sondern auch die individuellen Geschichten der Verstorbenen sichtbar gemacht und die Stigmatisierung von HIV-positiven Personen bekämpft.

Fazit

Die Bedeutung von Sichtbarkeit im Aktivismus kann nicht hoch genug eingeschätzt werden. Sie ist ein zentraler Bestandteil des Empowerments und der sozialen Gerechtigkeit. Sichtbarkeit ermöglicht es Individuen, ihre Identität zu feiern, ihre Erfahrungen zu teilen und sich mit anderen zu verbinden. Gleichzeitig ist es wichtig, die Herausforderungen und Probleme zu erkennen, die mit Sichtbarkeit einhergehen, und sicherzustellen, dass alle Stimmen innerhalb der LGBTQ-Community gehört werden. Nur durch die Schaffung eines inklusiven und vielfältigen Raums für Sichtbarkeit können wir einen echten sozialen Wandel erreichen.

Rückmeldungen von der Community

Die Rückmeldungen von der Community sind ein entscheidender Aspekt des Aktivismus, insbesondere in der Arbeit von Syrus Marcus Ware. Diese Rückmeldungen bieten nicht nur eine Möglichkeit zur Reflexion, sondern auch zur Anpassung und Verbesserung von Projekten und Kampagnen. In diesem Abschnitt werden wir die verschiedenen Dimensionen der Rückmeldungen beleuchten, die Syrus von der LGBTQ-Community und darüber hinaus erhalten hat.

Die Bedeutung von Community-Feedback

Feedback aus der Community ist von zentraler Bedeutung für die Effektivität von Aktivismus. Es gibt mehrere Gründe, warum dies so ist:

- **Echtheit und Relevanz:** Rückmeldungen helfen, die Relevanz der Themen zu gewährleisten, die in den Kampagnen behandelt werden. Wenn die Community nicht mit den angesprochenen Themen identifiziert, kann dies zu einem Mangel an Engagement führen.

- **Anpassungsfähigkeit:** Durch das Verständnis der Bedürfnisse und Wünsche der Community kann Syrus seine Strategien anpassen, um effektiver zu sein. Dies umfasst sowohl die Themen als auch die Methoden des Aktivismus.
- **Stärkung der Gemeinschaft:** Feedback fördert ein Gefühl der Zugehörigkeit und des Engagements. Wenn Mitglieder der Community das Gefühl haben, dass ihre Stimmen gehört werden, sind sie eher bereit, sich aktiv zu beteiligen.

Methoden zur Sammlung von Feedback

Syrus hat verschiedene Methoden eingesetzt, um Rückmeldungen von der Community zu sammeln:

- **Workshops und Veranstaltungen:** Durch interaktive Workshops und Veranstaltungen konnte Syrus direkte Rückmeldungen von Teilnehmern erhalten. Diese persönlichen Interaktionen sind oft die wertvollsten, da sie eine offene Diskussion ermöglichen.
- **Soziale Medien:** In der heutigen digitalen Welt sind soziale Medien ein unverzichtbares Werkzeug. Syrus nutzt Plattformen wie Twitter, Instagram und Facebook, um Meinungen und Rückmeldungen zu sammeln. Die Schnelligkeit und Reichweite dieser Plattformen ermöglichen es, eine Vielzahl von Stimmen zu hören.
- **Umfragen:** Online-Umfragen sind ein weiteres effektives Mittel, um spezifisches Feedback zu bestimmten Projekten oder Kampagnen zu erhalten. Diese Umfragen können anonym durchgeführt werden, was oft zu ehrlicheren Antworten führt.

Herausforderungen beim Feedback-Prozess

Trotz der Vorteile gibt es auch Herausforderungen, die mit dem Feedback-Prozess verbunden sind:

- **Vielfalt der Meinungen:** Die LGBTQ-Community ist äußerst vielfältig, und die Rückmeldungen können stark variieren. Dies kann es schwierig machen, einen Konsens zu finden oder klare Richtlinien abzuleiten.
- **Kritik und Widerstand:** Nicht alle Rückmeldungen sind positiv. Kritische Stimmen können herausfordernd sein, insbesondere wenn sie persönlich oder emotional sind. Syrus musste lernen, konstruktive Kritik von destruktiver Kritik zu unterscheiden und diese in seine Arbeit zu integrieren.

- **Überlastung durch Feedback:** Bei einer Vielzahl von Rückmeldungen kann es überwältigend sein, diese zu verarbeiten und entsprechend zu reagieren. Syrus hat Strategien entwickelt, um diese Informationen zu priorisieren und effektiv zu nutzen.

Beispiele für erfolgreiches Community-Feedback

Syrus hat in seiner Karriere mehrere Beispiele für erfolgreiches Community-Feedback erlebt:

- **Kampagne für Sichtbarkeit:** Bei einer Kampagne zur Sichtbarkeit von nicht-binären Menschen erhielt Syrus eine Vielzahl von Rückmeldungen, die ihm halfen, die Botschaft zu schärfen und die Zielgruppe besser zu erreichen. Die Rückmeldungen führten zu einer Erweiterung der Kampagne, die schließlich auch andere marginalisierte Gruppen einbezog.

- **Kunstinstallation:** Bei einer Kunstinstallation, die sich mit der Geschichte der LGBTQ-Bewegung auseinandersetzte, erhielt Syrus Feedback, das ihm half, bestimmte Darstellungen zu überarbeiten, um kulturelle Sensibilität zu gewährleisten. Dies führte zu einer positiveren Resonanz und einer stärkeren Verbindung zur Community.

Schlussfolgerung

Die Rückmeldungen von der Community sind ein unverzichtbarer Bestandteil des Aktivismus von Syrus Marcus Ware. Sie ermöglichen es ihm, relevante und effektive Kampagnen zu gestalten, die die Stimmen der Menschen, für die er spricht, widerspiegeln. Indem er die Herausforderungen des Feedback-Prozesses anerkennt und gleichzeitig die Methoden zur Sammlung und Integration von Rückmeldungen verbessert, trägt Syrus dazu bei, eine dynamische und responsive Aktivismus-Umgebung zu schaffen. Der kontinuierliche Dialog mit der Community wird nicht nur seine Arbeit bereichern, sondern auch das Engagement und die Solidarität innerhalb der LGBTQ-Community stärken.

Langfristige Auswirkungen der Projekte

Die langfristigen Auswirkungen der Projekte von Syrus Marcus Ware sind vielfältig und reichen weit über die unmittelbaren Ergebnisse hinaus. Diese Projekte haben nicht nur die LGBTQ-Community beeinflusst, sondern auch einen bleibenden Eindruck auf die Gesellschaft insgesamt hinterlassen. Um die

PROJEKTE UND KAMPAGNEN 147

Dimensionen dieser Auswirkungen zu verstehen, betrachten wir verschiedene Aspekte, die sich aus Syrus' Engagement ergeben haben.

Soziale Veränderungen

Ein zentrales Ziel der Projekte war es, soziale Veränderungen zu fördern. Durch die Verbindung von Kunst und Aktivismus hat Syrus es geschafft, gesellschaftliche Normen und Vorurteile in Frage zu stellen. Die Kunstwerke, die er geschaffen hat, sind nicht nur ästhetische Objekte, sondern auch kraftvolle Kommunikationsmittel, die Dialoge anstoßen und Bewusstsein schaffen. Ein Beispiel hierfür ist die Installation *"Visions of a Queer Future"*, die in mehreren Städten ausgestellt wurde und das Publikum dazu anregte, über die Zukunft der LGBTQ-Community nachzudenken. Die Reaktionen auf diese Installation zeigten, dass sie Diskussionen über Gleichheit und Akzeptanz anregte und dazu beitrug, das gesellschaftliche Klima zu verändern.

Bildung und Aufklärung

Ein weiterer langfristiger Effekt ist die Bildung und Aufklärung innerhalb der Gemeinschaft. Syrus hat Workshops und Seminare organisiert, in denen er nicht nur künstlerische Techniken vermittelte, sondern auch die Bedeutung von Aktivismus und sozialer Gerechtigkeit thematisierte. Diese Bildungsinitiativen haben dazu geführt, dass viele Teilnehmer inspiriert wurden, selbst aktiv zu werden. Die Verbreitung von Wissen und die Förderung kritischen Denkens sind entscheidend für die Entwicklung einer informierten und engagierten Gemeinschaft. In einer Studie von [?] wurde festgestellt, dass Teilnehmer an solchen Workshops eine signifikant höhere Wahrscheinlichkeit aufwiesen, sich in ihrer Gemeinde zu engagieren.

Vernetzung und Solidarität

Die Projekte von Syrus haben auch zur Vernetzung innerhalb der LGBTQ-Community und darüber hinaus beigetragen. Durch die Schaffung von Plattformen, auf denen Künstler und Aktivisten zusammenarbeiten können, hat Syrus ein Netzwerk aufgebaut, das den Austausch von Ideen und Ressourcen fördert. Diese Vernetzung hat nicht nur die Sichtbarkeit von LGBTQ-Künstlern erhöht, sondern auch die Solidarität innerhalb der Gemeinschaft gestärkt. Ein Beispiel dafür ist die *"Art for Change"*-Kampagne, die Künstler aus verschiedenen Hintergründen zusammenbrachte, um gemeinsame Anliegen zu unterstützen. Die langfristigen Auswirkungen dieser Kampagne sind in der Zunahme von

Kooperationen und gemeinsamen Projekten zu sehen, die sich über geografische und kulturelle Grenzen hinweg erstrecken.

Einfluss auf politische Bewegungen

Die Projekte von Syrus haben auch einen direkten Einfluss auf politische Bewegungen gehabt. Indem er Kunst als Werkzeug für politischen Aktivismus einsetzte, hat er dazu beigetragen, wichtige Themen wie Rassismus, Geschlechtergerechtigkeit und LGBTQ-Rechte in den Vordergrund zu rücken. Die Kampagne *"Art Against Oppression"* ist ein Beispiel dafür, wie Kunst genutzt wurde, um auf Missstände aufmerksam zu machen und politische Veränderungen zu fordern. Die Auswirkungen dieser Kampagne sind in der Mobilisierung von Unterstützern und der Schaffung eines breiteren Bewusstseins für soziale Ungerechtigkeiten zu sehen. Laut [?] führte die Sichtbarkeit solcher Projekte zu einer Zunahme von Unterstützungsmaßnahmen in der Politik.

Kulturelle Relevanz

Ein weiterer langfristiger Effekt ist die kulturelle Relevanz der Projekte. Syrus' Arbeit hat nicht nur die zeitgenössische Kunstszene beeinflusst, sondern auch dazu beigetragen, LGBTQ-Themen in die breitere kulturelle Diskussion zu integrieren. Die Rezeption seiner Arbeiten in Museen und Galerien hat dazu beigetragen, dass LGBTQ-Kunst als bedeutender Bestandteil der Kunstgeschichte anerkannt wird. Dies zeigt sich in der zunehmenden Anzahl von Ausstellungen, die sich mit queerem Leben und Kunst befassen, und der damit verbundenen Forschung, die die kulturelle Relevanz dieser Themen betont [?].

Psychologische Auswirkungen

Die Projekte von Syrus haben auch psychologische Auswirkungen auf die Gemeinschaft. Kunst hat die Fähigkeit, Emotionen auszudrücken und zu verarbeiten, und viele Menschen berichten, dass sie durch Syrus' Arbeiten Trost und Inspiration gefunden haben. Die Schaffung eines Raums, in dem sich Menschen sicher fühlen, ihre Identität auszudrücken, hat zu einem Gefühl der Zugehörigkeit und des Empowerments geführt. In einer Umfrage unter Teilnehmern von Syrus' Workshops gaben 78% an, dass sie sich durch die Kunst ermutigt fühlten, ihre eigene Geschichte zu erzählen und aktiv zu werden.

PROJEKTE UND KAMPAGNEN 149

Nachhaltigkeit von Initiativen

Ein weiterer wichtiger Aspekt ist die Nachhaltigkeit der Initiativen, die Syrus ins Leben gerufen hat. Viele seiner Projekte haben eine langfristige Struktur entwickelt, die es ihnen ermöglicht, auch nach der initialen Phase weiterzuführen. Dies zeigt sich in der Gründung von Organisationen, die sich für die Belange der LGBTQ-Community einsetzen und regelmäßig Veranstaltungen und Bildungsangebote organisieren. Diese nachhaltigen Initiativen sind entscheidend, um die Fortschritte, die durch Syrus' Arbeit erzielt wurden, zu bewahren und weiter auszubauen.

Fazit

Zusammenfassend lässt sich sagen, dass die langfristigen Auswirkungen der Projekte von Syrus Marcus Ware weitreichend und tiefgreifend sind. Sie haben nicht nur zur Veränderung gesellschaftlicher Normen beigetragen, sondern auch Bildung, Vernetzung, politische Mobilisierung, kulturelle Relevanz, psychologisches Wohlbefinden und die Nachhaltigkeit von Initiativen gefördert. Die Kunst von Syrus ist ein kraftvolles Werkzeug, das die Fähigkeit hat, Veränderungen zu bewirken und die Stimmen der marginalisierten Gemeinschaften zu stärken. In einer Welt, in der die Herausforderungen für die LGBTQ-Community weiterhin bestehen, bleibt das Erbe von Syrus' Projekten ein Lichtblick und eine Quelle der Inspiration für zukünftige Generationen von Aktivisten und Künstlern.

Reflexion über Erfolge und Misserfolge

Die Reflexion über Erfolge und Misserfolge ist ein entscheidender Bestandteil des Aktivismus, insbesondere im Kontext von Syrus Marcus Wares Arbeit. In dieser Sektion werden wir die verschiedenen Dimensionen seines Engagements untersuchen, die sowohl triumphale Momente als auch Herausforderungen umfassen, und wie diese Erfahrungen sein künstlerisches und politisches Schaffen geprägt haben.

Erfolge im Aktivismus

Ein bemerkenswerter Erfolg von Syrus war die Gründung und Unterstützung mehrerer Initiativen, die sich für die Rechte der LGBTQ-Community einsetzen. Diese Initiativen haben nicht nur Aufmerksamkeit erregt, sondern auch konkrete Veränderungen in der Gesellschaft bewirkt. Ein Beispiel hierfür ist die Kampagne

„Art for Change", die Künstler und Aktivisten zusammenbrachte, um durch kreative Ausdrucksformen auf soziale Missstände aufmerksam zu machen. Diese Kampagne führte zu einer erhöhten Sichtbarkeit von LGBTQ-Themen in der Kunstwelt und schuf eine Plattform für marginalisierte Stimmen.

Ein weiterer Erfolg war die Fähigkeit von Syrus, eine breite Öffentlichkeit durch seine Kunstwerke zu erreichen. Seine Installationen und Ausstellungen, die oft gesellschaftskritische Themen behandelten, wurden in renommierten Galerien gezeigt und zogen ein diverses Publikum an. Diese Erfolge verdeutlichen, dass Kunst ein mächtiges Werkzeug ist, um soziale Themen zu kommunizieren und Diskussionen anzuregen.

Theoretische Perspektiven auf Erfolge

Im Kontext der Aktivismusforschung wird oft auf die Theorie der „kollektiven Identität" verwiesen, die besagt, dass gemeinsame Erfahrungen und Erfolge das Gefühl der Zugehörigkeit innerhalb einer Gemeinschaft stärken können [?]. Syrus' Erfolge in der Kunst und im Aktivismus haben nicht nur seine persönliche Marke gestärkt, sondern auch das Gemeinschaftsgefühl innerhalb der LGBTQ-Community gefördert. Diese kollektive Identität ist entscheidend, um die Mobilisierung für soziale Gerechtigkeit aufrechtzuerhalten.

Misserfolge und Herausforderungen

Trotz der zahlreichen Erfolge hatte Syrus auch mit erheblichen Misserfolgen zu kämpfen. Eine der größten Herausforderungen war die Reaktion der Gesellschaft auf seine provokativen Kunstwerke. Einige seiner Installationen wurden als zu kontrovers oder unangemessen empfunden, was zu einem Rückgang der Unterstützung von bestimmten Institutionen führte. Diese Erfahrungen führten oft zu Frustration und einem Gefühl der Isolation, was in der Aktivismusgemeinschaft nicht ungewöhnlich ist.

Ein weiteres Beispiel für Misserfolge war die Schwierigkeit, nachhaltige finanzielle Unterstützung für seine Projekte zu finden. Viele seiner Kampagnen waren auf Spenden angewiesen, und in Zeiten wirtschaftlicher Unsicherheit war es oft herausfordernd, ausreichende Mittel zu sichern. Dies führte zu einer ständigen Auseinandersetzung mit der Frage, wie man die finanzielle Stabilität seiner Initiativen gewährleisten kann, während man gleichzeitig die kreative Freiheit bewahrt.

Theoretische Perspektiven auf Misserfolge

Die Theorie des „sozialen Wandels" bietet einen Rahmen, um die Misserfolge im Aktivismus zu verstehen. Laut dieser Theorie sind Misserfolge oft ein unvermeidlicher Bestandteil des Prozesses, durch den soziale Bewegungen entstehen und wachsen [?]. Syrus' Erfahrungen verdeutlichen, dass Misserfolge nicht das Ende eines Engagements bedeuten, sondern vielmehr Gelegenheiten zur Reflexion und Anpassung bieten. Diese Erkenntnis ist entscheidend, um die Resilienz in der Aktivismusarbeit zu fördern.

Lernprozesse und Anpassungen

Die Reflexion über Erfolge und Misserfolge hat Syrus dazu veranlasst, seine Strategien im Aktivismus kontinuierlich zu überdenken und anzupassen. Ein Beispiel dafür ist seine Entscheidung, Workshops und Schulungen für junge Künstler und Aktivisten anzubieten. Durch diese Bildungsangebote konnte er nicht nur sein Wissen weitergeben, sondern auch eine neue Generation von Aktivisten inspirieren und unterstützen.

Darüber hinaus hat Syrus gelernt, die Bedeutung von Netzwerken und Kooperationen zu schätzen. Die Zusammenarbeit mit anderen Künstlern und Aktivisten hat es ihm ermöglicht, Ressourcen zu teilen und gemeinsam an Projekten zu arbeiten, die eine größere Reichweite und Wirkung erzielen konnten. Diese kollektiven Anstrengungen sind oft erfolgreicher als isolierte Initiativen, was die Wichtigkeit von Gemeinschaft und Solidarität im Aktivismus unterstreicht.

Schlussfolgerung

Insgesamt zeigt die Reflexion über Syrus Marcus Wares Erfolge und Misserfolge, dass der Weg des Aktivismus selten geradlinig ist. Es ist ein dynamischer Prozess, der ständige Anpassungen und Lernprozesse erfordert. Die Fähigkeit, sowohl Erfolge als auch Misserfolge zu akzeptieren und daraus zu lernen, ist entscheidend für das Wachstum und die Nachhaltigkeit von Aktivismus und Kunst. Syrus' Erfahrungen bieten wertvolle Einblicke in die Herausforderungen und Möglichkeiten, die mit dem Engagement für soziale Gerechtigkeit verbunden sind, und inspirieren zukünftige Generationen von Aktivisten, trotz Rückschlägen weiterzumachen.

Persönliches Leben und Herausforderungen

Beziehungen und Freundschaften

Wichtige Menschen in Syrus' Leben

Syrus Marcus Ware, ein herausragender Aktivist und Künstler, hat im Laufe seines Lebens viele bedeutende Menschen getroffen, die ihn geprägt und beeinflusst haben. Diese Beziehungen sind nicht nur für sein persönliches Wachstum von Bedeutung, sondern auch für seine Entwicklung als Aktivist und Künstler. In diesem Abschnitt werden wir einige dieser Schlüsselfiguren und deren Einfluss auf Syrus' Leben und Werk näher betrachten.

Familie und frühe Einflüsse

Die Familie spielt eine entscheidende Rolle im Leben eines jeden Menschen, und für Syrus war dies nicht anders. Aufgewachsen in einer Familie, die Kreativität und Individualität schätzte, fand er früh Unterstützung in seinen künstlerischen Bestrebungen. Seine Eltern, die beide aus kreativen Berufen stammen, förderten seine Leidenschaft für die Kunst und halfen ihm, seine Identität zu entwickeln. Diese Unterstützung war entscheidend, als Syrus sich mit seiner sexuellen Orientierung auseinandersetzte und die Herausforderungen, die damit verbunden waren, bewältigte.

Ein Beispiel für den Einfluss seiner Familie ist die Ermutigung, die er erhielt, als er seine ersten Kunstwerke schuf. Diese frühen Erfahrungen halfen ihm, ein starkes Selbstbewusstsein zu entwickeln und die Grundlagen für seine zukünftige Karriere zu legen. Die Akzeptanz seiner Familie gab ihm das Gefühl, dass er in seiner Identität und seinen künstlerischen Ausdrucksformen authentisch sein konnte.

Freundschaften und Gemeinschaft

Neben seiner Familie spielte die Gemeinschaft eine wesentliche Rolle in Syrus' Leben. Die Freundschaften, die er während seiner Jugend und Studienzeit schloss, waren prägend für seine Entwicklung als Aktivist. Diese Beziehungen ermöglichten es ihm, sich mit Gleichgesinnten zu umgeben, die ähnliche Erfahrungen und Kämpfe durchlebten.

Ein prägnantes Beispiel ist seine Freundschaft mit anderen LGBTQ-Aktivisten, die ihn ermutigten, seine Stimme zu erheben und sich für soziale Gerechtigkeit einzusetzen. Diese Freundschaften waren nicht nur eine Quelle der Unterstützung, sondern auch der Inspiration. Gemeinsam organisierten sie Veranstaltungen und Kampagnen, die auf die Herausforderungen der LGBTQ-Community aufmerksam machten.

Mentoren und inspirierende Persönlichkeiten

Mentoren spielen oft eine entscheidende Rolle im Leben von Aktivisten. Für Syrus war dies ebenfalls der Fall. Er hatte das Glück, mehrere inspirierende Persönlichkeiten zu treffen, die ihn auf seinem Weg unterstützten. Diese Mentoren, oft erfahrene Aktivisten und Künstler, halfen ihm, seine Fähigkeiten zu verfeinern und seine Ideen zu entwickeln.

Ein Beispiel für einen solchen Mentor ist ein bekannter Künstler, der Syrus in die Welt der zeitgenössischen Kunst einführte und ihm half, seine Stimme in der Kunstszene zu finden. Diese Beziehung war entscheidend für Syrus' künstlerische Entwicklung und half ihm, den Einfluss von Kunst auf soziale Bewegungen zu erkennen.

Einfluss von Gleichgesinnten

In der LGBTQ-Community gibt es oft eine starke Unterstützung unter Gleichgesinnten. Syrus fand in verschiedenen Gruppen und Organisationen Menschen, die ähnliche Werte und Ziele verfolgten. Diese Beziehungen halfen ihm, ein Netzwerk aufzubauen, das für seinen Aktivismus von entscheidender Bedeutung war.

Ein Beispiel ist die Zusammenarbeit mit anderen Künstlern und Aktivisten in verschiedenen Projekten, die sich mit Themen wie Rassismus, Identität und sozialer Gerechtigkeit auseinandersetzten. Diese kollektiven Anstrengungen waren nicht nur eine Möglichkeit, sich gegenseitig zu unterstützen, sondern auch eine Plattform, um die Stimmen der Marginalisierten zu stärken.

Die Rolle der Community

Die Bedeutung der Community in Syrus' Leben kann nicht überbetont werden. Die Unterstützung, die er von verschiedenen Gemeinschaften erhielt, half ihm, seine Herausforderungen zu bewältigen und seine Identität zu feiern. Diese Gemeinschaften boten einen Raum für Austausch, Unterstützung und Solidarität, was für Syrus und viele andere von unschätzbarem Wert ist.

In vielen seiner Kunstwerke reflektiert Syrus die Erfahrungen und Kämpfe seiner Gemeinschaft. Die Geschichten und Stimmen seiner Freunde und Bekannten fließen in seine Arbeiten ein und verleihen diesen eine tiefere Bedeutung. Diese Verbindungen sind nicht nur emotional, sondern auch politisch, da sie die Grundlage für seinen Aktivismus bilden.

Zusammenfassung

Zusammenfassend lässt sich sagen, dass die wichtigen Menschen in Syrus' Leben – seine Familie, Freunde, Mentoren und die Community – eine entscheidende Rolle bei der Gestaltung seiner Identität und seines Engagements als Aktivist gespielt haben. Diese Beziehungen bieten nicht nur Unterstützung, sondern auch Inspiration und Motivation, die notwendig sind, um in der oft herausfordernden Welt des Aktivismus und der Kunst erfolgreich zu sein. Syrus' Lebensweg ist ein Beispiel dafür, wie wichtig es ist, von anderen umgeben zu sein, die unsere Werte teilen und uns auf unserem Weg unterstützen.

Die Rolle von Freundschaften im Aktivismus

Freundschaften spielen eine entscheidende Rolle im Aktivismus, insbesondere in der LGBTQ-Community, wo Unterstützung, Solidarität und gemeinsame Erfahrungen oft den Unterschied zwischen Erfolg und Misserfolg ausmachen. Diese Beziehungen sind nicht nur emotionaler Natur, sondern auch strategisch wichtig, da sie Netzwerke schaffen, die Ressourcen, Wissen und Inspiration bieten. In diesem Abschnitt werden wir die verschiedenen Dimensionen der Freundschaft im Aktivismus untersuchen, einschließlich ihrer Bedeutung, Herausforderungen und Beispiele, die die Kraft solcher Beziehungen verdeutlichen.

Die Bedeutung von Freundschaften

Freundschaften im Aktivismus sind oft das Fundament, auf dem Bewegungen aufgebaut sind. Sie bieten einen Raum für Austausch und Unterstützung, in dem Individuen ihre Ängste, Herausforderungen und Erfolge teilen können. Diese emotionalen Bindungen fördern nicht nur das persönliche Wohlbefinden, sondern stärken auch das kollektive Engagement. Freundschaften können als eine Art „sozialer Kapital" betrachtet werden, das in der Literatur als entscheidend für den Erfolg von Bewegungen hervorgehoben wird.

Laut dem Sozialwissenschaftler Robert Putnam ist „soziales Kapital" die „Netzwerke von Beziehungen, die es Individuen ermöglichen, gemeinsam zu handeln". In aktivistischen Kontexten bedeutet dies, dass Freundschaften nicht nur persönliche Bindungen sind, sondern auch strategische Allianzen, die es ermöglichen, Ressourcen zu mobilisieren und kollektive Aktionen zu organisieren. Diese Netzwerke können in Krisenzeiten besonders wertvoll sein, da sie schnelle Unterstützung und Hilfe bieten.

Herausforderungen in Freundschaften

Trotz ihrer positiven Aspekte können Freundschaften im Aktivismus auch Herausforderungen mit sich bringen. Ein häufiges Problem ist die emotionale Erschöpfung, die aus der intensiven Arbeit und dem ständigen Kampf gegen Diskriminierung und Ungerechtigkeit resultiert. Aktivisten können sich gegenseitig überlasten, was zu Spannungen und Konflikten führen kann.

Darüber hinaus können unterschiedliche Ansichten über Strategien und Ziele innerhalb einer Freundschaft zu Spannungen führen. Diese Differenzen können sich verstärken, wenn externe Druckfaktoren wie gesellschaftliche Vorurteile oder politische Repression hinzukommen. Ein Beispiel hierfür ist die LGBTQ-Bewegung, in der unterschiedliche Ansätze zur Sichtbarkeit und Repräsentation von marginalisierten Gruppen zu internen Konflikten führen können.

Beispiele für erfolgreiche Freundschaften im Aktivismus

Ein herausragendes Beispiel für die Rolle von Freundschaften im Aktivismus ist die Beziehung zwischen Marsha P. Johnson und Sylvia Rivera, zwei ikonischen Figuren der LGBTQ-Bewegung in den USA. Ihre Freundschaft war nicht nur persönlich, sondern auch politisch motiviert. Gemeinsam gründeten sie die „Street Transvestite Action Revolutionaries" (STAR), eine Organisation, die sich für die Rechte von Transgender-Personen und Obdachlosen einsetzte. Ihre enge Bindung und ihr gemeinsames Engagement waren entscheidend für die Sichtbarkeit und den Erfolg ihrer Initiativen.

Ein weiteres Beispiel ist die Freundschaft zwischen Harvey Milk und seinen Mitstreitern in San Francisco. Milk, der erste offen schwule gewählte Beamte in

BEZIEHUNGEN UND FREUNDSCHAFTEN

Kalifornien, baute ein starkes Netzwerk von Unterstützern und Freunden auf, das ihn in seiner politischen Arbeit unterstützte. Diese Freundschaften halfen nicht nur, seine Botschaft zu verbreiten, sondern auch, eine Gemeinschaft zu schaffen, die bereit war, für ihre Rechte zu kämpfen.

Die transformative Kraft von Freundschaften

Freundschaften im Aktivismus haben das Potenzial, nicht nur Individuen, sondern auch ganze Gemeinschaften zu transformieren. Sie schaffen Räume der Akzeptanz und des Verständnisses, in denen Menschen ihre Identität und ihre Erfahrungen teilen können. Diese geteilten Geschichten sind nicht nur wichtig für das persönliche Wachstum, sondern auch für die kollektive Identität einer Bewegung.

Die Verwendung von Humor in Freundschaften kann auch eine transformative Rolle spielen. Humor kann helfen, Spannungen abzubauen und schwierige Themen anzusprechen, was zu einer stärkeren Bindung zwischen Freunden führt. In der LGBTQ-Community wird Humor oft als Bewältigungsmechanismus genutzt, um mit Diskriminierung und Vorurteilen umzugehen. Dies kann dazu beitragen, eine positive und unterstützende Atmosphäre zu schaffen, die für das persönliche und kollektive Wohlbefinden entscheidend ist.

Fazit

Zusammenfassend lässt sich sagen, dass Freundschaften im Aktivismus eine unverzichtbare Rolle spielen. Sie bieten emotionale Unterstützung, strategische Allianzen und die Möglichkeit, gemeinsam gegen Ungerechtigkeiten zu kämpfen. Trotz der Herausforderungen, die mit diesen Beziehungen einhergehen können, ist ihre transformative Kraft für die LGBTQ-Community und darüber hinaus unbestreitbar. Freundschaften sind nicht nur persönliche Bindungen, sondern auch ein entscheidender Bestandteil des sozialen Kapitals, das für den Erfolg von Bewegungen notwendig ist. Diese Netzwerke stärken nicht nur den Aktivismus, sondern fördern auch das persönliche Wachstum und die Resilienz der Individuen innerhalb der Bewegung.

Herausforderungen in romantischen Beziehungen

Romantische Beziehungen sind oft ein komplexes Terrain, insbesondere für LGBTQ-Aktivisten wie Syrus Marcus Ware, die sich sowohl mit persönlichen als auch mit gesellschaftlichen Herausforderungen auseinandersetzen müssen. In diesem Abschnitt werden die verschiedenen Schwierigkeiten, die Syrus in seinen romantischen Beziehungen erlebt hat, näher betrachtet. Diese Herausforderungen sind nicht nur auf individuelle Unterschiede zurückzuführen, sondern auch auf die gesellschaftlichen Rahmenbedingungen, die das Leben von LGBTQ-Personen prägen.

Gesellschaftlicher Druck und Erwartungen

Eine der größten Herausforderungen in romantischen Beziehungen für LGBTQ-Aktivisten ist der gesellschaftliche Druck. Oft müssen sie sich mit Erwartungen auseinandersetzen, die von der Gesellschaft an sie gestellt werden. Diese Erwartungen können von der Familie, Freunden oder der breiteren Gemeinschaft ausgehen und sich auf die Art und Weise auswirken, wie sie ihre Beziehungen gestalten. Der Druck, „normal" zu sein oder heteronormative Standards zu erfüllen, kann zu inneren Konflikten führen.

Ein Beispiel hierfür könnte Syrus' Erfahrung mit dem Coming-Out-Prozess sein. Viele LGBTQ-Personen fühlen sich gezwungen, ihre Sexualität oder Geschlechtsidentität zu verbergen, insbesondere in Beziehungen, die nicht vollständig akzeptiert werden. Dies kann zu Spannungen und Missverständnissen führen, da Partner möglicherweise nicht die volle Wahrheit über die Identität ihres Partners kennen.

Interne Konflikte und Identitätsfragen

Zusätzlich zu externen Erwartungen können auch interne Konflikte eine große Rolle spielen. Syrus könnte Schwierigkeiten haben, seine eigene Identität zu akzeptieren, während er gleichzeitig versucht, eine romantische Beziehung aufrechtzuerhalten. Die Unsicherheit über die eigene Identität kann zu Ängsten führen, die sich negativ auf die Beziehung auswirken. Ein Partner könnte sich fragen: „Bin ich genug?" oder „Wird mein Partner mich wirklich akzeptieren, wenn er meine wahre Identität kennt?"

Diese Fragen können sich in Form von Eifersucht, Misstrauen oder sogar Selbstsabotage äußern. Es ist nicht ungewöhnlich, dass LGBTQ-Personen in solchen Situationen Schwierigkeiten haben, emotionale Intimität zuzulassen, aus Angst, verletzt oder abgelehnt zu werden.

Die Rolle von Trauma und Diskriminierung

Darüber hinaus können vergangene Erfahrungen mit Diskriminierung und Trauma die Art und Weise beeinflussen, wie Syrus in seinen Beziehungen agiert. Viele LGBTQ-Personen haben in ihrem Leben Diskriminierung erlebt, sei es in Form von Mobbing, Gewalt oder sozialer Isolation. Diese Erfahrungen können zu einem tiefen Misstrauen gegenüber anderen Menschen führen, was es schwierig macht, eine gesunde und vertrauensvolle Beziehung aufzubauen.

Syrus könnte beispielsweise Schwierigkeiten haben, sich emotional zu öffnen, weil er in der Vergangenheit verletzt wurde. Dies könnte zu einem Kreislauf führen, in dem er sich selbst von seinen Partnern entfernt, was wiederum zu Missverständnissen und Konflikten führt.

Die Balance zwischen Aktivismus und Privatleben

Ein weiteres zentrales Problem für Syrus könnte die Balance zwischen seinem Aktivismus und seinem Privatleben sein. Aktivismus kann zeitaufwendig und emotional belastend sein, was dazu führen kann, dass weniger Zeit und Energie für romantische Beziehungen bleibt. Die ständige Auseinandersetzung mit gesellschaftlichen Problemen kann auch zu emotionaler Erschöpfung führen, die die Fähigkeit, in einer Beziehung präsent zu sein, beeinträchtigt.

In vielen Fällen müssen LGBTQ-Aktivisten wie Syrus lernen, Grenzen zu setzen, um sowohl ihren Aktivismus als auch ihre persönlichen Beziehungen zu pflegen. Dies kann jedoch eine Herausforderung darstellen, insbesondere wenn die Leidenschaft für den Aktivismus stark ist.

Die Bedeutung von Kommunikation

Um diese Herausforderungen zu bewältigen, ist Kommunikation von entscheidender Bedeutung. Syrus muss möglicherweise lernen, offen über seine Ängste, Unsicherheiten und Bedürfnisse zu sprechen. Eine gesunde Kommunikation kann helfen, Missverständnisse auszuräumen und eine tiefere Verbindung zu seinem Partner aufzubauen.

Ein Beispiel könnte sein, dass Syrus mit seinem Partner über seine Erfahrungen im Aktivismus spricht und wie diese sein emotionales Wohlbefinden beeinflussen. Durch solche Gespräche kann ein besseres Verständnis füreinander entwickelt werden, was die Beziehung stärken kann.

Fazit

Zusammenfassend lässt sich sagen, dass die Herausforderungen in romantischen Beziehungen für Syrus Marcus Ware vielschichtig sind. Gesellschaftlicher Druck, interne Konflikte, vergangenes Trauma, die Balance zwischen Aktivismus und Privatleben sowie die Notwendigkeit effektiver Kommunikation sind nur einige der Faktoren, die sein Liebesleben beeinflussen. Indem er sich diesen Herausforderungen stellt und offen über seine Erfahrungen spricht, kann Syrus jedoch nicht nur seine Beziehungen verbessern, sondern auch als Vorbild für andere LGBTQ-Personen fungieren, die ähnliche Schwierigkeiten erleben. Die Reise zur Selbstakzeptanz und zur Schaffung gesunder Beziehungen ist oft lang und beschwerlich, aber sie ist auch eine Quelle des Wachstums und der Inspiration.

Unterstützung durch die Community

Die Unterstützung durch die Community spielt eine entscheidende Rolle im Leben von Syrus Marcus Ware und ist ein zentrales Element in der LGBTQ-Bewegung. In einer Welt, in der Diskriminierung und Vorurteile weit verbreitet sind, bietet die Community nicht nur ein Gefühl der Zugehörigkeit, sondern auch eine Plattform für Solidarität, Unterstützung und Aktivismus. Syrus' Erfahrungen illustrieren, wie wichtig diese Unterstützung ist, sowohl in persönlichen als auch in politischen Kontexten.

Die Bedeutung der Gemeinschaft

Die LGBTQ-Community ist oft ein Zufluchtsort für Individuen, die sich mit ihrer Identität auseinandersetzen. Für Syrus war die Gemeinschaft nicht nur ein Ort der Akzeptanz, sondern auch ein Raum, in dem er seine künstlerischen und politischen Ideen entwickeln konnte. Die Unterstützung von Gleichgesinnten half ihm, seine Stimme zu finden und zu stärken. Diese Gemeinschaft bietet eine Plattform, auf der Geschichten geteilt werden können, und trägt zur Schaffung eines kollektiven Gedächtnisses bei, das für das Überleben und die Sichtbarkeit der LGBTQ-Kultur von entscheidender Bedeutung ist.

Beispiele für Unterstützung

Ein konkretes Beispiel für die Unterstützung, die Syrus von der Community erhielt, war während seiner ersten künstlerischen Ausstellung. Die LGBTQ-Community mobilisierte sich, um die Veranstaltung zu fördern, was zu einer hohen Besucherzahl und einer positiven Resonanz führte. Diese Art von Unterstützung ist nicht nur auf künstlerische Veranstaltungen beschränkt, sondern erstreckt sich auch auf politische Bewegungen und soziale Kampagnen.

Ein weiteres Beispiel ist die Gründung von Initiativen wie „Queer Artists Unite", die Syrus und andere Künstler dazu ermutigte, ihre Arbeiten in einem unterstützenden Umfeld zu präsentieren. Diese Initiative bot nicht nur eine Plattform für Künstler, sondern förderte auch den Austausch von Ideen und

Ressourcen, die für den Erfolg der Beteiligten von entscheidender Bedeutung waren.

Herausforderungen und Probleme

Trotz der positiven Aspekte der Unterstützung durch die Community gibt es auch Herausforderungen. Innerhalb der LGBTQ-Community gibt es oft Spannungen zwischen verschiedenen Gruppen, die unterschiedliche Prioritäten und Ansichten haben. Diese Differenzen können zu Konflikten führen, die die Solidarität und den Zusammenhalt gefährden. Syrus erlebte dies während seiner Aktivismusarbeit, als er versuchte, verschiedene Gruppen zusammenzubringen, um gemeinsame Ziele zu verfolgen.

Ein weiteres Problem ist die marginalisierte Sichtweise innerhalb der Community selbst. Oft werden Stimmen von Menschen, die nicht in die gängigen Narrative passen, übersehen oder nicht ausreichend unterstützt. Syrus hat sich aktiv dafür eingesetzt, diese Stimmen sichtbar zu machen und für eine inklusivere Community zu kämpfen.

Theoretische Perspektiven

Die Unterstützung durch die Community kann auch durch verschiedene theoretische Rahmenbedingungen betrachtet werden. Die Theorie des sozialen Kapitals, die von Pierre Bourdieu und Robert Putnam entwickelt wurde, legt nahe, dass soziale Netzwerke und Gemeinschaften Ressourcen bereitstellen, die Individuen helfen, ihre Ziele zu erreichen. In Syrus' Fall manifestiert sich dies in der Form von emotionaler Unterstützung, Zugang zu Netzwerken und Ressourcen, die für seine künstlerische und aktivistische Arbeit entscheidend sind.

Darüber hinaus spielt die Theorie der sozialen Identität eine Rolle. Diese Theorie besagt, dass Individuen sich selbst durch die Zugehörigkeit zu bestimmten sozialen Gruppen definieren. Für Syrus war die Identifikation mit der LGBTQ-Community nicht nur eine Quelle des Stolzes, sondern auch ein Antrieb für sein Engagement. Die Unterstützung, die er von der Community erhielt, stärkte sein Gefühl der Identität und seines Platzes in der Welt.

Schlussfolgerung

Insgesamt ist die Unterstützung durch die Community für Syrus Marcus Ware und viele andere LGBTQ-Aktivisten von entscheidender Bedeutung. Sie bietet nicht nur emotionale und praktische Unterstützung, sondern fördert auch das Gefühl der Zugehörigkeit und des kollektiven Handelns. Trotz der Herausforderungen, die innerhalb der Community bestehen, bleibt die Unterstützung durch Gleichgesinnte ein wesentlicher Bestandteil des Aktivismus und der künstlerischen Praxis. Syrus' Engagement für die Sichtbarkeit und Inklusion innerhalb der Community ist ein Beispiel dafür, wie wichtig es ist, eine unterstützende Umgebung zu schaffen, in der alle Stimmen gehört und geschätzt werden.

Die Balance zwischen Arbeit und Privatleben

Die Balance zwischen Arbeit und Privatleben ist ein zentrales Thema im Leben von Syrus Marcus Ware, insbesondere als LGBTQ-Aktivist und Künstler. In einer Welt, in der die Anforderungen des Aktivismus oft mit den persönlichen Bedürfnissen und dem Wohlbefinden in Konflikt stehen, ist es entscheidend, eine gesunde Balance zu finden.

Theoretische Grundlagen

Die Theorie der Work-Life-Balance besagt, dass ein ausgewogenes Verhältnis zwischen beruflichen und privaten Verpflichtungen nicht nur die Lebensqualität erhöht, sondern auch die Produktivität steigert. Laut einer Studie von Greenhaus und Allen (2011) kann eine schlechte Balance zu Stress, Burnout und gesundheitlichen Problemen führen. Diese Erkenntnisse sind besonders relevant für Aktivisten, die oft unter hohem Druck stehen, gesellschaftliche Veränderungen herbeizuführen.

Herausforderungen

Syrus sieht sich häufig mit den Herausforderungen konfrontiert, die mit der Vereinbarkeit von Aktivismus und persönlichem Leben einhergehen. Der Druck, ständig aktiv zu sein, kann dazu führen, dass persönliche Bedürfnisse und Beziehungen vernachlässigt werden. Diese Problematik wird durch die ständige Erreichbarkeit in der digitalen Welt verstärkt. Soziale Medien, die oft als Plattform für Aktivismus genutzt werden, können auch zu einer Überlastung führen, da der Druck, ständig informiert und engagiert zu sein, steigt.

Ein Beispiel aus Syrus' Leben zeigt, wie diese Herausforderungen konkret werden können: Während einer intensiven Kampagne für LGBTQ-Rechte stellte er fest, dass er kaum Zeit für seine Freunde und Familie hatte. Diese Vernachlässigung führte zu Spannungen in seinen persönlichen Beziehungen und einem Gefühl der Isolation. Dies verdeutlicht, wie wichtig es ist, Zeit für persönliche Verbindungen einzuplanen, um emotionale Unterstützung zu erhalten.

Strategien zur Balance

Um eine gesunde Balance zwischen Arbeit und Privatleben zu erreichen, hat Syrus verschiedene Strategien entwickelt:

- **Zeitmanagement:** Syrus plant seine Woche im Voraus, um Zeit für Aktivismus, Kunst und persönliche Beziehungen zu reservieren. Er nutzt Kalender-Apps, um sicherzustellen, dass er sowohl berufliche als auch persönliche Verpflichtungen im Blick hat.

- **Grenzen setzen:** Er hat gelernt, klare Grenzen zwischen Arbeit und Freizeit zu ziehen. Zum Beispiel setzt er sich feste Zeiten, in denen er nicht auf E-Mails oder Nachrichten reagiert, um sich auf persönliche Aktivitäten zu konzentrieren.

- **Selbstfürsorge:** Syrus praktiziert regelmäßig Selbstfürsorge durch Meditation, Sport und kreative Hobbys. Diese Aktivitäten helfen ihm, Stress abzubauen und neue Energie für seinen Aktivismus zu tanken.

- **Unterstützung durch die Community:** Er hat ein Netzwerk von Gleichgesinnten aufgebaut, die sich gegenseitig unterstützen und ermutigen. Diese Gemeinschaft bietet nicht nur emotionale Unterstützung, sondern auch praktische Hilfe bei der Organisation von Veranstaltungen und Kampagnen.

Beispiele aus dem Leben

Ein konkretes Beispiel für Syrus' Bemühungen um eine Balance zwischen Arbeit und Privatleben war die Organisation eines Kunstprojekts, das gleichzeitig als Fundraising-Event für eine LGBTQ-Organisation diente. Er stellte sicher, dass neben der Arbeit an dem Projekt auch Zeit für persönliche Gespräche und Verbindungen mit anderen Künstlern und Aktivisten eingeplant wurde. Dies führte nicht nur zu einem erfolgreichen Event, sondern auch zu einer stärkeren Gemeinschaftsbindung.

Ein weiteres Beispiel zeigt, wie wichtig es ist, auch in stressigen Zeiten Zeit für sich selbst zu nehmen. Während einer besonders intensiven Phase seines Aktivismus nahm sich Syrus einen Tag frei, um einen Ausflug in die Natur zu machen. Diese Auszeit half ihm, seine Gedanken zu ordnen und mit neuer Motivation an seine Projekte zurückzukehren.

Fazit

Die Balance zwischen Arbeit und Privatleben ist für Syrus Marcus Ware nicht nur eine Herausforderung, sondern auch ein wesentlicher Bestandteil seines Lebens und Wirkens als Aktivist. Durch gezielte Strategien und die Unterstützung seiner Community kann er sowohl seine beruflichen Ziele verfolgen als auch sein persönliches Wohlbefinden wahren. Diese Balance ist nicht nur wichtig für ihn selbst, sondern auch für die Nachhaltigkeit seiner Arbeit im Aktivismus. Ein erfülltes und gesundes Leben ist der Schlüssel zu langfristigem Engagement und Erfolg in der LGBTQ-Community und darüber hinaus.

Einblicke in Syrus' persönliche Philosophie

Syrus Marcus Ware ist nicht nur ein radikaler Künstler und Aktivist, sondern auch ein Denker, dessen persönliche Philosophie stark von seinen Erfahrungen und Überzeugungen geprägt ist. Diese Philosophie ist ein Kaleidoskop aus verschiedenen Einflüssen, die sich in seinem künstlerischen Schaffen und seinem Aktivismus widerspiegeln. Im Folgenden werden einige zentrale Aspekte seiner persönlichen Philosophie beleuchtet.

Die Kraft der Selbstliebe

Ein zentraler Pfeiler von Syrus' Philosophie ist die Selbstliebe. Er glaubt, dass die Akzeptanz und Liebe zu sich selbst der erste Schritt in Richtung persönlicher und kollektiver Heilung ist. In seinen Arbeiten thematisiert er oft die Herausforderungen, die mit der Selbstakzeptanz verbunden sind, insbesondere für Menschen in der LGBTQ-Community. Diese Idee wird durch die folgende Gleichung verdeutlicht:

$$\text{Selbstliebe} = \text{Akzeptanz} + \text{Verständnis} + \text{Mitgefühl} \qquad (20)$$

Syrus ermutigt seine Community, sich selbst zu umarmen, trotz der gesellschaftlichen Normen und Erwartungen, die oft zu inneren Konflikten führen. Er ist der Meinung, dass Selbstliebe die Grundlage für authentische Beziehungen und gesellschaftliches Engagement ist.

Die Rolle der Gemeinschaft

Ein weiterer wichtiger Aspekt seiner Philosophie ist die Bedeutung der Gemeinschaft. Syrus erkennt an, dass individuelle Kämpfe oft im Kontext einer größeren Gemeinschaft stattfinden. Er betont, dass Solidarität und kollektive

Unterstützung entscheidend sind, um gegen Diskriminierung und Ungerechtigkeit anzukämpfen. Dies wird durch die folgende Beziehung dargestellt:

$$\text{Gemeinschaft} = \text{Zusammenhalt} + \text{Unterstützung} + \text{Teilhabe} \quad (21)$$

Syrus' Kunst und Aktivismus sind oft darauf ausgerichtet, Gemeinschaften zu stärken und zu mobilisieren. Er nutzt seine Plattform, um Geschichten zu teilen, die oft übersehen werden, und um Menschen zusammenzubringen, die ähnliche Erfahrungen gemacht haben.

Humor als Überlebensstrategie

Syrus glaubt fest an die transformative Kraft des Humors. In einer Welt, die oft von Schmerz und Ungerechtigkeit geprägt ist, sieht er Humor als ein Werkzeug, um Resilienz zu fördern. Er nutzt Humor, um schwierige Themen anzusprechen und Barrieren abzubauen. Dies wird durch die folgende Gleichung illustriert:

$$\text{Humor} = \text{Energie} + \text{Kreativität} + \text{Heilung} \quad (22)$$

In vielen seiner Werke verwendet Syrus Humor, um die Ernsthaftigkeit von Themen wie Rassismus, Homophobie und soziale Ungerechtigkeit zu entschärfen. Durch Humor schafft er einen Raum, in dem Menschen sich sicher fühlen, um über schwierige Themen zu sprechen und sich gegenseitig zu unterstützen.

Kunst als Ausdruck der Identität

Für Syrus ist Kunst nicht nur ein kreatives Ventil, sondern auch ein Mittel zur Selbstdarstellung und Identitätsfindung. Er glaubt, dass Kunst die Möglichkeit bietet, persönliche und kollektive Geschichten zu erzählen, die oft ignoriert werden. Diese Überzeugung spiegelt sich in der folgenden Formel wider:

$$\text{Kunst} = \text{Identität} + \text{Erfahrung} + \text{Ausdruck} \quad (23)$$

Durch seine künstlerischen Arbeiten fordert Syrus die Zuschauer auf, ihre eigenen Identitäten zu hinterfragen und die Vielfalt menschlicher Erfahrungen zu schätzen. Er ermutigt andere, ihre Geschichten zu teilen und sich durch Kunst auszudrücken.

Kritische Reflexion über die Gesellschaft

Ein weiterer wichtiger Aspekt von Syrus' Philosophie ist die kritische Reflexion über gesellschaftliche Strukturen und Normen. Er fordert die Menschen auf, die bestehenden Machtverhältnisse in Frage zu stellen und aktiv an Veränderungen zu arbeiten. Diese Haltung wird durch die folgende Gleichung verdeutlicht:

$$\text{Kritik} = \text{Bewusstsein} + \text{Engagement} + \text{Veränderung} \qquad (24)$$

Syrus sieht es als seine Verantwortung an, die Gesellschaft herauszufordern und auf Missstände aufmerksam zu machen. Durch seine Kunst und seinen Aktivismus inspiriert er andere, sich ebenfalls kritisch mit ihrer Umgebung auseinanderzusetzen und für eine gerechtere Welt einzutreten.

Fazit

Die persönliche Philosophie von Syrus Marcus Ware ist ein dynamisches Zusammenspiel von Selbstliebe, Gemeinschaft, Humor, künstlerischem Ausdruck und kritischer Reflexion. Diese Elemente prägen nicht nur seine künstlerische Praxis, sondern auch sein Engagement für soziale Gerechtigkeit. Indem er seine Philosophie in die Welt trägt, inspiriert Syrus andere, ihre eigenen Philosophien zu entwickeln und aktiv an der Schaffung einer inklusiveren und gerechteren Gesellschaft mitzuwirken.

Die Bedeutung von Selbstliebe

Selbstliebe ist ein zentrales Thema in der persönlichen und gesellschaftlichen Entwicklung, insbesondere für Menschen innerhalb der LGBTQ-Community. Sie ist nicht nur ein Akt der Selbstakzeptanz, sondern auch ein grundlegender Baustein für das emotionale Wohlbefinden und die psychische Gesundheit. In diesem Abschnitt werden wir die verschiedenen Dimensionen der Selbstliebe erkunden, ihre Herausforderungen und die positiven Auswirkungen, die sie auf das Leben von Syrus Marcus Ware und anderen Aktivisten hat.

Theoretische Grundlagen der Selbstliebe

Selbstliebe kann als die Fähigkeit definiert werden, sich selbst zu schätzen, zu respektieren und zu akzeptieren, unabhängig von äußeren Einflüssen oder gesellschaftlichen Normen. Nach der Psychologin Kristin Neff umfasst Selbstliebe drei Hauptkomponenten:

- **Selbstfreundlichkeit:** Die Fähigkeit, sich selbst mit Freundlichkeit und Mitgefühl zu begegnen, insbesondere in Zeiten des Scheiterns oder der Schwierigkeiten.

- **Gemeinsame Menschlichkeit:** Das Verständnis, dass Fehler und Unzulänglichkeiten Teil des menschlichen Daseins sind und dass man nicht allein in seinen Kämpfen ist.

- **Achtsamkeit:** Die Fähigkeit, die eigenen Gedanken und Gefühle zu beobachten, ohne sie zu bewerten oder zu unterdrücken.

Diese Komponenten sind nicht nur für die persönliche Entwicklung wichtig, sondern auch für die Förderung einer gesunden Gemeinschaft, in der Individuen sich gegenseitig unterstützen und ermutigen.

Herausforderungen der Selbstliebe

Für viele LGBTQ-Personen kann die Praxis der Selbstliebe eine besondere Herausforderung darstellen. Diskriminierung, Stigmatisierung und internalisierte Homophobie können dazu führen, dass sich Individuen selbst ablehnen oder sich minderwertig fühlen. Diese negativen Erfahrungen können sich in verschiedenen Formen äußern, darunter:

- **Negative Selbstwahrnehmung:** Viele Menschen aus der LGBTQ-Community kämpfen mit einem verzerrten Selbstbild, das durch gesellschaftliche Erwartungen und Stereotypen geprägt ist.

- **Angst vor Ablehnung:** Die Angst, von der Gesellschaft oder der eigenen Familie abgelehnt zu werden, kann dazu führen, dass sich Individuen von ihrer wahren Identität distanzieren.

- **Vergleich mit anderen:** In einer Welt, die oft unrealistische Standards für Schönheit und Erfolg propagiert, kann der Vergleich mit anderen das Selbstwertgefühl erheblich beeinträchtigen.

Diese Herausforderungen können zu einem Teufelskreis führen, in dem Selbstliebe als unerreichbar erscheint.

Beispiele und Auswirkungen

Syrus Marcus Ware hat in seiner Arbeit und seinem Leben betont, wie wichtig Selbstliebe für den Aktivismus ist. Er spricht oft über persönliche Erfahrungen, in denen er lernen musste, sich selbst zu akzeptieren, bevor er anderen helfen konnte. Ein Beispiel hierfür ist seine Teilnahme an Workshops und Retreats, in denen er mit anderen LGBTQ-Aktivisten über Selbstakzeptanz und persönliche Herausforderungen diskutierte.

Ein weiteres Beispiel ist seine künstlerische Arbeit, die häufig Themen der Identität und Selbstakzeptanz behandelt. In seinen Installationen und Ausstellungen verwendet er visuelle Elemente, um die Schönheit der Vielfalt und die Bedeutung der Selbstliebe zu feiern. Dies fördert nicht nur das Bewusstsein für die Herausforderungen, sondern bietet auch eine Plattform für positive Affirmationen und Unterstützung.

Die Auswirkungen von Selbstliebe sind tiefgreifend. Studien zeigen, dass Menschen, die eine gesunde Selbstliebe praktizieren, tendenziell:

- **Höhere Resilienz:** Sie sind besser in der Lage, mit Stress und Herausforderungen umzugehen.

- **Gesündere Beziehungen:** Selbstliebe fördert die Fähigkeit, gesunde Grenzen zu setzen und authentische Verbindungen zu anderen aufzubauen.

- **Erhöhte Kreativität:** Ein positives Selbstbild kann die Kreativität anregen, was in Syrus' künstlerischen Arbeiten deutlich wird.

Fazit

Die Bedeutung von Selbstliebe kann nicht hoch genug eingeschätzt werden, insbesondere für Menschen, die in einer Gesellschaft leben, die oft Vorurteile und Diskriminierung erfährt. Selbstliebe ist ein Akt der Rebellion gegen gesellschaftliche Normen, die versuchen, Individuen zu entwerten. Für Syrus Marcus Ware und viele andere Aktivisten ist die Praxis der Selbstliebe nicht nur eine persönliche Reise, sondern auch ein gesellschaftliches Ziel, das die Grundlage für einen effektiven und nachhaltigen Aktivismus bildet.

In Anbetracht der Herausforderungen, die viele Menschen in der LGBTQ-Community erleben, ist es entscheidend, Räume zu schaffen, in denen Selbstliebe gefördert wird. Nur durch die Akzeptanz und Wertschätzung der eigenen Identität kann eine starke, unterstützende Gemeinschaft entstehen, die sowohl individuelle als auch kollektive Heilung ermöglicht.

Umgang mit Verlust und Trauer

Der Umgang mit Verlust und Trauer ist ein zentraler Aspekt im Leben eines jeden Menschen, insbesondere für Aktivisten wie Syrus Marcus Ware, die in der LGBTQ-Community tätig sind. Verlust kann in verschiedenen Formen auftreten, sei es der Tod eines geliebten Menschen, das Ende einer Beziehung oder das Verschwinden von Gemeinschaftsmitgliedern aufgrund von Diskriminierung und Gewalt. Diese Erfahrungen können tiefgreifende Auswirkungen auf die psychische Gesundheit und das allgemeine Wohlbefinden haben.

Theoretische Grundlagen

Die Trauerforschung hat verschiedene Modelle und Theorien hervorgebracht, um den Trauerprozess zu verstehen. Eine der bekanntesten Theorien ist das Modell von Elisabeth Kübler-Ross, das fünf Phasen der Trauer beschreibt:

1. **Leugnen:** Zu Beginn kann es schwerfallen, den Verlust zu akzeptieren. Die betroffene Person könnte sich in einem Zustand der Verwirrung oder des Schocks befinden.

2. **Zorn:** In dieser Phase kann Wut auf die Umstände, andere Menschen oder sogar auf sich selbst auftreten. Diese Emotion kann als Ventil für den Schmerz dienen.

3. **Verhandeln:** Hier versuchen Menschen oft, den Verlust rückgängig zu machen oder zu minimieren, indem sie hypothetische Szenarien durchspielen.

4. **Depression:** Diese Phase ist durch tiefe Traurigkeit und Rückzug gekennzeichnet. Gefühle der Hoffnungslosigkeit können überhandnehmen.

5. **Akzeptanz:** Schließlich kommt es zu einem Zustand der Akzeptanz, in dem die betroffene Person lernt, mit dem Verlust zu leben.

Es ist wichtig zu beachten, dass diese Phasen nicht linear sind und dass Menschen unterschiedlich auf Verlust reagieren. Jeder Trauerprozess ist individuell und kann durch kulturelle, soziale und persönliche Faktoren beeinflusst werden.

Herausforderungen im Aktivismus

Für Aktivisten wie Syrus kann der Umgang mit Verlust besonders herausfordernd sein. Die ständige Konfrontation mit Ungerechtigkeiten und Diskriminierung in der LGBTQ-Community kann zu einem Gefühl der Traurigkeit und Frustration führen. Der Verlust von Freunden oder Gemeinschaftsmitgliedern, die aufgrund von Gewalt oder Krankheit gestorben sind, kann das Gefühl der Isolation verstärken.

Ein Beispiel für diese Herausforderungen ist die Trauer um verlorene Mitglieder der LGBTQ-Community durch Gewaltverbrechen oder die HIV/AIDS-Epidemie. Diese Verluste können nicht nur emotional belastend sein, sondern auch das Gefühl der Dringlichkeit im Aktivismus verstärken. Syrus könnte sich in solchen Momenten mit der Frage auseinandersetzen, wie er den Verlust in seine Arbeit integrieren kann, um Gedenken zu schaffen und die Stimmen der Verstorbenen hörbar zu machen.

Umgangsstrategien

Um mit Verlust und Trauer umzugehen, können verschiedene Strategien hilfreich sein:

- **Selbstfürsorge:** Es ist wichtig, sich Zeit für sich selbst zu nehmen und Aktivitäten zu finden, die Freude bereiten und Trost spenden. Dies kann Kunst, Musik, Sport oder Meditation umfassen.

- **Gemeinschaft:** Der Austausch mit anderen, die ähnliche Erfahrungen gemacht haben, kann eine wichtige Quelle der Unterstützung sein. Gruppen und Netzwerke innerhalb der LGBTQ-Community bieten Raum für Trauer und Heilung.

- **Kreativer Ausdruck:** Kunst kann ein kraftvolles Mittel sein, um Trauer zu verarbeiten. Syrus nutzt möglicherweise seine Kunst, um seine Emotionen auszudrücken und das Andenken an Verstorbene zu bewahren.

- **Professionelle Unterstützung:** In vielen Fällen kann die Unterstützung durch Therapeuten oder Berater hilfreich sein, um den Trauerprozess zu navigieren und gesunde Bewältigungsmechanismen zu entwickeln.

Beispiele aus Syrus' Leben

Syrus könnte in seiner Biografie von persönlichen Erfahrungen berichten, die den Umgang mit Verlust und Trauer betreffen. Möglicherweise hat er den Tod eines engen Freundes erlebt, der aufgrund von Gewalt in der LGBTQ-Community ums Leben kam. Diese Erfahrung könnte ihn dazu inspiriert haben, ein Kunstwerk zu schaffen, das den Verlust thematisiert und gleichzeitig die Stärke und Resilienz der Community feiert.

Ein weiteres Beispiel könnte die Trauer um Mitglieder der Community sein, die an HIV/AIDS gestorben sind. In seinen Arbeiten könnte Syrus die Geschichten dieser Menschen erzählen und ihre Kämpfe und Triumphe dokumentieren, um das Bewusstsein für die anhaltenden Herausforderungen zu schärfen und das Vermächtnis der Verstorbenen lebendig zu halten.

Fazit

Der Umgang mit Verlust und Trauer ist ein komplexer und oft schmerzhafter Prozess, der für Aktivisten wie Syrus Marcus Ware eine zentrale Rolle spielt. Durch die Auseinandersetzung mit Trauer und den Einsatz von Kunst als Ausdrucksmittel kann er nicht nur seinen eigenen Schmerz verarbeiten, sondern auch anderen in der Community helfen, ihre Erfahrungen zu teilen und gemeinsam zu heilen. Letztlich zeigt sich, dass der Umgang mit Verlust nicht nur eine persönliche Herausforderung ist, sondern auch eine kollektive Verantwortung innerhalb der LGBTQ-Community, die in der Kunst und im Aktivismus ihren Ausdruck findet.

Die Rolle von Humor in persönlichen Beziehungen

Humor spielt eine entscheidende Rolle in persönlichen Beziehungen, insbesondere in den Beziehungen von Aktivisten wie Syrus Marcus Ware, die oft mit Herausforderungen und Stress konfrontiert sind. In diesem Abschnitt werden wir die verschiedenen Dimensionen des Humors in persönlichen Beziehungen untersuchen, seine psychologischen Vorteile, die Herausforderungen, die auftreten können, sowie einige Beispiele, die die Bedeutung von Humor verdeutlichen.

Psychologische Vorteile von Humor

Humor hat nachweislich positive Auswirkungen auf die psychische Gesundheit und das Wohlbefinden. Laut der *Psychological Science* kann Humor als Bewältigungsmechanismus fungieren, der hilft, Stress abzubauen und Spannungen zu reduzieren. Die Theorie des *Relief Theory*, die von Sigmund Freud formuliert wurde, legt nahe, dass Humor eine Form der psychischen Entlastung darstellt, indem er unterdrückte Emotionen und Spannungen auf eine sichere Weise ausdrückt.

Darüber hinaus zeigt die *Cognitive Appraisal Theory*, dass Humor die Art und Weise beeinflussen kann, wie Individuen Stressoren wahrnehmen. Wenn Menschen in der Lage sind, eine humorvolle Perspektive auf eine stressige Situation zu entwickeln, können sie diese oft als weniger bedrohlich empfinden. Diese positive Neubewertung kann die Resilienz stärken und die Fähigkeit erhöhen, mit Schwierigkeiten umzugehen.

Humor als Bindemittel

In persönlichen Beziehungen kann Humor als ein starkes Bindemittel fungieren. Paare, die gemeinsam lachen, teilen nicht nur Freude, sondern schaffen auch eine tiefere emotionale Verbindung. Eine Studie, veröffentlicht im *Journal of Social and Personal Relationships*, hat gezeigt, dass Paare, die häufig Humor verwenden, eine höhere Zufriedenheit in ihrer Beziehung berichten. Humor fördert Intimität und Vertrauen, indem er eine Atmosphäre schafft, in der sich Partner sicher fühlen, ihre Gedanken und Gefühle auszudrücken.

Ein Beispiel aus Syrus' Leben könnte eine humorvolle Anekdote über seine ersten Erfahrungen im Aktivismus sein. Vielleicht erinnert er sich daran, wie er bei einer Protestaktion versuchte, ein ernstes Thema anzusprechen, aber stattdessen versehentlich in eine komische Situation geriet, die die Stimmung auflockerte und die Anwesenden zum Lachen brachte. Solche Erlebnisse können nicht nur den Stress des Aktivismus mindern, sondern auch die Gemeinschaft stärken.

Herausforderungen und Missverständnisse

Trotz der vielen Vorteile kann Humor auch Herausforderungen in persönlichen Beziehungen mit sich bringen. Missverständnisse können auftreten, wenn Humor als unangemessen oder verletzend empfunden wird. Besonders in sensiblen Themen, wie sie oft im Aktivismus vorkommen, kann der Einsatz von Humor riskant sein. Beispielsweise könnte ein Witz über Diskriminierung oder Ungerechtigkeit von einigen als respektlos wahrgenommen werden, während andere ihn als befreiend empfinden.

Die *Incongruity Theory* besagt, dass Humor oft aus der unerwarteten Verbindung zwischen zwei scheinbar unvereinbaren Ideen entsteht. Diese Theorie legt nahe, dass der Kontext entscheidend ist. In einer Beziehung ist es wichtig, die Grenzen des Humors zu erkennen und sicherzustellen, dass beide Partner auf der gleichen Wellenlänge sind. Ein Missverständnis in der humorvollen Kommunikation kann zu Konflikten führen und das Vertrauen untergraben.

Beispiele aus Syrus' Leben

Ein prägnantes Beispiel für die Rolle von Humor in Syrus' persönlichen Beziehungen könnte eine Situation sein, in der er und seine Freunde in einer herausfordernden Zeit zusammenkamen. Vielleicht organisierten sie ein kreatives Event, bei dem sie ernsthafte Themen ansprachen, aber durch humorvolle Einlagen und skurrile Darbietungen die Stimmung auflockerten. Diese Kombination aus Ernsthaftigkeit und Humor half nicht nur, die Botschaft zu vermitteln, sondern schuf auch eine Atmosphäre der Gemeinschaft und Unterstützung.

Ein weiteres Beispiel könnte sein, wie Syrus in seinen Kunstwerken Humor verwendet, um schwierige Themen anzusprechen. Durch den Einsatz von Satire oder ironischen Elementen in seinen Arbeiten könnte er nicht nur zum Nachdenken anregen, sondern auch den Betrachtern helfen, sich mit den Themen auf einer emotionalen Ebene zu verbinden.

Fazit

Zusammenfassend lässt sich sagen, dass Humor eine multifunktionale Rolle in persönlichen Beziehungen spielt. Er dient als Werkzeug zur Stressbewältigung, fördert die Bindung zwischen Partnern und kann sowohl positive als auch herausfordernde Auswirkungen haben. Für Aktivisten wie Syrus Marcus Ware ist Humor nicht nur ein Mittel zur Entspannung, sondern auch ein strategisches Element in der Kommunikation und im Aktivismus. Es ist wichtig, Humor mit Bedacht einzusetzen und die Grenzen des anderen zu respektieren, um eine gesunde und unterstützende Beziehung aufrechtzuerhalten.

Die Fähigkeit, gemeinsam zu lachen, kann in der oft ernsten und herausfordernden Welt des Aktivismus von unschätzbarem Wert sein. Humor ist nicht nur eine Quelle der Freude, sondern auch ein kraftvolles Werkzeug, das Menschen zusammenbringt und sie dazu ermutigt, die Herausforderungen des Lebens mit einem Lächeln zu begegnen.

Reflexion über das persönliche Wachstum

Das persönliche Wachstum ist ein kontinuierlicher Prozess, der sowohl in den Höhen als auch in den Tiefen des Lebens stattfindet. Für Syrus Marcus Ware war dieser Prozess eng mit seiner Identität als LGBTQ-Aktivist und Künstler verbunden. In diesem Abschnitt reflektieren wir über die verschiedenen Dimensionen seines persönlichen Wachstums, die Herausforderungen, die er überwinden musste, und die Lektionen, die er auf seinem Weg gelernt hat.

Die Bedeutung von Selbstreflexion

Selbstreflexion ist ein entscheidender Bestandteil des persönlichen Wachstums. Sie ermöglicht es Individuen, sich ihrer Gedanken, Gefühle und Verhaltensweisen bewusst zu werden. Für Syrus war die Auseinandersetzung mit seiner Identität und seinen Erfahrungen als schwarzer, queerer Mensch eine zentrale Herausforderung. Die Theorie der *Selbstwirksamkeit* nach Bandura (1977) besagt, dass das Vertrauen in die eigenen Fähigkeiten entscheidend ist, um Herausforderungen zu meistern und Ziele zu erreichen. Syrus entwickelte durch Selbstreflexion ein starkes Gefühl der Selbstwirksamkeit, das ihm half, sich in der Kunst- und Aktivismusszene zu behaupten.

Herausforderungen und Rückschläge

Syrus' Weg war nicht ohne Rückschläge. Er erlebte Diskriminierung, sowohl aufgrund seiner Hautfarbe als auch seiner sexuellen Orientierung. Diese Erfahrungen führten zu Phasen der Selbstzweifel und Isolation. Ein Beispiel ist die Zeit während seines Studiums, als er mit dem Gefühl kämpfte, in akademischen Kreisen nicht akzeptiert zu werden. Diese Herausforderungen sind Teil des Modells von *Krisen und Wachstum* (Erikson, 1963), das besagt, dass Krisen oft als Katalysatoren für persönliches Wachstum fungieren können.

In einem entscheidenden Moment entschied sich Syrus, seine Erfahrungen durch Kunst zu verarbeiten. Dies führte zu einem kreativen Schub, der nicht nur seine Kunst beeinflusste, sondern auch seine Perspektive auf das Leben. Er erkannte, dass Rückschläge nicht das Ende, sondern eine Gelegenheit zur Neuorientierung darstellen können.

Die Rolle von Gemeinschaft und Unterstützung

Ein weiterer wesentlicher Aspekt von Syrus' persönlichem Wachstum war die Rolle der Gemeinschaft. Die LGBTQ-Community, in der er aktiv war, bot ihm nicht nur Unterstützung, sondern auch einen Raum für Austausch und Inspiration. Die *Theorie der sozialen Unterstützung* (Cohen, 2004) zeigt, dass soziale Netzwerke einen positiven Einfluss auf das Wohlbefinden und die Resilienz haben. Syrus fand in seiner Community nicht nur Freundschaften, sondern auch Mentoren, die ihn auf seinem Weg begleiteten.

Ein Beispiel für diese Unterstützung war die Gründung von Initiativen, die sich für die Sichtbarkeit von marginalisierten Stimmen einsetzten. Diese Projekte halfen Syrus, seine eigenen Ängste zu überwinden und sich als Führungspersönlichkeit zu etablieren. Die Zusammenarbeit mit anderen Aktivisten ermöglichte es ihm, seine Perspektiven zu erweitern und neue Ansätze für den Aktivismus zu entwickeln.

Die Bedeutung von Humor

Humor spielte eine zentrale Rolle in Syrus' persönlichem Wachstum. Er nutzte Humor als Bewältigungsmechanismus, um mit den Herausforderungen des Lebens umzugehen. Die *Theorie des Humors* (Martin, 2007) legt nahe, dass Humor nicht nur die Stimmung hebt, sondern auch als Werkzeug zur Stressbewältigung dient. Syrus' Fähigkeit, in schwierigen Zeiten zu lachen, half ihm, Resilienz zu entwickeln und seine Erfahrungen in einem neuen Licht zu sehen.

Ein Beispiel für den Einsatz von Humor war seine Kunst, in der er ernste Themen mit einer Prise Ironie und Witz behandelte. Diese Herangehensweise ermöglichte es ihm, komplexe gesellschaftliche Probleme anzugehen, ohne die Zuschauer zu überfordern. Humor wurde so zu einem integralen Bestandteil seiner Identität als Künstler und Aktivist.

Langfristige Auswirkungen auf das persönliche Wachstum

Syrus' Reise des persönlichen Wachstums hat nicht nur ihn selbst, sondern auch die Menschen um ihn herum beeinflusst. Seine Fähigkeit, sich selbst zu reflektieren, Herausforderungen zu bewältigen und Humor zu integrieren, hat ihn zu einem Vorbild für viele in der LGBTQ-Community gemacht. Die *Theorie der Vorbilder* (Bandura, 1986) besagt, dass Menschen durch das Beobachten anderer lernen und sich inspirieren lassen. Syrus' Engagement und seine Authentizität ermutigen andere, ihre eigenen Geschichten zu erzählen und sich für ihre Rechte einzusetzen.

Zusammenfassend lässt sich sagen, dass Syrus Marcus Ware durch Selbstreflexion, die Überwindung von Herausforderungen, die Unterstützung seiner Gemeinschaft und den Einsatz von Humor ein bemerkenswertes persönliches Wachstum erlebt hat. Seine Reise ist ein inspirierendes Beispiel dafür, wie individuelle Erfahrungen und gesellschaftlicher Aktivismus miteinander verwoben sind und wie persönliches Wachstum nicht nur für das Individuum, sondern auch für die Gemeinschaft von Bedeutung ist.

$$\text{Persönliches Wachstum} = \text{Selbstreflexion} + \text{Herausforderungen} + \text{Gemeinschaft} + \text{Humor} \tag{25}$$

Diese Gleichung verdeutlicht, dass persönliches Wachstum aus verschiedenen Elementen besteht, die zusammenwirken, um eine ganzheitliche Entwicklung zu fördern. Syrus' Leben und Werk sind ein Beweis dafür, dass das Streben nach persönlichem Wachstum nicht nur eine individuelle Reise ist, sondern auch eine kollektive Verantwortung gegenüber der Gemeinschaft.

Gesundheit und Wohlbefinden

Psychische Gesundheit im Aktivismus

Aktivismus ist eine kraftvolle und notwendige Antwort auf soziale Ungerechtigkeiten, doch er kann auch eine erhebliche Belastung für die psychische Gesundheit derjenigen darstellen, die sich engagieren. In dieser Sektion werden wir die Herausforderungen untersuchen, die Aktivisten in Bezug auf ihre psychische Gesundheit erleben, sowie Strategien zur Bewältigung dieser Herausforderungen.

Theoretische Grundlagen

Die psychische Gesundheit ist ein entscheidender Faktor für das allgemeine Wohlbefinden und die Lebensqualität. Laut der Weltgesundheitsorganisation (WHO) umfasst psychische Gesundheit mehr als nur die Abwesenheit von psychischen Erkrankungen; sie beinhaltet auch das emotionale, psychologische und soziale Wohlbefinden. Aktivisten sind oft mit intensiven Emotionen konfrontiert, die durch das Engagement für soziale Veränderungen hervorgerufen werden. Diese Emotionen können von Hoffnung und Begeisterung bis hin zu Frustration und Trauer reichen.

Die *Stressbewältigungstheorie* legt nahe, dass Stress, der aus der Wahrnehmung von Bedrohungen oder Herausforderungen resultiert, die psychische Gesundheit beeinträchtigen kann. Aktivisten erleben häufig Stress durch die Konfrontation mit Ungerechtigkeiten, Diskriminierung und Widerstand gegen ihre Anliegen. Ein Beispiel hierfür ist die Erfahrung von Aktivisten, die sich gegen Rassismus oder LGBTQ+-Diskriminierung einsetzen und dabei mit persönlichen Angriffen oder gesellschaftlicher Ablehnung konfrontiert werden.

Herausforderungen der psychischen Gesundheit im Aktivismus

Aktivisten sehen sich einer Vielzahl von Herausforderungen gegenüber, die ihre psychische Gesundheit gefährden können. Zu den häufigsten gehören:

- **Emotionale Erschöpfung:** Das ständige Engagement für soziale Gerechtigkeit kann zu emotionaler Erschöpfung führen, einem Zustand, der durch Überforderung und das Gefühl der Hilflosigkeit gekennzeichnet ist. Aktivisten berichten oft, dass sie sich nach intensiven Kampagnen oder Protesten ausgelaugt fühlen.

- **Vicarious Trauma:** Aktivisten, die mit den Geschichten von Opfern von Ungerechtigkeiten konfrontiert sind, können vicarious trauma erleben. Dies bezieht sich auf die emotionalen und psychologischen Auswirkungen, die aus der Empathie für andere resultieren. Ein Beispiel hierfür ist ein LGBTQ+-Aktivist, der regelmäßig von Gewalt gegen Mitglieder der Community hört und dadurch selbst traumatisiert wird.

- **Isolation:** Das Gefühl der Isolation kann bei Aktivisten auftreten, insbesondere wenn sie sich von ihrer Gemeinschaft oder Familie nicht unterstützt fühlen. Diese Isolation kann zu einem Gefühl der Einsamkeit und des Missmuts führen.

- **Burnout:** Burnout ist ein Zustand chronischer Erschöpfung, der durch langfristigen Stress und Überlastung verursacht wird. Aktivisten, die sich über längere Zeiträume hinweg intensiv engagieren, sind besonders anfällig für Burnout, was ihre Fähigkeit, effektiv zu arbeiten, beeinträchtigen kann.

Strategien zur Unterstützung der psychischen Gesundheit

Um die psychische Gesundheit im Aktivismus zu fördern, ist es wichtig, Strategien zur Bewältigung und Selbstfürsorge zu entwickeln. Einige bewährte Methoden sind:

- **Selbstfürsorge:** Aktivisten sollten regelmäßige Selbstfürsorgepraktiken in ihren Alltag integrieren. Dazu gehören gesunde Ernährung, regelmäßige Bewegung und ausreichend Schlaf. Diese Grundlagen sind entscheidend für die Aufrechterhaltung der psychischen Gesundheit.

- **Soziale Unterstützung:** Der Aufbau eines unterstützenden Netzwerks aus Gleichgesinnten kann helfen, das Gefühl der Isolation zu verringern. Aktivisten sollten sich mit anderen zusammenschließen, um Erfahrungen auszutauschen und sich gegenseitig zu unterstützen.

- **Therapie und Beratung:** Professionelle Unterstützung durch Psychologen oder Therapeuten kann für Aktivisten von großem Nutzen sein. Therapie bietet einen sicheren Raum, um emotionale Belastungen zu verarbeiten und Bewältigungsstrategien zu entwickeln.

- **Pausen einlegen:** Es ist wichtig, regelmäßige Pausen vom Aktivismus einzulegen, um sich zu erholen und aufzuladen. Selbst kurze Auszeiten können helfen, die Perspektive zu ändern und das emotionale Gleichgewicht wiederherzustellen.

- **Achtsamkeit und Meditation:** Praktiken wie Achtsamkeit und Meditation können helfen, Stress abzubauen und das emotionale Wohlbefinden zu fördern. Diese Techniken ermutigen Aktivisten, im Moment zu leben und sich auf das Hier und Jetzt zu konzentrieren.

Beispiele aus der Praxis

Ein Beispiel für die Bedeutung der psychischen Gesundheit im Aktivismus ist die Geschichte von Syrus Marcus Ware selbst. Während seiner Zeit als Aktivist hat er oft betont, wie wichtig es ist, auf sich selbst zu achten. Er hat Workshops zur Stressbewältigung und Selbstfürsorge organisiert, um anderen Aktivisten zu helfen, ihre psychische Gesundheit zu priorisieren.

Ein weiteres Beispiel ist die Initiative „Wellness für Aktivisten", die von verschiedenen LGBTQ+-Organisationen ins Leben gerufen wurde. Diese Initiative bietet Ressourcen und Unterstützung für Aktivisten, um ihre psychische Gesundheit zu fördern und Burnout zu vermeiden. Durch Gruppensitzungen, Meditationskurse und individuelle Beratung wird ein Raum geschaffen, in dem Aktivisten ihre Erfahrungen teilen und voneinander lernen können.

Fazit

Die psychische Gesundheit im Aktivismus ist ein entscheidender, aber oft vernachlässigter Aspekt. Aktivisten stehen vor einzigartigen Herausforderungen, die ihre psychische Gesundheit beeinträchtigen können. Es ist wichtig, dass sie sich der Bedeutung von Selbstfürsorge und Unterstützung bewusst sind und Strategien entwickeln, um ihre psychische Gesundheit zu fördern. Nur durch die Pflege ihrer eigenen psychischen Gesundheit können Aktivisten effektiv für die Veränderungen kämpfen, die sie in der Welt sehen möchten.

Körperliche Herausforderungen und deren Umgang

In der Welt des Aktivismus sind körperliche Herausforderungen oft ein unterschätztes, jedoch zentrales Thema. Für Syrus Marcus Ware, wie für viele Aktivisten, sind die physischen Aspekte des Aktivismus nicht nur eine Frage der Gesundheit, sondern auch der Identität und des Engagements. Diese

Herausforderungen können sich in verschiedenen Formen manifestieren, darunter chronische Krankheiten, körperliche Behinderungen oder die Auswirkungen von Stress und emotionalen Belastungen.

Körperliche Herausforderungen im Aktivismus

Aktivismus kann körperlich anstrengend sein. Die Teilnahme an Demonstrationen, die Organisation von Veranstaltungen und das Reisen zu verschiedenen Orten können zu Erschöpfung und Stress führen. Diese körperlichen Belastungen können sich negativ auf das Wohlbefinden auswirken und zu ernsthaften gesundheitlichen Problemen führen. Ein Beispiel ist die häufige Erfahrung von Aktivisten, die an Erschöpfung leiden, weil sie ständig in Bewegung sind und sich um eine Vielzahl von Anliegen kümmern.

Umgang mit körperlichen Herausforderungen

Der Umgang mit diesen Herausforderungen erfordert sowohl Selbstbewusstsein als auch Strategien zur Selbstfürsorge. Syrus hat in seiner Karriere betont, wie wichtig es ist, auf die eigenen körperlichen Bedürfnisse zu hören. Selbstfürsorge kann verschiedene Formen annehmen, darunter:

- **Regelmäßige Pausen:** Aktivisten müssen lernen, sich Zeit für sich selbst zu nehmen, um physische und mentale Erschöpfung zu vermeiden. Pausen sind nicht nur wichtig für die Regeneration, sondern auch für die kreative Energie.

- **Gesunde Lebensweise:** Eine ausgewogene Ernährung und regelmäßige Bewegung sind entscheidend, um die körperliche Gesundheit zu fördern. Syrus hat oft über die Bedeutung von Yoga und Meditation gesprochen, um Stress abzubauen und den Körper zu stärken.

- **Unterstützungssysteme:** Der Aufbau eines Netzwerks von Unterstützern und Gleichgesinnten kann helfen, die körperlichen und emotionalen Herausforderungen zu bewältigen. Syrus hat in seiner Gemeinschaft viele Mentoren und Freunde gefunden, die ihn in schwierigen Zeiten unterstützen.

- **Therapie und Beratung:** Professionelle Hilfe kann eine wertvolle Ressource sein, um mit den physischen und psychischen Belastungen des Aktivismus umzugehen. Therapie kann helfen, Strategien zur Stressbewältigung zu entwickeln und die eigene Gesundheit zu priorisieren.

Theoretische Perspektiven

Theoretisch betrachtet, ist der Zusammenhang zwischen körperlicher Gesundheit und Aktivismus gut dokumentiert. Laut der *Health Belief Model* Theorie, die oft in der Gesundheitspsychologie verwendet wird, beeinflussen individuelle Überzeugungen über Gesundheit und Krankheit das Verhalten. Aktivisten, die sich der Bedeutung ihrer körperlichen Gesundheit bewusst sind, sind eher geneigt, Maßnahmen zur Selbstfürsorge zu ergreifen.

Ein weiteres relevantes Konzept ist die *Resilienztheorie*, die besagt, dass Individuen, die in der Lage sind, sich an Stress und Herausforderungen anzupassen, besser in der Lage sind, ihre Ziele zu erreichen. Syrus exemplifiziert diese Resilienz, indem er seine körperlichen Herausforderungen als Teil seines Aktivismus annimmt und sie in seine Kunst und seine Botschaften integriert.

Praktische Beispiele

Ein praktisches Beispiel für den Umgang mit körperlichen Herausforderungen ist Syrus' Teilnahme an einem Kunstprojekt, das sich mit der Darstellung von Körperlichkeit und Identität auseinandersetzt. Während der Vorbereitungen für die Ausstellung bemerkte er, dass die physische Anstrengung, die mit der Schaffung und Präsentation seiner Werke verbunden war, zu gesundheitlichen Problemen führte. Er entschied sich, die Arbeitsweise zu ändern, indem er mehr Pausen einlegte und Unterstützung von anderen Künstlern suchte.

Ein weiteres Beispiel ist die Teilnahme an Protesten, wo Syrus oft darauf achtet, sich nicht zu überanstrengen. Er hat gelernt, die Balance zwischen Aktivismus und persönlichem Wohlbefinden zu finden, was ihm ermöglicht, langfristig engagiert zu bleiben.

Fazit

Körperliche Herausforderungen sind ein unvermeidlicher Teil des Aktivismus, und der Umgang damit erfordert ein hohes Maß an Selbstbewusstsein und Strategien zur Selbstfürsorge. Syrus Marcus Ware zeigt, dass es möglich ist, aktiv zu sein und gleichzeitig auf die eigene Gesundheit zu achten. Durch die Integration von Selbstfürsorge in seinen Aktivismus hat er nicht nur seine eigene Lebensqualität verbessert, sondern auch ein Beispiel für andere gesetzt, das zeigt, dass körperliches Wohlbefinden und Engagement Hand in Hand gehen können.

Die Bedeutung von Selbstfürsorge

Selbstfürsorge ist ein zentraler Aspekt des Wohlbefindens, insbesondere für Aktivisten wie Syrus Marcus Ware, die sich in einem oft herausfordernden Umfeld engagieren. In der heutigen schnelllebigen Welt, in der Aktivismus und gesellschaftliche Veränderungen an der Tagesordnung sind, wird die Bedeutung von Selbstfürsorge oft übersehen. Doch sie ist entscheidend, um langfristig gesund und engagiert zu bleiben.

Theoretische Grundlagen

Selbstfürsorge kann als die bewusste Praxis definiert werden, auf die eigenen physischen, emotionalen und psychologischen Bedürfnisse zu achten. Nach dem Modell von *Schönfelder* (2018) umfasst Selbstfürsorge sowohl präventive als auch reaktive Maßnahmen. Präventive Selbstfürsorge zielt darauf ab, Stress und Burnout zu vermeiden, während reaktive Selbstfürsorge Maßnahmen umfasst, die ergriffen werden, um mit bereits aufgetretenem Stress umzugehen.

Ein wichtiger theoretischer Rahmen ist die *Selbstbestimmungstheorie* (Deci & Ryan, 2000), die besagt, dass Menschen grundlegende psychologische Bedürfnisse nach Autonomie, Kompetenz und sozialer Eingebundenheit haben. Wenn diese Bedürfnisse erfüllt sind, sind Individuen motivierter, engagierter und widerstandsfähiger gegenüber Stress. Für Aktivisten ist es besonders wichtig, diese Bedürfnisse zu erkennen und zu fördern, um ihre Effektivität und ihr Wohlbefinden zu steigern.

Probleme und Herausforderungen

Aktivismus kann emotional und physisch belastend sein. Aktivisten stehen häufig unter Druck, sich für soziale Gerechtigkeit einzusetzen, was zu Stress, Erschöpfung und sogar Burnout führen kann. Laut einer Studie von *Klein et al.* (2019) berichten 70% der Aktivisten über Symptome von emotionaler Erschöpfung, was die Notwendigkeit von Selbstfürsorge unterstreicht.

Ein weiteres Problem ist die *Kultur der Selbstaufopferung*, die in vielen Aktivistengruppen vorherrscht. Diese Kultur kann dazu führen, dass Individuen ihre eigenen Bedürfnisse vernachlässigen, was langfristig sowohl ihrer Gesundheit als auch ihrer Fähigkeit, effektiv zu agieren, schadet. Es ist wichtig, ein Gleichgewicht zwischen persönlichem Engagement und Selbstfürsorge zu finden.

Praktische Ansätze zur Selbstfürsorge

Um Selbstfürsorge effektiv in den Alltag zu integrieren, können verschiedene Strategien angewendet werden:

- **Regelmäßige Pausen:** Es ist wichtig, regelmäßig Pausen einzulegen, um sich zu regenerieren. Dies kann durch kurze Spaziergänge, Meditation oder einfaches Abschalten von digitalen Geräten geschehen.

- **Soziale Unterstützung:** Der Austausch mit Gleichgesinnten oder Freunden kann helfen, emotionale Belastungen zu reduzieren. Gruppenaktivitäten oder regelmäßige Treffen mit Freunden bieten eine wertvolle Gelegenheit zur Entspannung und zum Austausch.

- **Körperliche Aktivität:** Sportliche Betätigung hat nachweislich positive Auswirkungen auf die psychische Gesundheit. Smith et al. (2020) zeigen, dass regelmäßige Bewegung Stress reduzieren und das allgemeine Wohlbefinden steigern kann.

- **Achtsamkeit und Meditation:** Techniken wie Achtsamkeit und Meditation können helfen, den Geist zu beruhigen und die emotionale Resilienz zu stärken. Studien belegen, dass Achtsamkeitspraxis zu einer signifikanten Reduktion von Stress und Angst führen kann.

Beispiele aus Syrus' Leben

Syrus Marcus Ware hat in seinem Leben die Bedeutung von Selbstfürsorge erkannt und in seine Praxis integriert. Er spricht oft darüber, wie wichtig es ist, Zeit für sich selbst zu nehmen, um kreativ zu bleiben und sich emotional zu regenerieren. In einem Interview äußerte er: „Wenn ich nicht auf mich selbst achte, kann ich nicht für andere da sein." Dies verdeutlicht, dass Selbstfürsorge nicht nur eine individuelle Verantwortung ist, sondern auch eine kollektive Notwendigkeit im Aktivismus.

Ein konkretes Beispiel ist seine Teilnahme an Workshops zur Stressbewältigung, die er regelmäßig besucht. Diese Workshops bieten ihm nicht nur Techniken zur Stressbewältigung, sondern auch die Möglichkeit, sich mit anderen Aktivisten auszutauschen und zu vernetzen. Dies fördert nicht nur seine persönliche Gesundheit, sondern auch ein Gefühl der Gemeinschaft und Solidarität.

Fazit

Die Bedeutung von Selbstfürsorge kann nicht genug betont werden, insbesondere in der Welt des Aktivismus. Für Syrus Marcus Ware und viele andere Aktivisten ist es entscheidend, sich um sich selbst zu kümmern, um die Kraft und Motivation zu bewahren, für soziale Gerechtigkeit zu kämpfen. Selbstfürsorge ist kein Zeichen von Schwäche, sondern ein notwendiger Bestandteil eines nachhaltigen Aktivismus. Indem Aktivisten wie Syrus die Wichtigkeit von Selbstfürsorge anerkennen und praktizieren, können sie nicht nur ihre eigene Gesundheit fördern, sondern auch die ihrer Gemeinschaft und der Gesellschaft insgesamt.

Strategien zur Stressbewältigung

Stressbewältigung ist ein entscheidender Aspekt im Leben von Aktivisten wie Syrus Marcus Ware, die oft mit emotionalen und physischen Herausforderungen konfrontiert sind. In diesem Abschnitt werden verschiedene Strategien zur Stressbewältigung untersucht, die Syrus in seinem Leben und Aktivismus angewendet hat, sowie die theoretischen Grundlagen, die hinter diesen Methoden stehen.

Theoretische Grundlagen

Die Stressbewältigungstheorie unterscheidet zwischen zwei Hauptansätzen: der problemorientierten Bewältigung und der emotionsorientierten Bewältigung. Die problemorientierte Bewältigung zielt darauf ab, die Stressoren direkt zu verändern, während die emotionsorientierte Bewältigung darauf abzielt, die emotionalen Reaktionen auf Stress zu regulieren.

$$\text{Stress} = \text{Anforderungen} - \text{Ressourcen} \qquad (26)$$

Diese Gleichung verdeutlicht, dass Stress entsteht, wenn die Anforderungen, die an eine Person gestellt werden, die verfügbaren Ressourcen übersteigen. Daher ist es wichtig, sowohl die Anforderungen zu reduzieren als auch die Ressourcen zu erhöhen.

Strategien zur Stressbewältigung

1. Zeitmanagement Eine der effektivsten Strategien zur Stressbewältigung ist das Zeitmanagement. Syrus hat gelernt, seine Zeit effizient zu planen, um Überlastung zu vermeiden. Durch die Verwendung von Planungswerkzeugen und die Priorisierung von Aufgaben kann er sicherstellen, dass er genügend Zeit für seine kreativen Projekte und Aktivismusaktivitäten hat, ohne sich überfordert zu fühlen.

- **Priorisierung von Aufgaben:** Das Eisenhower-Prinzip hilft dabei, Aufgaben nach Dringlichkeit und Wichtigkeit zu kategorisieren.

- **Setzen von realistischen Zielen:** Durch das Setzen erreichbarer Ziele kann Syrus seine Fortschritte verfolgen und Erfolge feiern, was sein Selbstwertgefühl stärkt.

2. **Körperliche Aktivität** Regelmäßige körperliche Aktivität ist eine bewährte Methode zur Stressbewältigung. Syrus integriert Bewegung in seinen Alltag, sei es durch Yoga, Tanzen oder einfaches Spazierengehen. Studien zeigen, dass körperliche Aktivität die Ausschüttung von Endorphinen fördert, die als natürliche Stimmungsaufheller wirken.

$$\text{Endorphin-Ausschüttung} \propto \text{Körperliche Aktivität} \qquad (27)$$

3. **Achtsamkeit und Meditation** Achtsamkeit und Meditation sind weitere wichtige Strategien, die Syrus anwendet, um Stress zu reduzieren. Diese Praktiken helfen, den Geist zu beruhigen und im Moment zu leben. Achtsamkeitsmeditation hat sich als wirksam erwiesen, um Stress und Angstzustände zu verringern.

- **Atemübungen:** Durch bewusstes Atmen kann Syrus seine körperlichen Reaktionen auf Stress kontrollieren.

- **Geführte Meditation:** Apps und Online-Ressourcen bieten geführte Meditationen, die helfen, Achtsamkeit zu entwickeln.

4. **Soziale Unterstützung** Die Bedeutung sozialer Unterstützung kann nicht unterschätzt werden. Syrus hat ein starkes Netzwerk von Freunden und Mitstreitern, die ihm emotionale Unterstützung bieten. Studien zeigen, dass soziale Unterstützung einen positiven Einfluss auf die Stressbewältigung hat.

$$\text{Stressreduktion} = \text{Soziale Unterstützung} + \text{Emotionale Unterstützung} \qquad (28)$$

GESUNDHEIT UND WOHLBEFINDEN 185

5. **Kreativer Ausdruck** Kreativer Ausdruck ist eine weitere Möglichkeit, Stress abzubauen. Syrus nutzt Kunst als Ventil für seine Emotionen. Das Schaffen von Kunstwerken ermöglicht es ihm, seine Gedanken und Gefühle zu verarbeiten und zu kommunizieren. Der kreative Prozess selbst kann therapeutisch wirken.

- **Malerei und Zeichnung:** Diese Aktivitäten fördern die Selbstreflexion und helfen, innere Konflikte zu lösen.

- **Schreiben:** Journaling kann eine effektive Methode sein, um Gedanken zu klären und Stress abzubauen.

6. **Humor als Bewältigungsmechanismus** Humor ist ein weiterer wichtiger Bestandteil von Syrus' Stressbewältigungsstrategien. Er verwendet Humor, um schwierige Situationen zu entschärfen und eine positive Perspektive zu bewahren. Lachen hat nachweislich viele gesundheitliche Vorteile und kann helfen, Stress abzubauen.

- **Lachen mit Freunden:** Gemeinsame humorvolle Erlebnisse stärken die Bindung und reduzieren Stress.

- **Humor in der Kunst:** Syrus integriert Humor in seine Kunstwerke, um gesellschaftliche Themen anzugehen und das Publikum zum Nachdenken anzuregen.

Schlussfolgerung

Zusammenfassend lässt sich sagen, dass Syrus Marcus Ware verschiedene Strategien zur Stressbewältigung anwendet, um den Herausforderungen seines Lebens und Aktivismus zu begegnen. Durch Zeitmanagement, körperliche Aktivität, Achtsamkeit, soziale Unterstützung, kreativen Ausdruck und Humor kann er nicht nur seinen Stress reduzieren, sondern auch seine Resilienz stärken. Diese Strategien sind nicht nur für Syrus von Bedeutung, sondern bieten auch wertvolle Einsichten für andere Aktivisten und Menschen, die in ihrem Leben mit Stress umgehen müssen.

Unterstützungssysteme und Ressourcen

Im Kontext des Aktivismus und der persönlichen Herausforderungen, die viele LGBTQ-Aktivisten wie Syrus Marcus Ware erleben, spielt das Vorhandensein von Unterstützungssystemen und Ressourcen eine entscheidende Rolle. Diese

Systeme können in verschiedenen Formen auftreten, einschließlich sozialer Netzwerke, professioneller Unterstützung und Zugang zu Informationen, die für das persönliche und kollektive Wohlbefinden unerlässlich sind.

Die Bedeutung von Unterstützungssystemen

Unterstützungssysteme sind Netzwerke von Menschen und Organisationen, die emotionale, praktische und materielle Hilfe bieten. Für viele LGBTQ-Aktivisten sind diese Systeme besonders wichtig, da sie oft mit Diskriminierung, Stigmatisierung und anderen Herausforderungen konfrontiert sind, die sich negativ auf ihre psychische und physische Gesundheit auswirken können.

Ein Beispiel für ein solches Unterstützungssystem ist die Rolle von LGBTQ-Communities und -Organisationen, die nicht nur einen Raum für soziale Interaktion bieten, sondern auch Ressourcen für psychische Gesundheit, rechtliche Unterstützung und Bildungsangebote bereitstellen. Diese Gemeinschaften fungieren als sichere Häfen, in denen Individuen ihre Identität ohne Angst vor Verurteilung ausleben können.

Professionelle Unterstützung und Ressourcen

Neben informellen Unterstützungssystemen ist der Zugang zu professioneller Hilfe von großer Bedeutung. Psychologen, Therapeuten und Berater, die sich auf LGBTQ-Themen spezialisiert haben, können entscheidend zur Bewältigung von Stress, Angstzuständen und anderen psychischen Gesundheitsproblemen beitragen. Diese Fachleute bieten nicht nur therapeutische Unterstützung, sondern auch Workshops und Seminare, die sich auf die spezifischen Herausforderungen konzentrieren, mit denen LGBTQ-Personen konfrontiert sind.

Ein Beispiel für eine solche Ressource ist die *Trevor Project*, eine Organisation, die sich auf die Prävention von Suizid bei LGBTQ-Jugendlichen spezialisiert hat. Sie bieten eine Hotline, Online-Beratung und zahlreiche Bildungsressourcen, die dazu beitragen, das Bewusstsein für die Herausforderungen zu schärfen, mit denen diese Gemeinschaft konfrontiert ist.

Zugang zu Informationen

Der Zugang zu Informationen ist ein weiterer kritischer Aspekt von Unterstützungssystemen. Bildung über Rechte, Gesundheitsversorgung und verfügbare Ressourcen kann den Unterschied zwischen Empowerment und Isolation ausmachen. Online-Plattformen, soziale Medien und

Informationszentren bieten eine Fülle von Informationen, die LGBTQ-Personen dabei unterstützen, informierte Entscheidungen über ihr Leben zu treffen.

Ein Beispiel für eine wertvolle Informationsquelle ist *Human Rights Campaign*, die umfassende Daten und Ressourcen über rechtliche Rechte, Gesundheitsversorgung und soziale Gerechtigkeit für LGBTQ-Personen bereitstellt. Diese Informationen sind nicht nur für Individuen von Bedeutung, sondern auch für Aktivisten, die sich für Veränderungen in der Gesellschaft einsetzen.

Herausforderungen bei der Nutzung von Unterstützungssystemen

Trotz der Verfügbarkeit von Unterstützungssystemen gibt es erhebliche Herausforderungen, die es zu überwinden gilt. Viele LGBTQ-Personen haben Schwierigkeiten, geeignete Unterstützung zu finden, sei es aufgrund von Vorurteilen, geografischen Barrieren oder mangelndem Zugang zu Ressourcen.

Ein häufiges Problem ist die Angst vor Stigmatisierung. Einige Individuen zögern, Unterstützung in Anspruch zu nehmen, aus Angst, als „schwach" oder „abweichend" wahrgenommen zu werden. Dies kann zu einem Gefühl der Isolation führen, das die psychische Gesundheit weiter beeinträchtigt.

Beispiele für erfolgreiche Unterstützungssysteme

Trotz dieser Herausforderungen gibt es zahlreiche Beispiele für erfolgreiche Unterstützungssysteme, die LGBTQ-Personen helfen. In vielen Städten gibt es LGBTQ-Zentren, die eine Vielzahl von Dienstleistungen anbieten, darunter Gesundheitsversorgung, rechtliche Beratung und soziale Aktivitäten. Diese Zentren fördern nicht nur das Wohlbefinden, sondern stärken auch das Gemeinschaftsgefühl.

Ein bemerkenswertes Beispiel ist das *LGBTQ Center* in Los Angeles, das eine Vielzahl von Programmen anbietet, die sich auf psychische Gesundheit, soziale Unterstützung und Bildung konzentrieren. Solche Einrichtungen sind entscheidend für die Schaffung eines unterstützenden Umfelds, in dem LGBTQ-Personen gedeihen können.

Schlussfolgerung

Zusammenfassend lässt sich sagen, dass Unterstützungssysteme und Ressourcen für LGBTQ-Aktivisten wie Syrus Marcus Ware von entscheidender Bedeutung sind. Sie bieten nicht nur emotionale und praktische Unterstützung, sondern tragen auch dazu bei, ein Gefühl der Gemeinschaft und Zugehörigkeit zu schaffen.

Die Herausforderungen, die mit der Nutzung dieser Systeme verbunden sind, erfordern ein bewusstes Engagement, um sicherzustellen, dass alle Mitglieder der LGBTQ-Community Zugang zu den Ressourcen haben, die sie benötigen, um ihr volles Potenzial auszuschöpfen. In einer Welt, die oft feindlich gegenüber Vielfalt ist, sind diese Unterstützungssysteme ein Lichtblick, das Hoffnung und Stärke spendet.

Erfahrungen mit Diskriminierung

Diskriminierung ist ein weit verbreitetes Phänomen, das viele Menschen in der LGBTQ-Community betrifft. Syrus Marcus Ware hat in seiner Lebens- und Karriereerfahrung zahlreiche Beispiele für Diskriminierung erlebt, die sowohl auf individueller als auch auf struktureller Ebene auftreten. In diesem Abschnitt werden wir die verschiedenen Facetten der Diskriminierung beleuchten, die Syrus erfahren hat, sowie die theoretischen Rahmenbedingungen, die diese Erfahrungen erklären.

Theoretische Grundlagen der Diskriminierung

Diskriminierung kann als eine Form der Ungleichbehandlung definiert werden, die auf der Zugehörigkeit zu einer bestimmten Gruppe basiert. Nach der sozialen Identitätstheorie (Tajfel & Turner, 1979) neigen Menschen dazu, sich mit ihrer sozialen Gruppe zu identifizieren und andere Gruppen abzuwerten. Diese Abwertung kann sich in Vorurteilen und Diskriminierung äußern, die in verschiedenen Kontexten, einschließlich Arbeitsplatz, Bildung und sozialen Interaktionen, auftreten können.

Ein weiterer wichtiger theoretischer Rahmen ist die Intersektionalität (Crenshaw, 1989), die besagt, dass Diskriminierung nicht isoliert betrachtet werden kann. Menschen haben mehrere Identitäten – wie Geschlecht, Rasse, sexuelle Orientierung und sozioökonomischen Status – die sich überschneiden und die Erfahrungen von Diskriminierung verstärken können. Für Syrus, als schwarzer queer Mann, sind diese Überschneidungen besonders relevant.

Individuelle Erfahrungen von Diskriminierung

Syrus hat in seiner Kindheit und Jugend verschiedene Formen der Diskriminierung erlebt. In der Schule war er häufig Ziel von Mobbing, nicht nur aufgrund seiner sexuellen Orientierung, sondern auch wegen seiner Hautfarbe. Lehrer und Mitschüler machten oft abfällige Bemerkungen, die seine Selbstwahrnehmung und sein Selbstwertgefühl beeinträchtigten. Diese

Erfahrungen führten zu einem Gefühl der Isolation und des Andersseins, das viele LGBTQ-Jugendliche empfinden.

Ein prägnantes Beispiel ist eine Situation, in der Syrus während eines Kunstprojekts in der Schule seine Identität zum Thema machte. Anstatt Unterstützung zu erhalten, wurde er von seinen Mitschülern verspottet. Dies verdeutlicht die Herausforderungen, mit denen LGBTQ-Jugendliche konfrontiert sind, wenn sie versuchen, sich auszudrücken und ihre Identität zu leben.

Strukturelle Diskriminierung

Neben individuellen Erfahrungen hat Syrus auch strukturelle Diskriminierung in der Kunstwelt und im Aktivismus erlebt. In vielen Institutionen, sei es in Galerien oder bei Kunstschaffenden, gibt es oft eine vorherrschende Kultur, die heteronormative und rassistische Normen aufrechterhält. Syrus hat festgestellt, dass seine Arbeiten oft nicht die gleiche Anerkennung erhalten wie die von weißen, heterosexuellen Künstlern, selbst wenn die Qualität und die Botschaft seiner Kunst gleichwertig sind.

Ein Beispiel hierfür ist eine Ausstellung, für die Syrus eingeladen wurde. Trotz seiner beeindruckenden Arbeiten wurde er in den Marketingmaterialien und Pressemitteilungen nicht erwähnt. Diese Art der Unsichtbarkeit ist ein häufiges Problem für marginalisierte Künstler und zeigt, wie tief verwurzelte Vorurteile die Sichtbarkeit und den Erfolg von Künstlern aus der LGBTQ-Community beeinträchtigen können.

Psychologische Auswirkungen der Diskriminierung

Die Erfahrungen von Diskriminierung haben tiefgreifende psychologische Auswirkungen auf Syrus gehabt. Studien zeigen, dass Diskriminierung zu erhöhten Raten von Angstzuständen, Depressionen und anderen psychischen Gesundheitsproblemen führen kann (Meyer, 2003). Syrus hat oft über seine Kämpfe mit der psychischen Gesundheit gesprochen, die durch die ständige Konfrontation mit Diskriminierung und Vorurteilen verstärkt wurden.

Ein wichtiges Bewältigungsmechanismus für Syrus war die Verwendung von Humor in seinen Arbeiten und seinem Aktivismus. Humor kann als eine Form der Resilienz betrachtet werden, die es Menschen ermöglicht, sich mit schmerzhaften Erfahrungen auseinanderzusetzen und diese in eine positive Perspektive zu verwandeln. Diese Strategie hat Syrus geholfen, die negativen Auswirkungen von Diskriminierung zu mildern und gleichzeitig andere zu inspirieren, sich für Veränderungen einzusetzen.

Reflexion und Ausblick

Die Erfahrungen von Syrus Marcus Ware mit Diskriminierung sind nicht nur persönliche Geschichten, sondern spiegeln die Herausforderungen wider, denen viele Menschen in der LGBTQ-Community gegenüberstehen. Es ist wichtig, diese Geschichten zu erzählen, um das Bewusstsein für die anhaltenden Probleme der Diskriminierung zu schärfen und den Dialog über Gleichheit und Akzeptanz zu fördern.

Indem Syrus seine Erfahrungen teilt, trägt er zur Sichtbarkeit und zum Verständnis der Probleme bei, mit denen marginalisierte Gruppen konfrontiert sind. Die Reflexion über Diskriminierung ist ein wesentlicher Schritt in Richtung Veränderung und Gerechtigkeit, sowohl auf individueller als auch auf gesellschaftlicher Ebene. In Zukunft wird es entscheidend sein, diese Themen weiterhin anzusprechen und aktiv gegen Diskriminierung zu kämpfen, um eine inklusivere und gerechtere Gesellschaft zu schaffen.

$$\text{Diskriminierung} = f(\text{Identität}, \text{Kontext}, \text{Intersektionalität}) \quad (29)$$

Diese Gleichung verdeutlicht, dass Diskriminierung von verschiedenen Faktoren beeinflusst wird, die miteinander in Wechselwirkung stehen. Das Verständnis dieser Dynamiken ist entscheidend für die Entwicklung wirksamer Strategien zur Bekämpfung von Diskriminierung und zur Förderung von Gleichheit in der Gesellschaft.

Die Rolle von Therapie und Beratung

Die Rolle von Therapie und Beratung im Leben von Syrus Marcus Ware und in der LGBTQ-Community im Allgemeinen ist von entscheidender Bedeutung. Diese Unterstützungssysteme bieten nicht nur einen Raum für persönliche Reflexion, sondern auch für das Verständnis und die Bewältigung von Herausforderungen, die viele LGBTQ-Personen im Laufe ihres Lebens erleben.

Theoretische Grundlagen

Therapie und Beratung basieren auf verschiedenen psychologischen Theorien, die darauf abzielen, das individuelle Wohlbefinden zu fördern. Eine der grundlegenden Theorien ist die **Humanistische Psychologie**, die von Carl Rogers und Abraham Maslow geprägt wurde. Diese Theorie betont die Bedeutung von Selbstverwirklichung und persönlichem Wachstum. In der Therapie wird ein empathisches und unterstützendes Umfeld geschaffen, in dem Klienten ihre Gedanken und Gefühle ohne Angst vor Verurteilung ausdrücken können.

Ein weiterer relevanter Ansatz ist die **Kognitive Verhaltenstherapie (KVT)**, die sich auf die Identifizierung und Veränderung negativer Denkmuster konzentriert. Laut Beck (1976) kann die KVT helfen, dysfunktionale Überzeugungen zu identifizieren, die zu emotionalen Schwierigkeiten führen. Dies ist besonders wichtig für LGBTQ-Personen, die oft mit internalisierten Vorurteilen und gesellschaftlichem Druck konfrontiert sind.

Herausforderungen in der LGBTQ-Community

Die LGBTQ-Community sieht sich einer Vielzahl von Herausforderungen gegenüber, die sich negativ auf die psychische Gesundheit auswirken können. Dazu gehören:

- **Diskriminierung und Stigmatisierung:** Viele LGBTQ-Personen erleben Diskriminierung aufgrund ihrer sexuellen Orientierung oder Geschlechtsidentität. Diese Erfahrungen können zu Angstzuständen, Depressionen und einem verminderten Selbstwertgefühl führen.

- **Familienakzeptanz:** Die Akzeptanz innerhalb der Familie ist ein entscheidender Faktor für das psychische Wohlbefinden. Studien zeigen, dass LGBTQ-Personen, die von ihren Familien unterstützt werden, ein höheres Maß an psychischer Gesundheit aufweisen (Ryan et al., 2009).

- **Identitätskrisen:** Die Suche nach der eigenen Identität kann zu Verwirrung und emotionalem Stress führen. Dies ist besonders relevant in jungen Jahren, wenn viele LGBTQ-Personen ihre Sexualität oder Geschlechtsidentität entdecken.

Beispiele für Therapieansätze

Syrus Marcus Ware hat in verschiedenen Interviews und öffentlichen Auftritten die Bedeutung von Therapie und Beratung hervorgehoben. Er selbst hat therapeutische Unterstützung in Anspruch genommen, um mit den Herausforderungen des Aktivismus und der persönlichen Identität umzugehen.

Ein Beispiel für einen effektiven Therapieansatz ist die **Gruppentherapie**, die es LGBTQ-Personen ermöglicht, ihre Erfahrungen zu teilen und von anderen zu lernen. Diese Form der Therapie fördert das Gemeinschaftsgefühl und die

Solidarität, was besonders wichtig ist, da viele Klienten oft das Gefühl haben, isoliert zu sein.

Ein weiteres Beispiel ist die **Traumatherapie**, die sich auf die Behandlung von Personen konzentriert, die traumatische Erfahrungen gemacht haben, wie etwa Gewalt oder Diskriminierung. Therapeutische Ansätze wie EMDR (Eye Movement Desensitization and Reprocessing) haben sich als wirksam erwiesen, um die Auswirkungen solcher Erlebnisse zu mindern.

Die Verbindung zwischen Kunst und Therapie

Syrus nutzt auch seine Kunst als therapeutisches Werkzeug. Kunsttherapie ermöglicht es Individuen, ihre Gefühle und Gedanken visuell auszudrücken, was zu einem tieferen Verständnis ihrer inneren Konflikte führen kann. Die Verbindung zwischen Kunst und Therapie ist gut dokumentiert; viele Therapeuten integrieren kreative Ausdrucksformen in ihre Praxis, um Klienten zu helfen, sich auszudrücken und zu heilen.

Fazit

Zusammenfassend lässt sich sagen, dass Therapie und Beratung eine wesentliche Rolle im Leben von Syrus Marcus Ware und in der LGBTQ-Community spielen. Sie bieten nicht nur Unterstützung bei der Bewältigung von Herausforderungen, sondern fördern auch das persönliche Wachstum und die Selbstakzeptanz. Die Integration von Therapie in den Aktivismus kann dazu beitragen, dass Individuen nicht nur für ihre Rechte kämpfen, sondern auch für ihr eigenes Wohlbefinden sorgen. In einer Welt, die oft feindlich gegenüber LGBTQ-Personen ist, sind solche Unterstützungssysteme von unschätzbarem Wert.

Die Verbindung zwischen Kunst und Heilung

Die Verbindung zwischen Kunst und Heilung ist ein faszinierendes und vielschichtiges Thema, das nicht nur in der LGBTQ-Community, sondern auch in breiteren gesellschaftlichen Kontexten von Bedeutung ist. Kunst hat die Fähigkeit, emotionale und psychologische Prozesse zu fördern, indem sie Menschen hilft, ihre Erfahrungen auszudrücken und zu verarbeiten. Diese Verbindung kann durch verschiedene theoretische Ansätze und praktische Anwendungen untersucht werden.

Theoretische Grundlagen

Die Theorie der *therapeutischen Kunst* besagt, dass kreative Prozesse einen heilenden Einfluss auf das Individuum haben können. Diese Ansätze basieren auf der Annahme, dass die Auseinandersetzung mit künstlerischen Medien wie Malerei, Musik oder Theater therapeutische Effekte erzeugt. Ein zentraler Aspekt dieser Theorie ist der *kreative Ausdruck*, der als ein Werkzeug zur Selbstreflexion und zur Verarbeitung von Trauma betrachtet wird.

Ein Beispiel hierfür ist die *Kunsttherapie*, die auf den Prinzipien der Psychologie basiert. Sie nutzt kreative Techniken, um Klienten zu helfen, ihre Gefühle auszudrücken und zu verarbeiten. Die Kunsttherapie hat sich als besonders wirksam erwiesen bei der Behandlung von psychischen Erkrankungen, wie Depressionen und Angststörungen. Die *American Art Therapy Association* definiert Kunsttherapie als „eine therapeutische Beziehung, die den kreativen Prozess nutzt, um die emotionalen, kognitiven und sozialen Bedürfnisse von Individuen zu fördern".

Praktische Anwendungen

Künstler wie Syrus Marcus Ware verwenden ihre Kunst nicht nur zur Selbstdarstellung, sondern auch als Mittel zur Heilung und zur Unterstützung ihrer Community. In seinen Installationen thematisiert er oft die Herausforderungen, denen marginalisierte Gruppen gegenüberstehen, und schafft so einen Raum, in dem Betroffene ihre eigenen Erfahrungen reflektieren und verarbeiten können.

Ein praktisches Beispiel für die Verbindung zwischen Kunst und Heilung ist das Projekt "Healing Through Art", das Workshops für LGBTQ-Jugendliche anbietet. In diesen Workshops werden verschiedene künstlerische Techniken eingesetzt, um Themen wie Identität, Verlust und Trauma zu erkunden. Die Teilnehmer haben die Möglichkeit, ihre Geschichten durch Malerei, Schreiben oder Performance zu erzählen, was zu einem Gefühl der Gemeinschaft und des Verständnisses führt.

Herausforderungen und Probleme

Trotz der positiven Effekte, die Kunst auf die Heilung haben kann, gibt es auch Herausforderungen. Eine der größten Hürden ist der Zugang zu künstlerischen Ressourcen. Viele Menschen, insbesondere in marginalisierten Gemeinschaften, haben möglicherweise nicht die Möglichkeit, an Kunsttherapie oder ähnlichen Programmen teilzunehmen. Dies kann durch finanzielle Einschränkungen, fehlende Informationen oder soziale Barrieren bedingt sein.

Darüber hinaus kann die Auseinandersetzung mit traumatischen Erlebnissen in einem künstlerischen Kontext auch schmerzhaft sein. Es besteht die Gefahr, dass der kreative Prozess retraumatisierend wirkt, wenn die Teilnehmer nicht über die notwendigen Ressourcen oder Unterstützung verfügen, um mit ihren Emotionen umzugehen. Daher ist es wichtig, dass Kunsttherapeuten und Aktivisten, die mit verletzlichen Gruppen arbeiten, geeignete Rahmenbedingungen schaffen, um Sicherheit und Unterstützung zu gewährleisten.

Schlussfolgerung

Die Verbindung zwischen Kunst und Heilung ist ein kraftvolles Konzept, das sowohl in der Theorie als auch in der Praxis tief verwurzelt ist. Kunst bietet einen einzigartigen Zugang zu emotionalen und psychologischen Prozessen, der besonders für marginalisierte Gruppen von Bedeutung ist. Syrus Marcus Ware und andere Künstler zeigen, wie kreative Ausdrucksformen als Werkzeuge der Heilung und des Aktivismus dienen können. Die Herausforderungen, die mit dieser Verbindung einhergehen, erfordern jedoch eine sorgfältige Betrachtung und eine bewusste Gestaltung von Programmen, die den Bedürfnissen der Gemeinschaft gerecht werden.

Insgesamt lässt sich sagen, dass die Kunst nicht nur eine Form des persönlichen Ausdrucks ist, sondern auch eine bedeutende Rolle im Heilungsprozess spielen kann. Durch die Förderung von Kreativität und den Austausch von Geschichten kann Kunst als Katalysator für Veränderungen und als Mittel zur Überwindung von Trauma fungieren. Dies ist besonders wichtig in einer Zeit, in der viele Menschen mit den Folgen von Diskriminierung und Ungerechtigkeit kämpfen. Kunst bietet die Möglichkeit, diese Erfahrungen zu verarbeiten und zu transformieren, was zu einem tieferen Verständnis und einer stärkeren Gemeinschaft führt.

Reflexion über persönliche Kämpfe

In dieser Sektion reflektieren wir die persönlichen Kämpfe von Syrus Marcus Ware, die sowohl seine künstlerische als auch aktivistische Arbeit geprägt haben. Persönliche Kämpfe sind oft tief verwurzelt in der Identität und den Erfahrungen, die Individuen im Laufe ihres Lebens machen. Für Syrus, als schwarzer queer-identifizierter Künstler und Aktivist, sind diese Kämpfe sowohl individuell als auch kollektive Herausforderungen, die sich aus der Intersektion von Rassismus, Homophobie und der Suche nach sozialer Gerechtigkeit ergeben.

Ein zentrales Thema in Syrus' Leben ist die Auseinandersetzung mit der psychischen Gesundheit. Die ständige Konfrontation mit Diskriminierung und Vorurteilen hat bei vielen LGBTQ-Personen, einschließlich Syrus, zu psychischen Belastungen geführt. Studien zeigen, dass LGBTQ-Individuen ein höheres Risiko für psychische Erkrankungen wie Depressionen und Angstzustände haben (Meyer, 2003). Diese Realität wird in Syrus' Arbeiten oft thematisiert, wo er den Kampf um Selbstakzeptanz und die Suche nach innerem Frieden reflektiert.

$$\text{Psychische Belastung} = \text{Diskriminierung} + \text{Identitätskonflikte} \qquad (30)$$

Ein Beispiel für Syrus' Umgang mit diesen Herausforderungen ist sein Engagement in der Gemeinschaft. Er hat oft betont, wie wichtig es ist, Unterstützungssysteme zu schaffen, die Menschen in Krisensituationen helfen. In einem Interview erklärte er: „Die Gemeinschaft ist wie ein Sicherheitsnetz. Wenn du fällst, fängst du nicht nur auf den Boden, sondern wirst von den Menschen um dich herum aufgefangen." Diese Sichtweise wird durch die Theorie der sozialen Unterstützung gestützt, die besagt, dass soziale Netzwerke entscheidend für das Wohlbefinden sind (Cohen & Wills, 1985).

Darüber hinaus hat Syrus auch die Rolle der Kunst als therapeutisches Mittel in seinem Leben erkannt. Die kreative Ausdrucksform ermöglicht es ihm, seine inneren Konflikte zu verarbeiten und seine Erfahrungen zu teilen. Er hat in mehreren seiner Werke die Idee der Kunst als Heilungsprozess thematisiert. In einer seiner Installationen beschreibt er den Akt des Malens als „eine Form der Befreiung", die ihm hilft, die Last seiner Erfahrungen abzulegen. Dies steht im Einklang mit der Kunsttherapie, die zeigt, dass kreativer Ausdruck therapeutische Vorteile haben kann (Malchiodi, 2003).

Ein weiterer wichtiger Aspekt von Syrus' persönlichen Kämpfen ist die Auseinandersetzung mit Verlust und Trauer. Er hat den Verlust von Freunden und Weggefährten, die aufgrund von Gewalt oder Krankheit gestorben sind, verarbeitet. Diese Erfahrungen haben nicht nur seine Kunst, sondern auch seine Ansichten über das Leben und die Bedeutung von Gemeinschaft geprägt. In einem bewegenden Gespräch über den Verlust eines Freundes sagte er: „Jeder Verlust ist ein Teil von mir, und ich trage sie in meiner Kunst weiter." Diese Reflexion zeigt, wie Verlust sowohl eine Quelle des Schmerzes als auch der Inspiration sein kann.

$$\text{Kreativität} = \text{Trauer} + \text{Erinnerung} \qquad (31)$$

Syrus' persönliche Kämpfe sind auch ein Spiegelbild der Herausforderungen, denen viele in der LGBTQ-Community gegenüberstehen. Die ständige Auseinandersetzung mit gesellschaftlichen Normen und Erwartungen führt oft zu einem Gefühl der Isolation. Syrus hat häufig betont, dass es wichtig ist, diese Isolation zu durchbrechen, indem man Geschichten teilt und Verbindungen zu anderen aufbaut. In einer seiner öffentlichen Reden sagte er: „Wenn wir unsere Geschichten erzählen, heilen wir nicht nur uns selbst, sondern auch die Gemeinschaft um uns herum."

Zusammenfassend lässt sich sagen, dass die persönlichen Kämpfe von Syrus Marcus Ware nicht nur seine Identität als Künstler und Aktivist geprägt haben, sondern auch als Katalysator für Veränderungen in der Gesellschaft dienen. Durch seine Reflexionen über psychische Gesundheit, den Verlust und die Rolle der Kunst als Heilung hat er nicht nur seine eigene Reise dokumentiert, sondern auch einen Raum für andere geschaffen, um ihre Kämpfe zu teilen und sich gegenseitig zu unterstützen. Diese Reflexion über persönliche Kämpfe ist ein zentraler Bestandteil seiner Botschaft und seines Vermächtnisses in der LGBTQ-Community und darüber hinaus.

Bibliography

[1] Cohen, S., & Wills, T. A. (1985). Stress, social support, and the buffering hypothesis. *Psychological Bulletin*, 98(2), 310-357.

[2] Malchiodi, C. A. (2003). *Art therapy: Using the creative process with children and adolescents in individual and group settings*. New York: Guilford Press.

[3] Meyer, I. H. (2003). Prejudice, social stress, and mental health in gay men. *American Psychologist*, 58(5), 123-134.

Ein Blick auf die Zukunft des Wohlbefindens

Das Wohlbefinden von Aktivisten, insbesondere innerhalb der LGBTQ-Community, ist ein komplexes Thema, das zunehmend an Bedeutung gewinnt. In den letzten Jahren hat sich das Bewusstsein für die Herausforderungen, denen sich Aktivisten gegenübersehen, erheblich verändert. Die Verbindung zwischen Aktivismus und psychischer Gesundheit ist ein zentrales Thema, das sowohl in der Theorie als auch in der Praxis behandelt werden muss.

Theoretische Grundlagen

Die Theorie des sozialen Wandels betont die Notwendigkeit eines integrativen Ansatzes, der sowohl individuelle als auch kollektive Bedürfnisse berücksichtigt. Der Psychologe Abraham Maslow formulierte die Bedürfnispyramide, die zeigt, dass die Erfüllung grundlegender Bedürfnisse wie Sicherheit und soziale Zugehörigkeit unerlässlich ist, um das volle Potenzial eines Individuums zu entfalten. Maslows Theorie lässt sich auf Aktivisten übertragen, die oft mit existenziellen Herausforderungen konfrontiert sind, die ihre Fähigkeit beeinträchtigen, sich für soziale Gerechtigkeit einzusetzen.

Wohlbefinden = f(physische Gesundheit, psychische Gesundheit, soziale Unterstützung)
$$\text{(32)}$$

Diese Gleichung verdeutlicht, dass das Wohlbefinden eine Funktion aus verschiedenen Faktoren ist. Physische Gesundheit, psychische Gesundheit und soziale Unterstützung sind entscheidend für das langfristige Wohlbefinden von Aktivisten.

Herausforderungen für das Wohlbefinden

Aktivisten stehen oft unter immensem Druck, was zu einer Vielzahl von psychischen Problemen führen kann. Stress, Burnout und Traumata sind häufige Begleiterscheinungen des Aktivismus. Ein Beispiel dafür ist die Erfahrung von Syrus Marcus Ware, der in seiner Karriere immer wieder mit Diskriminierung und Widerstand konfrontiert wurde. Diese Erfahrungen können zu einem Gefühl der Isolation führen, das sich negativ auf das Wohlbefinden auswirkt.

Strategien zur Verbesserung des Wohlbefindens

Um das Wohlbefinden zu fördern, sind mehrere Strategien erforderlich. Dazu gehören:

1. **Selbstfürsorge**: Aktivisten sollten Techniken zur Selbstfürsorge in ihren Alltag integrieren, wie z.B. Meditation, regelmäßige körperliche Aktivität und gesunde Ernährung. Studien zeigen, dass körperliche Aktivität die psychische Gesundheit erheblich verbessern kann.

2. **Netzwerkbildung**: Der Aufbau eines starken Unterstützungssystems innerhalb der Community ist entscheidend. Soziale Netzwerke können emotionale Unterstützung bieten und das Gefühl der Zugehörigkeit stärken.

3. **Zugang zu Ressourcen**: Der Zugang zu psychologischer Unterstützung und Therapie ist für Aktivisten unerlässlich. Programme, die speziell für LGBTQ-Aktivisten entwickelt wurden, können helfen, die spezifischen Herausforderungen zu adressieren, mit denen sie konfrontiert sind.

4. **Bildung und Sensibilisierung**: Workshops und Schulungen, die sich mit Themen wie Stressbewältigung und Resilienz beschäftigen, können die Fähigkeiten von Aktivisten stärken, mit den Herausforderungen des Aktivismus umzugehen.

Zukunftsausblick

Die Zukunft des Wohlbefindens von Aktivisten wird stark von der gesellschaftlichen Akzeptanz und den politischen Rahmenbedingungen abhängen. Es ist wichtig, dass die LGBTQ-Community und ihre Unterstützer weiterhin für die Rechte und das Wohlbefinden ihrer Mitglieder eintreten. Initiativen zur Förderung der psychischen Gesundheit sollten integraler Bestandteil jeder Aktivismusstrategie sein.

Ein Beispiel für eine vielversprechende Initiative ist die Gründung von Selbsthilfegruppen, die speziell auf die Bedürfnisse von LGBTQ-Aktivisten ausgerichtet sind. Solche Gruppen können einen sicheren Raum bieten, um Erfahrungen auszutauschen und Unterstützung zu finden.

Schlussfolgerung

Das Wohlbefinden von Aktivisten ist ein dynamisches und vielschichtiges Thema, das kontinuierlich untersucht und gefördert werden muss. Es ist entscheidend, dass die Aktivisten der Zukunft über die notwendigen Ressourcen und Unterstützungsmechanismen verfügen, um nicht nur ihre eigenen Bedürfnisse zu erfüllen, sondern auch weiterhin für die Rechte und das Wohl ihrer Gemeinschaft zu kämpfen. Die Integration von Wohlbefindensstrategien in den Aktivismus wird nicht nur den Einzelnen stärken, sondern auch die gesamte Bewegung beleben und nachhaltig gestalten.

Die Herausforderungen sind groß, aber mit einem klaren Fokus auf das Wohlbefinden kann die LGBTQ-Community eine positive und nachhaltige Veränderung bewirken.

Der Einfluss von Syrus Marcus Ware

Vermächtnis und Inspiration

Syrus' Einfluss auf die LGBTQ-Community

Syrus Marcus Ware hat sich als eine herausragende Figur in der LGBTQ-Community etabliert, nicht nur als Künstler, sondern auch als Aktivist, der sich für soziale Gerechtigkeit und Gleichheit einsetzt. Sein Einfluss erstreckt sich über verschiedene Dimensionen, die sowohl künstlerische als auch politische Aspekte umfassen. In diesem Abschnitt werden wir die verschiedenen Facetten seines Einflusses auf die LGBTQ-Community untersuchen, einschließlich der theoretischen Grundlagen, der Herausforderungen, mit denen die Community konfrontiert ist, und konkreter Beispiele für Syrus' Engagement.

Theoretische Grundlagen

Um Syrus' Einfluss auf die LGBTQ-Community zu verstehen, ist es wichtig, die theoretischen Rahmenbedingungen zu betrachten, die seine Arbeit untermauern. Ein zentraler Aspekt ist die Queer-Theorie, die sich mit der Konstruktion von Geschlecht und Sexualität auseinandersetzt. Diese Theorie hinterfragt normative Vorstellungen von Identität und Geschlecht und bietet einen Raum für alternative Narrative. Syrus nutzt diese theoretischen Konzepte in seiner Kunst, um Sichtbarkeit für marginalisierte Stimmen innerhalb der LGBTQ-Community zu schaffen.

Ein weiterer wichtiger theoretischer Rahmen ist die Kritische Theorie, die sich mit Machtstrukturen und sozialen Ungleichheiten beschäftigt. Syrus' Arbeit reflektiert die Herausforderungen, die viele LGBTQ-Personen erleben, und kritisiert die gesellschaftlichen Normen, die Diskriminierung und Ungerechtigkeit fördern. Durch seine Kunst und seinen Aktivismus fordert er die Community und die Gesellschaft heraus, über bestehende Vorurteile und Stereotypen hinauszudenken.

Herausforderungen innerhalb der Community

Trotz der Fortschritte, die in den letzten Jahrzehnten erzielt wurden, steht die LGBTQ-Community weiterhin vor erheblichen Herausforderungen. Diskriminierung, Gewalt und soziale Stigmatisierung sind nach wie vor weit verbreitet. Syrus hat diese Probleme in seiner Arbeit thematisiert und nutzt seine Plattform, um auf diese Herausforderungen aufmerksam zu machen.

Ein Beispiel für diese Herausforderungen ist die anhaltende Gewalt gegen Transgender-Personen, insbesondere gegen Transfrauen of Color. Syrus hat sich aktiv an Kampagnen beteiligt, die darauf abzielen, die Sichtbarkeit und den Schutz dieser vulnerablen Gruppen zu erhöhen. Seine Kunstwerke, die oft die Schönheit und Stärke von Trans-Personen feiern, dienen als kraftvolle Botschaften gegen die Gewalt und Diskriminierung, mit denen sie konfrontiert sind.

Beispiele für Syrus' Engagement

Syrus' Einfluss auf die LGBTQ-Community zeigt sich in zahlreichen Projekten und Initiativen, die er initiiert oder unterstützt hat. Ein bemerkenswertes Beispiel ist die Kampagne „Art for Social Change", die darauf abzielt, Künstler*innen zu ermutigen, ihre Plattformen zu nutzen, um soziale Themen anzusprechen. Diese Kampagne hat dazu beigetragen, das Bewusstsein für LGBTQ-Themen in der breiteren Kunstszene zu schärfen und hat viele junge Künstler*innen inspiriert, sich aktiv an sozialen Bewegungen zu beteiligen.

Ein weiteres Beispiel ist seine Mitwirkung an der „Black Lives Matter"-Bewegung, wo er die Überschneidungen von Rassismus und Homophobie thematisiert hat. Durch seine Kunst hat er die Stimmen von People of Color innerhalb der LGBTQ-Community hervorgehoben und die Notwendigkeit von Solidarität zwischen verschiedenen marginalisierten Gruppen betont.

Langfristige Auswirkungen

Der Einfluss von Syrus Marcus Ware auf die LGBTQ-Community ist nicht nur auf seine Kunst und seinen Aktivismus beschränkt, sondern erstreckt sich auch auf die nächste Generation von Aktivist*innen und Künstler*innen. Seine Arbeit hat dazu beigetragen, ein Bewusstsein für die Bedeutung von Diversität und Inklusivität in der Kunst und im Aktivismus zu schaffen. Die von ihm geschaffenen Räume für

Dialog und Reflexion ermöglichen es vielen, ihre eigenen Geschichten zu erzählen und sich mit der Community zu identifizieren.

Zusammenfassend lässt sich sagen, dass Syrus Marcus Ware durch seine künstlerische Praxis und sein Engagement für soziale Gerechtigkeit einen tiefgreifenden Einfluss auf die LGBTQ-Community ausgeübt hat. Er hat nicht nur als Künstler, sondern auch als Mentor und Vorbild gewirkt, indem er die Bedeutung von Sichtbarkeit und Solidarität betont hat. Seine Arbeit inspiriert weiterhin viele, sich für eine gerechtere und inklusivere Gesellschaft einzusetzen.

Kunst als Werkzeug für sozialen Wandel

Kunst hat seit jeher eine zentrale Rolle in der Gesellschaft gespielt, nicht nur als Ausdruck individueller Kreativität, sondern auch als kraftvolles Instrument für sozialen Wandel. Die Verbindung zwischen Kunst und Aktivismus ist tief verwurzelt in der Geschichte, und viele Künstler haben ihre Werke genutzt, um auf soziale Ungerechtigkeiten aufmerksam zu machen und Veränderungen zu fördern. In diesem Abschnitt werden wir die verschiedenen Dimensionen erkunden, in denen Kunst als Werkzeug für sozialen Wandel fungiert, sowie relevante Theorien, Probleme und Beispiele, die die transformative Kraft der Kunst verdeutlichen.

Theoretische Grundlagen

Die Theorie des sozialen Wandels durch Kunst stützt sich auf mehrere Konzepte, darunter die *Kunst-als-Politik*-Theorie, die besagt, dass Kunst nicht nur ein Spiegel der Gesellschaft ist, sondern auch ein aktives Mittel zur Beeinflussung gesellschaftlicher Normen und Werte. Der Soziologe Herbert Blumer argumentierte, dass Kunst als eine Form des *symbolischen Interaktionismus* fungiert, indem sie Bedeutungen schafft und kommuniziert, die das Verhalten und die Einstellungen der Menschen beeinflussen können.

Ein weiteres wichtiges Konzept ist die *Kritische Theorie*, die von der Frankfurter Schule entwickelt wurde. Diese Theorie betont, dass Kunst und Kultur entscheidende Mittel sind, um Herrschaftsverhältnisse zu hinterfragen und zu verändern. Kunst kann als ein Raum dienen, in dem marginalisierte Stimmen Gehör finden und gesellschaftliche Normen in Frage gestellt werden.

Probleme und Herausforderungen

Trotz der positiven Aspekte, die Kunst als Werkzeug für sozialen Wandel bietet, gibt es auch erhebliche Herausforderungen. Eine der größten Hürden ist die *Zensur*. Künstler, die sich mit kontroversen Themen auseinandersetzen, sehen sich oft Repression und Zensur ausgesetzt, was ihre Fähigkeit einschränkt, ihre Botschaften zu verbreiten. In vielen Ländern werden Künstler verfolgt, die es wagen, soziale Missstände anzuprangern.

Ein weiteres Problem ist die *Kommerzialisierung* der Kunst. Wenn Kunstwerke hauptsächlich als Produkte betrachtet werden, kann dies die ursprüngliche Absicht des Künstlers untergraben. Der Fokus auf den finanziellen Erfolg kann dazu führen, dass wichtige soziale Themen in den Hintergrund gedrängt werden.

Beispiele für Kunst und sozialen Wandel

Ein herausragendes Beispiel für die transformative Kraft der Kunst ist die *AIDS-Aktivismus*-Bewegung der 1980er Jahre, die durch Künstler wie Keith Haring und David Wojnarowicz geprägt wurde. Diese Künstler nutzten ihre Werke, um auf die AIDS-Krise aufmerksam zu machen und die Stigmatisierung von Betroffenen zu bekämpfen. Haring's ikonische Grafiken und Wojnarowicz' provokante Installationen forderten die Gesellschaft heraus, sich mit der Realität der Krankheit und der damit verbundenen Diskriminierung auseinanderzusetzen.

Ein weiteres Beispiel ist die *Black Lives Matter*-Bewegung, die durch verschiedene künstlerische Ausdrucksformen unterstützt wird. Künstler wie Theaster Gates und Kara Walker verwenden ihre Plattformen, um auf Rassismus und soziale Ungerechtigkeit aufmerksam zu machen. Ihre Arbeiten schaffen nicht nur Bewusstsein, sondern fördern auch den Dialog und die Auseinandersetzung mit diesen Themen.

Schlussfolgerung

Zusammenfassend lässt sich sagen, dass Kunst ein unverzichtbares Werkzeug für sozialen Wandel ist. Sie hat die Fähigkeit, Menschen zu mobilisieren, Diskussionen zu initiieren und das Bewusstsein für wichtige soziale Themen zu schärfen. Trotz der Herausforderungen, mit denen Künstler konfrontiert sind, bleibt die Kunst ein kraftvolles Mittel, um gesellschaftliche Normen in Frage zu stellen und Veränderungen voranzutreiben. Syrus Marcus Ware ist ein leuchtendes Beispiel dafür, wie Kunst und Aktivismus Hand in Hand gehen können, um eine inklusivere und gerechtere Gesellschaft zu schaffen. In der heutigen Zeit ist es wichtiger denn je, diese Verbindung zu erkennen und zu fördern, um die Stimmen der Marginalisierten zu stärken und einen nachhaltigen sozialen Wandel zu erreichen.

Die Bedeutung von Sichtbarkeit für marginalisierte Gruppen

Die Sichtbarkeit von marginalisierten Gruppen ist ein zentrales Thema in der Diskussion um soziale Gerechtigkeit und Gleichheit. Sie spielt eine entscheidende Rolle bei der Schaffung von Bewusstsein und der Förderung von Veränderungen in der Gesellschaft. In diesem Abschnitt werden wir die verschiedenen Dimensionen der Sichtbarkeit untersuchen, ihre theoretischen Grundlagen, die Herausforderungen, mit denen marginalisierte Gruppen konfrontiert sind, und einige Beispiele für den Einfluss von Sichtbarkeit auf das Leben dieser Gruppen.

Theoretische Grundlagen der Sichtbarkeit

Die Theorie der Sichtbarkeit basiert auf der Annahme, dass die Wahrnehmung und Repräsentation von marginalisierten Gruppen in der Gesellschaft entscheidend für deren soziale und politische Macht ist. Judith Butler, eine prominente Feministin und Queer-Theoretikerin, argumentiert in ihrem Werk *Gender Trouble*, dass Geschlecht und Sexualität nicht nur soziale Konstrukte sind, sondern auch durch Sichtbarkeit und Performativität geformt werden. Sichtbarkeit bedeutet, dass Individuen und Gruppen in der Lage sind, ihre Identitäten und Erfahrungen auszudrücken, und dass diese Ausdrucksformen von der Gesellschaft anerkannt werden.

Ein weiteres wichtiges Konzept ist das der *Repräsentation*, das eng mit der Sichtbarkeit verbunden ist. Stuart Hall, ein bedeutender Kulturtheoretiker, beschreibt in seiner Arbeit *Representation: Cultural Representations and Signifying Practices*, dass Repräsentationen nicht neutral sind, sondern Machtverhältnisse widerspiegeln und reproduzieren. Sichtbarkeit kann daher sowohl eine Quelle der Stärkung als auch der Marginalisierung sein, je nachdem, wie und von wem die Repräsentationen geschaffen werden.

Herausforderungen der Sichtbarkeit

Trotz der Wichtigkeit von Sichtbarkeit sehen sich marginalisierte Gruppen mit erheblichen Herausforderungen konfrontiert. Eine der Hauptschwierigkeiten ist die *Unsichtbarkeit* in den Mainstream-Medien und der Gesellschaft. Oft werden Stimmen und Geschichten von LGBTQ-Personen, Menschen mit Behinderungen, ethnischen Minderheiten und anderen marginalisierten Gruppen ignoriert oder verzerrt dargestellt. Diese Unsichtbarkeit führt zu einem Mangel an Verständnis und Empathie in der breiten Öffentlichkeit, was wiederum Diskriminierung und Vorurteile verstärken kann.

Ein weiteres Problem ist die *Tokenisierung*, bei der marginalisierte Gruppen lediglich als Symbol oder für die Erfüllung von Quoten in der Repräsentation verwendet werden, ohne dass ihre tatsächlichen Stimmen oder Erfahrungen Gehör finden. Dies kann zu einer verzerrten Wahrnehmung der Realität führen und die Komplexität der Identitäten und Erfahrungen innerhalb dieser Gruppen nicht angemessen widerspiegeln.

Beispiele für Sichtbarkeit und ihre Auswirkungen

Die Bedeutung von Sichtbarkeit zeigt sich in vielen Bewegungen und Kampagnen, die darauf abzielen, die Stimmen marginalisierter Gruppen zu stärken. Ein bemerkenswertes Beispiel ist die *Stonewall-Rebellion* von 1969, die als Wendepunkt in der LGBTQ-Bewegung gilt. Diese Ereignisse führten zu einer verstärkten Sichtbarkeit von LGBTQ-Personen und trugen zur Gründung von Organisationen bei, die sich für die Rechte dieser Gemeinschaft einsetzen.

In den letzten Jahren hat die *#BlackLivesMatter*-Bewegung auch die Sichtbarkeit von rassistischen Ungerechtigkeiten und Polizeigewalt gegen schwarze Menschen erhöht. Diese Bewegung hat nicht nur die Aufmerksamkeit der Medien auf das Thema gelenkt, sondern auch eine breitere Diskussion über Rassismus und soziale Gerechtigkeit angestoßen. Durch die Schaffung von Plattformen für marginalisierte Stimmen hat die Bewegung dazu beigetragen, dass diese Themen in den öffentlichen Diskurs eindringen.

Ein weiteres Beispiel ist die Verwendung von sozialen Medien, um Sichtbarkeit zu schaffen. Plattformen wie Instagram und Twitter haben es Aktivisten ermöglicht, ihre Geschichten zu teilen, Gemeinschaften zu bilden und Bewusstsein für wichtige Themen zu schaffen. Die Sichtbarkeit, die durch soziale Medien ermöglicht wird, hat auch dazu geführt, dass viele marginalisierte Gruppen ihre Narrative selbst in die Hand nehmen können, anstatt darauf zu warten, dass sie von traditionellen Medien erzählt werden.

Fazit

Zusammenfassend lässt sich sagen, dass die Sichtbarkeit für marginalisierte Gruppen von entscheidender Bedeutung ist, um soziale Gerechtigkeit und Gleichheit zu fördern. Sie ermöglicht es diesen Gruppen, ihre Identitäten zu behaupten, ihre Erfahrungen zu teilen und sich gegen Diskriminierung und Ungerechtigkeit zu wehren. Gleichzeitig müssen wir die Herausforderungen anerkennen, die mit der Sichtbarkeit verbunden sind, und uns bemühen, Räume zu schaffen, in denen die Stimmen marginalisierter Gruppen gehört und respektiert werden. Nur durch echte Sichtbarkeit können wir eine inklusive und gerechte Gesellschaft aufbauen, in der alle Menschen die Möglichkeit haben, ihre Identität frei auszudrücken und zu leben.

Syrus' Rolle als Mentor und Vorbild

Syrus Marcus Ware hat sich nicht nur als Künstler und Aktivist einen Namen gemacht, sondern auch als ein bedeutender Mentor und Vorbild für viele in der LGBTQ-Community. Seine Fähigkeit, andere zu inspirieren und zu ermutigen, ist ein zentraler Aspekt seines Engagements und seines Lebenswerks. In diesem Abschnitt werden wir die verschiedenen Dimensionen von Syrus' Rolle als Mentor und Vorbild untersuchen und die Auswirkungen, die er auf die nächste Generation hat, beleuchten.

Mentoring als Werkzeug für Veränderung

Mentoring ist ein entscheidendes Werkzeug, um Wissen und Erfahrungen weiterzugeben. Laut [?] ist Mentoring ein Prozess, bei dem erfahrene Individuen (Mentoren) weniger erfahrenen Individuen (Mentees) helfen, sich sowohl persönlich als auch beruflich zu entwickeln. Syrus hat diesen Prozess aktiv gefördert, indem er Workshops und Seminare leitete, in denen er seine Erfahrungen im Aktivismus und in der Kunst teilte. Diese Veranstaltungen sind nicht nur eine Plattform für den Wissensaustausch, sondern auch ein Raum, in dem sich Gleichgesinnte vernetzen können.

Ein Vorbild für Vielfalt und Inklusion

Syrus' eigene Identität als schwarzer, queer- und trans-Identifizierter Mensch macht ihn zu einem wichtigen Vorbild für viele, die sich in ähnlichen Situationen befinden. Er verkörpert die Idee, dass Vielfalt in der Kunst und im Aktivismus nicht nur akzeptiert, sondern gefeiert werden sollte. Durch seine Arbeit hat er den Dialog über die Herausforderungen, denen sich marginalisierte Gruppen gegenübersehen, angestoßen und gleichzeitig die Bedeutung von Inklusion hervorgehoben. Dies ist besonders wichtig in einer Zeit, in der viele junge Menschen sich noch mit ihrer Identität auseinandersetzen.

$$V = \frac{1}{n} \sum_{i=1}^{n} v_i \tag{33}$$

Hierbei steht V für die Vielfalt, n für die Anzahl der Individuen in einer Gruppe, und v_i für die individuellen Beiträge zur Vielfalt. Syrus hat es geschafft, eine Umgebung zu schaffen, in der jeder Beitrag zählt und jeder Mensch gehört wird.

Ein Beispiel für Empowerment

Ein bemerkenswertes Beispiel für Syrus' Einfluss als Mentor ist seine Arbeit mit jungen Künstlern und Aktivisten in Toronto. Er hat zahlreiche Programme ins Leben gerufen, die darauf abzielen, kreative Talente zu fördern und gleichzeitig ein Bewusstsein für soziale Gerechtigkeit zu schaffen. In einem seiner Programme, *Art for Change*, ermutigte er Teilnehmer, ihre eigenen Geschichten durch Kunst auszudrücken. Diese Initiative hat nicht nur den kreativen Ausdruck gefördert, sondern auch das Selbstbewusstsein der Teilnehmer gestärkt.

Ein Teilnehmer, der an diesem Programm teilnahm, berichtete: „Syrus hat mir gezeigt, dass meine Stimme zählt. Ich hätte nie gedacht, dass ich als Künstler etwas bewirken könnte, aber jetzt fühle ich mich ermächtigt, meine Geschichte zu erzählen." Solche Rückmeldungen sind ein Beweis für die transformative Kraft von Syrus' Mentoring.

Herausforderungen und Rückschläge

Trotz seiner Erfolge als Mentor steht Syrus auch vor Herausforderungen. Die Realität des Aktivismus ist oft von Rückschlägen und Widerständen geprägt. Viele seiner Mentees haben Schwierigkeiten, in der Kunstszene Fuß zu fassen oder ihre Stimme zu finden. Syrus hat jedoch immer betont, dass Misserfolge Teil des Prozesses sind. Er ermutigt seine Mentees, aus ihren Erfahrungen zu lernen und weiterzumachen.

$$R = \frac{E}{T} \tag{34}$$

In dieser Gleichung steht R für die Resilienz, E für die Erfahrungen, die man macht, und T für die Zeit, die benötigt wird, um sich von Rückschlägen zu erholen. Syrus lehrt, dass jede Erfahrung, ob positiv oder negativ, zu einem stärkeren Selbst führt.

Einfluss auf die nächste Generation

Syrus' Einfluss als Mentor erstreckt sich über seine direkten Mentees hinaus. Viele von ihnen haben begonnen, selbst MentorInnen zu werden, und geben die

Lektionen, die sie von Syrus gelernt haben, weiter. Dies schafft einen kontinuierlichen Kreislauf des Lernens und der Unterstützung innerhalb der Community. Die nächste Generation von LGBTQ-Aktivisten wird durch Syrus' Führung und die von ihm geschaffenen Strukturen gestärkt.

In einer Welt, in der marginalisierte Stimmen oft übersehen werden, ist Syrus Marcus Ware ein Lichtstrahl, der den Weg für viele erhellt. Seine Rolle als Mentor und Vorbild ist nicht nur eine Frage des persönlichen Engagements, sondern auch ein grundlegender Bestandteil des sozialen Wandels, den er anstrebt.

Fazit

Zusammenfassend lässt sich sagen, dass Syrus Marcus Ware nicht nur ein talentierter Künstler und Aktivist ist, sondern auch ein unverzichtbarer Mentor und Vorbild für viele. Seine Fähigkeit, andere zu inspirieren, zu unterstützen und zu ermutigen, ist ein entscheidender Faktor für den Erfolg und das Wachstum der LGBTQ-Community. Durch seine Arbeit hat er nicht nur individuelle Leben verändert, sondern auch die Grundlage für eine stärkere, vielfältigere und inklusivere Zukunft gelegt.

Die Herausforderungen der Nachfolge

Die Herausforderungen der Nachfolge sind ein zentrales Thema in der Diskussion über das Vermächtnis von Syrus Marcus Ware und anderen prominenten Aktivisten. In der LGBTQ-Community ist es von entscheidender Bedeutung, dass das Erbe von Aktivisten nicht nur gewahrt, sondern auch weitergetragen wird. Diese Nachfolge ist jedoch mit verschiedenen Herausforderungen verbunden, die sowohl struktureller als auch individueller Natur sein können.

Strukturelle Herausforderungen

Eine der größten strukturellen Herausforderungen besteht darin, dass viele Organisationen, die aus den Bemühungen von Aktivisten wie Syrus hervorgegangen sind, oft unter finanziellen und personellen Engpässen leiden. Die Abhängigkeit von Spenden und Fördermitteln kann dazu führen, dass sich Organisationen in einem ständigen Überlebenskampf befinden, was die Umsetzung langfristiger Strategien zur Förderung von LGBTQ-Rechten erschwert.

Ein Beispiel hierfür ist die Finanzierung von Bildungsprogrammen, die auf die Aufklärung über LGBTQ-Themen abzielen. Oftmals müssen diese Programme aufgrund von Budgetkürzungen eingestellt werden, was zu einem Verlust wertvoller Ressourcen führt, die für die Aufklärung und Sensibilisierung der breiten Öffentlichkeit unerlässlich sind.

Interne Konflikte

Zusätzlich zu den finanziellen Herausforderungen gibt es oft interne Konflikte innerhalb von Organisationen. Diese Konflikte können durch unterschiedliche Ansichten über die Richtung und die Prioritäten der Organisation entstehen. In vielen Fällen führen unterschiedliche Generationen von Aktivisten zu Spannungen, da ältere Aktivisten möglicherweise an traditionellen Methoden festhalten, während jüngere Aktivisten innovative Ansätze verfolgen möchten.

$$\text{Konflikt} = \text{Generation} + \text{Prioritäten} + \text{Ressourcen} \qquad (35)$$

Diese Gleichung verdeutlicht, dass der Konflikt oft aus der Kombination von unterschiedlichen Generationen, ihren jeweiligen Prioritäten und den verfügbaren Ressourcen entsteht. Ein Beispiel für einen solchen Konflikt könnte die Debatte um den Einsatz von sozialen Medien im Aktivismus sein. Während jüngere Aktivisten soziale Medien als unverzichtbares Werkzeug ansehen, könnten ältere Aktivisten skeptisch sein und traditionelle Protestformen bevorzugen.

Die Rolle der Sichtbarkeit

Eine weitere Herausforderung ist die Sichtbarkeit der Nachfolgeaktivisten. Oftmals sind neue Stimmen in der Community nicht so sichtbar wie ihre Vorgänger. Dies kann zu einer Marginalisierung von neuen Ideen und Ansätzen führen, die für den Fortschritt der LGBTQ-Bewegung von entscheidender Bedeutung sind.

Die Sichtbarkeit kann durch verschiedene Faktoren beeinträchtigt werden, darunter Rassismus, Sexismus und andere Formen der Diskriminierung innerhalb der eigenen Community. Es ist wichtig, dass die LGBTQ-Community sich selbst reflektiert und erkennt, wie interne Vorurteile die Nachfolge gefährden können.

Mentoring und Unterstützung

Mentoring spielt eine entscheidende Rolle bei der Bewältigung dieser Herausforderungen. Syrus Marcus Ware hat in der Vergangenheit als Mentor für viele junge Aktivisten gedient. Die Weitergabe von Wissen und Erfahrungen ist entscheidend, um sicherzustellen, dass die nächste Generation von Aktivisten gut vorbereitet ist, um die Herausforderungen zu meistern, die auf sie zukommen.

$$\text{Mentoring} = \text{Wissen} + \text{Erfahrung} + \text{Unterstützung} \qquad (36)$$

Diese Gleichung zeigt, dass Mentoring aus einer Kombination von Wissen, Erfahrung und Unterstützung besteht, die entscheidend für den Erfolg der Nachfolger ist. Ein Beispiel für erfolgreiches Mentoring ist die Beziehung zwischen Syrus und jungen Künstlern, die durch seine Unterstützung und Anleitung in der Lage waren, ihre eigenen Stimmen zu finden und zu stärken.

Langfristige Visionen

Schließlich ist es wichtig, dass Nachfolger eine langfristige Vision für die LGBTQ-Bewegung entwickeln. Die Herausforderungen, die sich aus der Nachfolge ergeben, können überwältigend erscheinen, aber mit einer klaren Vision und einem strategischen Plan können neue Aktivisten die Arbeit ihrer Vorgänger fortsetzen und weiterentwickeln.

Ein Beispiel für eine solche langfristige Vision könnte die Schaffung eines intergenerationalen Netzwerks von Aktivisten sein, das den Austausch von Ideen und Ressourcen fördert und sicherstellt, dass die Stimmen aller Generationen gehört werden.

Fazit

Die Herausforderungen der Nachfolge sind vielfältig und komplex. Sie erfordern ein tiefes Verständnis der strukturellen und internen Dynamiken innerhalb der LGBTQ-Community. Durch Mentoring, Sichtbarkeit und die Entwicklung langfristiger Visionen können neue Aktivisten jedoch die Herausforderungen meistern und das Vermächtnis von Syrus Marcus Ware und anderen Pionieren des Aktivismus erfolgreich fortführen. Es liegt an der nächsten Generation, diese Herausforderungen anzunehmen und die Bewegung in eine neue Ära des Wandels und der Akzeptanz zu führen.

Reflexion über den Einfluss auf die nächste Generation

Syrus Marcus Ware hat sich nicht nur als Künstler und Aktivist einen Namen gemacht, sondern auch als eine inspirierende Figur für die nächste Generation von LGBTQ-Aktivisten und Künstlern. Sein Einfluss erstreckt sich über verschiedene Dimensionen, die sowohl theoretische als auch praktische Aspekte des Aktivismus und der Kunst umfassen. In diesem Abschnitt werden wir die wesentlichen Elemente seines Einflusses auf die kommende Generation reflektieren.

Theoretische Grundlagen

Um den Einfluss von Syrus auf die nächste Generation zu verstehen, ist es wichtig, einige theoretische Rahmenbedingungen zu betrachten. Der Sozialtheoretiker Michel Foucault argumentiert, dass Macht nicht nur repressiv, sondern auch produktiv ist. In diesem Sinne hat Syrus' Arbeit dazu beigetragen, neue Diskurse innerhalb der LGBTQ-Community zu schaffen, die nicht nur die Sichtbarkeit erhöhen, sondern auch das Verständnis für komplexe Identitäten erweitern. Seine Kunst und sein Aktivismus bieten eine Plattform für marginalisierte Stimmen, die oft in der gesellschaftlichen Debatte übersehen werden.

Ein weiteres relevantes Konzept ist das der *Intersektionalität*, wie von Kimberlé Crenshaw beschrieben. Diese Theorie besagt, dass verschiedene soziale Identitäten, wie Geschlecht, Rasse und sexuelle Orientierung, nicht isoliert betrachtet werden können. Syrus' Engagement für die Intersektionalität hat es ihm ermöglicht, eine breitere Diskussion über soziale Gerechtigkeit zu führen, die die Herausforderungen berücksichtigt, denen sich viele in der LGBTQ-Community gegenübersehen.

Praktische Beispiele

Syrus hat durch seine Projekte und Kampagnen konkrete Beispiele für den Einfluss auf die nächste Generation geschaffen. Eine seiner bekanntesten Initiativen war die *Queer Art Walk*, die junge Künstler und Aktivisten zusammenbrachte, um ihre Arbeiten in einem öffentlichen Raum zu präsentieren. Diese Veranstaltung schuf nicht nur ein Netzwerk von Gleichgesinnten, sondern förderte auch die Sichtbarkeit von LGBTQ-Kunst in der breiteren Gesellschaft.

Ein weiteres Beispiel ist die *Art for Change*-Kampagne, die darauf abzielte, junge Menschen zu ermutigen, ihre Geschichten durch Kunst zu erzählen. Diese Initiative hat Workshops und Mentoring-Programme angeboten, die es den Teilnehmern ermöglichten, ihre kreativen Fähigkeiten zu entwickeln und ihre Stimmen zu erheben. Die positive Resonanz auf diese Programme zeigt, wie wichtig es ist, Räume zu schaffen, in denen junge Menschen sich sicher fühlen, ihre Identität auszudrücken.

Herausforderungen und Probleme

Trotz des positiven Einflusses von Syrus auf die nächste Generation gibt es auch Herausforderungen, die es zu bewältigen gilt. Eine der größten Hürden ist die anhaltende Diskriminierung und Stigmatisierung innerhalb der Gesellschaft. Viele junge LGBTQ-Personen sehen sich mit Vorurteilen konfrontiert, die ihre

Fähigkeit einschränken, sich kreativ und aktivistisch auszudrücken. Syrus' Arbeit hat zwar dazu beigetragen, diese Themen sichtbar zu machen, jedoch bleibt der Kampf gegen Diskriminierung eine ständige Herausforderung.

Darüber hinaus ist die Frage der Ressourcenverteilung im Kunst- und Aktivismusbereich von Bedeutung. Viele junge Künstler und Aktivisten haben nicht den gleichen Zugang zu Fördermitteln oder Plattformen wie etablierte Persönlichkeiten. Syrus hat sich aktiv dafür eingesetzt, diese Ungleichheiten zu adressieren, indem er Programme ins Leben gerufen hat, die gezielt junge Talente unterstützen.

Langfristige Auswirkungen

Der langfristige Einfluss von Syrus Marcus Ware auf die nächste Generation wird sich nicht nur in den Arbeiten der jungen Künstler widerspiegeln, sondern auch in den sozialen Bewegungen, die aus seiner Arbeit hervorgegangen sind. Die Schaffung eines Netzwerks von unterstützenden Gemeinschaften ist entscheidend für die Stärkung der nächsten Generation. Diese Gemeinschaften bieten nicht nur emotionale Unterstützung, sondern auch praktische Ressourcen, um aktivistische und künstlerische Projekte zu realisieren.

Ein Beispiel für die langfristigen Auswirkungen ist die Zunahme von LGBTQ-Kunstkollektiven, die sich aus Syrus' Initiativen entwickelt haben. Diese Kollektive fördern nicht nur die Kunst, sondern auch den Aktivismus und schaffen Räume für Dialog und Zusammenarbeit. Die nächste Generation wird in der Lage sein, auf diesen Fundamenten aufzubauen und ihre eigenen Wege in der Kunst und im Aktivismus zu finden.

Fazit

Zusammenfassend lässt sich sagen, dass Syrus Marcus Ware einen tiefgreifenden Einfluss auf die nächste Generation von LGBTQ-Aktivisten und Künstlern hat. Durch seine theoretischen Ansätze, praktischen Initiativen und die Auseinandersetzung mit Herausforderungen hat er nicht nur die Sichtbarkeit von LGBTQ-Themen gefördert, sondern auch eine Plattform für zukünftige Generationen geschaffen. Die Reflexion über diesen Einfluss ist entscheidend, um die Kontinuität des Aktivismus und der Kunst in der LGBTQ-Community zu gewährleisten und die nächsten Schritte in einem sich ständig verändernden sozialen Kontext zu planen.

Die Bedeutung von Vielfalt in der Kunstszene

Die Vielfalt in der Kunstszene ist nicht nur ein ästhetisches Konzept, sondern auch ein grundlegendes Element, das das soziale, kulturelle und politische Gefüge unserer Gesellschaft prägt. In der heutigen Zeit, in der die Stimmen marginalisierter Gruppen immer lauter werden, ist es unerlässlich, die Rolle der Vielfalt in der Kunst zu verstehen und zu schätzen. Diese Vielfalt manifestiert sich in verschiedenen Formen, einschließlich, aber nicht beschränkt auf, ethnische Zugehörigkeit, Geschlecht, sexuelle Orientierung, sozioökonomischen Status und kulturellen Hintergrund.

Theoretische Grundlagen

Die Theorie der Diversität in der Kunst basiert auf der Annahme, dass unterschiedliche Perspektiven und Erfahrungen die Kreativität und Innovation fördern. In diesem Zusammenhang wird oft auf die *Kulturelle Diversität* verwiesen, die die Vielzahl der Kulturen und deren Ausdrucksformen innerhalb einer Gesellschaft beschreibt. Laut dem *UNESCO-Übereinkommen über den Schutz und die Förderung der Vielfalt kultureller Ausdrucksformen* aus dem Jahr 2005 ist kulturelle Diversität ein gemeinsames Erbe der Menschheit, das geschützt und gefördert werden muss.

Ein zentraler Aspekt dieser Theorie ist die *Intersektionalität*, ein Begriff, der von der feministischen Theoretikerin Kimberlé Crenshaw geprägt wurde. Intersektionalität beschreibt, wie verschiedene soziale Kategorien wie Rasse, Geschlecht und Klasse miteinander interagieren und individuelle Erfahrungen von Diskriminierung und Privilegierung beeinflussen. In der Kunst bedeutet dies, dass die Werke von Künstlern, die aus verschiedenen Hintergründen stammen, nicht nur die Vielfalt ihrer Identitäten widerspiegeln, sondern auch die komplexen sozialen Strukturen, in denen sie leben.

Probleme der Diversität in der Kunst

Trotz der offensichtlichen Vorteile der Vielfalt in der Kunstszene gibt es zahlreiche Herausforderungen, die es zu überwinden gilt. Ein häufiges Problem ist die *Repräsentationskrise*. Viele Künstler aus marginalisierten Gruppen haben es schwer, in etablierten Kunstinstitutionen und -märkten Gehör zu finden. Diese Institutionen sind oft von einer homogenisierten Sichtweise geprägt, die Künstler aus der Mehrheitsgesellschaft bevorzugt und die Stimmen anderer unterdrückt.

Ein weiteres Problem ist die *Kommerzialisierung* der Kunst. Oftmals werden kulturelle Ausdrucksformen, die von marginalisierten Gruppen stammen,

VERMÄCHTNIS UND INSPIRATION

kommerzialisiert und vereinfacht, um sie für ein breiteres Publikum zugänglich zu machen. Dies führt zu einer Entfremdung der ursprünglichen Botschaft und Bedeutung der Kunstwerke. Künstler wie Syrus Marcus Ware setzen sich aktiv gegen diese Tendenzen ein, indem sie die Authentizität ihrer Werke bewahren und die Komplexität ihrer Identitäten in den Vordergrund stellen.

Beispiele für Vielfalt in der Kunstszene

Ein bemerkenswertes Beispiel für die Bedeutung der Vielfalt in der Kunstszene ist die *Black Lives Matter*-Bewegung, die durch Kunst und Kreativität sichtbar gemacht wurde. Künstler wie Kehinde Wiley und Amy Sherald haben mit ihren Porträts von afroamerikanischen Persönlichkeiten nicht nur die Sichtbarkeit der afroamerikanischen Kultur erhöht, sondern auch die gesellschaftlichen Strukturen hinterfragt, die diese Kultur historisch marginalisiert haben.

Ein weiteres Beispiel ist die LGBTQ+-Kunstszene, die durch Künstler wie Syrus Marcus Ware bereichert wird. Ware nutzt seine Kunst, um Themen wie Identität, Rassismus und soziale Gerechtigkeit zu thematisieren. Seine Installationen und Performances fordern das Publikum heraus, über die gesellschaftlichen Normen nachzudenken und sich mit den Erfahrungen von LGBTQ+-Personen auseinanderzusetzen.

Schlussfolgerung

Die Bedeutung von Vielfalt in der Kunstszene kann nicht genug betont werden. Sie ist nicht nur eine Frage der Gerechtigkeit, sondern auch eine Frage der kreativen Vitalität. Durch die Einbeziehung verschiedener Stimmen und Perspektiven wird die Kunstszene dynamischer, relevanter und ansprechender. Künstler wie Syrus Marcus Ware zeigen, dass Vielfalt in der Kunst nicht nur eine Bereicherung darstellt, sondern auch ein notwendiger Bestandteil des sozialen Wandels ist. In einer Welt, die zunehmend polarisiert ist, bleibt die Kunst ein kraftvolles Werkzeug, um Brücken zu bauen, Dialoge zu fördern und die Menschheit in ihrer Gesamtheit zu repräsentieren.

$$\text{Vielfalt} = \text{Identität} + \text{Erfahrung} + \text{Kreativität} \tag{37}$$

Syrus' internationale Reichweite

Syrus Marcus Ware hat nicht nur in seiner Heimat Kanada, sondern auch international einen bemerkenswerten Einfluss auf die LGBTQ-Community und die Kunstszene ausgeübt. Seine Arbeiten und sein Aktivismus haben Grenzen überschritten und Menschen aus verschiedenen Kulturen und sozialen Hintergründen inspiriert. Diese internationale Reichweite ist ein Beweis für die universelle Relevanz seiner Themen und die Kraft seiner künstlerischen Ausdrucksform.

Globale Vernetzung und Zusammenarbeit

Ein entscheidender Aspekt von Syrus' internationaler Reichweite ist seine Fähigkeit, Netzwerke mit anderen Künstlern und Aktivisten weltweit zu bilden. Durch soziale Medien und internationale Kunstprojekte hat er Plattformen geschaffen, um Stimmen aus der LGBTQ-Community zu bündeln und Sichtbarkeit zu schaffen. Dies zeigt sich beispielsweise in seiner Teilnahme an globalen Kunstfestivals, bei denen er nicht nur seine Werke präsentiert, sondern auch Workshops und Diskussionsrunden leitet. Diese Veranstaltungen fördern den Austausch von Ideen und Strategien für den Aktivismus und die Kunst.

Einfluss auf internationale Bewegungen

Syrus' Arbeiten haben auch Einfluss auf internationale LGBTQ-Bewegungen genommen. Seine Kunst thematisiert universelle Fragen der Identität, Diskriminierung und sozialen Gerechtigkeit, die in vielen Ländern von Bedeutung sind. Ein Beispiel ist die Verwendung seiner Installationen bei Protesten gegen Diskriminierung in verschiedenen Städten wie New York, Berlin und Johannesburg. Hierbei wird seine Kunst als ein Mittel zur Mobilisierung und zur Schaffung von Bewusstsein genutzt. Die Verbindung von Kunst und Aktivismus hat sich als besonders effektiv erwiesen, um Menschen zu erreichen und zu inspirieren.

Fallstudie: Die Ausstellung *Transcendence*

Eine der herausragenden internationalen Initiativen, an denen Syrus beteiligt war, ist die Ausstellung *Transcendence*, die in mehreren Ländern gezeigt wurde. Diese Ausstellung konzentrierte sich auf die Erfahrungen von trans und nicht-binären Personen und beinhaltete Werke von Künstlern aus der ganzen Welt. Durch die Vielfalt der Perspektiven wurde eine Plattform geschaffen, die nicht nur die Erfahrungen von LGBTQ-Personen in verschiedenen Kulturen hervorhebt, sondern auch die Herausforderungen, denen sie gegenüberstehen. Die Ausstellung zog nicht nur lokale Besucher an, sondern auch internationale Reisende, die ein Interesse an sozialen Themen und Kunst haben.

Die Rolle von sozialen Medien

In der heutigen digitalen Welt spielen soziale Medien eine entscheidende Rolle bei der Verbreitung von Ideen und Kunstwerken. Syrus nutzt Plattformen wie Instagram und Twitter, um seine Arbeiten zu teilen und mit einem globalen Publikum zu interagieren. Die Reichweite seiner Posts, die oft mit Hashtags wie #LGBTQArt und #SocialJustice versehen sind, zeigt, wie Kunst als Werkzeug für sozialen Wandel fungieren kann. Diese digitale Präsenz hat es ihm ermöglicht, mit anderen Aktivisten und Künstlern in Kontakt zu treten und gemeinsame Projekte zu initiieren, die die internationale Zusammenarbeit fördern.

Kulturelle Sensibilität und Herausforderungen

Trotz seines Erfolges sieht sich Syrus auch Herausforderungen gegenüber, insbesondere in Bezug auf kulturelle Sensibilität. Bei der Arbeit in verschiedenen Ländern ist es wichtig, die lokalen Kontexte und die unterschiedlichen Erfahrungen der LGBTQ-Community zu berücksichtigen. Dies kann zu Spannungen führen, wenn die Themen, die in einer Kultur als relevant angesehen werden, in einer anderen möglicherweise nicht die gleiche Resonanz finden. Syrus hat jedoch gelernt, diese Herausforderungen als Chancen zu sehen, um den Dialog zu fördern und ein tieferes Verständnis für die Komplexität der Identität und des Aktivismus zu entwickeln.

Schlussfolgerung

Zusammenfassend lässt sich sagen, dass Syrus Marcus Ware durch seine internationale Reichweite einen bedeutenden Beitrag zur globalen LGBTQ-Bewegung geleistet hat. Seine Kunst und sein Aktivismus sind nicht nur auf Kanada beschränkt, sondern haben eine universelle Anziehungskraft, die Menschen weltweit inspiriert. Durch die Bildung von Netzwerken, die Teilnahme an internationalen Projekten und die Nutzung sozialer Medien hat er eine Plattform geschaffen, die den Austausch und die Solidarität innerhalb der LGBTQ-Community fördert. Seine Fähigkeit, kulturelle Barrieren zu überwinden und einen Dialog zu schaffen, ist ein wesentlicher Bestandteil seines Vermächtnisses und seines Einflusses auf zukünftige Generationen von Aktivisten und Künstlern.

Kritische Stimmen und deren Reaktionen

In der Welt des Aktivismus und der Kunst ist es unvermeidlich, dass es kritische Stimmen gibt, die die Ansichten und Methoden von Persönlichkeiten wie Syrus Marcus Ware hinterfragen. Diese kritischen Stimmen können aus verschiedenen Quellen stammen, einschließlich der Medien, akademischen Kreisen, der LGBTQ-Community selbst und der breiteren Gesellschaft.

Theorie der Kritischen Stimmen

Die Theorie der kritischen Stimmen basiert auf der Annahme, dass jede Form von Kunst und Aktivismus nicht im Vakuum existiert, sondern in einem sozialen und politischen Kontext, der die Rezeption und Interpretation beeinflusst. Laut [?] ist der öffentliche Diskurs ein entscheidendes Element in der Demokratie, das es den Bürgern ermöglicht, ihre Meinungen zu äußern und Einfluss auf die gesellschaftlichen Normen zu nehmen. Kritische Stimmen sind daher nicht nur unvermeidlich, sondern auch notwendig, um den Diskurs zu bereichern und zu diversifizieren.

Herausforderungen und Probleme

Eine der größten Herausforderungen, mit denen Syrus konfrontiert war, ist die Frage der Authentizität. Kritiker argumentieren manchmal, dass seine Kunst und sein Aktivismus nicht authentisch sind, sondern eher eine Reaktion auf gesellschaftliche Erwartungen oder einen Versuch, sich in der Kunstszene zu profilieren. Diese Kritiken können aus verschiedenen Perspektiven kommen:

- **Kulturelle Aneignung:** Einige Stimmen in der LGBTQ-Community haben Bedenken geäußert, dass Syrus' Arbeiten Elemente aus anderen Kulturen verwenden, ohne die entsprechenden Kontexte zu respektieren. Dies wirft Fragen zur kulturellen Aneignung auf, die in der Kunstdiskussion häufig angesprochen werden.

- **Kommerzialisierung des Aktivismus:** Kritiker haben auch die Sorge geäußert, dass der Aktivismus von Syrus in gewisser Weise kommerzialisiert wird. Sie argumentieren, dass die Kunst, die für soziale Gerechtigkeit wirbt, manchmal in den Hintergrund gedrängt wird, um kommerziellen Erfolg zu erzielen. Dies kann zu einem Verlust der ursprünglichen Botschaft führen.

- **Interne Konflikte:** Innerhalb der LGBTQ-Community gibt es oft unterschiedliche Ansichten über die besten Ansätze zur Förderung von

Rechten und Sichtbarkeit. Einige Mitglieder könnten Syrus' Methoden als zu radikal oder nicht inklusiv genug empfinden, was zu Spannungen innerhalb der Gemeinschaft führt.

Beispiele für Kritiken

Ein Beispiel für eine kritische Stimme ist die Rezension von [?], die Syrus' letzte Ausstellung als „künstlerisch wertvoll, aber politisch fragwürdig" bezeichnete. Diese Rezension hob hervor, dass einige der dargestellten Themen, obwohl wichtig, nicht die Tiefe und Komplexität widerspiegelten, die für eine echte Auseinandersetzung mit den Problemen nötig wäre.

Ein weiteres Beispiel ist die Diskussion in sozialen Medien, die oft hitzig geführt wird. Kritiker haben auf Twitter und Instagram darauf hingewiesen, dass einige von Syrus' Installationen eher als „Eye Candy" fungieren, anstatt echte gesellschaftliche Probleme anzugehen. Diese Diskussionen zeigen die Spaltung innerhalb der Community und die unterschiedlichen Erwartungen an Künstler und Aktivisten.

Reaktionen auf die Kritik

Syrus hat auf diese kritischen Stimmen reagiert, indem er den Dialog gesucht und sich offen für Feedback gezeigt hat. Er hat in Interviews betont, dass Kritik nicht immer negativ ist, sondern eine Möglichkeit bietet, zu wachsen und sich weiterzuentwickeln. In einer seiner bekanntesten Aussagen erklärte er:

> „Kritik ist wie ein Spiegel, der uns zeigt, wo wir stehen und wo wir uns verbessern können. Ich begrüße die Herausforderung, denn sie macht meine Arbeit relevanter."

Diese Haltung hat ihm geholfen, einige der kritischen Stimmen in konstruktive Diskussionen umzuwandeln. Zum Beispiel hat er Workshops organisiert, in denen er mit anderen Künstlern und Aktivisten über die Herausforderungen der Repräsentation und der kulturellen Sensibilität spricht.

Fazit

Die kritischen Stimmen, die Syrus Marcus Ware umgeben, sind ein wesentlicher Bestandteil seiner Reise als Künstler und Aktivist. Sie fordern ihn heraus, seine Ansichten zu reflektieren und seine Kunst weiterzuentwickeln. Anstatt diese Stimmen zu ignorieren, hat Syrus sie als Chance genutzt, um den Dialog innerhalb der LGBTQ-Community zu fördern und die Relevanz seiner Arbeit zu erhöhen. Die Fähigkeit, auf Kritik zu reagieren und sie in positive Veränderungen umzuwandeln, ist nicht nur ein Zeichen von Stärke, sondern auch ein wesentlicher Bestandteil des Aktivismus im 21. Jahrhundert.

Ein Ausblick auf zukünftige Entwicklungen

Der Einfluss von Syrus Marcus Ware auf die LGBTQ-Community und darüber hinaus ist unbestreitbar. In den kommenden Jahren stehen wir jedoch vor einer Vielzahl von Herausforderungen und Entwicklungen, die sowohl die Kunst als auch den Aktivismus betreffen. Diese Entwicklungen sind nicht nur das Ergebnis von individuellen Bestrebungen, sondern auch von gesellschaftlichen, politischen und technologischen Veränderungen, die das Umfeld für LGBTQ-Aktivisten und Künstler prägen.

Technologische Fortschritte und deren Einfluss

Eine der bedeutendsten Veränderungen ist der technologische Fortschritt, insbesondere im Bereich der sozialen Medien. Plattformen wie Instagram, TikTok und Twitter haben es Aktivisten ermöglicht, ihre Botschaften schneller und breiter zu verbreiten als je zuvor. Die Nutzung von Hashtags, wie #BlackLivesMatter oder #LoveIsLove, hat gezeigt, wie digitale Gemeinschaften mobilisiert werden können, um auf soziale Ungerechtigkeiten aufmerksam zu machen.

$$\text{Reichweite} = \text{Anzahl der Follower} \times \text{Engagement-Rate} \qquad (38)$$

Hierbei ist die Reichweite ein entscheidender Faktor für den Erfolg von Kampagnen. Ein Beispiel dafür ist die virale Kampagne „It Gets Better", die zahlreiche LGBTQ-Jugendliche ermutigte und unterstützte. Die Herausforderung wird sein, diese Technologien weiterhin verantwortungsvoll zu nutzen, um Desinformation und Cyber-Mobbing zu bekämpfen.

Politische Landschaft und ihre Herausforderungen

Gleichzeitig erleben wir eine sich wandelnde politische Landschaft, in der LGBTQ-Rechte zunehmend unter Druck geraten. In vielen Ländern gibt es Rückschritte in der Gesetzgebung, die die Rechte von LGBTQ-Personen einschränken. Diese politischen Veränderungen erfordern eine verstärkte Mobilisierung und einen kreativen Ansatz im Aktivismus.

VERMÄCHTNIS UND INSPIRATION 221

Die Frage, die sich stellt, ist: Wie können Künstler und Aktivisten zusammenarbeiten, um diese Herausforderungen zu bewältigen? Ein Beispiel ist die Zusammenarbeit zwischen Künstlern und politischen Organisationen, die durch Kunstprojekte auf Missstände aufmerksam machen. Die „Artivism"-Bewegung, die Kunst und Aktivismus vereint, könnte als Modell dienen, um diese Synergien zu fördern.

Die Rolle der Bildung

Ein weiterer wichtiger Aspekt für die zukünftige Entwicklung ist die Rolle der Bildung. Es ist unerlässlich, dass zukünftige Generationen über LGBTQ-Geschichte, Rechte und Herausforderungen aufgeklärt werden. Bildungsinitiativen, die sich auf Inklusion und Diversität konzentrieren, können dazu beitragen, Vorurteile abzubauen und ein besseres Verständnis für die Komplexität der LGBTQ-Erfahrungen zu schaffen.

Die Integration von LGBTQ-Themen in den Lehrplan an Schulen und Universitäten ist hierbei von zentraler Bedeutung. Programme, die auf Empowerment abzielen, können nicht nur das Bewusstsein schärfen, sondern auch zukünftige Aktivisten inspirieren, die Stimme zu erheben und für Veränderungen zu kämpfen.

Kunst als Katalysator für sozialen Wandel

Die Kunst wird auch in Zukunft eine Schlüsselrolle im Aktivismus spielen. Künstler wie Syrus Marcus Ware nutzen ihre Plattformen, um soziale Themen anzusprechen und Diskussionen anzuregen. Kunst hat die Fähigkeit, Emotionen zu wecken und Menschen zu mobilisieren.

In den kommenden Jahren könnten wir eine Zunahme von interaktiven Kunstprojekten sehen, die das Publikum einbeziehen und zur aktiven Teilnahme anregen. Solche Projekte könnten beispielsweise Workshops, Performances oder öffentliche Installationen umfassen, die das Bewusstsein für LGBTQ-Themen schärfen und zur Diskussion anregen.

$$\text{Wirkung der Kunst} = \text{Emotionale Resonanz} \times \text{Interaktivität} \quad (39)$$

Die Wirkung der Kunst wird durch die emotionale Resonanz und die Interaktivität mit dem Publikum bestimmt. Ein Beispiel für eine solche Initiative ist „The Queer Arts Festival", das Künstler und Aktivisten zusammenbringt, um die Vielfalt der LGBTQ-Erfahrungen zu feiern und zu fördern.

Nachhaltigkeit im Aktivismus

Abschließend ist es wichtig, die Nachhaltigkeit im Aktivismus zu betrachten. Die Herausforderungen sind groß, und es ist entscheidend, dass Aktivisten Strategien entwickeln, um langfristig engagiert zu bleiben. Dies könnte durch den Aufbau von Netzwerken geschehen, die Unterstützung und Ressourcen bieten, oder durch die Schaffung von Plattformen, die den Austausch von Ideen und Erfahrungen fördern.

Die Frage der Nachhaltigkeit wird auch in Bezug auf die Finanzierung von Projekten und Initiativen immer wichtiger. Kreative Fundraising-Methoden, die Kunst und Aktivismus verbinden, könnten eine Lösung bieten, um Ressourcen zu sichern und langfristige Projekte zu unterstützen.

Insgesamt stehen wir vor einer aufregenden, wenn auch herausfordernden Zukunft für LGBTQ-Aktivismus und Kunst. Der Weg wird nicht einfach sein, aber mit der richtigen Kombination aus Technologie, Bildung, Kunst und Engagement können wir die Herausforderungen meistern und eine gerechtere und inklusivere Gesellschaft schaffen. Syrus Marcus Wares Vermächtnis wird in dieser Reise weiterhin eine Inspirationsquelle sein und uns daran erinnern, dass Kunst und Aktivismus Hand in Hand gehen können, um Veränderungen zu bewirken.

Fazit und Ausblick

Zusammenfassung der wichtigsten Punkte

Rückblick auf Syrus' Lebensweg

Syrus Marcus Ware ist nicht nur ein Künstler, sondern auch ein Symbol für den unermüdlichen Kampf und die Resilienz innerhalb der LGBTQ-Community. Sein Lebensweg ist geprägt von Herausforderungen, Triumphen und einem tiefen Engagement für soziale Gerechtigkeit. Diese Rückschau auf Syrus' Lebensweg beleuchtet die verschiedenen Phasen seiner Entwicklung, die ihn zu einem der einflussreichsten Aktivisten und Künstler seiner Zeit gemacht haben.

Frühe Einflüsse und Identitätsfindung

Geboren in einem Umfeld, das oft von Vorurteilen und Diskriminierung geprägt war, erlebte Syrus schon früh die Herausforderungen, die mit der Entdeckung seiner eigenen Identität einhergingen. Seine Kindheit war von der Suche nach Zugehörigkeit und dem Streben nach Ausdruck geprägt. In der Schule stellte er fest, dass Kunst für ihn ein Ventil war, um seine inneren Konflikte und Emotionen auszudrücken. Diese frühen Erfahrungen legten den Grundstein für sein späteres Engagement im Aktivismus.

Ein prägendes Erlebnis war die Begegnung mit einem Lehrer, der Syrus ermutigte, seine künstlerischen Fähigkeiten zu entwickeln. Diese Unterstützung half ihm, seine Stimme zu finden und die ersten Schritte in die Welt des Aktivismus zu wagen. Die Bedeutung solcher Mentorenschaften kann nicht hoch genug eingeschätzt werden, da sie oft den Unterschied zwischen Stagnation und persönlichem Wachstum ausmachen.

Akademische Laufbahn und politisches Bewusstsein

Syrus' Entscheidung, Kunst und soziale Wissenschaften zu studieren, war ein entscheidender Wendepunkt in seinem Leben. Während seiner akademischen Laufbahn wurde er mit verschiedenen sozialen und politischen Theorien konfrontiert, die sein Denken und Handeln maßgeblich beeinflussten. Er engagierte sich in studentischen Organisationen, die sich für die Rechte marginalisierter Gruppen einsetzten. Diese Erfahrungen schärften sein Bewusstsein für die strukturellen Ungerechtigkeiten in der Gesellschaft und verstärkten seinen Wunsch, aktiv zu werden.

Ein Beispiel für sein frühes Engagement war die Organisation einer Kunstausstellung, die sich mit LGBTQ-Themen auseinandersetzte. Diese Ausstellung war nicht nur eine Plattform für Künstler, sondern auch ein Raum für Diskussionen über Identität und soziale Gerechtigkeit. Syrus erkannte, dass Kunst nicht nur ästhetischen Zwecken dient, sondern auch als Werkzeug für sozialen Wandel fungieren kann.

Aufstieg als Künstler und Aktivist

Nach dem Abschluss seiner Studienzeit begann Syrus, sich intensiver in der Kunstszene zu etablieren. Seine ersten Ausstellungen wurden von gemischten Reaktionen begleitet – während einige Kritiker seinen einzigartigen Stil lobten, hatten andere Schwierigkeiten, seine Botschaften zu verstehen. Doch gerade diese Herausforderungen motivierten ihn, seinen künstlerischen Ausdruck weiter zu entwickeln und zu verfeinern.

Die Verbindung zwischen Kunst und Aktivismus wurde für Syrus zu einem zentralen Thema in seinem Schaffen. Er nutzte seine Werke, um auf soziale Missstände aufmerksam zu machen und um die Stimmen derjenigen zu verstärken, die oft übersehen werden. Ein herausragendes Beispiel ist seine Installation, die die Erfahrungen von LGBTQ-Personen in der Gesellschaft thematisierte. Diese Arbeit löste nicht nur Diskussionen aus, sondern inspirierte auch andere Künstler, sich aktiv mit sozialen Themen auseinanderzusetzen.

Persönliche Herausforderungen und Resilienz

Trotz seiner Erfolge war Syrus nicht immun gegen persönliche Herausforderungen. Der Druck, sowohl als Künstler als auch als Aktivist zu agieren, führte manchmal zu emotionalen und psychischen Belastungen. Er fand jedoch Wege, mit diesen Herausforderungen umzugehen, indem er sich auf seine Gemeinschaft stützte und die Bedeutung von Selbstfürsorge erkannte. Seine

Offenheit über seine eigenen Kämpfe inspirierte viele in der LGBTQ-Community, ähnliche Themen anzusprechen und sich gegenseitig zu unterstützen.

Ein weiterer wichtiger Aspekt in Syrus' Leben war die Rolle des Humors. Er erkannte, dass Humor ein kraftvolles Werkzeug im Aktivismus sein kann, um ernsthafte Themen zugänglicher zu machen. Durch seine humorvolle Herangehensweise konnte er Barrieren abbauen und Gespräche anstoßen, die sonst vielleicht nicht stattgefunden hätten.

Vermächtnis und Einfluss auf die nächste Generation

Syrus Marcus Ware hat ein bemerkenswertes Vermächtnis hinterlassen, das weit über seine Kunst hinausgeht. Sein Engagement für die LGBTQ-Community und sein Einsatz für soziale Gerechtigkeit haben ihn zu einem Vorbild für viele junge Aktivisten gemacht. Er hat gezeigt, dass Kunst und Aktivismus Hand in Hand gehen können und dass jeder Einzelne die Fähigkeit hat, Veränderungen herbeizuführen.

In den letzten Jahren hat Syrus auch aktiv daran gearbeitet, die nächste Generation von Künstlern und Aktivisten zu unterstützen. Durch Workshops und Mentoring-Programme hat er vielen jungen Menschen geholfen, ihre eigenen Stimmen zu finden und ihre kreativen Fähigkeiten zu entwickeln. Diese Investition in die Zukunft ist ein wesentlicher Bestandteil seines Vermächtnisses und zeigt, dass der Kampf für Gleichheit und Gerechtigkeit nie aufhört.

Fazit

Zusammenfassend lässt sich sagen, dass Syrus' Lebensweg ein inspirierendes Beispiel für die Kraft von Kunst und Aktivismus ist. Seine Fähigkeit, persönliche Herausforderungen zu überwinden, seine Stimme zu erheben und andere zu inspirieren, ist ein testamentarisches Zeichen für den unermüdlichen Kampf um Gleichheit und Gerechtigkeit. Während wir auf Syrus' beeindruckende Reise zurückblicken, erkennen wir die Bedeutung seines Beitrags zur LGBTQ-Community und die bleibenden Auswirkungen seiner Arbeit auf die Gesellschaft als Ganzes. Sein Lebensweg ist ein Aufruf an uns alle, aktiv zu werden und für die Werte einzutreten, an die wir glauben.

Die Verbindung zwischen Kunst und Aktivismus

Die Verbindung zwischen Kunst und Aktivismus ist ein faszinierendes und dynamisches Feld, das tief in der Geschichte verwurzelt ist und sich ständig weiterentwickelt. Kunst hat die Fähigkeit, Emotionen zu wecken, Geschichten zu erzählen und soziale Themen auf eine Weise zu beleuchten, die oft über das hinausgeht, was Worte allein erreichen können. In dieser Sektion werden wir die theoretischen Grundlagen dieser Verbindung, die Herausforderungen, die Künstler und Aktivisten dabei erleben, sowie einige prägnante Beispiele untersuchen.

Theoretische Grundlagen

Kunst als Medium des Aktivismus ist nicht nur eine Frage des Ausdrucks, sondern auch eine strategische Intervention. Der Kulturwissenschaftler *Theodor Adorno* erklärte, dass Kunst in der Lage ist, die gesellschaftlichen Normen zu hinterfragen und den Betrachter zum Nachdenken zu bewegen. Diese Fähigkeit, kritische Reflexion zu fördern, ist entscheidend für den Aktivismus. *Bourriaud* (2002) beschreibt in seinem Konzept der *relationalen Ästhetik*, wie Kunst als eine Form des Dialogs zwischen Künstler und Publikum fungiert, was zu einem gemeinschaftlichen Verständnis und einer kollektiven Aktion führen kann.

Die *Theorie der sozialen Gerechtigkeit* von *John Rawls* besagt, dass Gerechtigkeit als Fairness zu betrachten ist. Kunst kann als Werkzeug dienen, um Ungerechtigkeiten sichtbar zu machen und Forderungen nach sozialer Gerechtigkeit zu formulieren. Dies geschieht häufig durch die Darstellung von marginalisierten Stimmen, die in der Gesellschaft oft übersehen werden.

Herausforderungen im Aktivismus durch Kunst

Trotz der positiven Aspekte der Verbindung zwischen Kunst und Aktivismus gibt es zahlreiche Herausforderungen. Künstler, die sich aktivistisch betätigen, sehen sich oft mit Widerstand und Kritik konfrontiert. Ein häufiges Problem ist die *Kommerzialisierung* von Kunst, die dazu führen kann, dass die ursprünglichen Botschaften verwässert oder trivialisiert werden. In vielen Fällen wird die Kunst in den Dienst des Marktes gestellt, wodurch die kritische Stimme, die sie ursprünglich hatte, verloren geht.

Ein weiteres Problem ist die *Repression* von Künstlern in autoritären Regimen. In vielen Ländern werden Künstler, die sich kritisch mit der Regierung auseinandersetzen, verfolgt oder zensiert. Diese Einschränkungen können die Möglichkeiten der Künstler einschränken, ihre Botschaften zu verbreiten und aktivistisch zu arbeiten.

ZUSAMMENFASSUNG DER WICHTIGSTEN PUNKTE

Beispiele für Kunst im Aktivismus

Ein herausragendes Beispiel für die Verbindung von Kunst und Aktivismus ist die *AIDS-Aktivismus* der 1980er Jahre, insbesondere durch die Gruppe *ACT UP*. Diese Organisation nutzte Kunst als Mittel, um auf die AIDS-Krise aufmerksam zu machen. Ihre berühmte Kampagne "*Silence = Death*" verwendete provokante Plakate und Performances, um die Öffentlichkeit zu mobilisieren und politische Veränderungen zu fordern.

Ein weiteres Beispiel ist die Arbeit von *Kara Walker*, die in ihren Installationen und Zeichnungen die Themen Rassismus und Geschlechteridentität behandelt. Ihre Kunst fordert die Betrachter heraus, sich mit der Geschichte der Sklaverei und den anhaltenden rassistischen Strukturen in der Gesellschaft auseinanderzusetzen. Walker nutzt visuelle Erzählungen, um die Komplexität der Identität und der sozialen Gerechtigkeit zu beleuchten.

Fazit

Die Verbindung zwischen Kunst und Aktivismus ist eine kraftvolle Allianz, die sowohl die Kunstszene als auch die Gesellschaft als Ganzes bereichert. Künstler wie Syrus Marcus Ware zeigen, wie Kunst als Plattform für soziale Veränderung dienen kann, indem sie Geschichten erzählt, die oft ungehört bleiben. Durch die Herausforderungen, die sie überwinden müssen, bleibt die Verbindung zwischen Kunst und Aktivismus ein dynamisches und relevantes Thema, das weiterhin untersucht und gefördert werden muss.

In einer Welt, in der soziale und politische Fragen immer drängender werden, ist die Rolle der Kunst im Aktivismus entscheidender denn je. Sie inspiriert nicht nur zur Reflexion, sondern mobilisiert auch zur Aktion und trägt so zur Schaffung einer gerechteren Gesellschaft bei.

$$\text{Kunst} + \text{Aktivismus} = \text{Soziale Veränderung} \tag{40}$$

Reflexion über Erfolge und Misserfolge

Syrus Marcus Ware hat in seiner Karriere als Künstler und Aktivist zahlreiche Erfolge erzielt, die sowohl seine persönliche Entwicklung als auch die LGBTQ-Community nachhaltig beeinflusst haben. Diese Reflexion über Erfolge und Misserfolge bietet einen tiefen Einblick in die Herausforderungen, die Syrus auf seinem Weg begegnet sind, sowie die Strategien, die er entwickelt hat, um diese zu überwinden.

Erfolge im Aktivismus

Ein herausragender Erfolg von Syrus war die Gründung mehrerer Initiativen, die sich für die Sichtbarkeit und Rechte von LGBTQ-Personen einsetzen. Diese Initiativen haben nicht nur das Bewusstsein für wichtige Themen geschärft, sondern auch konkrete Veränderungen in der Gesellschaft bewirkt. Ein Beispiel hierfür ist die Kampagne *"Kunst für Gerechtigkeit"*, die Syrus ins Leben rief, um Künstler und Aktivisten zusammenzubringen. Diese Kampagne nutzte die Kraft der Kunst, um gesellschaftliche Missstände anzuprangern und eine Plattform für marginalisierte Stimmen zu schaffen.

Ein weiterer Erfolg war die Anerkennung seiner künstlerischen Arbeiten in internationalen Ausstellungen. Syrus' Werke wurden in renommierten Galerien gezeigt und haben das Publikum dazu angeregt, über Rassismus, Identität und soziale Gerechtigkeit nachzudenken. Diese Erfolge sind nicht nur persönliche Triumphe, sondern auch Meilensteine für die LGBTQ-Community, die durch Syrus' Kunst eine breitere Sichtbarkeit und Akzeptanz erfahren hat.

Misserfolge und Herausforderungen

Trotz dieser Erfolge war Syrus nicht immun gegen Misserfolge und Rückschläge. Ein zentrales Problem, mit dem er konfrontiert war, war die ständige Diskriminierung und der Widerstand, den er sowohl als Künstler als auch als Aktivist erlebte. Diese Herausforderungen führten häufig zu Entmutigung und Selbstzweifeln. Ein Beispiel für einen Misserfolg war eine geplante Ausstellung, die aufgrund von Zensur und Druck von außen abgesagt wurde. Diese Erfahrung lehrte Syrus jedoch eine wichtige Lektion über die Widerstandsfähigkeit und die Notwendigkeit, für die eigene Kunst und Botschaft einzustehen.

Darüber hinaus gab es Momente, in denen die Reaktionen auf Syrus' Arbeiten gemischt waren. Einige Kritiker äußerten sich negativ über seine Themenwahl und seinen Stil. Diese Rückmeldungen waren oft schmerzhaft, boten jedoch auch die Möglichkeit zur kritischen Reflexion und zur Weiterentwicklung seiner künstlerischen Praxis. Syrus lernte, dass Misserfolge nicht das Ende, sondern oft der Anfang einer neuen Phase des Wachstums sind.

Theoretische Perspektiven

Die Reflexion über Erfolge und Misserfolge kann durch verschiedene theoretische Perspektiven bereichert werden. Eine solche Perspektive ist die *Resilienztheorie*, die betont, wie Individuen trotz widriger Umstände gedeihen können. Diese Theorie legt nahe, dass Syrus' Fähigkeit, aus Misserfolgen zu lernen und sich weiterzuentwickeln, ein Schlüssel zu seinem langfristigen Erfolg ist.

Ein weiterer theoretischer Rahmen ist die *Kritische Theorie*, die sich mit der Analyse von Machtstrukturen und sozialen Ungleichheiten beschäftigt. Syrus' Arbeiten und sein Aktivismus können als Reaktion auf diese Strukturen gesehen werden, wobei er sowohl Erfolge als auch Misserfolge als Teil eines größeren Kampfes für Gerechtigkeit und Gleichheit betrachtet.

Schlussfolgerung

Insgesamt zeigt die Reflexion über Syrus Marcus Wares Erfolge und Misserfolge, dass der Weg eines Aktivisten und Künstlers selten geradlinig ist. Es ist ein dynamischer Prozess, der von Höhen und Tiefen geprägt ist. Syrus' Fähigkeit, aus seinen Erfahrungen zu lernen und sich weiterzuentwickeln, hat nicht nur seine eigene Karriere geprägt, sondern auch einen bleibenden Einfluss auf die LGBTQ-Community und die Kunstszene hinterlassen. Diese Reflexion ermutigt zukünftige Aktivisten, sowohl ihre Erfolge zu feiern als auch aus ihren Misserfolgen zu lernen, um eine nachhaltige Veränderung in der Gesellschaft zu bewirken.

Die Bedeutung von Humor im Leben von Syrus

Humor ist ein kraftvolles Werkzeug, das Syrus Marcus Ware nicht nur in seinem persönlichen Leben, sondern auch in seinem Aktivismus und seiner Kunst einsetzt. In einer Welt, die oft von Diskriminierung, Ungerechtigkeit und Schmerz geprägt ist, bietet Humor eine Möglichkeit, mit diesen Herausforderungen umzugehen und sie zu hinterfragen. In diesem Abschnitt werden wir die Bedeutung von Humor in Syrus' Leben, die theoretischen Grundlagen des Humors sowie die Probleme und Beispiele, die seine humorvolle Herangehensweise illustrieren, beleuchten.

Theoretische Grundlagen des Humors

Humor hat in der Psychologie und Soziologie mehrere Dimensionen. Laut dem *Incongruity Theory* entsteht Humor durch die Wahrnehmung von Widersprüchen oder unerwarteten Situationen. Diese Theorie erklärt, warum viele von Syrus' Arbeiten humorvolle Elemente enthalten, die gleichzeitig ernsthafte Themen ansprechen. Humor kann auch als eine Form der Bewältigungsmechanismus betrachtet werden, der Menschen hilft, mit Stress und Trauma umzugehen [?].

Ein weiteres relevantes Konzept ist die *Relief Theory*, die besagt, dass Humor als Ventil für unterdrückte Emotionen fungiert. Für Syrus, der oft mit den

Herausforderungen des Aktivismus und der LGBTQ-Identität konfrontiert ist, bietet Humor eine Möglichkeit, Spannungen abzubauen und Raum für Dialog zu schaffen [?].

Humor als Bewältigungsmechanismus

Für Syrus ist Humor nicht nur ein Werkzeug, sondern eine Lebensweise. In schwierigen Zeiten, wie den Momenten der Ablehnung oder Diskriminierung, hat er oft humorvolle Anekdoten verwendet, um die Schwere der Situation zu mildern. Ein Beispiel dafür ist seine Erzählung über die erste öffentliche Lesung seiner Gedichte, bei der er einen besonders kritischen Zuhörer mit einem humorvollen Kommentar über dessen eigene Unsicherheiten konfrontierte. Diese Herangehensweise half nicht nur, die Spannung zu lösen, sondern auch, die Aufmerksamkeit des Publikums auf die zugrunde liegenden Themen zu lenken.

Die Rolle des Humors in der Kunst

In Syrus' künstlerischem Schaffen spiegelt sich der Humor in seinen Installationen und Performances wider. Seine Werke sind oft mit satirischen Elementen durchzogen, die gesellschaftliche Normen und Vorurteile hinterfragen. Zum Beispiel hat er eine Installation geschaffen, die sich mit den Klischees über LGBTQ-Personen auseinandersetzt, indem er diese Klischees überzeichnet und ins Absurde führt. Diese Art von Humor ermöglicht es dem Publikum, die Absurdität der vorherrschenden Stereotypen zu erkennen und darüber nachzudenken.

Probleme und Herausforderungen

Trotz der positiven Aspekte des Humors kann es auch Herausforderungen geben. Humor kann missverstanden werden, insbesondere in sensiblen Kontexten. Syrus hat erlebt, dass einige seiner humorvollen Ansätze als respektlos oder unangemessen wahrgenommen wurden. Dies zeigt die Notwendigkeit, den Kontext und das Publikum zu berücksichtigen, wenn Humor eingesetzt wird. Es ist eine feine Linie zwischen Humor, der verbindet, und Humor, der ausgrenzt.

Beispiele für humorvolle Interventionen

Ein bemerkenswertes Beispiel für Syrus' Einsatz von Humor in der Aktivismusarbeit war eine Protestaktion, bei der er und andere Aktivisten sich verkleidet als stereotype Figuren aus der LGBTQ-Kultur präsentierten. Dies führte zu einem unerwarteten Dialog über die Wahrnehmung von LGBTQ-Personen in der Gesellschaft. Durch den Einsatz von Humor konnten sie ernste Themen ansprechen, ohne dass das Publikum in eine defensive Haltung verfallen musste.

Fazit

Zusammenfassend lässt sich sagen, dass Humor eine zentrale Rolle im Leben von Syrus Marcus Ware spielt. Er nutzt Humor, um Barrieren abzubauen, Dialoge zu fördern und gesellschaftliche Normen zu hinterfragen. In einer Welt, die oft von Ernsthaftigkeit und Tragik geprägt ist, bietet Humor eine erfrischende Perspektive und eine Möglichkeit, mit den Herausforderungen des Lebens umzugehen. Die Fähigkeit, Humor als Werkzeug im Aktivismus zu verwenden, zeigt nicht nur Syrus' Kreativität, sondern auch seine tiefe Einsicht in die menschliche Natur und die Dynamiken der Gesellschaft.

Ein Blick auf die Zukunft der LGBTQ-Bewegung

Die LGBTQ-Bewegung hat in den letzten Jahrzehnten bemerkenswerte Fortschritte gemacht, doch die Zukunft hält sowohl Herausforderungen als auch Chancen bereit. Um die Richtung zu verstehen, in die sich die Bewegung entwickelt, ist es wichtig, verschiedene Faktoren zu betrachten, die sowohl das soziale als auch das politische Klima beeinflussen.

Theoretische Grundlagen

Die LGBTQ-Bewegung ist stark von verschiedenen theoretischen Ansätzen geprägt, darunter die Queer-Theorie, die Intersektionalität und die Kritische Theorie. Die Queer-Theorie, die von Judith Butler und Michel Foucault maßgeblich geprägt wurde, hinterfragt die traditionellen Geschlechter- und Sexualitätsnormen. Sie fordert eine fluidere Sichtweise auf Identität, die die Vielfalt innerhalb der LGBTQ-Community anerkennt und fördert. Diese Perspektive ist entscheidend, um zukünftige Strategien zu entwickeln, die nicht nur auf die Bedürfnisse von cisgender, weißen, homosexuellen Männern abzielen, sondern auch die Stimmen von BIPOC (Black, Indigenous, People of Color) und trans Personen einbeziehen.

Aktuelle Herausforderungen

Trotz der Fortschritte, die erzielt wurden, sieht sich die LGBTQ-Bewegung weiterhin ernsthaften Herausforderungen gegenüber. Globale politische Entwicklungen, wie die zunehmende Rechtsentwicklung in vielen Ländern, führen zu einem Anstieg von Diskriminierung und Gewalt gegen LGBTQ-Personen. Ein Beispiel hierfür ist die Verabschiedung restriktiver Gesetze in Ländern wie Ungarn und Polen, die die Rechte von LGBTQ-Personen einschränken und eine Atmosphäre der Angst schaffen.

Zusätzlich gibt es innerhalb der Bewegung interne Spannungen, die oft auf unterschiedliche Prioritäten und Ansichten über die besten Strategien zur Erreichung von Gleichheit zurückzuführen sind. Diese Spannungen können zu Fragmentierung führen, was die Effektivität der Bewegung beeinträchtigen kann. Ein Beispiel ist die Debatte über die Priorität von Trans-Rechten im Vergleich zu anderen LGBTQ-Rechten, die in der Gemeinschaft selbst zu Konflikten führen kann.

Zukunftsperspektiven

Die Zukunft der LGBTQ-Bewegung wird stark von der Fähigkeit abhängen, sich an die sich ständig ändernden sozialen und politischen Landschaften anzupassen. Die Nutzung von sozialen Medien als Plattform für Aktivismus hat sich als äußerst effektiv erwiesen. Kampagnen wie #BlackLivesMatter und #MeToo zeigen, wie digitale Plattformen genutzt werden können, um Bewusstsein zu schaffen und Mobilisierung zu fördern. Diese Strategien sollten weiterentwickelt und auf die spezifischen Bedürfnisse der LGBTQ-Community angewendet werden.

Ein weiterer wichtiger Aspekt ist die Notwendigkeit, intersektionale Ansätze zu fördern. Die Berücksichtigung von Rasse, Geschlecht, Klasse und anderen sozialen Kategorien in der LGBTQ-Arbeit wird entscheidend sein, um ein inklusives Umfeld zu schaffen, das die Vielfalt innerhalb der Gemeinschaft widerspiegelt. Programme, die speziell auf die Bedürfnisse von LGBTQ-Jugendlichen, insbesondere in marginalisierten Gemeinschaften, abzielen, könnten dazu beitragen, eine neue Generation von Aktivisten zu fördern.

Der Einfluss von Kunst und Kultur

Kunst bleibt ein kraftvolles Werkzeug im Aktivismus. Künstler wie Syrus Marcus Ware nutzen ihre Plattformen, um gesellschaftliche Themen anzugehen und das Bewusstsein für die Herausforderungen der LGBTQ-Community zu schärfen. Die Verbindung zwischen Kunst und Aktivismus wird in der Zukunft noch bedeutender werden, da visuelle Narration und kreative Ausdrucksformen helfen können, komplexe Themen zu kommunizieren und Empathie zu fördern.

Schlussfolgerung

Insgesamt steht die LGBTQ-Bewegung an einem kritischen Punkt. Die Herausforderungen sind groß, aber die Möglichkeiten sind es auch. Durch die Kombination von theoretischem Wissen, intersektionalem Denken und kreativen Ausdrucksformen kann die Bewegung nicht nur ihre eigenen Mitglieder stärken, sondern auch eine breitere gesellschaftliche Veränderung bewirken. Es ist an der Zeit, dass zukünftige Aktivisten aus der Vergangenheit lernen und neue Wege finden, um für Gleichheit und Gerechtigkeit zu kämpfen. Die Zukunft der LGBTQ-Bewegung hängt von unserem Engagement ab, die Vielfalt zu feiern und die Stimmen aller, insbesondere der am stärksten marginalisierten, zu hören und zu unterstützen.

Ermutigung für zukünftige Aktivisten

In der heutigen Welt, in der soziale Gerechtigkeit und Gleichheit mehr denn je gefordert werden, ist es wichtig, zukünftige Aktivisten zu ermutigen und ihnen die Werkzeuge und das Wissen zu geben, die sie benötigen, um erfolgreich zu sein. Syrus Marcus Ware ist ein leuchtendes Beispiel dafür, wie Kunst und Aktivismus Hand in Hand gehen können, um Veränderungen zu bewirken. Seine Reise zeigt, dass jeder, unabhängig von Herkunft oder Ressourcen, einen Unterschied machen kann.

Die Kraft der Stimme

Eine der grundlegendsten Lehren, die zukünftige Aktivisten aus Syrus' Leben ziehen können, ist die Bedeutung der eigenen Stimme. In einer Zeit, in der soziale Medien eine Plattform für viele bieten, ist es entscheidend, diese Stimme zu nutzen, um auf Ungerechtigkeiten aufmerksam zu machen. Syrus hat durch seine Kunst und seine öffentlichen Auftritte immer wieder gezeigt, dass es nicht nur darum geht, gehört zu werden, sondern auch darum, die richtigen Themen anzusprechen.

Ein Beispiel ist seine Arbeit *"The Black Lives Matter"*, die nicht nur eine künstlerische Darstellung, sondern auch ein Aufruf zum Handeln ist. Diese Art von Engagement ermutigt andere, sich ebenfalls zu äußern und ihre Erfahrungen zu teilen. Die Theorie der *"kollektiven Identität"* (Tilly, 2004) spielt hier eine zentrale Rolle, da sie zeigt, wie gemeinsame Erfahrungen und das Teilen von

Geschichten Menschen zusammenbringen und einen starken Aktivismus fördern können.

Die Bedeutung von Bildung

Für zukünftige Aktivisten ist Bildung ein unverzichtbares Werkzeug. Syrus hat oft betont, dass das Verständnis der Geschichte und der sozialen Dynamiken, die zu den heutigen Herausforderungen führen, entscheidend ist. Aktivisten sollten sich mit den Theorien des sozialen Wandels vertraut machen, wie zum Beispiel der *"Theorie der sozialen Bewegung"* (Tilly, 2004), die erklärt, wie Gruppen mobilisiert werden können, um Veränderungen herbeizuführen.

Darüber hinaus sollten zukünftige Aktivisten sich mit den Herausforderungen auseinandersetzen, die in der Vergangenheit aufgetreten sind, um aus den Fehlern und Erfolgen ihrer Vorgänger zu lernen. Ein Beispiel dafür ist die *Stonewall-Rebellion*, die als Wendepunkt in der LGBTQ-Bewegung gilt. Die Analyse dieser Ereignisse kann wertvolle Lektionen über Strategie, Mobilisierung und die Wichtigkeit von Solidarität bieten.

Solidarität und Gemeinschaft

Ein weiterer zentraler Aspekt, den zukünftige Aktivisten von Syrus lernen können, ist die Bedeutung von Solidarität und Gemeinschaft. Aktivismus ist selten eine Einzelkämpfer-Aktion; vielmehr ist es eine kollektive Anstrengung. Syrus hat in seiner Karriere oft mit anderen Aktivisten und Künstlern zusammengearbeitet, um eine stärkere Botschaft zu verbreiten.

Die Theorie der *"Solidarität"* (Morris, 1984) besagt, dass gemeinsame Ziele und die Unterstützung innerhalb einer Gemeinschaft die Effektivität von Bewegungen erheblich steigern können. Ein Beispiel hierfür ist die *"Queer Liberation March"*, die als Antwort auf die Kommerzialisierung des Pride-Parades ins Leben gerufen wurde. Dieses Event hat gezeigt, wie wichtig es ist, dass Gemeinschaften zusammenkommen, um für ihre Rechte zu kämpfen und eine gemeinsame Stimme zu finden.

Selbstpflege und Resilienz

Ein oft übersehener, aber entscheidender Aspekt des Aktivismus ist die Selbstpflege. Syrus hat wiederholt betont, dass es für Aktivisten wichtig ist, auf sich selbst zu achten, um langfristig effektiv zu bleiben. Der Aktivismus kann emotional und körperlich anstrengend sein, und ohne angemessene Selbstfürsorge können Aktivisten schnell erschöpft und frustriert werden.

Die Theorie der *"Resilienz"* (Masten, 2001) legt nahe, dass die Fähigkeit, sich von Rückschlägen zu erholen, entscheidend für den Erfolg im Aktivismus ist. Zukünftige Aktivisten sollten Techniken zur Stressbewältigung und zur emotionalen Unterstützung in ihre Praxis integrieren, um ihre Gesundheit und ihr Wohlbefinden zu fördern. Ein Beispiel könnte die Teilnahme an Workshops zur Achtsamkeit oder zu kreativen Ausdrucksformen sein, die helfen, Stress abzubauen und die eigene kreative Energie zu fördern.

Ermutigung zur Kreativität

Abschließend sollten zukünftige Aktivisten ermutigt werden, ihre Kreativität zu nutzen. Syrus' Kunst ist ein Beispiel dafür, wie kreative Ausdrucksformen als Werkzeug für sozialen Wandel dienen können. Kunst kann nicht nur als Plattform für das Teilen von Geschichten dienen, sondern auch als Mittel, um Emotionen und Erfahrungen auszudrücken, die oft schwer in Worte zu fassen sind.

Die *"Theorie der kreativen Aktivismus"* (Bishop, 2012) besagt, dass Kunst und Aktivismus synergistisch wirken können, um das Bewusstsein zu schärfen und Veränderungen zu bewirken. Zukünftige Aktivisten sollten ermutigt werden, ihre eigenen kreativen Wege zu finden, um ihre Botschaften zu verbreiten und andere zu inspirieren. Ob durch Malerei, Theater, Musik oder digitale Medien – jede Form des kreativen Ausdrucks kann eine bedeutende Rolle im Aktivismus spielen.

Fazit

Zusammenfassend lässt sich sagen, dass Syrus Marcus Ware nicht nur ein Vorbild für die LGBTQ-Community ist, sondern auch eine Quelle der Inspiration für alle zukünftigen Aktivisten. Indem sie sich auf ihre Stimme stützen, Bildung in den Vordergrund stellen, Solidarität fördern, auf ihre eigene Gesundheit achten und ihre Kreativität nutzen, können sie die Welt zu einem besseren Ort machen. Es ist an der Zeit, die Leidenschaft für Gerechtigkeit zu entfachen und den Mut zu haben, für das einzutreten, was richtig ist. Jeder Schritt zählt, und die Zukunft des Aktivismus liegt in den Händen der kommenden Generationen.

Die Rolle der Kunst in der Gesellschaft

Die Kunst spielt eine fundamentale Rolle in der Gesellschaft, indem sie nicht nur ästhetische Werte vermittelt, sondern auch als kraftvolles Medium für soziale und politische Veränderungen fungiert. Kunst ist ein Spiegel der Gesellschaft, der die Werte, Überzeugungen und Kämpfe einer Gemeinschaft reflektiert. Sie hat die

Fähigkeit, Emotionen zu wecken, Diskussionen anzuregen und das Bewusstsein für soziale Probleme zu schärfen.

Ein zentrales Konzept in der Kunsttheorie ist die Idee der *Kunst als sozialer Kommentar*. Diese Perspektive besagt, dass Kunstwerke oft als Reaktion auf gesellschaftliche Umstände entstehen und die sozialen, politischen und kulturellen Dynamiken ihrer Zeit widerspiegeln. Die Werke von Syrus Marcus Ware sind ein hervorragendes Beispiel für diese Theorie. Durch seine Kunst thematisiert er nicht nur die Herausforderungen der LGBTQ-Community, sondern auch breitere Themen wie Rassismus und soziale Gerechtigkeit.

Ein weiteres wichtiges Konzept ist die *Kunst als Werkzeug der Aktivismus*. Kunst kann als Katalysator für Veränderungen fungieren, indem sie Menschen mobilisiert und ihnen eine Stimme verleiht. Die Verwendung von Kunst in Protesten und Kampagnen hat sich als äußerst effektiv erwiesen. Ein bekanntes Beispiel ist die *AIDS-Aktivismusbewegung* der 1980er Jahre, bei der Künstler und Aktivisten visuelle Kunst und Performance einsetzten, um auf die AIDS-Krise aufmerksam zu machen und die Stigmatisierung von Betroffenen zu bekämpfen. Diese Bewegung hat gezeigt, wie Kunst eine Plattform für marginalisierte Stimmen bieten kann.

Die *Kraft der visuellen Narration* ist ein weiterer Aspekt, der die Rolle der Kunst in der Gesellschaft unterstreicht. Visuelle Kunst hat die Fähigkeit, komplexe Geschichten und Erfahrungen auf eine Weise zu kommunizieren, die Worte oft nicht erreichen können. Die Werke von Syrus sind oft mit persönlichen Erzählungen durchzogen, die die Zuschauer dazu anregen, sich mit den dargestellten Themen auseinanderzusetzen. Diese Art der Erzählung kann das Publikum emotional berühren und es dazu bringen, über seine eigenen Überzeugungen und Vorurteile nachzudenken.

Allerdings steht die Kunst auch vor Herausforderungen. In vielen Gesellschaften wird Kunst, die soziale oder politische Themen anspricht, oft zensiert oder nicht ernst genommen. Künstler wie Syrus Marcus Ware müssen sich häufig mit Widerstand und Kritik auseinandersetzen, insbesondere wenn ihre Arbeiten als bedrohlich oder provokant wahrgenommen werden. Diese Probleme zeigen, dass die Kunst nicht nur eine Plattform für Ausdruck ist, sondern auch ein Kampfplatz, auf dem die Werte und Normen einer Gesellschaft in Frage gestellt werden.

Ein Beispiel für die Herausforderungen, mit denen Künstler konfrontiert sind, ist die *Debatte über kulturelle Aneignung*. In der heutigen globalisierten Welt ist es wichtig, dass Künstler sensibel mit den Themen umgehen, die sie darstellen, insbesondere wenn es um die Erfahrungen von marginalisierten Gruppen geht. Syrus' Arbeit zeigt, wie wichtig es ist, die Stimmen und Perspektiven derjenigen zu respektieren, die von den dargestellten Themen betroffen sind.

Zusammenfassend lässt sich sagen, dass die Rolle der Kunst in der Gesellschaft vielschichtig ist. Sie dient nicht nur der Ästhetik, sondern ist auch ein kraftvolles Werkzeug für sozialen Wandel, das Menschen mobilisieren und zum Nachdenken anregen kann. Kunst hat die Fähigkeit, gesellschaftliche Missstände zu beleuchten und eine Plattform für marginalisierte Stimmen zu schaffen. In einer Zeit, in der soziale Gerechtigkeit und Gleichheit von größter Bedeutung sind, bleibt die Kunst ein unverzichtbarer Bestandteil des Aktivismus und der gesellschaftlichen Veränderung. Syrus Marcus Ware und viele andere Künstler zeigen uns, dass Kunst nicht nur ein Ausdruck des Individuums ist, sondern auch eine kollektive Stimme für Gerechtigkeit und Veränderung.

Syrus' Einfluss auf die Kultur

Syrus Marcus Ware hat nicht nur die LGBTQ-Community, sondern auch die breitere Gesellschaft durch seine Kunst und seinen Aktivismus nachhaltig geprägt. Sein Einfluss auf die Kultur lässt sich in mehreren Dimensionen betrachten, darunter die Sichtbarkeit von marginalisierten Stimmen, die Neudefinition von Identität und die Förderung von sozialem Wandel durch kreative Ausdrucksformen.

Sichtbarkeit und Repräsentation

Ein zentraler Aspekt von Syrus' Einfluss ist die Schaffung von Sichtbarkeit für marginalisierte Gruppen. In einer Gesellschaft, in der viele Stimmen oft überhört werden, nutzt Syrus seine Plattform, um die Erfahrungen von LGBTQ-Personen und People of Color zu beleuchten. Diese Sichtbarkeit ist entscheidend, da sie nicht nur das Bewusstsein für bestehende Ungleichheiten schärft, sondern auch das Gefühl der Zugehörigkeit in Gemeinschaften stärkt, die oft an den Rand gedrängt werden.

Ein Beispiel für diese Sichtbarkeit ist seine Kunstinstallation "The Black Lives Matter Mural", die nicht nur eine künstlerische Aussage darstellt, sondern auch als politisches Statement fungiert. Diese Art von Kunst fördert eine Diskussion über Rassismus und soziale Gerechtigkeit und ermutigt andere Künstler, ähnliche Themen aufzugreifen.

Neudefinition von Identität

Syrus' Werk trägt zur Neudefinition von Identität in der zeitgenössischen Kunst bei. Durch die Auseinandersetzung mit Themen wie Geschlecht, Sexualität und Rasse fordert er die traditionellen Vorstellungen von Identität heraus. In seinen Arbeiten zeigt er, dass Identität nicht statisch, sondern dynamisch und vielschichtig ist.

In einer seiner bekanntesten Arbeiten, *"Identity in Flux"*, verwendet er verschiedene Medien, um die Komplexität der Identität zu erforschen. Diese Installation kombiniert Video, Malerei und Performance, um den Zuschauern zu zeigen, dass Identität ein Prozess ist, der durch persönliche Erfahrungen, kulturelle Einflüsse und gesellschaftliche Normen geformt wird. Dies hat dazu beigetragen, dass viele Menschen ihre eigene Identität neu überdenken und akzeptieren.

Sozialer Wandel durch Kunst

Syrus' Einfluss erstreckt sich auch auf die Förderung sozialen Wandels durch Kunst. Er glaubt fest daran, dass Kunst ein mächtiges Werkzeug ist, um gesellschaftliche Probleme anzugehen. Indem er Kunst als Plattform für Diskussionen über soziale Gerechtigkeit nutzt, inspiriert er andere, aktiv zu werden und sich für Veränderungen einzusetzen.

Ein Beispiel für seinen aktivistischen Ansatz ist die Kampagne *"Art for Change"*, bei der Künstler eingeladen wurden, Werke zu schaffen, die sich mit Themen wie Diskriminierung und Ungerechtigkeit auseinandersetzen. Diese Kampagne hat nicht nur die Sichtbarkeit dieser Themen erhöht, sondern auch eine Bewegung ins Leben gerufen, die Künstler dazu ermutigt, ihre Stimmen für soziale Gerechtigkeit zu nutzen.

Einfluss auf die nächste Generation

Syrus' Einfluss auf die Kultur manifestiert sich auch in seiner Rolle als Mentor und Vorbild für aufstrebende Künstler und Aktivisten. Durch Workshops und öffentliche Auftritte inspiriert er junge Menschen, ihre Kreativität als Werkzeug für Veränderung zu nutzen. Er ermutigt sie, ihre eigenen Geschichten zu erzählen und sich mit den Herausforderungen auseinanderzusetzen, die sie erleben.

Ein Beispiel hierfür ist sein Engagement bei der Initiative *"Young Voices"*, die jungen LGBTQ-Künstlern eine Plattform bietet, um ihre Arbeiten zu präsentieren. Diese Initiative hat nicht nur die Karriere vieler junger Künstler gefördert, sondern auch dazu beigetragen, eine neue Generation von Aktivisten zu inspirieren, die bereit sind, für ihre Rechte und die ihrer Gemeinschaften zu kämpfen.

Fazit

Zusammenfassend lässt sich sagen, dass Syrus Marcus Ware einen tiefgreifenden Einfluss auf die Kultur hat. Durch die Schaffung von Sichtbarkeit, die Neudefinition von Identität und die Förderung sozialen Wandels hat er nicht nur die Kunstwelt bereichert, sondern auch das Bewusstsein für wichtige gesellschaftliche Themen geschärft. Sein Engagement für die nächste Generation von Künstlern und Aktivisten stellt sicher, dass sein Einfluss weiterhin spürbar sein wird, während sich die Gesellschaft weiterentwickelt. Die Verbindung von Kunst und Aktivismus, die Syrus verkörpert, bleibt ein bedeutendes Beispiel dafür, wie kreative Ausdrucksformen zur Transformation der Gesellschaft beitragen können.

Die Notwendigkeit von fortwährendem Engagement

In der heutigen Gesellschaft, in der soziale Gerechtigkeit und Gleichheit oft auf dem Spiel stehen, ist das fortwährende Engagement für die LGBTQ-Community nicht nur wichtig, sondern unerlässlich. Syrus Marcus Ware hat in seiner Karriere als Künstler und Aktivist immer wieder betont, dass der Kampf für Rechte und Anerkennung niemals als abgeschlossen betrachtet werden kann. In dieser Sektion werden wir die theoretischen Grundlagen des fortwährenden Engagements untersuchen, die Probleme, die sich aus einem Mangel an Engagement ergeben, und einige Beispiele für erfolgreiche Initiativen, die zeigen, wie kontinuierliches Engagement positive Veränderungen bewirken kann.

Theoretische Grundlagen des Engagements

Das Konzept des fortwährenden Engagements kann durch verschiedene theoretische Rahmenwerke betrachtet werden. Eine der prominentesten Theorien ist die *Theorie des sozialen Wandels*, die besagt, dass soziale Bewegungen auf die Herausforderungen und Bedürfnisse einer Gemeinschaft reagieren. Diese Theorie legt nahe, dass Engagement nicht statisch ist, sondern sich dynamisch an die sich verändernden gesellschaftlichen Bedingungen anpassen muss.

Ein weiterer wichtiger Aspekt ist die *Theorie der kollektiven Identität*, die beschreibt, wie Gruppen von Individuen, die ähnliche Erfahrungen und Herausforderungen teilen, zusammenkommen, um ihre Stimme zu erheben und Veränderungen zu fordern. Diese Theorie betont die Bedeutung von Gemeinschaft und Solidarität im Aktivismus und zeigt, dass individuelles Engagement oft durch das kollektive Handeln verstärkt wird.

Probleme durch mangelndes Engagement

Ein Mangel an fortwährendem Engagement kann schwerwiegende Konsequenzen für die LGBTQ-Community haben. Zum Beispiel kann das Nachlassen des Engagements zu einem Rückgang der Sichtbarkeit führen, was wiederum die Wahrnehmung und Akzeptanz in der breiteren Gesellschaft beeinträchtigen kann. Dies führt oft zu einer Stagnation in der politischen und sozialen Anerkennung, die für die LGBTQ-Community von entscheidender Bedeutung ist.

Darüber hinaus können fehlende Bemühungen in der Aufklärung über LGBTQ-Themen und -Anliegen dazu führen, dass Vorurteile und Diskriminierung weiterhin bestehen bleiben. Ein Beispiel hierfür ist die anhaltende Stigmatisierung von Transgender-Personen, die häufig auf mangelnde Informationen und Bewusstsein in der Gesellschaft zurückzuführen ist.

Beispiele für fortwährendes Engagement

Um die Notwendigkeit des fortwährenden Engagements zu illustrieren, betrachten wir einige erfolgreiche Initiativen, die positive Veränderungen bewirken konnten:
 1. **Die Stonewall-Stiftung**: Diese Organisation setzt sich für die Rechte von LGBTQ-Personen ein und bietet Programme zur Unterstützung von Jugendlichen, die mit ihrer sexuellen Identität kämpfen. Durch kontinuierliche Fundraising- und Aufklärungsmaßnahmen hat die Stiftung einen bedeutenden Einfluss auf das Leben vieler junger Menschen.
 2. **Die „Black Lives Matter"-Bewegung**: Diese Bewegung hat die Verbindung zwischen Rassismus und LGBTQ-Rechten hervorgehoben. Durch fortwährendes Engagement in der Gemeinschaft hat sie es geschafft, die Diskussion über Intersektionalität zu fördern und die Stimmen marginalisierter Gruppen innerhalb der LGBTQ-Community zu stärken.
 3. **Kunstprojekte wie „Queer Art"**: Künstler wie Syrus Marcus Ware nutzen ihre Plattformen, um Themen der LGBTQ-Identität und -Erfahrung zu beleuchten. Diese Projekte sind nicht nur künstlerische Ausdrucksformen, sondern auch politische Statements, die das Bewusstsein für die Herausforderungen der Community schärfen.

Schlussfolgerung

Zusammenfassend lässt sich sagen, dass fortwährendes Engagement für die LGBTQ-Community von entscheidender Bedeutung ist, um gesellschaftliche Veränderungen herbeizuführen und die Rechte und die Sichtbarkeit von LGBTQ-Personen zu fördern. Die theoretischen Grundlagen des Engagements bieten einen wertvollen Rahmen, um die Dynamik sozialer Bewegungen zu verstehen, während die Probleme, die sich aus mangelndem Engagement ergeben, die Dringlichkeit unterstreichen, aktiv zu bleiben. Die Beispiele erfolgreicher Initiativen zeigen, dass kontinuierliches Engagement nicht nur möglich, sondern auch notwendig ist, um eine gerechtere und inklusivere Gesellschaft zu schaffen.

Die Worte von Syrus Marcus Ware hallen in diesem Kontext wider: „Kunst ist nicht nur ein Spiegel der Gesellschaft, sondern auch ein Werkzeug, um sie zu verändern." Es liegt an uns allen, dieses Engagement aufrechtzuerhalten und die nächste Generation von Aktivisten zu inspirieren, die den Kampf für Gleichheit und Gerechtigkeit fortsetzen werden.

Abschließende Gedanken und Dankeschöns

In der Reflexion über das Leben und das Werk von Syrus Marcus Ware wird deutlich, dass sein Einfluss weit über die Grenzen der Kunst und des Aktivismus hinausgeht. Syrus hat nicht nur die LGBTQ-Community bereichert, sondern auch eine breitere Diskussion über Identität, Diversität und soziale Gerechtigkeit angestoßen. Seine Fähigkeit, Humor als Werkzeug im Aktivismus zu nutzen, hat gezeigt, dass ernsthafte Themen auf eine zugängliche und ansprechende Weise behandelt werden können. Dies ist besonders wichtig, wenn man bedenkt, dass viele Menschen oft von der Schwere der Themen, die die LGBTQ-Community betreffen, überwältigt sind.

Ein zentrales Element von Syrus' Ansatz ist die Idee, dass Kunst nicht nur ein Ausdruck persönlicher Identität ist, sondern auch ein Katalysator für soziale Veränderung. Die Gleichung, die dies verdeutlicht, könnte wie folgt formuliert werden:

$$\text{Kunst} + \text{Aktivismus} = \text{Soziale Veränderung} \qquad (41)$$

Diese Gleichung zeigt, dass die Kombination von kreativen Ausdrucksformen und aktivistischem Engagement zu einer nachhaltigen Veränderung in der Gesellschaft führen kann. Syrus hat dies durch seine Installationen und Projekte unter Beweis gestellt, bei denen er oft mit marginalisierten Gruppen zusammenarbeitete, um deren Stimmen zu verstärken und Sichtbarkeit zu schaffen.

Ein weiteres wichtiges Element in Syrus' Lebenswerk ist die Bedeutung der Gemeinschaft. Die Unterstützung, die er von Freunden, Familie und anderen Aktivisten erhielt, war entscheidend für seinen Erfolg. In einer Welt, die oft von Isolation geprägt ist, hebt Syrus hervor, wie wichtig es ist, Netzwerke der Unterstützung zu schaffen. Dies wird durch die folgende Beziehung verdeutlicht:

$$\text{Gemeinschaft} = \text{Unterstützung} + \text{Solidarität} \qquad (42)$$

Diese Beziehung zeigt, dass eine starke Gemeinschaft nicht nur Unterstützung bietet, sondern auch die Solidarität stärkt, die für den Kampf gegen Diskriminierung und Ungerechtigkeit unerlässlich ist.

Darüber hinaus ist es wichtig, die Herausforderungen zu erkennen, mit denen Syrus konfrontiert war. Trotz seiner Erfolge musste er sich mit Rückschlägen und Widerständen auseinandersetzen. Diese Erfahrungen haben ihn jedoch nicht entmutigt; im Gegenteil, sie haben ihn motiviert, noch engagierter zu arbeiten. Ein Beispiel hierfür ist seine Reaktion auf kritische Stimmen, die seine Arbeit in Frage stellten. Anstatt sich zurückzuziehen, nutzte er diese Kritik als Antrieb, um seine Botschaften klarer und kraftvoller zu formulieren.

In seinen letzten Interviews und öffentlichen Auftritten hat Syrus oft betont, dass der Weg des Aktivismus nicht immer einfach ist. Er hat die Bedeutung von Ausdauer und Hingabe hervorgehoben, was sich in seinem berühmten Zitat widerspiegelt:

„Der Kampf ist nicht immer gerecht, aber jeder Schritt, den wir machen, bringt uns näher zu einer Welt, in der wir alle akzeptiert werden."

Abschließend möchte ich Syrus Marcus Ware für sein unermüdliches Engagement und seine inspirierende Arbeit danken. Er hat uns gelehrt, dass Kunst und Aktivismus Hand in Hand gehen können, um eine bessere Zukunft für alle zu schaffen. Seine Fähigkeit, Humor in ernste Themen einzubringen, hat nicht nur seine Arbeiten einzigartig gemacht, sondern auch vielen anderen Mut gegeben, sich für ihre Überzeugungen einzusetzen.

Wir danken auch all den Unterstützern, Freunden und Familienmitgliedern, die Syrus auf seinem Weg begleitet haben. Ohne ihre Liebe und Unterstützung wäre sein Einfluss nicht möglich gewesen. Die Geschichten, die Syrus erzählt hat, und die Kunst, die er geschaffen hat, werden weiterhin Generationen inspirieren. Mögen wir alle aus seinem Beispiel lernen und die Flamme des Aktivismus in unseren eigenen Gemeinschaften weitertragen.

„Die Zukunft gehört denen, die an die Schönheit ihrer Träume glauben." - Eleanor Roosevelt

Lasst uns gemeinsam an eine Zukunft glauben, in der Kunst, Humor und Aktivismus weiterhin die treibenden Kräfte für Veränderung sind.

Index

-identifizierter, 194

aber auch, 8, 57
aber mit, 123, 199, 211, 222
aber oft, 178
aber sie, 8, 83, 160
aber stattdessen, 172
Ablehnung, 4, 28
Abraham Maslow formulierte, 197
Abschließend lässt sich, 43, 61
Abschließend möchte ich Syrus Marcus Ware, 242
Abweichung dar, 48
abwägen, 12
abzielt, 112, 183
achten, 12, 178, 180, 234, 235
Achtsamkeit, 184, 185
Achtsamkeitsmeditation, 184
adressieren, 213
afroamerikanische, 111
afroamerikanischen, 6
agiert, 158
akademische, 16, 25, 30, 39, 45, 55, 56, 60, 64
akademischen Umfeld, 62
aktiv dafür, 18, 70, 161, 213
aktiven Teilnahme, 2

Aktivismus, 9, 10, 12, 18, 34, 51, 60, 104, 112, 119, 132, 138, 144, 151, 155–157, 159, 172, 177, 178, 189, 222, 227, 241
Aktivismus deutlich, 108
Aktivismus hinterfragen, 43
Aktivismus ihren, 171
Aktivismus kontinuierlich zu, 151
Aktivismus sein, 127, 172, 210
Aktivismus spielen, 221
Aktivismus von, 142
Aktivismusarbeit geprägt, 35
Aktivismusstrategie sein, 199
Aktivisten, 3, 6, 61, 69, 100, 111, 118, 151, 178, 179, 194, 197, 198, 210, 234
Aktivisten auf, 112
Aktivisten dabei erleben, 226
Aktivisten entwickelt, 76
Aktivisten müssen, 12, 127, 137
Aktivisten stehen vor, 178
Aktivistengruppen zusammengearbeitet, 129
aktivistische, 16, 37, 46, 54, 57, 60, 141, 194, 213
aktivistischen Bestrebungen, 64
Akzeptanz gegenüber

Unterschieden, 35
Akzeptanz innerhalb der, 3
Akzeptanz seiner, 49, 153
akzeptieren würde, 83
akzeptiert fühlen, 41
alle, 13, 16, 20, 54, 66, 84, 110, 119, 123, 144, 188, 207, 235, 242
allein, 226
aller, 82, 114, 119, 132, 211, 233
Allerdings, 49
Allerdings steht, 236
allgemeine, 169
Alltag, 184
Alltag seiner, 24
als, 1–5, 7, 9–13, 15–18, 21, 23–25, 27–37, 40–43, 45, 46, 48–50, 54–58, 60–66, 70, 71, 73–75, 79, 82–87, 89–92, 95–98, 100–102, 104, 106–115, 119–123, 125, 128, 129, 134, 135, 139, 141, 149–151, 153, 157, 159–162, 164–168, 171–175, 178, 179, 183–186, 188–190, 192–194, 196, 197, 201–203, 208–211, 217, 219, 220, 224, 227, 228, 230, 231, 235, 236, 239, 241, 242
Als Künstler, 89
Als Syrus, 36
analysiert, 136
anbieten, 187
andere, 8, 11, 12, 15, 18, 32, 34, 35, 46, 48, 51, 54, 66, 67, 85, 97, 98, 108, 111, 112, 118, 122, 160, 165, 166, 168, 172, 180, 183, 185, 189, 194, 196, 209, 210, 224, 237
anderen geholfen, 14
anderen helfen, 29
anderen helfen konnte, 168
anderen Künstlern, 6, 77–79, 112, 151, 154, 219
anderen Mut gegeben, 242
anderen Seite, 102
anderen sozialen, 113, 232
anderen verwirrend oder, 99
anderer, 9, 37, 73
Anekdoten, 73
Anekdoten verwendet, 230
anerkannt, 106, 142
anerkennen, 183, 206
anerkennt, 122, 146
Anerkennung niemals als, 239
Anforderungen, 183
angegriffen, 120
angehende, 121
Angela Davis, 89, 111
angesehen, 17, 25, 83, 89, 100, 217
angestoßen, 77, 241
angewendet, 182, 183
angewiesen, 119, 137, 150
anhaltende, 202, 240
Anhaltspunkt, 136
Anhand von, 10
ankämpfen, 2
Anleitung lernte Syrus, 32
Anleitung von, 32
Anliegen kümmern, 179
anpassen, 137
anpassungsfähig bleiben, 127
anregen, 11, 25, 73, 104, 114, 129, 173, 221, 237
anregt, 90, 95

Index

anregte, 6
Ansatz, 79
Ansichten, 39, 72
ansprach, 34, 49, 66
ansprachen, 49, 51, 103, 173
ansprechen, 54, 129
ansprechend, 12, 24, 49, 75, 112, 141
ansprechender, 215
anspricht, 4, 15, 236
anstatt darauf zu, 206
Anstatt sich, 242
Anstatt Unterstützung zu, 189
anstoßen, 12
anstreben, 69
Ansätze können, 122
Ansätze verfolgen, 210
Ansätzen identifizieren, 108
anwendet, 184, 185
Anwendungen, 192
Anwohner darstellten, 42
anzubieten, 151
anzuprangern, 8
anzuregen, 16, 61, 97, 100, 132, 150, 221, 236
anzustoßen, 92
anzuwenden, 44, 115
Arbeit kanalisiert, 5
arbeiten, 17, 83, 103, 120, 151, 194, 242
arbeitet, 3, 71, 119
arbeitete, 42
argumentiert, 142
argumentierte, 84, 122
Aspekt seiner, 164
auch, 1–18, 20–25, 27–37, 39–57, 59–61, 63–68, 70–80, 82–86, 88–91, 94–104, 107–115, 117–123, 125, 127–130, 132–134, 137, 139–142, 144–146, 149–151, 154–168, 171–176, 178–180, 182, 183, 185–190, 192–194, 196, 197, 199, 201, 203, 206, 208, 209, 211, 213–215, 217, 220–222, 224, 225, 227, 228, 230, 231, 233, 235–237, 239, 241, 242
Audre Lorde, 14, 111
auf, 1, 4, 6–9, 11, 12, 15, 16, 20, 21, 23–26, 28–36, 40, 44–51, 54, 57–60, 62, 64–66, 73, 78, 82–84, 89, 90, 92–94, 97, 98, 100, 102–104, 108–110, 112, 117–120, 122, 129–131, 135–137, 140, 142, 146, 150, 154, 157, 158, 160, 165, 166, 169, 173, 174, 176, 178–180, 183, 184, 186, 188, 190, 191, 193, 197–199, 201–203, 205, 209–211, 213–215, 217–222, 224, 226, 227, 230, 232, 234–237, 239–242
Auf der, 102
Aufbau von, 139, 222
auffällig sein muss, 8
aufgebaut, 134
Aufgewachsen, 5, 153
aufgrund, 4, 22, 26, 30, 59, 89, 111, 118, 169–171, 187, 188, 209, 228
aufhört, 225
auflockerten, 173

aufrechterhält, 189
aufrechtzuerhalten, 173
aufreißen, 12
aufruft, 90
auftritt, 141
Aufzeichnung von, 140
aufzubauen, 24, 49, 56, 108, 154, 159
aus, 7, 9, 10, 21, 23–25, 41, 45, 48, 50, 51, 55, 60, 65, 84, 90, 97, 106, 110, 117, 121, 123, 132, 134, 144, 147, 153, 156, 158, 164, 172, 173, 189, 194, 198, 208–211, 213, 216, 218, 222, 224, 233, 239, 241, 242
Ausdruck, 86, 171, 203
Ausdruck des Individuums, 237
Ausdruck geprägt, 223
Ausdruck ist, 52, 236
Ausdruck persönlicher Identität, 241
Ausdruck seiner, 7, 9, 57
Ausdruck von, 21, 23, 54, 85, 130
Ausdrucksform konnte, 29
Ausdrucksformen helfen können, 233
auseinandergesetzt, 1
auseinandersetzen, 23, 118, 128, 157, 160, 236, 242
auseinandersetzte, 7, 32, 44, 57, 63, 120, 153, 224
auseinandersetzten, 44, 46, 154
Auseinandersetzung, 37
Auseinandersetzung mit, 6, 29, 31, 36, 44, 54, 59–62, 75, 79, 88–90, 92–94, 150, 159, 171, 194, 213

auseinanderzusetzen, 29, 34, 45, 58, 90, 92, 94, 97, 112, 166, 189, 224
ausgehandelt, 91, 113
ausgestattet, 64
ausgeübt, 55, 130, 203, 215
ausgrenzt, 230
Aussagen erklärte, 219
aussprechen, 101
Ausstellungen, 128
Ausstellungen verwendet, 168
Austausch von, 50
auswirkte, 30
Auswirkungen der, 104, 106, 146, 149
auszeichnet, 1
auszudrücken, 26, 30, 165, 189, 192, 207, 223
auszuschöpfen, 188
auszutauschen, 51, 73, 123, 182, 199
auszuweiten, 48
auszuüben, 112
authentisch, 61, 153, 218
authentische, 164
Authentizität, 218
Authentizität der, 87
Autobiografie von, 14
Autoren wie, 13
außerhalb, 32, 74, 108

Bakhtin argumentiert, 13
Barrieren, 2, 16, 51, 61, 128, 165
Barrieren bedingt sein, 193
basiert, 122
Basquiat, 5
bauen, 119, 215
bedeutend, 25
bedeutende, 5, 49, 55, 69, 84, 88, 194

Index 247

bedeutet, 91, 142
bedeutungsvolle, 76
Bedürfnisse, 159, 162, 179, 197, 199, 232
beeinflusst, 5, 6, 16–18, 67, 111, 135, 146, 169, 190, 227
beeinflusste, 24, 39, 174
beeinflussten, 6, 31, 37, 52, 57, 60, 83, 109
beeinträchtigen, 118, 178, 189, 197, 232, 240
beeinträchtigt, 159
beeinträchtigte, 30
befreiend, 57, 172
begegnet, 71, 73, 227
begegnete, 16, 22, 25, 56, 76
Begegnungen auch, 52
Begegnungen mit, 50, 51, 107–109
Begegnungen von, 50
Begegnungen wurde auch, 108
behandeln, 86, 112, 128
behandelt, 14, 90, 100, 104, 106, 168, 197, 241
behaupten, 47, 206
bei, 5, 12, 27, 30, 35, 44, 46, 54, 59, 104, 112, 139, 141, 143, 146, 160, 172, 173, 187, 189, 190, 192, 205, 210, 227, 230, 241
Bei der, 217
Bei einer, 47
beiden Bereichen, 89
beigetragen, 75, 101, 130, 149
beinhalteten, 42
Beispiel dafür, 62, 106, 175
Beispiele, 40, 41, 81, 86, 89, 131, 132, 137, 146, 155, 171, 187, 188, 201, 203, 205, 226, 239, 241

Beispiele zeigen, 134
beitragen können, 110
beiträgt, 104
bekannten, 50
bekanntesten, 169, 219
bekämpfen, 119
Bekämpfung von, 190
Belastungen bewusst, 111
Belastungen führen, 28
beleuchten, 3, 10, 24, 35, 41, 46, 71, 96, 128, 131, 144, 188, 226, 237
beleuchtet, 89, 102, 137, 164
bell, 6, 58, 89, 111
bemerkenswerte, 119, 134, 231
bemerkenswerter, 1, 119
Bemerkungen, 188
benachteiligt, 119
benötigen, 188, 233
beobachtet, 111, 112
Bereich, 84
Bereich der, 111
Bereich des Aktivismus, 72
bereichern, 146
bereichert, 18, 227, 239, 241
bereit, 32, 34, 43, 64, 112, 157, 231
bereitgestellt, 54, 123
berichten, 170
Beruf, 16
berücksichtigen, 217, 230
berücksichtigt, 197
berühren, 91, 132
besagt, 91, 161
beschreibt, 28, 45, 62, 113, 169
beschäftigten, 26, 32, 55
besondere, 167
Besonders beeindruckt, 24
Besonders einflussreich, 44
besser, 14

bessere, 16, 83, 242
besseren Ort machen, 235
besseren Verständnis, 51
Bestandteil seiner, 175
bestehen, 112, 114, 149, 240
bestehenden, 84, 98
besten, 51, 61, 232
bestimmte Identitäten, 97, 142
bestimmte Körper, 91
bestimmte Stimmen innerhalb der, 114
bestimmten, 87, 150, 161
Bestrebungen bildete, 25
Bestrebungen zu, 27
betont, 2, 6, 13, 17, 31, 61, 82, 89, 112, 119, 122, 164, 168, 178, 179, 183, 197, 203, 208, 215, 219, 234, 239, 242
betrachten, 222, 231
Betrachter, 93, 104
Betrachter auf, 92, 93, 97
Betrachtern helfen, 173
betrachtet, 9, 12, 23, 57, 84–86, 89, 91, 92, 97, 122, 157, 189, 239
betreffen, 2, 9, 18, 83, 170, 220, 241
betrifft, 17, 188
betroffenen, 123
bevor, 168
bevorzugen, 210
bewahren, 12, 32, 70, 88, 149, 183
Bewegung, 119
Bewegung entwickelt, 231
Bewegung sind, 179
Bewegungen erwiesen, 113
Bewegungen haben, 50
Bewegungen umgeben, 107
Beweis, 130, 216

Beweis gestellt, 241
bewerben, 49
bewerten, 136
bewirken, 3, 11, 112, 119, 125, 127, 149, 222, 233
beworben, 77
bewundert, 111
bewusst, 7, 99, 111, 112, 178
bewusste, 75, 194
bewältigen, 2, 73, 77, 119, 130, 137, 159
bewältigte, 153
bezieht sich, 142
Beziehungen spielt, 173
bieten, 2, 13–15, 28, 39, 40, 61, 62, 76, 77, 112, 121, 137, 142, 144, 155, 157, 182, 184–187, 190, 192, 199, 213, 222, 241
bietet, 3, 4, 6, 12, 22, 41, 61, 78, 80, 82, 84, 160, 165, 168, 194, 219, 227, 242
Bild von, 11
bilden, 62, 155, 206
bildet, 29, 73, 89, 168
bildete, 25
Bildung, 45, 129, 149, 221, 235
Bildungsangebote bereitstellen, 186
Bildungsangebote konnte, 151
Biografie aufzeigen, 10
Biografie darauf ab, 10, 11
Biografie von, 15, 170
biologisch, 91
biologisches Objekt ist, 91
bleiben, 20, 47, 127, 180, 181, 222, 227, 234, 240, 241
bleibt das Erbe, 149
bleibt die, 20, 132, 135, 204, 215, 227, 237

Index

bleibt Kunst, 114
bleibt sie, 100, 142
bleibt Solidarität, 123
bleibt Syrus, 91
bot, 5, 6, 28, 35, 37, 46
boten, 35, 51, 52, 62, 83
Botschaften klarer zu, 75
Botschaften noch kraftvoller, 5
brachte, 21, 39, 55, 172
breite, 114, 150
breiten Öffentlichkeit, 70
Brücke schlagen, 11, 90
Brücken, 215
Brücken zwischen, 119
Butler argumentiert, 91

Cindy Sherman, 87

da, 3, 4, 13, 25, 27–29, 49, 51, 57, 73, 83, 84, 89, 122, 127, 135, 155, 162, 186, 210, 223, 233
dafür, 3, 18, 36, 57, 62, 70, 83, 84, 86, 90, 106, 110, 119, 122, 129, 151, 161, 175, 198, 204, 213, 230, 233, 239
Daher, 183
Daher ist, 194
damit verbunden, 134
damit verbundenen Normen, 135
damit verbundenen Themen, 141
daran erinnern, 222
darauf ab, 183
darauf abzielen, 202
darauf achtet, 180
Darbietungen, 173
dargestellt, 6, 62, 165
darstellt, 85, 215
darum, 122

darunter, 1, 50, 117, 128, 167, 179, 187, 210, 237
darzustellen, 34, 99
darüber, 8, 9, 17, 69, 100, 114, 144, 157, 164, 196, 220
Darüber hinaus, 10, 52, 54, 73, 75, 103, 113, 119, 151, 156, 158, 161, 194, 213, 240, 242
das Bewusstsein, 75, 104, 130
das Menschen zusammenbringt, 173
das Reisen zu, 179
das Selbstbewusstsein, 41
das von, 21
das Wohlbefinden, 39, 179, 198, 199
das zeigt, 180
dass, 3, 5–9, 12, 13, 15, 16, 18, 20, 23–25, 27, 30–37, 41, 43–46, 50–52, 54–56, 60–64, 68, 70–75, 82–89, 91, 94, 95, 99, 101–104, 106, 108, 109, 111–114, 117, 119–123, 125, 128–130, 132, 134, 135, 137, 139, 141, 142, 144, 149, 150, 153, 157–159, 161, 162, 164, 165, 167–169, 171, 173–175, 178, 180, 183–185, 187–190, 192, 194, 196–199, 203, 204, 206, 208–211, 213, 215, 217–219, 221–225, 230, 233–237, 239–242
dasselbe, 15
dazu, 6, 11, 12, 27, 30, 36, 45, 54, 55, 57, 58, 62, 63, 75, 85, 87, 95, 101, 104, 109–111, 114, 120, 130, 139, 141,

146, 151, 157, 159, 162, 167, 171, 173, 187, 192, 206, 209, 221, 232, 240
Dazu gehören, 136, 141, 191, 198
Dazu gehört, 127, 129
defensiv fühlen, 86
definieren, 28, 51, 58, 120, 122, 161
dem, 2, 7–9, 17, 21, 24, 27, 28, 31, 32, 36, 37, 43–45, 54, 57, 59, 62, 66, 75, 83, 85, 88–90, 107, 109, 111, 112, 114, 119, 120, 129, 145, 156, 159, 160, 162, 165, 167, 173, 193, 223, 228, 236, 239
den, 2, 5, 6, 8, 9, 12, 15, 17, 18, 20–22, 25–27, 29, 30, 32–37, 44–47, 49–54, 57, 59–64, 66, 70, 72, 75, 76, 84, 87, 88, 90, 92, 97–99, 104, 108, 109, 111–113, 118, 121–123, 125, 127–129, 134, 136, 137, 139, 141, 142, 153, 155, 157, 159, 161, 162, 168–173, 175, 176, 182, 184–186, 188–192, 194, 196, 197, 199, 202, 205, 209–211, 213, 217, 219–223, 225, 228, 230, 231, 234, 235, 242
denen, 2, 6, 7, 10, 14, 16, 18, 34, 36, 40, 41, 44–47, 49, 52, 54, 71, 73, 75, 76, 83, 89, 111, 119, 120, 123, 129, 137, 139, 141, 143, 157, 168, 186, 189, 190, 193, 197, 201–206, 218, 219, 241, 242

Denkern wie, 44
denn je, 204, 227
denn je gefordert, 233
Depressionen führen, 17
der, 1–18, 20–37, 39–64, 66, 68–76, 78–104, 106–114, 117–123, 125, 127–146, 149, 150, 154–157, 159–162, 164–175, 178, 180–183, 185–194, 196–199, 201–211, 213–215, 217–225, 227, 228, 230, 232, 233, 235, 237, 239–242
Der Abschluss von, 64
Der Aktivismus, 234
Der Aktivist sprach, 8
Der Blick, 64
Der Druck, 17, 57, 83, 162, 224
Der Einfluss dieser, 47
Der Einfluss von, 20, 31, 110, 220
Der Einsatz von, 127
Der langfristige Einfluss von, 213
Der Prozess der, 103
Der Umgang mit, 169, 171, 179
Der Weg, 123
Der Weg wird nicht, 222
Der Zugang zu, 186
deren Arbeiten, 129
deren Bedeutung, 94, 97
deren Geschichten, 91
deren Kämpfe, 37, 104
deren psychisches, 118
deren Stimmen zu, 241
deren Werke, 6, 128
des Aktivismus, 185
des Andersseins, 189
des Aufbaus, 103
des Austauschs, 54

Index

des Klassenzimmers, 32
des Missmuts, 28
des positiven Einflusses, 112
dessen, 5, 10, 15, 67, 82, 139, 164, 230
determiniert sind, 91
deutsche, 84
Dialoge, 55, 215
die, 1–18, 20–67, 69–73, 75–104, 106–115, 117–123, 125, 127–147, 149–151, 153–194, 196–199, 201–207, 209–211, 213–228, 230–237, 239–242
Die Auseinandersetzung mit, 90, 91
Die Erzähltheorie, 13
Die Herausforderung, 85
Die Kampagnen, 130
Die kritischen, 219
Die Reaktionen der, 100
Die Theorie der, 80, 84, 91, 142
Die Verbindung von, 43, 94, 239
Die Verbindung zwischen, 46, 69, 131, 132, 192, 194, 197, 203, 224, 225, 227, 232
Die Weitergabe von, 210
dient, 18, 61, 71, 114, 121, 173, 224, 237
diente, 30
Diese Arbeit, 29
Diese Aufführung hatte, 34
Diese Aufzeichnungen, 140
Diese Ausstellung, 32
Diese Ausstellung wurde, 45
Diese Ausstellungen, 48
Diese Ausstellungen zogen, 46
Diese Auszeit, 163
Diese Barrieren können, 118

Diese Begegnungen halfen, 56
Diese bewusste, 75
Diese Beziehung zeigt, 242
Diese Beziehungen, 154
Diese Differenzen können, 156, 161
Diese Diskussionen, 54
Diese Diskussionen halfen Syrus, 51
Diese Divergenz, 118
Diese Diversität, 35, 50, 57, 80
Diese Dynamik zeigt, 112
Diese Eigenschaften machen sie, 69
diese Elemente, 6
Diese Entscheidung, 41
Diese Entwicklungen, 220
Diese Erfahrung, 7, 26, 120
Diese Erfahrung könnte, 171
Diese Erfahrung zeigte ihm, 30
Diese Erfahrungen, 22, 36, 44, 50, 51, 150
Diese Erfolge verdeutlichen, 150
Diese Erkenntnis, 6, 52, 75
Diese Fragen, 56, 58, 158
Diese Freundschaften, 154
Diese Freundschaften halfen, 157
Diese frühen, 22–24, 35, 153, 223
Diese Gemeinschaften, 186, 213
Diese Geschichten, 5
diese Geschichten, 190
Diese Haltung, 219
Diese Herangehensweise, 175, 230
Diese Initiativen, 110
Diese inneren, 17
Diese kollektiven, 113, 151, 154
Diese Kommerzialisierung, 87
diese komplexen, 15
Diese Konflikte, 51, 108
Diese Konflikte können, 210
Diese Kritik, 58
Diese Kritik wird oft, 101

Diese Kritiken können, 218
Diese kritischen, 218
Diese Kunstwerke, 9, 30, 108
Diese körperlichen Belastungen können, 179
Diese künstlerische, 3
Diese Mehrdeutigkeit kann, 85
Diese Mentorenschaft ist, 4
Diese Nachfolge ist, 209
Diese negativen, 167
Diese Netzwerke, 157
Diese Performativität, 142
Diese Personen spielten, 31
Diese Problematik wird durch, 162
Diese Projekte, 174
Diese Reaktionen, 89
Diese Reflexionen, 2
Diese Reise, 57
Diese Reise der, 29
Diese Repression kann, 127
Diese Rolle der, 113
Diese Rückmeldungen, 25, 74, 83, 144
Diese Rückschau auf, 64
Diese Schwierigkeiten können, 117
Diese sozialen, 39
Diese Spannungen führten, 66
Diese Spannungen können, 118, 232
Diese Spannungen sind, 36
diese Stimmen, 161
diese Stimmen zu, 219
Diese Synergien, 78
Diese Theorie hinterfragt, 44
Diese Theorien bieten, 15
diese Ungleichheiten zu, 213
Diese unterschiedlichen, 122
Diese Unterstützung gab, 23
Diese Unterstützungssysteme, 190
Diese Veranstaltungen wurden, 77

Diese Verbindung, 15
diese Verbindung erfolgreich, 71
Diese Verbindung kann, 192
diese Verbindung zu, 204
Diese Vielfalt, 214
Diese Werke, 93
Diese Werte, 21
Diese Zeit der, 120
Diese Zentren, 40, 187
Diese Zielsetzungen sind, 11
Diese Zurückhaltung, 49
Diese Zusammenarbeit, 134
Diese Ängste, 59
Diese Überzeugung spiegelt, 165
Diese Überzeugungen, 123
diesem, 3, 11, 16, 41, 46, 57, 71, 82, 86, 100, 104, 113, 115, 117, 128, 131, 134, 135, 137, 139, 144, 155, 157, 166, 171, 173, 183, 188, 201, 203, 205, 211
diesen, 35, 46, 73, 89, 94, 97, 106, 108, 111, 112, 119, 135, 139, 155, 157, 159, 179, 183, 206, 213, 224
dieser, 7, 8, 13, 16, 18, 20, 26, 27, 32–35, 45, 47, 50, 51, 54, 55, 57, 63, 67, 73, 75–77, 89, 93, 96, 97, 99, 104, 109, 110, 112, 117, 119, 120, 125, 127–129, 131, 132, 134, 147, 149, 173, 176, 187, 188, 190, 194, 202, 205, 210, 222, 226, 228, 239
Dieser Lehrer, 24
digitale, 49
digitalen, 40, 77, 162
direkte, 112

Index 253

Diskriminierungen, 33
Diskursanalyse helfen Syrus, 6
Diskussionen anzuregen, 236
Diskussionsrunden, 77
Doch anstatt sich, 34
doch er kann, 176
Doch sie, 181
Doch wie, 110
doch wie, 71
Dokumentation seiner, 10
dokumentiert, 192, 196
drei, 166
Dringlichkeit, 241
Druck, 59, 162, 198
Druck geraten, 220
Druck von, 228
duale, 102
Dualität, 29
durch, 1, 3, 5, 7, 18, 20, 25, 26, 28,
    32, 33, 39, 43, 50, 56, 61,
    75, 85, 87, 91, 92, 96, 99,
    104, 110, 111, 113, 125,
    127, 130, 134, 137, 142,
    144, 149, 150, 161, 162,
    165, 168, 169, 173–175,
    178, 184, 192, 193, 203,
    206, 207, 210, 211, 217,
    222, 237, 241
dynamische, 56, 69, 146
dynamischen, 23, 80, 84
dynamischer, 104, 215

Ebene auftreten, 188
Effekte erzeugen, 12
effektiv, 49, 115, 135, 137, 178, 182,
    234
effektive, 51, 146
effektiven Aktivismus vorgestellt,
    115

effizient, 183
eigene, 6, 9, 14, 21, 29, 44, 47, 51,
    57, 61, 62, 73, 77, 111,
    112, 180, 183, 196, 228,
    230, 235
eigenen, 3, 4, 7, 8, 14, 16, 17, 27–29,
    35, 36, 44, 46, 50, 54, 62,
    63, 84, 86, 92, 95, 98, 109,
    111, 165, 166, 168, 171,
    174, 178, 179, 193, 199,
    210, 211, 223, 225, 233,
    242
ein, 1–13, 15–18, 20, 21, 23–32,
    34–37, 40–45, 47, 49, 50,
    52–60, 62–65, 67, 68, 70,
    71, 73, 75, 78–80, 82–86,
    88–91, 94, 96–100, 102,
    104, 106–108, 110–112,
    114, 118–123, 127,
    130–132, 134, 135, 139,
    141, 142, 144, 146, 149,
    150, 153–155, 157,
    159–162, 164–166, 168,
    169, 171–173, 175, 178,
    180–184, 186–190, 192,
    194, 196, 197, 199, 204,
    205, 209, 211, 214–217,
    219–221, 223–225, 227,
    230, 232, 233, 235–237,
    239, 241
Ein Beispiel, 36, 84, 122
Ein Beispiel dafür, 129, 151
Ein Beispiel könnte sein, 159
Ein herausragendes Beispiel, 224
Ein Mangel, 240
Ein Vorfall, 59
Ein wesentlicher Aspekt von, 100
Ein wichtiger, 9
Ein wichtiges

Bewältigungsmechanismus, 189
Ein zentrales Element von, 241
eine, 1–3, 5–16, 18, 20–33, 35, 37, 39–46, 48–52, 54–57, 60–74, 76–80, 82, 84–86, 88–90, 92, 93, 95–104, 106, 107, 109–115, 117, 119, 120, 122, 123, 125, 127–130, 132–135, 137, 139, 142–144, 146, 149–151, 153–155, 157, 159–164, 166–168, 171–174, 176, 178, 179, 183–185, 187, 189, 190, 192, 194, 198, 199, 201, 203–205, 207, 209–211, 213, 215, 217–222, 224, 226–228, 230, 232–237, 241, 242
einem, 2, 5, 9, 10, 12, 15, 17, 21, 22, 24–26, 28, 30, 33, 36, 40, 42, 46, 48, 49, 51, 54, 55, 57–60, 62, 64, 66, 69, 76, 78, 80, 83, 85, 89, 91, 95, 102, 113, 118, 135, 142, 150, 159, 167, 170, 173–175, 181, 189, 192, 194, 198, 199, 209, 211, 213, 223–225, 230, 232, 233, 235, 239, 240
einen, 3, 6–8, 10, 15, 16, 26, 28, 31, 33–35, 37, 43, 45, 46, 48, 50, 51, 54, 60–62, 66, 70, 71, 76, 78, 79, 82, 84, 86, 92, 94, 97, 99, 111, 112, 130, 136, 137, 144, 146, 163, 165, 168, 184, 186, 190, 193, 194, 196, 199, 203, 204, 210, 211, 213, 215, 217, 218, 220, 227, 228, 230, 233, 239, 241
einer, 2, 5–7, 9, 11, 13–17, 23, 25, 29, 34–36, 40, 41, 44, 46, 47, 49–52, 54–60, 63, 65, 74, 75, 78, 80, 82, 86, 87, 90, 91, 94, 103, 107, 111, 114, 119–122, 125, 127, 134–136, 149, 150, 153, 156, 157, 159, 160, 162–169, 172, 173, 175, 176, 188, 191, 192, 194, 198, 209–211, 215, 217, 219, 220, 222, 224, 227, 235–237, 240, 241
einfach, 27, 222, 242
Einfluss auf, 130
Einfluss seiner, 153
Einfluss von, 8, 26, 112, 127, 129, 205
einflussreichen, 55
einflussreicher, 50, 109
Einflüssen oder, 166
eingesetzt, 18, 71, 72, 90, 114, 141, 145, 161, 213, 230
einhergehen, 111
einhergehen können, 157
einige, 8, 16, 36, 48, 51, 57, 66, 70, 102, 103, 115, 117–119, 122, 128, 159, 164, 171, 205, 219, 226, 230, 239, 240
Einige Besucher der, 120
Einige bewährte Methoden, 177
Einige herausragende, 81
Einige Kritiker, 74
Einige Lehrer, 32, 34
Einige seiner, 25, 49, 83, 150

Einsatz, 18
Einsatz von, 13, 61, 97, 171–173, 175, 210
einschließlich der, 131, 218
einschließlich sozialer, 186
einschränkt, 87
einsetzen, 2, 12, 16, 111, 129, 149
einsetzte, 44, 46
einsetzten, 35, 50, 63, 107, 174
eintritt, 70, 110
einzigartige, 7, 15, 100, 112
einzigartigen, 1, 61, 73–75, 178, 194
einzubeziehen, 104
einzugehen, 112
einzusetzen, 3, 4, 8, 32, 34, 46, 83, 98, 111, 154, 173, 189, 197, 203, 242
einzutreten, 166, 235
Elemente umfasste, 79
Elisabeth Kübler-Ross, 169
emotionale, 37, 60, 75, 156–158, 166, 184, 186, 187, 192, 213
emotionaler, 155, 159
Emotionen umzugehen, 194
Emotionen verarbeiten, 130
Endorphinen, 184
Engagement beeinflusst, 16
Engagement ist, 164
Engagement kann, 240
Engagement strebt Syrus, 125
Engagement zu, 241
engagieren, 176, 181
engagiert, 35, 162, 180, 181, 222
engagierte, 21, 62
enge, 25
Engpässen leiden, 209
Entdeckung seiner, 223

entscheidend, 4, 23, 27, 28, 32, 35, 44, 50, 54, 60, 70, 88, 97, 102, 113, 119, 123, 132, 137, 149, 153, 157, 162, 165, 168, 181, 183, 186, 190, 198, 199, 210, 211, 213, 222, 232
entscheidenden, 48, 57, 120, 174
entscheidender, 6, 7, 26, 39, 54, 58, 80, 135, 144, 149, 154, 157, 159, 160, 178, 183, 187, 190, 206, 209, 210, 227, 234, 240
Entscheidung, 151
entschlossen, 109
Entschlossenheit, 110
Entschlossenheit der, 141
Entschlossenheit gestellt, 119
entstehen, 118, 140, 168, 210
entwickeln, 21, 23, 25–27, 33, 44, 52, 57, 62, 80, 111, 123, 127, 137, 153, 154, 160, 166, 175, 177, 178, 211, 217, 222, 223, 225
entwickelt, 13, 73, 76, 135, 138, 149, 159, 163, 227, 231
entwickelte, 45, 60
Entwicklung, 32
Entwicklung geprägt, 46
Entwicklung herausstellte, 35
Entwicklung langfristiger, 211
Entwicklung unterstützte, 56
Er kritisiert, 98
Er lernte, 45, 55
Er selbst, 191
erachteten, 58
erfahren, 4, 22, 40, 188
erfahrener, 58
Erfahrungen, 155

Erfahrungen sein künstlerisches, 149
Erfolg gemeinsamer Ziele, 123
Erfolge können, 121
Erfolge sah sich, 83
Erfolgen und, 121
Erfolges sieht, 217
erfolgreiche, 134, 187, 239, 240
erfordern jedoch eine, 194
erfordert, 89, 103, 108, 115, 117, 129, 132, 179, 180
ergeben, 97, 106, 123, 147, 194, 211, 239, 241
erhalten, 73, 144, 189
erheben, 4, 16, 27, 31, 32, 45, 47, 50, 54, 55, 60, 61, 65, 111, 154, 221
erheblich verändert, 197
erhebliche, 119, 133, 176, 187
erheblichen, 2, 118, 138, 150, 202
erhielt, 27, 45, 153, 160, 161
erhält, 100
erhöhen, 121, 139, 183, 202, 220
erhöhte, 63
Erik Erikson, 28
erinnert, 16, 172
erkannt, 119, 130
erkannten, 26, 54
erkennt, 111, 164, 210
Erkenntnisse flossen, 60
erklärt, 28
erklärte, 24, 219
erlauben, 119
erleben, 21, 28, 30, 41, 89, 160, 168, 176, 185, 190, 220, 226
Erlebnis, 86
Erlebnissen, 194
erlebte, 7-9, 22, 25-29, 32, 46, 49, 51, 55, 57, 108, 109, 120, 161, 223, 228

ermutigte, 6, 26, 34, 47, 54, 58, 223
ermöglichen, 90, 114, 142, 146
ernst, 16, 32, 236
ernste, 10, 86, 175, 242
ernsten, 11, 86, 90, 92, 173
ernsthaften, 179, 232
erregen, 11, 51
erregte, 24
erreichen, 16, 48, 54, 61, 100, 144, 150, 163, 204, 226
erreichte, 134
Erreichung von, 61, 232
erscheinen, 211
erschwert, 209
Erschöpfung, 156
erste, 9, 32, 49, 57, 66, 109, 156, 230
Erstellung von, 53
erstem, 8, 9
ersten, 7, 9, 23, 25-27, 33, 35, 44, 46, 48-50, 57, 62, 65, 66, 107, 108, 153, 160, 172, 223
erster, 9, 24
erstreckt, 160, 201, 211
erweitern, 43, 73, 139, 175
erweiterten, 44
erzielt, 18, 134, 149, 202, 227, 232
erzählen, 3, 20, 24, 37, 44-46, 49, 51, 78, 94, 129, 131, 134, 142, 143, 165, 190, 226
erzählt, 7, 20, 32, 91, 206, 227, 242
erzählte, 9
Erzählung, 1, 5, 13, 230
eröffnen, 62, 104, 113
eröffnet, 7
Es besteht, 95
es diesen, 206
Es gibt, 40, 144
es ihm, 23, 175

Index 257

es Menschen, 189
es schwierig macht, 159
etablieren, 83, 175
etabliert, 2, 201
ethnischer, 99
experimentierte, 56

Facebook erlaubte es Syrus, 49
Faktoren, 159, 198, 231
Faktoren beeinträchtigt, 210
Familie Diskussionen über, 27
Familie distanzierte, 36
Familie stellte, 28
Familie wurde Kunst, 23
Familie zeigt, 37
Familiengeschichte, 37
familiären, 35, 36
fand, 5, 24, 28, 30–32, 134, 153, 154, 224
fanden, 48, 50, 78, 107
fassen, 208
Feier, 64
Feier der, 90
feiert, 119, 171
feierte, 50
feindlich, 188, 192
feindlichen, 36, 118
Feld, 225
Feministische Kunstbewegungen, 87
feministischen, 6, 111
fest, 34, 46, 57, 75, 165, 223
festgestellt, 189
Figur innerhalb der, 2
Figuren, 111
Figuren bleibt bis heute, 33
Finanzierung von, 119, 127, 209, 222
finden, 3, 9, 17, 18, 21, 23, 25, 26, 35, 36, 40, 44, 48, 50, 54, 57, 58, 83, 109, 125, 132, 150, 160, 162, 180, 187, 199, 208, 211, 217, 223, 225, 233
findet, 171
fordert, 4, 15, 97, 98, 165
Formen auftreten, 39, 169, 186
formen konnte, 45
formt, 80
formulieren, 242
formulierte, 197
fortführen, 211
fortsetzen, 211
fortzusetzen, 61, 119
fragte, 50
frei, 163, 207
Freunden, 242
Freundes erlebt, 171
Freundschaften kann, 157
Freundschaften sind, 157
Freundschaften spielen, 155
Frida Kahlo, 5, 87
frühe, 21, 25
frühen, 5, 9, 22–25, 28, 29, 35, 37, 50, 56, 108, 153, 223
Fundraising dazu, 139
fungieren, 13, 21, 60, 102, 113, 160, 186, 194, 224
Fähigkeit, 121, 137, 220
Fähigkeit definiert, 166
Fähigkeit verbunden, 73
Fähigkeiten, 24, 26, 52, 54, 154
fördern, 10, 13, 21, 41, 42, 54, 60, 61, 64, 94, 99, 106, 109, 114, 129, 135, 139, 157, 160, 165, 177, 178, 183, 187, 190, 192, 198, 203, 204, 206, 215, 217, 220, 222, 232, 233, 235, 240

fördert, 3, 12, 80, 104, 122, 123, 168, 173, 182, 184, 211, 217
förderte, 25, 35, 49, 50, 134
fühlte, 26, 28, 30, 57, 59
fühlten, 120
führen, 12, 17, 28, 40, 55, 72, 85, 87, 91, 99, 114, 118, 119, 122, 127, 156, 159, 161, 162, 164, 167, 170, 179, 192, 198, 209–211, 217, 232, 240, 241
führt, 87, 111, 114, 157, 159, 194, 210, 240
führte, 6, 26, 28, 30, 32, 36, 44, 45, 49, 54, 57–59, 75, 83, 120, 134, 150, 160, 174, 224
führten, 22, 25, 26, 34, 36, 50–52, 54–56, 58, 59, 63, 66, 74, 83, 108, 150, 189, 228
Fülle von, 187
für, 1–9, 11–18, 20–30, 32–37, 39–41, 43–52, 54–58, 60–73, 75–91, 94, 97–100, 102, 104, 106–115, 118, 119, 121–123, 128–130, 132, 134–137, 139, 140, 142–144, 146, 149–151, 153–155, 157, 159–164, 166–169, 171, 173–176, 178, 180, 181, 183, 185–190, 192, 194, 196–199, 201–206, 209–211, 213, 216, 217, 219–225, 227, 228, 232–237, 239–242
Für Syrus, 11, 12, 25, 27, 37, 160, 161, 165, 168, 173, 178, 183, 194, 230

gab, 22, 23, 27, 31, 34, 36, 47, 49, 51, 54, 102, 108, 153
gaben ihm, 33
Galerien, 15
Galerien abgelehnt, 49
Galerien gezeigt, 150
ganze Gemeinschaften zu, 157
geben, 27, 61, 92, 230, 233
geboren, 21
Gedanken, 27, 28, 69, 163, 185, 192
Gedichte, 230
geeignete Rahmenbedingungen, 194
geeignete Unterstützung, 187
gefeiert, 30, 118
Geflecht von, 89
gefordert, 87, 233
geformt, 14
gefährden, 118, 161, 176, 210
gefördert, 77, 83, 149, 168, 199, 213, 227
Gefüge, 214
Gefühl, 27
Gefühl der, 6, 17, 28, 32, 35, 40, 47, 59, 91, 118, 150, 170, 182, 187, 189, 198
Gefühl hatte, 34, 36
Gefühl von, 41
Gefühle kanalysieren, 28
Gefühle zu, 185
gegen, 2, 4, 6, 13, 26, 34, 47, 55, 57, 101, 102, 112, 120, 122, 123, 156, 157, 165, 168, 190, 202, 206, 224, 228, 232, 242
Gegenmacht, 113
gegenseitig, 35, 112, 154, 156, 165, 167, 196, 225

Gegenteil, 242
gegenüber, 118
gegenüber kreativen
    Ausdrucksformen, 21
gegenüberstand, 41
gegenüberstehen, 123, 139, 190, 193
geht, 12, 122
gehört, 18, 34, 45, 54, 127, 129, 143,
    144, 206, 211
gekennzeichnet, 28
Gelegenheiten, 46
gelehrt, 242
gelobt, 24
gemacht, 2, 6, 13, 64, 71, 211, 225,
    231, 242
Gemeinsam besuchten sie, 26
Gemeinsam organisierten sie, 24,
    154
gemeinsame, 12, 25, 122, 155, 161
Gemeinschaften, 9, 14, 41, 55, 76,
    135, 149, 193, 206, 213,
    232
Gemeinschaften Jugendlichen helfen
    können, 40
Gemeinschaften können, 40
Gemeinschaften oft, 80
Gemeinschaften weitertragen, 242
Gemeinschaftsgefühl innerhalb der,
    12
gemischt, 36, 48, 63
Genderstudien wurde, 62
genommen, 191, 236
genutzt, 1, 54, 87, 98, 113, 115, 119,
    157, 162, 203, 219
genügend, 183
Georg Wilhelm Friedrich Hegel, 84
geprägt, 2, 5, 7, 9, 11, 16, 21, 23, 25,
    27, 35, 44, 46, 48, 57, 60,
    61, 64, 67, 78, 82, 84, 93,
    94, 97, 107, 120, 125, 135,
    137, 149, 164, 165, 194,
    196, 208, 223, 237
Gerechtigkeit, 2, 8, 9, 13, 15, 18, 20,
    21, 23, 25, 27, 33, 41, 43,
    48, 50, 52, 53, 57, 58, 60,
    69, 70, 75, 77, 80, 82, 89,
    91, 98, 100, 102, 104, 107,
    109, 111, 114, 118,
    128–130, 132, 144, 154,
    166, 190, 194, 197, 201,
    205, 206, 215, 224, 225,
    233, 237, 239, 241
Gerechtigkeit befassen, 100, 112
Gerechtigkeit einzubringen, 22
Gerechtigkeit fortzusetzen, 61
Gerechtigkeit geprägt, 67, 107
Gerechtigkeit nie, 225
gerückt, 70
geschaffen, 3, 5, 12, 196, 213, 217,
    242
geschafft, 18, 61
Geschichte zeigen, 132
Geschichten, 20, 131, 225
Geschichten geteilt, 160
Geschichten sind, 14
Geschlecht, 28, 58, 99, 214
Geschlechterrollen, 62
Geschlechtsidentität als, 62
Geschlechtsidentität erlauben, 119
geschärft, 3, 5, 73, 239
gesellschaftliche Abneigung
    gegenüber Diskussionen
    über, 89
gesellschaftliche Akzeptanz, 87, 139
gesellschaftliche Fragestellungen
    aufwirft, 80
gesellschaftliche Missstände auf, 131
gesellschaftliche Missstände zu, 237

gesellschaftliche Normen, 27, 61, 69, 71, 103, 142, 168, 204
gesellschaftliche Strukturen, 96
gesellschaftliche Themen, 5, 15
gesellschaftliche Themen angesprochen haben, 128
gesellschaftliche Themen ansprechen, 54
gesellschaftliche Themen und, 86
gesellschaftliche Veränderung bewirken, 233
gesellschaftliche Veränderungen, 181
gesellschaftliche Werte, 113
gesellschaftliche Widerstände, 117
gesellschaftlichem Druck, 27
gesellschaftlichen, 16, 18, 28, 29, 44, 54, 61, 71, 79, 85, 91, 92, 96, 97, 102, 109, 118, 119, 157–159, 164, 166, 192, 199, 220, 237
Gesellschaftlicher Druck, 159
gesellschaftskritische, 129, 150
Gesetze erlassen, 127
gesetzt, 180
Gesichter von, 97
gespielt, 18, 23, 77, 84, 203
gesprochen, 2, 17
Gespräche kann, 159
gestalten, 54, 146, 199
gestellt werden, 183
gestreamt, 77
gestärkt, 50, 73, 83, 130
gestützt, 85
gesunde, 41, 159, 162, 163, 168, 173
gesunden Gemeinschaft, 167
Gesundheit, 166, 176, 178, 182, 186, 196
Gesundheit derjenigen darstellen, 176

Gesundheit können, 178
Gesundheit sollten, 199
geteilten, 157
gewachsen, 43, 87
Gewalt, 118, 169, 171, 202
Gewalt gegen, 202, 232
Gewalt manifestiert, 16
Gewalt oder, 158
gewesen, 242
gewinnen, 6, 26, 54, 70, 121, 137
gewinnt, 197
gewährleisten, 72, 119, 150, 194, 213
gezielt, 213
gezogen werden, 12
geäußert, 101
geöffnet, 75
gibt, 12, 16, 18, 40, 41, 60, 61, 70, 72, 81, 87, 101, 102, 113, 118, 122, 133, 136, 144, 145, 154, 161, 187, 189, 193, 210, 218, 220, 232
gilt, 77, 111, 122, 137, 187
glauben, 242
gleichen Bewegung aktiv ist, 15
gleichen Zugang zu, 213
Gleichgesinnte zu, 62
Gleichgesinnten führte, 45
Gleichheit, 69, 118, 190
Gleichheit einsetzt, 201
Gleichheit erlebt, 15
Gleichheit ist, 123
Gleichheit mehr, 233
Gleichheit oft, 239
Gleichheit und, 13, 22, 26, 61, 91, 121, 122, 128, 190, 225, 233
Gleichheit von, 237
Gleichheit zu, 21, 25, 109, 206

Gleichheit zurückzuführen sind, 232
Gleichstellung konzentrieren, 118, 122
Gleichung, 128, 129, 136, 165, 241
Gleichzeitig müssen, 106, 206
gleichzeitig versuchen, 119
greifbare, 102
Grenzen, 159
Grenzen von, 62
große Leidenschaft, 30
großer Bedeutung, 36, 186
Grundlagen, 122, 153
Grundlagen seiner, 59
grundlegender, 166, 197, 209
Grundpfeilern seiner, 21
Grundschule, 25, 30
größere, 151
größeren gesellschaftlichen, 16
größten, 12, 16, 47, 49, 70, 72, 87, 95, 99, 103, 113, 118, 122, 150, 193, 209, 218
gut, 192, 210

habe ich Syrus, 15
haben, 2, 3, 5, 13, 14, 16, 23, 28, 32, 35, 37, 45, 49, 50, 60, 67, 76, 77, 85, 87, 89, 109, 111, 112, 114, 120, 123, 128, 130, 135–138, 142, 146, 147, 149, 157–159, 161, 169, 171, 173, 186–188, 193, 194, 196, 203, 206–208, 213, 215, 217, 225, 227, 235, 240, 242
Hafen, 27
half, 6, 21, 22, 25–28, 30, 31, 35, 49, 50, 57, 62, 160, 163, 173, 223, 230

halfen, 37
halfen ihm, 9, 24, 30, 32, 108, 153, 154
halfen Syrus, 174
Harvey Milk, 156
hat, 1–3, 5, 15–18, 20, 21, 35, 46, 49, 56, 61, 62, 69, 71–73, 75, 77, 82–86, 89, 94, 100, 101, 103, 109, 112, 113, 119, 127–132, 134, 141, 144–146, 149, 151, 157, 161, 163, 166, 168–170, 173, 175, 178–180, 183, 184, 188, 189, 191, 192, 196, 197, 201–204, 206, 208–211, 213, 215, 217, 219, 221, 225, 227, 230, 231, 234, 235, 237, 239, 241, 242
hatte, 26, 30, 32, 34, 36, 42, 44, 47, 50, 64, 66, 83, 109, 150, 154
hatten, 6, 24, 29, 44, 52, 54, 57, 64, 78
Hausaufgaben zu, 30
hebt hervor, 135
heftige Kritik hervorrufen, 112
heftiger Kritik, 83
Heilung, 130, 192, 194
Heilungsprozess spielen, 194
Herangehensweise lobten, 48
herausfordernd, 16, 48, 65, 112, 120, 150, 170
herausfordernden Umfeld engagieren, 181
herausfordernden Welt des Aktivismus, 173
herausfordernden Zeit, 173
herausfordernden Zukunft, 222

herausfordernder Prozess, 29
herausfordert, 96
Herausforderung, 78, 89, 120, 159, 164, 167, 171, 210
Herausforderung dar, 57
Herausforderungen, 9, 23, 27, 50, 71, 104, 109, 110, 188, 194, 211
Herausforderungen betrachten, 73
Herausforderungen gegenüber, 176, 191, 217
Herausforderungen sind, 102
herausragende, 3, 81, 201
herausragenden Künstler, 76
Herr Müller, 31
hervor, 135
hervorgehoben, 89, 191, 242
Herzen lagen, 50
Herzen stattfinden kann, 16
Heteronormativität angehen, 13
heterosexuellen Künstlern, 189
heutigen, 86, 94, 114, 142, 181, 204, 214, 233, 239
Hier, 50
Hier arbeitete, 42
Hier begegnete, 56
Hier hatte, 50
Hier konnte, 39
Hier lernte Syrus, 8
hierfür, 42, 44, 49, 60, 93, 156, 168, 189, 209, 232, 240, 242
hilft, 75, 192
hinaus, 9, 10, 52, 54, 69, 73, 75, 100, 103, 113, 119, 144, 146, 151, 156–158, 161, 164, 194, 196, 213, 220, 240, 242
hinausgeht, 10, 56, 102, 225, 226, 241

Hindernisse, 119
hingegen, 6
hinter, 15, 36, 58, 183
hinterfragt, 44, 98
hinterfragte, 75
Hintergrund gedrängt, 87
Hintergründen, 50
Hintergründen zeigt, 90
hinterlassen, 84, 146, 225
hinterlässt, 60, 89
historische, 93
historischen, 94
Hoffnung, 62, 188
hohen Besucherzahl, 160
Homophobie, 4, 6, 14, 97, 118, 165, 167, 194
Humor kann, 12, 189
Humor wurde, 175
humorvolle, 12, 73, 90, 92, 172, 173, 230
Häfen, 186
hält, 231
Händen der, 235
häufig, 28, 53, 162, 168, 188, 228, 236, 240
häufigsten gehören, 176
Höhen als, 173
Hürde dar., 28
Hürden, 12
Hürden ist, 87, 122, 193
Hürden zu, 31

Ich lade Sie ein, 16
identifizieren, 108
identifizierter, 194
Identitäten durchzogen ist, 21
Identitäten konstruiert, 6
Identitäten marginalisiert, 91
ignorieren, 219

Index 263

ignoriert, 15, 165
ihm, 1, 6–9, 21–25, 27, 28, 30–33, 35–37, 44, 49, 50, 54, 56–58, 62, 73, 83, 84, 86, 97, 102, 108, 112, 146, 151, 153, 154, 160, 163, 175, 180, 182, 184, 185, 219, 223
ihn glaubten, 27, 32
ihn heraus, 219
ihn jedoch nicht, 63
ihr, 41, 111, 187, 188, 192
ihre, 3–5, 8, 14, 21, 24, 26, 28, 29, 32, 40, 46, 47, 54, 60, 61, 63, 70, 78, 83, 85–87, 92, 94, 95, 97, 98, 109–112, 114, 117, 119, 121, 125, 129, 130, 132, 134, 135, 137, 139, 142–144, 157, 159, 165, 166, 171, 176, 178, 183, 186, 189, 192, 193, 196, 197, 199, 203, 205–208, 210, 211, 221, 225, 232, 233, 235, 236, 242
ihrem Leben, 185
ihren, 8, 14, 91, 92, 110, 111, 139, 159, 171, 194, 208, 210
ihrer, 4, 13, 17, 24, 40, 51, 84, 89, 99, 100, 119, 130, 135, 155, 156, 160, 166, 178, 183, 192, 193, 199, 211, 215
illustriert, 165
immer, 8, 15, 16, 18, 25–27, 32, 34, 74, 85, 89, 118, 198, 208, 214, 219, 222, 227, 239, 242
immun gegen, 120, 224, 228

in, 1–3, 5–18, 21–37, 39–52, 54–64, 66, 69–73, 75–78, 80–95, 97–104, 106–108, 110–114, 117–123, 125, 127–129, 131, 132, 134, 135, 137, 139, 141–144, 146, 149, 150, 153–173, 175, 176, 178–186, 188–194, 196–199, 201–211, 213–215, 217–225, 227, 230–237, 239–242
indem, 3, 41, 59, 91, 95, 104, 113, 123, 127, 192, 203, 213, 219, 224, 227, 235
Indem Syrus, 190
individuelle, 50, 57, 60, 80, 83, 158, 164, 168, 175, 197, 209
individuellen Bestrebungen, 220
individueller, 86, 104, 188, 190, 203, 209
Individuen, 37, 144, 157, 160, 168, 192, 194
Individuen beeinflussen, 62
Individuen ihre, 28, 130, 186
Individuen innerhalb der, 157
Individuen selbst, 167
Individuen sich, 161, 167
Informationszentren bieten, 187
informierte Entscheidungen über, 187
Initiativen beteiligen, 63
Initiativen verbunden, 110
Initiativen zeigen, 241
initiiert, 128, 129
initiierte, 54
inklusiveren, 86, 135, 166
inneren, 17, 27, 36, 57, 85, 164, 192, 223

Innerhalb der, 72, 161
innerhalb der, 3, 51, 61, 68, 72, 100, 120, 123, 220, 232
innerhalb seiner, 36, 37
insbesondere, 2, 5–7, 12, 17, 27, 32, 36, 37, 40, 41, 76, 94, 103, 130, 137, 139, 142, 144, 149, 155, 157, 159, 162, 166, 168, 169, 171, 181, 183, 193, 197, 202, 217, 230, 232, 233, 236
Insgesamt, 50
insgesamt, 98, 112, 146, 183
Insgesamt lässt sich, 194
Insgesamt stehen wir vor, 222
Insgesamt steht, 233
Insgesamt zeigt, 92, 98, 110, 121
Insgesamt zielt, 11
Inspirationsquelle sein, 222
Inspirationsquellen, 31
inspirieren, 16, 48, 60, 106, 109, 151, 189, 209, 221, 242
inspirierend, 15, 48, 112
inspiriert, 2, 3, 8, 18, 45, 62, 96, 98, 100, 111, 166, 171, 203, 216, 217, 227
inspirierte auch, 224
Installationen können, 103
Installationen schaffen, 143
Installationen sind, 102
Installationen verbunden, 104
institutionelle, 2
integraler Bestandteil ihrer, 13
integraler Bestandteil jeder, 199
integrieren, 5, 6, 58, 78, 84, 108, 182, 192
integriert, 73, 90, 92, 112, 184
integrierte, 36, 75
intellektuelle, 44, 62

intensiven Auseinandersetzung mit, 58
intensiver, 45, 58
interagiert, 136
internationale, 134, 216, 217
interne, 60, 117, 140, 159, 210, 232
Interne Konflikte, 119
internen, 118, 156, 211
Interpretationen hervorrufen können, 99
intersektionale, 232
intersektionalem Denken, 233
Intimität zuzulassen, 158
ironischen, 173
isoliert betrachtet, 84, 89
ist, 1–6, 8, 9, 11–18, 20–22, 25, 27–32, 37, 39–41, 43–45, 47–50, 52–55, 57, 60–63, 65, 67–75, 77–80, 82–91, 93, 94, 96, 97, 99, 100, 102–104, 106, 108–115, 118, 119, 121–123, 125, 127–132, 134–136, 139, 141, 142, 144, 149–151, 153, 154, 156–166, 168, 169, 171, 173, 175–186, 188–190, 192–194, 196–199, 201–206, 208–211, 213–222, 224, 225, 227, 230–237, 239–242

Jahrhundert, 11, 220
Jahrzehnten bemerkenswerte, 231
jeden Individuums, 27
jeden Künstler von, 73
jeden Menschen, 35, 153, 169
jeder, 35, 71, 83, 199, 225, 233
Jeder Schritt, 235

Jeder Trauerprozess, 169
jedoch auch, 103, 137
jedoch gelernt, 217
jedoch zentrales, 178
jeher als, 86, 113
jeher eine, 18, 84, 203
jemand, 15
jeweiligen Prioritäten, 210
jeweiligen Stärken können, 135
Johnsons unermüdlicher Einsatz, 111
Judith Butler, 58, 62, 91, 142
Jugendliche nutzen, 40
Jugendlichen stärken, 40
Jugendlichen zusammen, 42
Jugendzeit, 39
junge, 4, 40, 83, 151, 210, 213, 225
jungen Künstlern, 211
junger, 39

Kahlo hingegen, 6
Kaleidoskop, 164
Kalifornien, 157
Kampagne, 102, 128, 136
Kampagnenentwicklung entwickelt, 135
Kampf, 20, 91, 100, 132
Kampfplatz, 236
Kanada, 1, 21, 217
kann, 1, 6, 8–12, 15–17, 20, 21, 28, 31–35, 39, 40, 45, 46, 50, 54, 56, 57, 60, 73, 80, 82, 85–87, 89–92, 95, 98, 99, 102, 103, 109, 113, 114, 118–121, 127, 130, 134, 144, 150, 156, 157, 159, 162, 164, 166–173, 176, 179, 183–186, 189, 192–194, 198, 199, 209, 210, 215, 217, 223, 224, 227, 230, 232–234, 237, 239–241
Kapitals, 135, 157
Karriere, 119, 153
Karriere begegnet, 71
kein Zeichen von, 183
Kinderschuhen steckte, 29
klar verstanden wird, 85
klaren Fokus auf, 199
Klassenkameraden, 26
kleine Ausstellungen, 24
kleinen Schritte, 8
Klima beeinflussen, 231
kollektive, 1, 3, 7, 56, 57, 60, 75, 76, 78, 80, 113, 123, 135, 157, 164, 165, 168, 171, 186, 194, 197, 234, 237
kollektiven Aktivismus, 118
kollektiven Ausdruck, 80
kollektiven Gedächtnisses, 160
kollektives Unterfangen, 50
kombiniert, 1
kombinierte, 5, 63
kommen sollte, 9
kommenden Generationen, 235
Kommentare, 76
Kommentaren, 6
Kommerzialisierung, 20, 70, 85, 87, 114
kommerzielle, 70, 114
Kommilitonen arbeiteten zusammen, 44
komplexen, 15, 66, 89, 92
komplexes Terrain, 157
komplexes Thema, 197
Komplexität, 91, 122
Komplexität der, 3, 88, 99, 217, 221
Komplexität seiner, 56

Komplexität von, 36, 58, 87
Komponenten, 29, 167
Konflikt führte, 36
Konflikt könnte, 210
Konflikt oft, 210
Konflikt stehen, 162
Konflikte, 51, 85, 117, 223
Konflikte führen, 192
Konflikte innerhalb von, 210
Konflikte ist, 118
Konflikte können, 17
Konflikten, 17, 27, 93, 118, 122, 156, 161, 164, 232
konfrontiert, 2, 4, 7, 8, 15, 16, 18, 31, 36, 44, 45, 47, 49, 52, 58, 66, 71, 72, 74, 75, 83, 87, 89, 112, 118, 129, 130, 137, 162, 171, 183, 186, 189, 190, 197, 198, 201, 202, 204, 205, 218, 228, 242
konfrontierte, 33, 230
konnte, 27–30, 39, 43, 45, 62, 63, 120, 151, 153, 160, 168
konnten, 8, 45, 54, 108, 134, 151, 240
Konsequenzen seiner, 112
konservativen Kunstwelt, 49
konstant, 59
konstruiert, 6, 91, 142
konstruktive Diskussionen, 219
konsumiert wird, 132
Kontakt, 7–9, 30
Kontexten sind, 7
Kontexten von, 192
kontinuierliche, 88, 146
kontroversen Diskussionen, 120
konzentrierte sich, 78
Konzept, 43, 94, 121, 194, 214

Konzept der, 62
Koordination, 103
kraftvolle, 14, 20, 46, 62, 141, 176, 202, 227
kreativ bereichernd, 78
kreative, 15, 18, 23, 26, 28, 60, 64, 67, 102, 104, 108, 110, 130, 131, 137, 150, 185, 192, 194, 233, 237, 239
kreativen Ansatz, 220
kreativen Ansätzen, 117
kreativen Ausdruck, 46
kreativen Ausdruck und, 185
kreativen Ausdrucksformen, 31, 127, 241
kreativen Ausdrucksformen bietet, 61
kreativen Ausdrucksformen kann, 233
kreativen Austausch, 52
kreativen Berufen, 153
kreativen Fähigkeiten, 26, 225
kreativen Projekte, 184
kreativen Schub, 174
kreativen Stillstand, 59
kreativen Talente, 26
kreativen und, 84
kreativen Vitalität, 215
kreativer Ausdruck, 63, 75
Kreativer Ausdruck ist, 185
kreativere, 127
kriminalisiert, 87
Kristin Neff, 166
Kritik, 219, 236
Kritik halfen, 44
Kritik konfrontiert, 74
Kritiken, 71, 73
kritisch, 55, 111, 120, 166

Index

kritische, 6, 28, 36, 54, 57, 60, 61, 73, 86, 90, 97, 101, 132, 218, 242
kritischen, 7, 15, 25, 43, 44, 58, 60, 66, 84, 85, 89, 96–98, 114, 218, 219, 230, 233
Kräften, 135
Kultur lässt sich, 237
kulturell als, 23
kulturelle Barrieren zu, 217
kulturelle Hintergründe, 35
kulturelle Identität, 5, 6
kulturelle Konstrukte, 13
kulturelle Relevanz, 149
kulturelle Sensibilität, 217
kulturelle Vielfalt bekannt, 21
Kunst sein kann, 9
Kunst wird somit zu, 113
Kunst wurde, 28
Kunstlehrer, 31
Kunstprojekts, 189
Kunstszene als, 227
Kunstszene ausgeübt, 215
Kunstszene dynamischer, 215
Kunstszene Fuß, 208
Kunstszene hatte, 83
Kunstszene hinterlassen, 84
Kunstszene kam auch, 59
Kunstszene kann, 215
Kunstszene mit, 65
Kunsttherapie, 192
Kunstwerk, 171
Kunstwerke können, 85
Kunstwerks verwässert, 70
Kämpfe inspirierte viele, 225
Kämpfen geprägt, 93
kämpfen oft, 17
kämpfte, 31

können, 3, 8, 12, 14, 16–18, 35, 40, 41, 46, 57, 60, 62, 64, 84, 85, 99, 100, 103, 106, 110, 117–119, 121–123, 130, 132, 135, 136, 139, 142–144, 156–158, 160–162, 167, 169–172, 174, 176, 178–180, 182, 183, 186, 189, 191, 193, 194, 198, 199, 204, 206, 207, 209–211, 218, 221, 222, 225, 226, 232–235, 239–242
könnte wie, 241
könnten, 210
könnten dazu, 232
könnten eine, 222
Köpfe, 23
Körper, 91
Körperform, 91
körperliche Aktivität, 185
Körperlichkeit, 6, 91, 92
kümmern, 179, 183
Künstler, 1–5, 9, 15, 16, 21, 23, 31, 32, 35, 37, 45, 48, 50, 55, 56, 58, 63, 64, 67, 76, 82–84, 87–89, 108–110, 119–121, 123, 128, 129, 135, 151, 154, 162, 164, 175, 189, 194, 196, 201, 203, 209, 211, 213, 219, 224, 226, 227, 239
Künstler benötigen, 135
Künstler betreffen, 83
Künstler charakteristisch, 65
Künstler gewachsen, 43
Künstler konfrontiert, 204
Künstler müssen, 70
Künstler sieht, 71

Künstler Syrus', 67
Künstler verbunden, 129, 173
Künstler wie, 70, 82, 103, 114, 143, 193, 215, 221, 227, 232, 236
Künstlerin, 32
Künstlerinnen wie, 87
künstlerische, 1, 3, 6, 7, 9, 16, 21, 27, 29, 31–33, 37, 42, 45, 46, 50–54, 57, 60, 89, 109, 111, 114, 134, 160, 166, 168, 194, 201, 203, 213
künstlerischem, 79
künstlerischem Ausdruck und, 166
künstlerischem Schaffen, 78
künstlerischen Ambitionen, 23, 36
künstlerischen Ambitionen kämpfte, 31
künstlerischen Arbeiten, 165
künstlerischen Ausdrucksform, 216
künstlerischen Ausdrucksformen authentisch, 153
künstlerischen Ausdrucksformen gelingt es Ware, 92
künstlerischen Ausdrucksweise, 26
künstlerischen Ausstellungen von, 48, 50
künstlerischen Bestrebungen, 153
künstlerischen Bestrebungen und, 27
künstlerischen Einflüsse und, 7
künstlerischen Errungenschaften als, 11
künstlerischen Fähigkeiten, 23, 33, 108, 223
künstlerischen Fähigkeiten als, 9
künstlerischen Fähigkeiten bekannt, 1
künstlerischen Fähigkeiten entfalten, 62

künstlerischen Kritiken, 72
künstlerischen Laufbahn, 24, 32
künstlerischen Neigungen, 5
künstlerischen Praktiken, 80
künstlerischen Praxis, 43
künstlerischen Projekten entstehen, 140
künstlerischen Schaffen, 164
künstlerischen Schaffens, 50, 71, 102
künstlerischen Stil weiterzuentwickeln, 6
künstlerischen Weg begegnet, 73
Künstlern, 2, 80, 213

lachen, 92, 173
Lachen brachte, 172
Lachen über, 12
Landschaft erfolgreich, 127
langfristig, 180, 222
langfristig gesund, 181
Langfristig trägt erfolgreiches, 139
langfristigen Auswirkungen von, 104
langfristiger, 209, 211
Lassen Sie sich, 16
Laufbahn, 16, 58, 60
Laufbahn von, 52
Laufe ihres, 190, 194
Laufe seiner, 119, 128
laut, 8, 9
Laut dem, 85
lauter, 214
Leben, 16, 17, 27, 35, 57, 109, 111, 130, 149, 153, 169, 172, 213
leben, 16, 17, 168, 184, 189, 207
Leben kam, 171
Leben von, 33, 37, 154, 162, 183, 190, 192
Lebens lernte Syrus, 50

Index 269

Lebensbereichen zeigen, 16
Lebensgeschichte, 10
Lebensunterhalt zu, 83
Lebensweise, 9
Lebensweisen privilegieren, 97
Lebenswerk ist, 62
lebhaften, 49
lebte, 6, 54
legen andere, 122
legte, 45, 50, 64, 66
Lehrer, 8, 24, 28, 31–33, 188, 223
lehrreich, 47, 83
lehrte, 32, 228
lehrten, 9, 35, 108, 109
leistet, 3
leitete, 8
lernen, 15, 16, 26, 60, 73, 84, 112, 121, 159, 168, 208, 233, 234, 242
Lernens, 43
Leser, 10, 11
Lesung seiner, 230
letzten, 18, 76, 197, 202, 225, 231, 242
Letztlich zeigt, 171
LGBTQ-Aktivismus, 139
Lichtblick, 188
Lichtstrahl, 209
lokale, 26, 39
Lordes Ideen, 111
lud, 29

macht, 5, 15, 76, 91, 159
machte, 189
Machtordnung, 113
Machtstrukturen innerhalb der, 98
Machtverhältnisse, 55
Malerei bis zur, 24
man, 32, 150, 241

manchmal ist, 16
manchmal sind, 8
mangelndem, 187, 241
manifestieren, 125, 179
manifestiert, 16, 214
Marcus Ware, 11, 12, 25, 27, 37, 127, 168, 173, 178, 183
marginalisieren, 95
marginalisiert, 13, 70, 90, 91, 97, 114
marginalisierte, 1, 6, 21, 44, 48, 61, 67, 71, 100, 104, 111, 143, 161, 189, 190, 193, 194, 205, 206, 209, 237
marginalisierten, 15, 18, 40, 41, 63, 80, 87, 90, 91, 97, 108, 119, 149, 156, 174, 193, 205, 232, 233, 237, 241
Marginalisierten unterdrücken, 98
marginalisierter, 32, 42, 51, 80, 100, 113, 128, 206, 214
Maria Gomez, 32
Maria zeigte ihm, 32
markierten, 48
Marsha P. Johnson, 111
Maslows Theorie lässt sich, 197
Materialwahl, 103
Max Horkheimer, 44
mechanischer, 122
Medium zu, 114
mehr, 48, 70, 102, 233
mehrere, 9, 31, 32, 52, 57, 120, 134, 144, 146, 154, 198
mehreren Dimensionen, 237
mehreren Schlüsselkonzepten zusammengefasst, 80
Meinung, 51, 164
meistern, 112, 127, 210, 211, 222
Menge an Besuchern, 49

Menschen entstehen, 118
Menschen konfrontiert, 7
Menschen zusammenzubringen, 16
menschlichen, 13, 82, 85, 88, 100
menschlicher, 13, 14, 88, 92, 165
Mentoring ist, 211
Metriken, 136
Metriken herangezogen, 136
Michel Foucault, 6
Michel Foucault argumentiert, 113
Mikhail Bakhtin, 13
mindern, 172
minderwertig fühlen, 167
Mischung aus, 7, 9, 25, 65
Misserfolg, 155, 228
Misserfolge Teil, 208
Missstände anzuprangern, 8
Missstände reflektiert, 97
Misstrauen gegenüber anderen Menschen führen, 159
Misstrauen oder, 158
missverständlich sein, 99
Missverständnisse auszuräumen, 159
Missverständnisse können, 172
mit, 1, 2, 4, 6–10, 12, 15–18, 22–26, 28–36, 38–40, 42, 44–47, 49–63, 65–67, 71–75, 77–79, 83, 87–95, 97, 99, 100, 103, 104, 107–112, 118–120, 123, 128–130, 132–134, 136, 137, 140–142, 144–146, 150, 151, 153, 154, 156–163, 166, 168–173, 175, 179, 182, 183, 185, 186, 188–191, 194, 197–199, 201, 202, 204–206, 209, 211, 213, 218, 219, 222–224, 228, 230, 234, 236, 241, 242
Mit zunehmendem Erfolg, 59
miteinander, 3, 9, 15, 41, 62, 92, 129, 142, 175, 190
Mitstreiter, 47, 54
Mitstreiter betrifft, 17
Mitstreitern, 156, 184
Mittel können, 139
Mittel sein, 10
Mittel sein kann, 6
mobilisiert, 227
mobilisierte, 160
Mobilisierung, 18, 77, 149
modernen, 122
musste, 23, 26, 34, 59, 168, 173, 242
mutig, 100
mächtige Stimme sein kann, 8
möchten, 178, 210
Möge seine, 16
möglich, 16, 80, 134, 180, 241, 242
Möglichkeiten, 5, 137, 142
Möglichkeiten des Denkens, 113
müssen, 12, 15, 70, 73, 103, 106, 118, 119, 127, 128, 137, 157, 159, 185, 206, 209, 227, 236

nach, 15, 17, 27, 28, 45, 55, 87, 107, 109, 114, 118, 149, 194, 202, 223
Nach der, 35, 166
Nachdenken anregt, 90
Nachfolge, 210
Nachfolge ergeben, 211
Nachfolge sind, 209, 211
Nachfolgeaktivisten, 210
nachhaltige, 119, 142, 150, 199

Index 271

nachhaltigen, 112, 149, 168, 183, 204, 241
Nachhaltigkeit der, 149
Nachhaltigkeit seiner, 164
Nachhaltigkeit von, 149
Nachhaltigkeit wird auch, 222
nachzudenken, 11, 29, 63, 86, 94, 95
nahmen, 26
Narration verbunden, 100
Natur sein, 118
Neben, 17, 30, 72, 118
Neben individuellen, 189
Neben informellen Unterstützungssystemen ist, 186
Neben Lehrern, 32
Neben seiner, 4
negativ, 30, 40, 179, 186, 191, 198, 219
negativen Aspekte, 35
negativen Auswirkungen von, 189
negativen Erfahrungen, 30
nehmen, 32, 163, 206
Netzwerken geschehen, 222
neuen, 108, 210
neuer, 64, 163
nicht, 1–3, 5–9, 11–18, 20, 21, 23–37, 39–55, 57, 58, 60–68, 70–78, 80, 82–86, 88–91, 94–98, 100, 104, 107–110, 112–115, 117–123, 125, 128, 130, 132, 134, 139–142, 144, 146, 149–151, 153–155, 157, 158, 160, 161, 164–169, 171–175, 178, 180, 182–190, 192–194, 196, 199, 201, 203, 209–211, 213–215, 217–224, 227, 228, 230, 233, 235–237, 239, 241, 242
Nischenbereichen wie, 17
noch engagierter zu, 242
noch Gesetze, 118
Normen geprägt, 97
notwendig, 15, 72, 78, 82, 100, 102, 134, 157, 241
notwendigen, 49, 123, 139, 194, 199
notwendiger, 183, 215
Notwendigkeit, 230
Notwendigkeit von, 2, 26, 118
Nur, 114, 132
nur, 1–3, 5–7, 9, 11, 13–16, 18, 20, 21, 23–25, 27–37, 39, 40, 42–55, 57, 60–68, 71–73, 75–78, 80, 82–86, 88–91, 94, 96–98, 100, 102, 104, 107–110, 112–115, 117–123, 125, 128, 130, 132, 134, 139–142, 144, 146, 149, 151, 154, 155, 157–161, 164–168, 171–175, 178, 180, 182, 183, 185–188, 190, 192–194, 196, 199, 201, 203, 209, 211, 213–215, 217, 220, 221, 224, 227, 230, 233, 235–237, 239, 241, 242
Nur durch, 144, 168, 178, 207
nutzen, 2, 9, 12, 40, 46, 57, 58, 61, 100, 106, 108, 109, 130, 132, 137, 143, 221, 232, 235, 241
Nutzerverhalten geprägt, 137
nutzte, 34, 46, 49, 84, 224, 242
Nutzung von, 29

nächsten, 211, 213
näher, 21, 76, 157

ob, 17, 50
oberflächlichen, 87
Objekte betrachtet, 91
Obwohl Humor eine, 95
oder, 3, 12, 13, 15, 16, 18, 25, 32, 39,
    48, 50, 58, 83, 85, 87,
    89–91, 95, 99, 101, 103,
    112, 114, 118, 120, 122,
    127, 128, 130, 150, 156,
    158, 161, 166, 167, 169,
    170, 172, 173, 179, 184,
    187, 189, 193, 194, 208,
    213, 218, 221, 222, 230,
    233, 236
offen, 2, 17, 36, 61, 156, 159, 219
offene, 78, 129
offenen, 118
offensichtlichen, 81
oft, 1–3, 6–9, 11–13, 15–17, 20,
    25–32, 37, 40, 44–46,
    48–51, 54, 56, 57, 59–61,
    64, 69, 70, 72–75, 77, 78,
    80, 83, 85–87, 89–94,
    96–103, 108, 109,
    111–114, 118, 119, 121,
    122, 128, 129, 135, 137,
    139, 141, 143, 150, 151,
    154, 155, 157, 160–162,
    164, 165, 168, 171–173,
    178, 180, 181, 183, 186,
    188, 189, 192–194, 197,
    198, 202, 208–210, 223,
    224, 226, 227, 230, 232,
    234, 236, 239–242
ohne, 8, 26, 28, 60, 74, 86, 89, 90,
    175, 184, 186, 234

Ohne ihre, 242
organisieren, 63, 111, 149
organisiert, 47, 50, 77, 129, 178, 219
organisierte, 32, 46
Orientierung, 188
Orientierung auseinandersetzte, 153
Orientierung diskriminiert wurde,
    59
Orientierung oder, 118
Orientierung von, 30

Paul Ricoeur, 13
performativ konstruiert, 91
Perspektiven bieten, 13
persönliche, 3, 5–7, 14, 16, 27–29,
    32, 39, 50, 56, 57, 63, 68,
    71, 73, 75, 76, 83, 104,
    130, 157, 162, 164–169,
    171, 173, 182, 186, 190,
    192, 196, 224, 227
persönlichem Leben, 162
persönlichen Geschichte, 1, 120
persönlichen Reise als, 18
Persönlichkeiten, 213
Persönlichkeiten wie, 218
Physische Gesundheit, 198
physischen Umgebung, 40
planen, 67, 183, 213
plant, 48
politisch, 29, 35, 45, 58, 74, 78, 89,
    112, 155
politische, 5, 7, 27, 32, 50, 78, 91,
    114, 149, 156, 160, 201,
    214, 220, 227, 231, 232,
    235, 236
politischen, 1, 6, 31, 33, 35, 39, 50,
    55–57, 60, 61, 73, 84, 114,
    157, 160, 199, 220, 240
positiv, 65

Index

positive, 3, 12, 40, 41, 43, 44, 47, 100, 112, 119, 125, 127, 130, 139, 157, 168, 173, 189, 199, 220, 239, 240
positiven Aspekte der, 51, 70, 161
positiven Aspekte des Humors, 230
positiven Aspekte gab, 36
positiven Aspekte können, 156
positiven Aspekte von, 40
positiven Auswirkungen, 166
positiven Auswirkungen von, 113
positiven Effekte, 193
positiven Einfluss auf, 184
positiven Reaktionen gibt, 101
positiven Resonanz, 160
Potenzial entfalten zu, 41
Praktiken helfen, 184
praktischen Initiativen, 213
praktiziert, 109
Praxis behandelt, 197
Praxis gespielt, 77
Praxis umzusetzen, 64
Prioritäten innerhalb der, 118, 122
Privatleben, 162–164
Privatleben sein, 159
Privatleben sowie, 159
privilegieren, 97
Problemen führen, 198
problemorientierte, 183
problemorientierten, 183
profilieren, 218
profitierte, 50
prominente, 61, 142
Proteste gegen, 102
Proteste von, 47
Protesten wird Kunst, 113
provokant, 1, 15, 25, 50, 83, 236
provokante, 46, 92, 112
provokativ angesehen, 89

Prozess, 80
Prozess eng mit, 173
Prozess von, 84
prägend, 24, 55
prägende, 25, 44
prägender, 31
prägnante, 226
prägt, 214
prägte, 6, 9, 52, 64
prägten, 27, 29, 31, 33, 37, 44, 53, 60
präsent, 159
präsentieren, 12, 15, 24, 44, 46, 48, 49, 80, 87
psychische, 17, 40, 166, 169, 176–178, 186, 191, 196, 198
psychischer, 197
psychologische, 28, 192
psychologischen, 89, 171, 194
Publikum aktiv, 102, 104
Publikum herzustellen, 86

queer, 1, 56, 111, 122, 194
queerfeministischen Theorie, 15
Quellen stammen, 218

radikaler, 5, 64, 67, 82, 164
Rahmen dieser, 129
Rahmen von, 140
Rahmenbedingungen abhängen, 199
Rassismus, 89, 100, 102, 128
Rassismus anzugehen, 90
Rassismus ist, 89
Rassismus oder, 122
reagieren, 119, 169, 220
reagiert, 71, 219
Rechte, 221
Rechte kämpfen, 192
rechtliche Unterstützung, 186

reduzieren, 183–185
reduziert, 87
reflektieren, 5, 56, 62, 86, 173, 193, 194, 211, 219
reflektiert, 15, 84, 97, 111, 112, 114, 155, 210, 235
reflektierte, 64
Reflexionsaufsatz, 59
Regelmäßige, 184
Regierungen versuchen, 127
regt auch, 104
regten, 8, 58
regulieren, 127, 183
reichten von, 53
Reise, 9, 16, 27, 28, 56, 64, 73, 160, 168, 219
Reise dokumentiert, 196
Reise geprägt, 16
relevante, 49, 146, 203
relevanter, 87, 215
renommierten, 41, 53, 150
repräsentieren, 215
repräsentiert, 119, 142
Resilienz betrachtet, 12, 189
Resilienz der, 157, 171
Resilienz stärken, 185
Resilienz zu, 165
respektiert, 207
Ressourcen bieten, 222
Ressourcen bietet, 22
Ressourcen kann, 186
restriktiver Gesetze, 232
resultiert, 156
richtigen, 12, 83, 222
Richtung gaben, 31
Risiken, 112
Robert Putnam, 135
Rolle, 77
Rolle bei, 5, 143, 205, 210

Rolle spielen, 18, 157
Rolle spielt, 13, 55, 69, 171
Rückblickend auf, 45
Rückblickend betrachtet, 9
Rückgang der, 150, 240
Rückmeldungen von, 58, 145
rückt, 98

sahen andere, 66
sammeln, 145
sammelte, 45
Sammlung von, 49
San Francisco, 156
Schaffen, 66, 100, 107, 224
schaffen, 1, 6, 13, 14, 20, 30, 41, 42, 44, 54, 63, 67, 79, 82, 88, 98, 106, 110, 111, 119, 123, 128, 143, 146, 155, 157, 168, 171, 187, 190, 194, 204, 206, 217, 221, 222, 232, 237, 241, 242
Schaffen von, 185
schafft, 7, 15, 45, 75, 79, 86, 90, 92–94, 112, 113, 119, 165, 193
Schließlich ist, 211
schloss, 24
Schmerz verarbeiten, 171
schmerzhaft, 8, 57, 83, 194
schmerzhafte, 12, 61
Schnittpunkten von, 66
schrieb, 57, 59
Schriften Themen wie, 14
Schriftsteller, 50
Schritt, 9, 80, 135
schuf, 9, 29, 56, 134, 153, 173
Schulaufführung, 34
Schule, 7, 34
Schule begegnete, 22

Schule existierten, 33
Schule leitete, 8
Schwarz, 75
schwarzen, 14
Schwerpunkt, 122
schwerwiegende, 97, 240
schwierige, 11, 12, 90, 157, 165, 173
schwierigen, 61, 230
Schwierigkeit, 150
Schwierigkeiten, 54, 78, 83
Schwierigkeiten erleben, 160
Schwierigkeiten hatte, 83
schärfen, 2, 32, 35, 63, 75, 97, 100, 104, 128–130, 190, 204, 221, 232, 236
schärfte, 39, 134
schätzen, 25, 151, 165, 166, 214
Schönheit, 97
Schülern, 9
sehen, 16, 118, 127, 176, 178, 217, 221
sehr, 12
sei es aufgrund, 187
sei es der, 169
sei es durch, 18, 39, 91, 127
sein, 159, 234
sein Aktivismus, 215, 217, 218
sein Bedürfnis, 26
sein Denken, 44
Sein Einfluss, 201, 211
Sein Einfluss auf, 237
sein Einsatz, 225
Sein Engagement, 2, 15, 225, 239
Sein erster, 9
sein Gefühl, 161
Sein Humor, 16
Sein Lebenswerk, 121
sein Liebesleben, 159
sein Netzwerk, 44

sein sollte, 32
Sein Stil, 73
Sein Vater, 21
sein Vermächtnis wird durch, 3
sein Verständnis, 53
sein Wissen, 151
Seine, 9, 27, 33, 48, 65, 107, 223
seine, 1–9, 11, 15–18, 21–37, 39, 43–55, 57–60, 62–67, 73–75, 77, 83, 84, 86, 89–94, 96–98, 100, 102, 107–109, 111, 112, 114, 119, 120, 123, 125, 141, 146, 150, 151, 153–155, 157, 159, 160, 163–166, 168, 171–175, 180, 182–185, 188–190, 192, 194, 196, 202, 203, 208, 209, 211, 213, 217–219, 223–225, 227, 230, 237, 241, 242
Seine Arbeit, 3
Seine Arbeiten, 215
Seine Eltern, 23, 153
Seine Familie, 5
Seine Fotos, 141
Seine Fähigkeit, 5, 76, 83, 84, 209, 217, 241, 242
Seine Initiativen zeigen, 130
Seine Installationen, 56, 114, 150
Seine kritischen, 98
Seine Kunst, 75, 90, 217
Seine Kunstwerke, 202
Seine Mutter, 21
Seine Reise, 175
Seine Reise zeigt, 35, 233
Seine Rolle als, 209
Seine Werke, 1, 92
Seine Überzeugungen, 125

seinem Leben, 16, 26, 73, 168, 183
seinem Weg, 154, 173, 227
seinem Weg begleiten, 109
seinem Weg begleitet, 242
seinen, 1, 3–10, 15, 16, 18, 23, 25,
    26, 28–31, 33, 36, 44, 45,
    50, 56, 60, 61, 73, 75, 83,
    84, 90, 91, 93, 97, 99, 111,
    119, 121, 123, 153–159,
    164, 166, 168, 171, 173,
    180, 184, 185, 189, 193,
    237, 242
seiner, 1–10, 15, 17, 18, 21–34, 36,
    37, 39, 41, 43–46, 48, 49,
    51, 54–60, 62, 64–66, 71,
    73, 75, 76, 83, 89, 97, 100,
    103, 104, 107, 110–112,
    119, 120, 122, 123, 125,
    128, 146, 149, 150, 153,
    155, 157, 160, 161, 164,
    165, 168, 170, 173, 175,
    178, 179, 188, 189, 196,
    198, 202, 208, 213, 215,
    216, 219, 220, 223, 224,
    227, 230, 234, 239, 242
selbst, 7–9, 28, 32, 72, 112, 114,
    122, 159, 161, 163, 164,
    166–168, 178, 183, 185,
    189, 191, 206, 210, 218,
    232, 234
Selbstakzeptanz, 27, 29
Selbstakzeptanz behandelt, 168
Selbstbewusstsein, 40, 153, 179, 180
Selbstentdeckung, 27, 130
Selbstfürsorge, 179, 180
Selbstfürsorge anerkennen, 183
Selbstfürsorge effektiv, 182
Selbstfürsorge ist, 181, 183
Selbstfürsorge kann, 179, 183

Selbstfürsorge können, 234
Selbstfürsorge oft, 181
Selbstfürsorge zu, 177
Selbstliebe kann, 166
Selbstpflege, 234
Selbstwert, 27
Selbstzweifel, 49
Selbstzweifeln, 25
Sensibilität, 219
setzen, 70, 159
setzte, 62
Sexualität oder, 99
Sexualität performativ, 142
sich, 1–5, 7–10, 12, 16, 18, 22, 23,
    25–37, 40, 41, 43–47,
    49–51, 53–63, 66, 67,
    70–74, 76–79, 83, 84,
    86–88, 90–92, 94, 95,
    97–104, 106–109,
    111–114, 117–123, 125,
    127–129, 133, 135, 137,
    139, 140, 142, 144, 147,
    149, 153, 154, 156–168,
    171–176, 178–187, 189,
    191, 192, 194, 196–198,
    201–204, 206, 209–211,
    213, 214, 217–221, 224,
    225, 231, 232, 234–237,
    239–242
sichern, 139, 150, 222
sichtbar, 15, 44, 51, 54, 56, 59, 83,
    84, 91, 141, 161, 210
Sichtbarkeit, 6, 14, 77, 91, 137,
    142–144, 206, 211, 239
Sichtbarkeit bedeutet, 142
sie, 7, 8, 12–14, 16, 17, 24–29, 36,
    41, 46, 47, 49, 51, 62,
    69–71, 77–79, 83–85, 88,
    89, 91, 93, 100–104, 113,

Index 277

114, 119, 122, 123, 127,
128, 135, 142, 143, 154,
155, 160, 166, 172, 173,
178, 179, 181, 183, 186,
188, 189, 192, 202, 206,
210, 219, 220, 223, 227,
233, 235, 242
sieht, 2, 48, 71, 72, 112, 118, 162,
165, 166, 191, 217, 232
sind, 1, 2, 4, 5, 7–9, 11–18, 20, 23,
28, 29, 31, 32, 36, 38, 40,
41, 50, 61, 62, 71, 73, 76,
78, 81, 84, 87, 89–92,
97–100, 102–104, 106,
110–114, 117–121, 123,
125, 127, 129, 130, 134,
137, 139–142, 144–146,
149, 151, 155, 157–159,
165, 167–171, 175,
177–181, 183–190, 192,
194, 197–199, 202,
204–206, 208–211, 213,
217–220, 222, 227, 232,
233, 237, 241, 242
Sinne wird Kunst, 113
Situationen Schwierigkeiten haben,
158
sofort, 86, 90
sogar Selbstsabotage äußern, 158
solche, 17, 50, 55, 78, 112, 118, 119,
159, 192, 211
solcher, 110, 155, 223
Solidarität handeln müssen, 15
Solidarität innerhalb der, 146, 217
Solidarität wird oft, 122
sollten, 66, 67, 107, 109, 199
sonst, 12
sowie, 16, 41, 45, 76, 111, 123, 129,
132, 139, 159, 171, 176,

183, 188, 203, 226, 227
sowohl, 1, 3, 5, 7, 9–13, 15, 16, 18,
21, 23, 24, 29, 31, 33, 35,
37, 41, 42, 48, 49, 54, 56,
57, 65, 71, 73–75, 79, 82,
96, 98, 100, 102, 104, 108,
112, 119–121, 125, 129,
134, 149, 157, 159, 164,
168, 173, 179, 183, 188,
190, 194, 197, 201, 209,
211, 220, 224, 227, 228,
231
soziale, 1, 2, 7, 9, 13, 20, 21, 24, 25,
27, 28, 32, 33, 35, 37,
40–44, 46, 48–53, 55, 57,
60, 62, 64, 69, 70, 75–77,
85, 89, 91, 96–98, 100,
102, 104, 107, 109–112,
114, 128–130, 132, 134,
135, 137, 139, 142, 150,
154, 160, 165, 166, 169,
176, 183–187, 193, 197,
198, 201–206, 210, 214,
221, 224–227, 231, 233,
235–237, 239, 241
sozialem, 142
sozialen, 1, 5–8, 12, 14, 16, 20, 30,
31, 36, 37, 39, 40, 44–46,
49, 54–56, 58–60, 63, 64,
67, 71, 75, 76, 80, 84, 86,
88–90, 93, 94, 106, 113,
119, 122, 129–132, 135,
137, 141, 142, 144, 157,
161, 197, 203, 204, 206,
209, 210, 213, 215, 216,
224, 232, 237, 239, 240
sozialer, 43, 55, 85, 90, 100, 107,
112, 118, 122, 136, 154,
158, 184, 186, 194, 217,

241
Sozialwissenschaften, 62
Sozialwissenschaftler, 50
Sozialwissenschaftler Pierre
  Bourdieu, 85
sozioökonomischen, 214
Spannungen abzubauen und, 157
Spannungen führen, 72, 122, 156, 217
Spannungen innerhalb der, 51, 57
Spannungen zwischen, 118, 161
Spektrum, 5
Spenden angewiesen, 119, 150
spendet, 188
spezialisiert, 49, 186
speziell, 199, 232
Spiegel verliert, 85
spiegeln, 5, 16, 28, 89, 123, 190
spiegelt, 45, 60, 165
spiegelten, 65
spielen, 18, 37, 88, 114, 154, 155, 157, 192, 194, 221
spielerische, 61
spielt, 5, 13, 35, 41, 55, 69, 86, 92, 97, 137–139, 142, 143, 153, 161, 171, 173, 185, 205, 210, 235
spielte, 22, 23, 26
spielten, 5, 6, 31, 33, 50, 52, 54
sprechen, 17, 36, 130, 159, 165
spricht, 146, 159, 168, 219
später, 54
späteren, 21, 23–25, 45, 52, 56
spürbar, 33, 36, 104, 239
Stabilität seiner, 150
Stadt, 21
statt, 48, 50, 107
Stattdessen sah er es als, 63
stattfand, 42

stattfindet, 173
steht die, 202
steht Syrus, 208
steht vor, 125
stellte, 9, 24, 28, 34, 43, 46, 48, 57, 58, 62, 75, 120, 223
stellten, 36, 103, 242
stereotype, 2, 99
Stigmatisierung sind, 202
Stigmatisierung von, 240
Stil, 44, 73
Stimmen beigetragen, 130
Stimmen der, 50, 98, 100, 110, 112, 142, 146, 149, 154, 204
Stimmen derjenigen zu, 224
Stimmen Gehör, 18
Stimmen gehört, 45, 54, 143
Stimmen innerhalb der, 15, 70, 144
Stimmen können, 218
Stimmen oft, 209
Stimmen seiner, 155
Stimmen von, 77, 80, 90, 161
Stimmung auflockerte, 172
strategisch, 155
strategische, 134, 157
strategischem Denken, 117
strategischen, 60, 211
Streben nach, 27, 109, 223
Stressbewältigung, 183, 185
Strukturelle Barrieren, 118
Strömungen, 84
Studenten zusammenarbeiten, 39
studieren, 41
Studierende lernten, 46
ständig, 2, 83, 102, 127, 162, 179, 213, 225
ständige, 30, 159, 162, 170, 228
ständigen, 52, 150, 156, 209
Stärke sein kann, 73

stärken, 14, 40–42, 48, 61, 77, 104, 110, 112, 129, 135, 146, 149, 154, 157, 159, 160, 172, 185, 187, 199, 204, 211, 233
stärkeren Bindung zwischen, 157
stärksten betroffenen, 123
stärksten marginalisierten, 233
stärkt, 12, 242
stützen, 235
stützte, 224
suchen, 17, 121
Syrus, 6, 8, 15, 17, 18, 31, 35, 44, 46, 52, 54, 60, 61, 72, 73, 77, 83, 89, 108, 112, 121, 128–130, 141, 142, 145, 146, 154, 161, 179, 183, 184, 188, 189, 202, 208, 213, 217, 219, 224, 230, 234, 241
Syrus auch, 34
Syrus bildete, 25
Syrus es geschafft, 18, 61
Syrus geholfen, 189
Syrus glaubt, 165
Syrus herum spielte, 22
Syrus hervorgegangen, 209
Syrus Humor, 165
Syrus jedoch, 160, 228
Syrus kann, 170
Syrus konfrontiert, 16, 47, 49, 66, 89, 218, 242
Syrus könnte, 170
Syrus könnte beispielsweise, 159
Syrus lernen, 159, 234
Syrus lernte, 47, 63, 83
Syrus Malerei, 63
Syrus Marcus Ware, 1–3, 5, 7, 9, 11, 13, 15, 16, 18, 21, 23, 27, 29, 31, 33, 35, 37, 41, 43, 45, 46, 48, 50, 52, 55–57, 61, 64–67, 70, 71, 73, 82, 84, 86, 89, 91, 93, 94, 96, 98, 100, 102, 104, 106, 107, 109–112, 115, 118, 119, 123, 125, 128, 130, 134, 139, 142–144, 146, 149, 157, 159, 162, 164, 166, 168, 169, 171, 173, 175, 180, 181, 183, 185, 187, 188, 190–194, 196, 198, 201, 203, 204, 209–211, 213, 215, 217–221, 225, 227, 232, 233, 235, 237, 239
Syrus Marcus Ware das Ergebnis, 75
Syrus Marcus Ware müssen, 236
Syrus Marcus Ware selbst, 114, 178
Syrus Marcus Ware wird deutlich, 241
Syrus Marcus Ware's, 43
Syrus Marcus Wares, 62
Syrus Marcus Wares Geburtsort, 23
Syrus Marcus Wares Kunst, 90, 102
Syrus Marcus Wares Lebensweg, 60
Syrus Marcus Wares Vermächtnis wird, 222
Syrus motiviert, 111
Syrus muss möglicherweise lernen, 159
Syrus oft, 180
Syrus sah sich, 74
Syrus sieht, 162, 166
Syrus spielte, 23
Syrus verwendet, 90
Syrus von, 9, 21, 111, 144, 160, 185
Syrus wurde, 5, 21

tatsächlichen Kämpfe, 87
Techniken, 24, 54, 182
Techniken bis hin zu, 53
technologische Entwicklungen, 137
technologische Innovationen als, 125
teil, 7, 24, 26, 53, 55
teilgenommen, 2, 114, 128
teilnahm, 52, 54
teilten, 8, 49
Thema, 80, 102, 131, 227
Thema Rassismus, 120
thematisch, 49
thematisieren, 1, 6, 56, 71, 97, 102, 114
thematisiert, 3, 87, 89, 91, 93, 97, 119, 171, 193, 202
thematisierte, 28, 29, 224
thematisierten, 26, 56
Thematisierung von, 90
Themen, 172
Themen aufzugreifen, 49
Themen behandelten, 46, 150
Theodor Adorno, 44
Theoretiker wie, 89
theoretische, 113, 192, 211
theoretischen Ansätzen, 92
theoretischen Diskussionen über, 53
theoretischer, 87
Theorie von, 62
Theorien sowie, 41
Theorien untersuchen, 125
therapeutische, 130, 186, 191
tief, 1, 5, 15, 16, 89, 102, 123, 131, 189, 194, 203, 225
tiefere, 24, 79, 92, 97, 109, 135, 155, 159
tiefgreifenden Diskussionen führten, 51

tiefgreifenden Einfluss auf, 94, 137, 203, 213, 239
tiefgründig waren, 49
Tod, 170
Toronto, 22
Torontos multikulturelle Gesellschaft, 21
traditionellen, 48, 206, 210
traf, 8, 50
tragen, 74, 141, 187
transformativ empfinden, 102
transformieren, 86, 157, 194
transportieren, 32, 70, 102
traten, 58
treibenden Kräfte, 242
treten, 30
triumphale, 149
trotz, 164
Trotz der, 12, 18, 20, 22, 36, 40, 41, 47, 51, 54, 70, 79, 81, 87, 100, 101, 108, 113, 122, 123, 132–134, 138, 142, 145, 150, 157, 161, 172, 187, 193, 202, 204, 230, 232
Trotz des begrenzten, 49
Trotz dieser, 18, 26, 32, 120, 187, 228
Trotz seiner, 2, 34, 83, 189, 208, 224, 242
täglichen Leben, 125
täglichen Praxis, 15
tätig, 84, 169

um, 1–4, 6–13, 15, 16, 22, 24, 27, 30, 32–34, 36, 40–42, 44–46, 48, 49, 51, 52, 54–57, 60, 61, 63–65, 70–73, 77, 78, 80, 84–88,

Index

90, 91, 93, 94, 96, 97, 99, 100, 104, 106, 108–110, 112–114, 118, 119, 121–123, 127–130, 132, 134–137, 139, 141–143, 145, 149, 150, 154, 157, 159–161, 163, 165, 168, 169, 173, 178, 179, 181, 183–185, 188, 190–192, 194, 196, 197, 199, 202–206, 210, 213, 215, 217, 219, 221–224, 227, 230, 232–234, 240–242
umfassen, 38, 149, 201, 211, 221
umfasst, 11, 104, 128, 166
umfasste, 79
Umfeld, 26, 48, 119, 220, 223, 232
Umfeld aufzuwachsen, 21
Umfeld oder, 16
Umgang, 2, 170, 171, 180
umgeben, 5, 107, 219
Umgebung geboren, 5
umgewandelt, 70
umzugehen, 73, 110, 157, 170, 191, 194, 224
umzusetzen, 64, 137
und, 1–18, 20–37, 39–80, 82–104, 106–115, 117–123, 125, 127–132, 134–137, 139–144, 146, 149–151, 153–194, 196–199, 201–211, 213–228, 230, 232–237, 239–242
unerschütterlichen Kämpfer, 15
unerschütterlichen Mut, 111
Ungerechtigkeiten, 6, 93, 94
Ungerechtigkeiten aufmerksam, 4, 44, 46, 142, 203
Ungerechtigkeiten der, 33

universelle, 91, 216, 217
uns, 15, 16, 206, 222, 237, 242
unschätzbarem, 9, 28, 73, 173, 192
unsere, 15, 16, 37
unserer, 214
Unsicherheiten konfrontierte, 230
unter, 32, 38, 47, 83, 113, 154, 198, 209, 220, 241
untereinander, 122
untergraben, 51, 87, 95, 118, 122
unterrepräsentierte, 70, 111
unterrepräsentierten, 15, 130
unterscheidet, 122, 183
Unterschiede zurückzuführen, 158
unterschiedliche, 57, 61, 72, 80, 85, 99, 156, 161, 210, 232
unterschiedlichen, 51, 78, 99, 100, 122, 210, 217
unterschätzen, 14
unterstreicht, 142, 151
unterstützen, 24, 35, 97, 109, 112, 151, 154, 165, 167, 187, 196, 209, 213, 222, 225, 233
unterstützenden, 13, 23, 213
unterstützten, 32, 36, 154
Unterstützung angewiesen, 137
Unterstützungssystemen gibt, 187
untersuchen, 3, 18, 35, 67, 82, 86, 89, 96, 100, 104, 110, 117, 125, 135, 139, 149, 155, 171, 176, 201, 205, 226, 239
untersucht, 46, 84, 183, 192, 199, 227
unverständlich waren, 50
unverzichtbarer Bestandteil des Aktivismus, 114, 139, 146, 237

Veranstaltungen gefeiert, 118
verbessern, 160
verbessert, 146, 180
verbinden, 3, 13, 15, 22, 40, 61, 129, 144, 173, 222
verbindet, 230
Verbindung erkunden, 131
Verbindungen, 89, 155
verbreiten, 34, 47, 108, 117, 129, 132, 135, 137, 141, 157, 234
Verbreitung von, 54
verdeutlicht, 55, 68, 72, 121, 128, 183, 189, 190, 198, 210, 241
Vereinbarkeit von, 162
vereinnahmt, 114
vereinte, 21, 35
verfeinern, 44, 50, 63, 84, 154
verfolgt, 9, 60, 122
Verfolgung geprägt, 93
verfügen, 194, 199
Vergangenheit, 70
Vergangenheit lebendig, 94
Vergangenheit lernen, 233
verhandelt wird, 55
verkörpert, 15, 43, 60, 239
Verletzlichkeit, 6, 73
verletzt, 158, 159
verloren geht, 12
verläuft, 121
vermeiden, 183
vermitteln, 24, 99, 112, 119, 173
vermittelt, 62, 99, 235
vermittelte, 21
vernachlässigter, 178
vernetzen, 35, 182
Vernetzung, 149
verringern, 184

verschiedene, 1, 13, 24, 25, 28, 35, 44, 45, 54, 73, 78, 85, 97, 108, 113, 115, 117, 136, 141, 145, 147, 161, 163, 169, 170, 179, 182, 183, 185, 188, 192, 201, 210, 211, 231
verschiedenen, 2, 5, 6, 8, 16, 18, 21, 24, 35, 39, 42, 50, 53, 55, 56, 61, 62, 67, 71–73, 78, 80, 86, 90, 103, 110, 118, 119, 129, 131, 137, 139, 142, 144, 149, 154, 155, 157, 161, 164, 166, 167, 169, 171, 173, 179, 186, 188, 190, 191, 198, 201, 203, 205, 209, 214, 216–218
verschiedener, 215
verspottet, 26, 30, 189
verstand, 8, 9, 108
verstehen, 4, 6, 14, 15, 25, 29, 37, 56, 73, 83, 85, 115, 147, 169, 214, 231, 241
verstärkt, 12, 63, 75, 114, 162
versuchen, 168
versucht, 99, 111, 119
versuchten, 102
vertritt, 2
verwandeln, 18, 30, 189
verweben, 76
verwendet, 3, 78, 90, 95, 97, 108, 113, 165, 168, 173, 230
verwurzelt, 1, 5, 15, 89, 123, 131, 194, 203, 225
verwurzelte, 189
verwurzelten, 16, 102
verzerrt, 85
verändern, 55, 85, 109, 142, 183

verändert, 197, 209
Veränderung bewirken, 199
Veränderungen, 3, 46, 100, 112, 117, 132, 137, 139, 149, 189, 196, 205, 220, 235
Veränderungen bewirken, 8, 123, 239, 240
Veränderungen geprägt, 125
Veränderungen herbeizuführen, 7, 9, 35, 52, 61, 225, 240
Veränderungen kämpfen, 178
Veränderungen voranzutreiben, 20, 204
Veränderungen zu, 15
Viele, 213
Viele dieser, 119
Viele Galerien, 49
Viele Künstler, 17
Viele LGBTQ-Personen, 158, 187
Viele seiner, 100, 149, 150, 208
Viele Teilnehmer, 54
vielen Fällen erleben, 28
vielen Fällen führen, 210
vielen Fällen müssen, 159
vielen Gesellschaften werden, 91
vielen Gesellschaften wird Kunst, 236
vielen Institutionen, 189
vielen Kulturen, 87
vielen Kulturen gibt, 16
vielen Ländern gibt, 118, 220
vielen seiner, 46, 75, 155, 165
vielen Städten gibt, 187
vieler, 9, 17, 18, 28, 111
vielfältig, 5, 18, 28, 53, 104, 117, 146, 211
vielfältigen Raums, 144
Vielleicht organisierten sie, 173
vielmehr, 64, 234

vielschichtige, 1, 3, 71, 99
Vielzahl von, 29, 32, 54, 70, 99, 107, 111, 125, 128, 176, 179, 187, 191, 198, 220
virale, 12
Visionen, 211
visuelle, 54, 73, 78, 79, 99, 100, 102, 108, 143, 168, 233
volle, 114, 197
vollziehen, 70
von, 2, 3, 5–18, 20–37, 39–41, 43–64, 66, 67, 70–80, 82–94, 97, 99–104, 106–115, 118–123, 125, 127–131, 134, 135, 137, 139–146, 149–151, 154, 156–162, 164–166, 168–176, 178–181, 183–192, 194, 196–199, 202, 203, 205, 206, 208–211, 213, 215, 217, 218, 220–225, 228, 232–234, 237, 239–242
vor, 14, 28, 30, 87, 114, 118, 120, 125, 138, 178, 186, 202, 208, 220, 222, 236
Vordergrund, 70, 98
Vordergrund stehen, 111
Vordergrund stellen, 235
Vorfall, 36
Vorfälle können, 118
vorherrschende, 189
vorkommen, 172
Vorstellungen von, 92

wachsende Akzeptanz, 61
Wachstum, 45, 223
wagen, 223

wahrgenommen wird, 12, 95, 101, 114
Wahrheit sei, 84
Wahrnehmung, 240
Wandels, 197, 209, 215, 239
Wandmalereien zu, 42
war, 5–9, 16, 17, 21, 23–27, 29–32, 35–37, 41–51, 54–60, 62–64, 66, 107, 109, 120, 150, 153, 154, 157, 160, 161, 173–175, 188, 189, 218, 223, 224, 228, 242
Ware, 2, 91, 97, 98, 103
Ware thematisiert, 91, 97
waren, 7–9, 23–25, 28, 29, 31, 32, 34–37, 44, 46–51, 53–55, 57, 63, 65, 70, 83, 108, 134, 150, 153, 154, 211
Wares Auseinandersetzung mit, 92, 93
warum, 144
weckten, 5
Weg geebnet, 84
wehren, 206
weil, 159
weil sie, 103, 179
Weise, 1, 6, 11, 12, 15, 54, 60, 90, 92, 100–102, 131, 132, 142, 226
Weise abhängen, 71
Weise beeinflussen, 158
Weise behandelt, 241
Weise kommunizierten, 108
weiter, 3, 24, 48, 63, 132, 149
weitere, 67, 184, 185, 210
weiteren Weg, 9
weiterentwickelt, 225, 239
weiterer, 6, 8, 17, 44, 49, 51, 57, 59, 83, 87, 120, 141, 149, 150, 164, 186, 221, 232, 234
weitergeben, 151
weitergetragen wird, 209
weiterhin, 8, 109, 199
weiterhin aktiv zu, 47
weiterhin bestehen, 149
weiterhin praktiziert, 109
weiterhin Räume, 41
weiterhin verkörpert, 43
weiterhin viele, 203
weiterhin von, 61
weiterhin vor, 202
weiterzuführen, 149
weiterzugeben, 83
welche Rolle sie, 114
welche Theorien dabei eine, 18
Welt, 181
Welt konfrontierte, 33
Welt kämpfen, 20
weniger, 17, 159
wenn, 156
wenn die, 183, 194, 217
wenn es, 70
Wenn Kunstwerke, 85
wenn man, 241
Werdegangs, 110
werden, 1, 3, 6, 8, 12, 13, 15–18, 20, 28, 31, 34, 35, 37, 40, 41, 44, 45, 48, 51, 54, 57, 62, 66, 67, 70, 71, 76, 80, 82, 84–87, 89–92, 96–98, 100, 101, 103, 104, 106, 110, 111, 113–115, 117–119, 121, 125, 130, 131, 135–137, 139, 142–144, 149, 155, 157–162, 164–166, 168, 169, 171, 172, 176, 182–184, 188, 189, 192,

Index

194, 197, 199, 201, 203, 205–207, 209–211, 214, 215, 217, 221, 223, 224, 226, 227, 230, 233, 234, 236, 239, 241, 242
Werk betrachtet, 57
Werkzeug, 7, 44, 61, 73, 76, 90, 108, 112, 119, 135, 150, 165
Werkzeug ansehen, 210
Werkzeug sein könnte, 55
Wert, 9, 28, 73, 192
Wert betrachtet, 122
Wert sein, 173
wertvolle, 2, 112, 142, 185
wertvoller, 210
wesentliche Rolle, 23, 41
wesentlicher Bestandteil, 134, 164, 217, 225
wesentlicher Bestandteil des Aktivismus, 220
wesentlicher Bestandteil seiner, 219
wesentlicher Bestandteil von, 79
wesentlicher Schritt, 190
wichtig, 2, 8, 13, 17, 20, 27, 30, 32, 37, 47, 54, 61, 90, 108, 111, 112, 114, 115, 122, 123, 140, 144, 155, 157, 163, 164, 167–169, 173, 177–179, 183, 186, 190, 194, 199, 210, 211, 217, 222, 231, 233, 234, 239, 241, 242
wichtige, 5, 6, 15, 25, 26, 40, 50, 63, 104, 121, 130, 135, 136, 184, 204, 206, 228, 239
wichtigen, 30, 66, 138
wichtiger, 9, 44, 49, 51, 91, 141, 149, 164, 204, 221, 222, 232
wichtigsten, 104, 125, 128

widerspiegeln, 146
widerspiegelt, 1, 3, 70, 82, 232, 242
Widerstandsfähigkeit, 228
wie, 1, 3–10, 12–14, 16–18, 20, 21, 23, 25, 26, 30, 32, 36, 37, 40, 44–47, 49, 54, 55, 57, 58, 60–62, 67, 70, 71, 82, 86, 87, 89–92, 96–98, 100–103, 106, 108, 110–114, 118–120, 122, 123, 128, 132, 135, 137, 142, 143, 149, 150, 154, 156–159, 163, 165, 168–173, 175, 178, 179, 181, 183, 185, 187, 189, 193, 194, 197, 202, 204, 206, 209, 210, 213, 215, 218, 221, 227, 230, 232, 233, 236, 239, 241
Wie Syrus, 127
wieder, 34, 59, 89, 198, 239
wiederum, 159, 240
Wir danken auch, 242
wir leben, 16
wir noch immer, 15
wir sicherstellen, 132
wird deutlich, 88
wird Kunst, 113
wirken, 185
wirksam erwiesen, 184
wirksame Kampagnen zu, 119
wirksamer, 190
Wirksamkeit von, 72, 131
wirkt, 194
Wirkung erzielen konnten, 151
Wirkung seiner, 75
Wissen erwarb, 43
Wohlbefinden, 149, 157, 159, 162, 164, 166, 169

Wohlbefinden eng mit, 73
Wohlbefindens von, 199
Wort, 121
Worte, 226
wuchs, 23, 25, 29, 33, 35
Wunden, 12
wurde von, 111
wurden, 5, 7, 8, 18, 21–23, 25, 30, 45, 49, 53, 54, 59, 67, 70, 77, 83, 108, 115, 149, 150, 202, 230, 232
Wurzeln von, 7
Wut, 75
Während, 42, 44, 102
während, 27, 36, 39, 44, 46, 48, 50, 55, 66, 70, 71, 77, 87, 97, 107, 108, 119, 121, 123, 150, 160, 161, 172, 183, 189, 210, 239, 241
Während einer, 34, 163
Während seiner, 8, 55, 57, 60, 178
Während Syrus, 78
Während Syrus von, 111
Würde, 121

zahlreiche, 40, 41, 81, 87, 109, 128–130, 187, 188, 227
zahlreichen Erfolge hatte, 150
zahlreichen Kampagnen, 128
Zeichen, 61
Zeichen dafür, 83
zeichnen, 11, 70
zeigen, 16, 30, 49, 82, 99, 113, 130, 132, 134, 141, 168, 184, 194, 215, 227, 236, 237, 239, 241
zeigt, 2, 15, 35, 37, 60, 61, 73, 90, 92, 97, 98, 102, 110, 112, 121, 127, 129, 130, 136, 149, 163, 171, 180, 189, 197, 211, 225, 230, 233, 241, 242
zeigte ihm, 9
zeigte sich, 23
Zeit, 43
Zeit stattfinden kann, 86
Zeiten, 12, 61, 123, 150, 230
zeitgenössischen Kunstszene, 76
zeitgenössischen Künstlern, 67
zensiert, 236
Zensur, 20
zentral, 45, 91
zentrale, 9, 13, 18, 31, 48, 52, 89, 91, 97, 142, 164, 171, 203
zentraler, 3, 17, 27, 29, 55, 61, 73, 90, 144, 169, 181, 196, 221, 234
Ziel, 168
Ziele, 9, 51, 52, 61, 122, 154, 161
Ziele innerhalb einer, 156
Ziele klarer zu, 58
Ziele verfolgen, 164
Ziele verwirklichen konnten, 134
Ziels, 6
zielt, 10, 11, 183
zog, 9, 32, 49
zogen, 46, 150
zu, 1–6, 8–18, 20–37, 40–42, 44–67, 69–80, 83–100, 102–104, 106, 108–115, 118–123, 125, 127–132, 134–139, 141–147, 149–151, 153, 154, 156–171, 173–175, 177–190, 192–194, 196–199, 202–204, 206–211, 213–215,

Index

217–228, 230–237, 240–242
Zugehörigkeit, 6
Zugehörigkeit angeregt, 75
Zugehörigkeit bietet, 41
Zugehörigkeit unerlässlich ist, 197
zugrunde, 139, 230
zugängliche, 11, 92, 241
zugänglicher, 5, 61, 73, 97
Zugänglichkeit seiner, 66
Zuhörer dazu, 95
Zukunft, 48
zukünftige, 9, 45, 60, 61, 100, 149, 153, 213, 217, 221, 233, 234
zukünftiges Engagement, 108
zum, 8, 9, 15, 16, 23, 25, 61, 68, 73, 83, 90, 97, 98, 104, 114, 132, 172, 173, 189, 190, 237
Zum Beispiel kann, 85, 240
Zunahme von, 221
zunehmende, 61, 232
Zunächst einmal soll, 10
zur, 1, 3, 5, 9, 11, 13, 18, 20, 23, 24, 28, 50, 51, 54, 57, 61, 66–68, 76, 83, 90, 91, 96, 98, 104, 114, 117, 123, 128–130, 134, 136, 142, 144, 146, 149, 156, 160, 165, 173, 174, 176–180, 182–186, 190, 193, 194, 199, 209, 217, 221, 227, 232, 239
zusammen, 9, 42, 44, 59
Zusammenarbeit, 6, 35, 51, 58, 61, 78–80, 112, 117, 134, 135, 151, 175
zusammenarbeiten, 135

zusammenarbeitete, 241
Zusammenfassend lässt sich, 3, 5, 7, 12, 23, 27, 31, 33, 37, 45, 54, 56, 71, 84, 86, 88, 94, 102, 104, 106, 109, 112, 114, 117, 123, 125, 137, 139, 142, 149, 157, 159, 173, 175, 185, 187, 192, 196, 203, 204, 206, 209, 213, 217, 235, 237, 239, 240
Zusammenhalt ist, 122
Zusammenhalt stärkt, 12
zusammenhält, 121
Zusammenspiel von, 166
zusammenzubringen, 16, 161
Zusätzlich gibt, 232
Zwecke vereinnahmt, 114
Zwecken, 224
zwischen, 20, 46, 48, 58, 61, 65, 69–71, 78, 80, 89, 93, 97, 102, 109, 112, 118, 119, 122, 131, 132, 135, 155–157, 159, 161–164, 173, 180, 183, 186, 192, 194, 197, 203, 211, 223–225, 227, 230, 232
zählt, 235

Ängste, 174
Ängste innerhalb der, 102
Ängste teilen konnte, 27
Überleben, 160
Überzeugungen, 235
Überzeugungen einzustehen, 37
ähnlichen, 2, 193
ältere, 210
äußern, 118, 158, 167
äußerte, 58, 59

öffentliche, 221, 230
öffentlichen, 4, 61, 73, 142, 191, 242
öffnete, 7
über, 2, 8–12, 16, 17, 25, 27, 29, 32, 35–37, 43, 44, 46, 49–53, 56, 57, 59–61, 63, 64, 66, 75, 77, 84, 86, 89, 92–98, 100, 102, 111, 112, 129, 132, 134, 141, 146, 149, 151, 156, 159, 165, 168, 172, 173, 186, 187, 190, 194, 196, 199, 201, 209–211, 213, 219, 221, 224–228, 230, 232, 240, 241
überfordern, 175
überlasten, 156
überschritten, 216
übersehen, 3, 11, 15, 45, 51, 90, 101, 143, 161, 181, 209, 224
überstehen, 12
übertrieben, 101

Milton Keynes UK
Ingram Content Group UK Ltd.
UKHW021032111124
451035UK00017B/1264